MICROECONOMIA EM AÇÃO
Comportamento racional e estruturas de mercado

Alexandra Strommer de Farias Godoi
Cláudia Helena Cavalieri
Gustavo Andrey de Almeida Lopes Fernandes
Sergio Goldbaum

MICROECONOMIA EM AÇÃO
Comportamento racional e estruturas de mercado

Publisher
Henrique José Branco Brazão Farinha
Editora
Cláudia Elissa Rondelli Ramos
Preparação de texto
Gabriele Fernandes
Revisão
Vitória Doretto
Ariadne Martins
Projeto gráfico de miolo e editoração
Lilian Queiroz | 2 estúdio gráfico
Capa
Rubens Lima
Impressão
BMF

Copyright © 2018 *by* Alexandra Strommer de Farias Godoi, Cláudia Helena Cavalieri, Gustavo Andrey de Almeida Lopes Fernandes, Sergio Goldbaum.
Todos os direitos reservados à Editora Évora.
Rua Sergipe, 401 – Cj. 1.310 – Consolação
São Paulo – SP – CEP 01243-906
Telefone: (11) 3562-7814/3562-7815
Site: http://www.evora.com.br
E-mail: contato@editoraevora.com.br

Dados Internacionais de Catalogação na Publicação (CIP) de acordo com ISBD

M626	Microeconomia em ação: comportamento racional e estruturas de mercado / Alexandra Strommer de Farias Godoi, Cláudia Helena Cavalieri, Gustavo Andrey de Almeida Lopes Fernandes e Sergio Goldbaum. - São Paulo : Évora, 2018.
	480 p. : 16cm x 23cm.
	Inclui bibliografia.
	ISBN: 978-85-8461-163-8
	1. Economia. 2. Microeconomia. 3. Finanças. I. Godoi, Alexandra Strommer de Farias. II. Cavalieri, Cláudia Helena. III. Fernandes, Gustavo Andrey de Almeida Lopes. IV. Goldbaum, Sergio. V. Título.
2018-27	CDD 330
	CDU 33

Elaborado por Vagner Rodolfo da Silva - CRB-8/9410

Índice para catálogo sistemático:
1. Economia 330
2. Economia 33

É com grande satisfação que apresento o livro *Microeconomia em ação: comportamento racional e estruturas de mercado*, pois acompanhei desde o início a dedicação de meus colegas professores Alexandra Godoi, Claudia Cavalieri, Sérgio Goldbaum e Gustavo Fernandes, autores do presente texto, para criar um material para servir de apoio ao aprendizado da microeconomia intermediária aos alunos de graduação.

Este material começou a ser gestado no início dos anos 2000, quando o departamento de Planejamento e Análise Econômica da Escola de Administração de Empresas de São Paulo da Fundação Getulio Vargas decidiu pela unificação da disciplina de microeconomia. A partir daquele momento, não apenas os programas adotados nas várias turmas seriam os mesmos, como também os critérios de avaliação, incluindo as provas aplicadas aos alunos.

A unificação da disciplina atendia a uma demanda, reconhecida pelo departamento, de promover uma maior homogeneidade no conteúdo das diversas turmas. Até então, cada professor fazia um recorte específico da matéria, e o nível de dificuldade das provas era muito heterogêneo. Além disso, a discussão entre os professores do departamento levou à conclusão expressa de que a disciplina deveria enfatizar questões pragmáticas, atuais e adaptadas aos problemas brasileiros, uma vez que os textos tradicionais de microeconomia eram todos voltados para o mercado norte-americano.

Um desdobramento esperado da unificação das provas referia-se à qualidade das questões. Em vez de cada professor dedicar um período para elaborar quatro questões, com a unificação cada professor passou a dedicar o mesmo tempo na elaboração de apenas uma questão, e os demais professores checavam a consistência interna dela, o texto e a resolução. Desse modo, a qualidade das questões aumentou consideravelmente e, ao longo do tempo, esses exercícios passaram a constituir uma apostila, que era renovada semestralmente, incorporando os melhores exercícios aplicados nas provas do semestre anterior.

O material estava praticamente pronto quando o editor Henrique Farinha, da Editora Évora, depois de ter abraçado a ideia de transformar o projeto em um livro, solicitou que fosse incluído também no corpo do texto o desenvolvimento teórico dos conceitos da disciplina. Os professores então trabalharam mais um ano para incluir os conceitos no texto, e o resultado está agora em suas mãos.

Embora tenha sido concebido para cursos de administração, o material desenvolvido atende a quaisquer cursos de graduação que necessitem de microeconomia em um nível mais profundo que o introdutório, indo além daqueles para o qual foi inicialmente desenvolvido, como os cursos de economia, administração de empresas e administração pública. Para tanto, requer alguma formação em álgebra (especificamente cálculo diferencial e maximização condicionada básicos), correspondendo às disciplinas de microeconomia intermediária nos cursos ministrados nas faculdades norte-americanas e europeias.

A edição de *Microeconomia em ação: comportamento racional e estruturas de mercado* realiza, assim, o plano inicial daquelas primeiras reuniões no início dos anos 2000: um dia transformar todo esse esforço conjunto de vários anos em livro, agora disponível aos educadores brasileiros.

Em se tratando de microeconomia, e lembrando da falácia da composição, o resultado mostra, paradoxalmente, que o esforço conjunto é maior do que a soma dos esforços individuais.

Arthur Barrionuevo Filho
Chefe do Departamento de Planejamento e
Análise Econômica da Escola de Administração de Empresas
de São Paulo da Fundação Getulio Vargas.

SUMÁRIO

Prólogo (ou por que estudar microeconomia) 1

Capítulo 1 – Introdução 5
Microeconomia 7
As análises microeconômicas podem ser positivas ou normativas 7
Mercados 10
O papel dos preços em um mercado 15
   Exercício resolvido e comentado 18
   Exercícios complementares 19

Capítulo 2 – Introdução ao mecanismo de oferta e demanda 23
Introdução 23
Demanda e oferta 23
   Exercícios resolvidos e comentados 33
Elasticidade 40
   Exercícios resolvidos e comentados 51
   Exercícios complementares 63

Capítulo 3 – Teoria do Consumidor 87
Introdução 87
Preferências do consumidor 87

Restrição orçamentária e escolha ótima 95
A escolha ótima 96
    Exercícios resolvidos e comentados 99
A curva de demanda individual 113
    Exercícios complementares 116
Efeito-renda e efeito-substituição 119
Demanda de mercado 125
    Exercícios complementares 126

Capítulo 4 – Teoria do Produtor 141
Introdução 141
Produção no curto prazo 142
    Exercícios resolvidos e comentados 146
    Exercícios complementares 158
Produção no longo prazo 166
    Exercício resolvido e comentado 173
Custos de produção 176
    Exercícios resolvidos e comentados 190
    Exercícios complementares 200
Maximização de lucros com perfeita competição 213
    Exercício resolvido e comentado 221
    Exercícios complementares 224
    Exercícios abrangentes sobre a Teoria do Produtor 228

Capítulo 5 – Análise de bem-estar 233
Introdução 233
Excedentes do consumidor e produtor e bem-estar 234
Controle de preços 239
Suporte de preços (ou preço de garantia) e cota de produção 242
    Exercícios resolvidos e comentados 246
Impostos e subsídios 257
    Exercícios resolvidos e comentados 263

Comércio internacional 275
    Exercícios resolvidos e comentados 282
    Exercícios complementares 292

**Capítulo 6 – Monopólio e estratégias de precificação
com poder de mercado** 309
Introdução 309
Monopólio 309
    Exercício resolvido e comentado 316
Custo social do monopólio 317
    Exercício resolvido e comentado 321
Estratégias de precificação para empresas com poder de mercado 325
    Exercício resolvido e comentado 327
Discriminação de preço de segundo grau 330
    Exercício resolvido e comentado 331
Discriminação de preço de terceiro grau 334
    Exercício resolvido e comentado 334
Discriminação de preços intertemporal 337
    Exercício resolvido e comentado 338
Preço de pico de temporada 339
    Exercício resolvido e comentado 340
Tarifa em duas partes 343
    Exercícios resolvidos e comentados 345
    Exercícios complementares 353

Capítulo 7 – Concorrência imperfeita 377
Introdução 377
Concorrência monopolística 378
Oligopólios 381
    Exercício resolvido e comentado 387
    Exercícios resolvidos e comentados 396
    Exercícios complementares 401

Capítulo 8 – Teoria dos Jogos 417
Conceitos fundamentais 417
Jogos não cooperativos 422
Equilíbrio de Nash em estratégias mistas 424
   Exercício resolvido e comentado 427
Jogos dinâmicos ou sequenciais 429
   Exercícios resolvidos e comentados 436
   Exercícios complementares 443

Sobre os autores 467

Sumário de exercícios

Capítulo 1 – Introdução
O papel dos preços em um mercado 18

Capítulo 2 – Introdução ao mecanismo de oferta e demanda
Demanda e oferta 33
Elasticidade 51

Capítulo 3 – Teoria do Consumidor
Preferências do consumidor 91
Restrição orçamentária e escolha ótima 94
A escolha ótima 95
A curva de demanda individual 119
Efeito-renda e efeito-substituição 122
Demanda de mercado 126

Capítulo 4 – Teoria do Produtor
Produção no curto prazo 140
Produção no longo prazo 170
Custos de produção 186
Maximização de lucros com perfeita competição 216
Teoria do produtor 223

Capítulo 5 – Análise de bem-estar
Suporte de preços (ou preço de garantia) e cota de produção...242

Impostos e subsídios...259

Comércio internacional...278

Capítulo 6 – Monopólio e estratégias de precificação com poder de mercado
Monopólio...312

Custo social do monopólio...317

Estratégias de precificação para empresas com poder de mercado...326

Discriminação de preço de segundo grau...327

Discriminação de preço de terceiro grau...331

Discriminação de preço intertemporal...335

Preço de pico de temporada...336

Tarifa em duas partes...341

Capítulo 7 – Concorrência imperfeita
Concorrência monopolística...375

Oligopólios...388

Capítulo 8 – Teoria dos Jogos
Equilíbrio de Nash em estratégias mistas...425

Jogos dinâmicos ou sequenciais...433

Prólogo (ou por que estudar microeconomia)

Quando falamos em economia, vêm à mente das pessoas assuntos como câmbio, juros e inflação. Essa é a parte mais famosa da disciplina, chamada de macroeconomia, que estuda as interações entre *variáveis econômicas agregadas*. Entretanto, grande parte das decisões econômicas é tomada por indivíduos e organizações em diferentes contextos e circunstâncias, este é justamente o tema da microeconomia.

> Quanto devo produzir ou plantar? Que preço devo cobrar pelo meu produto? Devo automatizar minha produção ou contratar mais trabalhadores? Devo investir em novas máquinas? Será que posso repassar para os preços um aumento de custos ou um novo imposto?

Essas são questões cotidianas das firmas que a microeconomia (ou economia de empresas) procura responder. Mas ela não para por aí. As decisões dos *consumidores* são também tema da disciplina:

> Será melhor comprar um apartamento agora ou poupar? Devo investir tempo e dinheiro fazendo uma faculdade ou uma pós-graduação ou entrar logo no mercado de trabalho? Como dividir minha renda limitada entre os diversos bens à minha disposição?

A microeconomia estuda como os agentes econômicos interagem e determinam o funcionamento de um **mercado**. Se você tem acompanhado as notícias recentemente, certamente já foi envolvido de alguma forma na discussão entre liberais, que defendem o livre mercado, ou seja, a ideia de que os mercados chegam por si sós a resultados desejáveis para a sociedade, e intervencionistas, que acreditam que o governo deve atuar de alguma forma nesses mercados (por meio de regulamentação, impostos, cotas etc.) para gerar melhores resultados e evitar distorções.

A microeconomia envolve discussões mais amplas. A disciplina é a base para vários outros campos da economia, como economia do trabalho, economia do meio ambiente, teorias do comércio, defesa da concorrência e regulação de mercados. É também fundamento para disciplinas de finanças, administração de empresas (marketing) e administração pública (economia do setor público).

Para poder participar de forma inteligente nesta discussão, você precisa primeiro entender exatamente o que são mercados, como eles funcionam, suas qualidades e limitações.

O objetivo deste livro é discutir esses temas por meio de exercícios e exemplos práticos, aplicados e adaptados à realidade brasileira. O texto também oferece ferramentas para que você entenda como decisões racionais são tomadas, fornecendo os fundamentos para compreender, de forma mais aprofundada, discussões que envolvem os vários temas nos quais a microeconomia se aplica.

Esperamos que você possa enriquecer seu repertório nesta discussão tão atual sobre o papel dos mercados e dos governos.

O livro está dividido em oito capítulos. No Capítulo 1, você encontrará uma introdução à microeconomia e ao conceito de mercado. O Capítulo 2 trata do funcionamento do mecanismo de mercado e dos conceitos fundamentais de oferta, demanda e equilíbrio. O Capítulo 3 discute a tomada de decisão dos consumidores e suas implicações para a curva de demanda. Já o Capítulo 4 faz o mesmo para produtores e para a curva de oferta. No Capítulo 5, apresenta-se uma discussão sobre eficiência e bem-estar em mercados competitivos. O Capítulo 6 trata de monopólio, poder de mercado e discriminação de preços. O Capítulo 7 discute oligopólios e setores em que há competição monopolística. Por fim, no Capítulo 8 introduz-se a Teoria dos Jogos.

Cada parte contém a apresentação dos conceitos teóricos e exercícios de dois tipos: resolvidos, comentados e complementares. Eles foram originalmente elaborados para avaliações de microeconomia nos cursos de graduação de administração de empresas e administração pública na

Escola de Administração de Empresas de São Paulo da Fundação Getulio Vargas, ao longo de mais de dez anos. Eles respondem a uma demanda da diretoria da EAESP, à época, de enfatizar a aplicação prática dos conceitos de microeconomia para alunos da instituição.

Apesar de inspirados em casos e eventos reais, as equações e os números usados nos exercícios foram adaptados para facilitar as contas, não refletindo dados empíricos reais. O espírito dos problemas e as lições que podemos aprender com eles, entretanto, estão intactos.

Nesse período, além dos autores, vários professores contribuíram com a elaboração de questões ou por meio de comentários e críticas para aprimorá-las. Entre esses professores, cabe citar Jolanda Ygosse Battisti, Robert V. C. Nicol, Cláudio A. Vieira, Jairo Abud, Carmen Varela, Adriana Schor, Arthur Barriounevo Filho, Frederico Roman, Wagner Oliveira Monteiro, Heleno Pioner e Ciro Biderman. Um destaque especial deve ser creditado à professora Jolanda Ygosse Battisti, que montou o formato original das provas cujas questões fazem parte desse livro.

Agradecemos antecipadamente o envio de qualquer informação que nos permita melhorar o texto.

Ao longo dos mais de dez anos, alguns milhares – isso mesmo, milhares – de alunos tiveram que se deparar com essas questões em provas parciais, finais e substitutivas. É a eles que este livro é dedicado.

Os autores

Introdução

A economia é a ciência social que estuda como a sociedade funciona, em especial em relação às tarefas rotineiras de uma pessoa qualquer. Essa definição ampla, dada por Alfred Marshall (1842-1924), um dos maiores economistas da história, tem sido refinada ao longo dos tempos, acompanhando a própria evolução da Teoria Econômica. Mais tarde, já no século XX, o economista britânico Lionel Robbins (1898-1984) defendeu que a economia fosse entendida como o estudo do comportamento humano no que envolve a relação entre os objetivos dos indivíduos e os meios escassos que eles possuem para alcançá-los, que podem ser utilizados de várias formas alternativas.

Curiosamente, a palavra "economia" surgiu apenas após 1890, sendo mais comumente empregado antes o termo "política econômica", que refletia uma visão predominante preocupada em embasar decisões de governo à época. Nos tempos de Adam Smith e Marx, por exemplo, dois grandes pensadores econômicos do século XIX, essa distinção entre política e economia ainda não era clara, o que nos ajuda a entender a monumental contribuição de ambos os economistas aos programas liberais e socialistas do século XIX.

Hoje, no entanto, consideramos que a economia é a ciência que estuda as relações produtivas do ser humano. Ao longo de suas vidas, as pessoas são consumidoras de produtos e, ao mesmo tempo, produtores de bens e serviços. Elas abrem firmas, trabalham para empresas, cooperam ou entram em competição. Indivíduos se organizam como sociedade, criam governos que ofertam bens públicos, regulam mercados, transferem renda, entre tantas outras possíveis atividades do setor público. O entendimento de como todos esses fenômenos ocorrem é justamente o objetivo das ciências econômicas.

A forma moderna da economia foi inaugurada pelo escocês Adam Smith (1723-1790), com seu clássico *A riqueza das nações*, de 1776. A chamada escola clássica teria ainda participantes de enorme importância, como os também britânicos David Ricardo (1772-1823), Thomas Malthus (1766-1834) e John Stuart Mill (1806-1873). Nesse tempo, não se tinha ainda o completo conhecimento das teorias do consumidor e do produtor que serão expostas neste livro, entendendo-se o mundo ainda com base na teoria do valor, ou seja, na ideia de que o valor de um bem refletiria o valor do trabalho contido nele.

Apenas após a Revolução Marginalista, na segunda metade do século XIX, é que a Teoria Econômica começa a ganhar os contornos atuais. O francês Antoine Cournot (1801-1877), por exemplo, é o primeiro a elaborar uma relação entre preço e demanda do consumidor, em 1838, além dos primeiros estudos sobre ausência de plena competição nos mercados. É, porém, com os trabalhos seminais do britânico William Stanley Jevons (1835-1882), do austríaco Carl Menger (1840-1921) e, sobretudo, do francês Léon Walras (1834-1910), que os principais resultados contidos neste livro começaram a ser alcançados. Walras foi extremamente importante ao entender a dinâmica entre oferta e demanda, além de demonstrar a existência de um equilíbrio geral nos mercados. Muito do que se enxerga como economia atualmente, sobretudo no tocante ao uso rigoroso da matemática, se deve ao seu trabalho.

O ano de 1890 foi muito importante para a economia, pois marcou a primeira tentativa de sucesso de consolidação e aprofundamento da revolução marginalista com a publicação, por Alfred Marshall, do livro *Princípios de economia*, o primeiro manual. A análise gráfica de demanda e oferta que conhecemos hoje é fruto, em sua grande parte, do trabalho de Marshall. No período a seguir, a economia passa por um desenvolvimento frenético com os trabalhos de Francis Edgeworth (1845-1926), Vilfredo Pareto (1848-1923) e Arthur Pigou (1877-1959) sobre eficiência, equilíbrio e taxação. Edward Chamberlin (1899-1967) e Joan Robinson (1903-1983), por sua vez, apresentam os primeiros tratamentos econômicos com o rigor adequado para os cenários de ausência de competição.

A lista dos grandes pensadores do século XX é vasta, incluindo os britânicos John Maynard Keynes (1883-1946) e John Hicks (1904-1989) e os norte-americanos Paul Samuelson (1915-2009) e Kenneth Arrow (1921-2017), entre tantos outros. Keynes foi especialmente influente, podendo ser considerado o fundador da abordagem econômica moderna sobre questões gerais como inflação, juros, política fiscal e política monetária. Não menos importante, os últimos cem anos da economia foram marcados pela especialização dos temas, ficando clara a divisão da economia em dois grandes ramos: a macroeconomia, iniciada na sua fase moderna por Keynes, e a microeconomia, que é objeto deste livro.

Microeconomia

A microeconomia trata da alocação de recursos escassos, ou seja, de como tirar proveito máximo dos recursos existentes. Desta forma, a microeconomia estuda os desafios que consumidores, trabalhadores e empresas se deparam dentro de seu microcosmo. Por exemplo, são questões fundamentais exploradas pela teoria microeconômica:

- O comportamento dos consumidores, que possuem uma renda limitada para adquirir produtos e para poupar, além de gostos e desejos variados;

- As decisões dos trabalhadores que, por sua vez, precisam resolver quanto tempo irão trabalhar e quanto dedicarão ao lazer ou investirão para adquirir seu nível educacional;

- As empresas, que encontram limitação em relação àquilo que podem produzir e aos recursos que podem empregar para produzir.

As análises microeconômicas podem ser positivas ou normativas

Em seu livro de 1891, *The Scope and Method of Political Economy*, John Neville Keynes (pai do ainda mais famoso economista John Maynard Keynes) distinguiu análises econômicas entre

> uma ciência positiva [...] um corpo de conhecimento sistematizado sobre "*o que é*", uma ciência normativa ou regulatória [...] um corpo de conhecimento que discute critérios sobre "*o que deveria ser*"; e uma arte [...] um sistema de regras para o atingimento de um dado objetivo (Keynes apud Friedman).[1]

John Neville Keynes pretendeu assim dividir as análises econômicas em duas grandes categorias: análises positivas, em que o analista não faz juízo de valor sobre o assunto em questão, apenas constatando fatos e relações conforme observados, e análises normativas, em que há preocupação com questões éticas e filosóficas.

Na economia, como em outras ciências, explicação e previsão baseiam-se em teorias, ou seja, em um conjunto de regras básicas e premissas desenvolvidas para explicar fenômenos observados. Na Teoria da Firma, por exemplo, supomos que os donos das empresas buscam a maximização dos lucros.

Análise positiva

A análise positiva descreve as relações de causa e efeito, ou seja, busca entender o funcionamento da economia sem elaborar qualquer juízo de valor. Do ponto de vista científico, a elaboração de teorias requer a formulação de testes empíricos que confrontam as hipóteses com a realidade, considerando as premissas adotadas. Afirmações positivas podem ser falseadas por meio de testes empíricos.

Entretanto, ao contrário da física e da biologia, as ciências sociais aplicadas, como a economia, não podem contar geralmente com experimentos controlados de laboratório. Para compensar, desenvolveram técnicas estatísticas e econométricas para isolar as possíveis causas dos fenômenos econômicos de fatores conjunturais.

---

[1] John Neville Keynes também comentou que a "confusão entre esses conceitos é comum e tem sido a fonte de erros perniciosos". Milton Friedman discutiu essa distinção em seu conhecido texto "The Methodology of Positive Economics", de *Essays in Positive Economics* (Chicago: Univ. of Chicago Press, 1966), pp. 3-16, 30-43. Disponível em: <http://kimoon.co.kr/gmi/reading/friedman-1966.pdf>. Acesso em: 6 fev. 2017). Outra referência crítica sobre essa distinção pode ser encontrada no livro *The Economics Anti-Textbook: A Critical Thinker's Guide to Microeconomics*, de Rod Hill e Tony Myatt (Zed Books, 2010).

Um exemplo é o estudo dos determinantes do salário médio de um trabalhador brasileiro. Com base em premissas da teoria microeconômica, pode-se supor que o salário é uma função de anos de educação, experiência, localização geográfica, entre outros fatores relevantes. Vamos supor, por exemplo, que o salário médio de um trabalhador seja significativamente influenciado pela escolaridade e pela experiência. Usando métodos econométricos, suponha ainda que se encontre uma relação positiva entre salário esperado e escolaridade e uma relação negativa com a experiência do indivíduo, a partir de certa idade. Esses resultados podem ser socialmente desejáveis ou indesejáveis, no entanto, o que se tem, com base nos dados, é o retrato da realidade e, nesse sentido, é uma afirmação positiva ou "posta" pela realidade.

Análise normativa

A análise normativa examina as questões relativas ao que se supõe ser adequado. Muitas vezes o microeconomista está preocupado não apenas com a compreensão dos fenômenos econômicos, mas também em alcançar uma situação desejada. A análise normativa envolve a questão do "dever ser": o que é mais ou menos desejável do ponto de vista dos valores subjetivos do pesquisador ou da sociedade.

Exemplos:

- Entre um imposto sobre a gasolina e outro sobre a importação de petróleo, qual devemos escolher?
- Devemos tributar a renda ou a herança?
- Como os *royalties* do petróleo devem ser utilizados: para financiar a educação ou outras despesas do governo?

Retornando ao exemplo do mercado de trabalho, o enunciado "Para diminuir a discriminação salarial em função da idade, o governo deve instituir medidas de incentivo à contratação de pessoas com mais experiência, sobretudo, as com mais de 65 anos" é um exemplo de afirmação normativa, pois indica algo que é um valor para a sociedade.

Mercados

Uma definição fundamental de microeconomia é a de mercados. Pode se considerar um mercado um grupo de compradores e vendedores que, por meio de suas interações efetivas ou potenciais, a partir de determinadas regras estabelecidas, definem o preço de um produto ou de um conjunto de produtos.

Dependendo das circunstâncias, os agentes econômicos podem ser compradores ou vendedores. Assim, ao definir um mercado, devemos identificar os compradores, os vendedores, a gama de produtos que pode ser vendida e sua extensão geográfica. A interação entre compradores e vendedores levará ao preço de equilíbrio.

Um mercado é considerado perfeitamente competitivo se atender a quatro pressupostos que definem essa estrutura de mercado:

- Agentes atomizados (ou tomadores de preços): isto é, presença de muitos compradores e vendedores, de tal modo que nenhum comprador ou vendedor possa, individualmente, influir de forma significativa nos preços;
- Bens homogêneos e perfeitamente divisíveis;
- Livre fluxo de fatores de produção: isto é, ausência de barreiras à entrada e à saída de mão de obra e de capital;
- Informação perfeita e completa disponível aos agentes econômicos.

É possível demonstrar que mercados funcionam eficientemente (ou seja, maximizam o bem-estar da sociedade) quando há a competição perfeita. Entretanto em diversas situações as condições acima não são atendidas, por exemplo, se em vez de muitos vendedores houver apenas um, não teremos competição perfeita, mas monopólio.

Chamamos de falhas de mercado a violação dos pressupostos de concorrência perfeita. As falhas de mercado costumam ser classificadas em quatro grandes tipos:

a. Externalidades (positivas ou negativas);

b. Bens públicos;

c. Poder de mercado;

d. Assimetrias de informação.

Na presença de falhas de mercado, a atuação do Estado pode aumentar a eficiência econômica. Mesmo os economistas mais ortodoxos, defensores do livre mercado, reconhecem este papel para a atuação do Estado na economia. O entendimento das falhas de mercado é um tópico bastante relevante para a microeconomia, porque pode justificar, em uma abordagem normativa, a intervenção do Estado.

Antes de definir de maneira mais detalhada cada uma dessas falhas de mercado e discutir como o Estado poderia atuar para corrigi-las, uma questão deve ser levantada: o que significa *organizar eficientemente a atividade econômica*? Como a economia define *eficiência*?

O conceito de eficiência utilizado na Teoria Econômica foi definido pelo economista italiano Vilfredo Pareto. Segundo a definição, **uma alocação de recursos é Pareto-ótima se não for possível melhorar a situação de um indivíduo sem piorar a de outro**.

A definição acima pertence à esfera da alocação de bens entre indivíduos. Mas o conceito de eficiência de Pareto pode ser estendido também para outras esferas da vida econômica, por exemplo, ao falar de eficiência produtiva, diz-se que uma alocação de insumos é eficiente se não for possível aumentar a produção de um bem sem diminuir a de outro.

Falhas de mercado

Como definir rigorosamente os quatro tipos de falhas de mercado? Qual deve ser o papel do Estado na correção ou na minimização dos efeitos de cada tipo de falha de mercado?

Poder de mercado

Muitos mercados não são compostos de muitos vendedores e compradores, sendo eles pequenos em relação ao tamanho do mercado e dos tomadores de preço, mas de grandes empresas com capacidade de sozinhas influenciarem nos preços. Chamamos de monopólio mercados nos quais há apenas um vendedor e muitos compradores, e de monopsônio mercados em que existem muitos vendedores e apenas um comprador. Uma empresa com a concessão para ser a única distribuidora de água em uma cidade muitas vezes é um monopólio natural. Mercados com poucas empresas ofertantes e muitos demandantes podem ser oligopólios. Por sua vez, a relação entre poucos e grandes produtores de suco de laranja concentrado e congelado, de um lado, e muitos pequenos produtores de laranja, de outro, pode ser caracterizada como um oligopsônio. Os problemas do monopólio e do monopólio natural serão tratados em maiores detalhes na Parte VI. Na sequência, na Parte VII, serão analisados os mercados em competição imperfeita, como o de oligopólios.

Externalidades

Externalidades são efeitos externos que, embora sejam importantes, por algum motivo específico não são considerados na decisão econômica de empresas e dos indivíduos, recaindo sobre terceiros que não participaram da decisão. As externalidades podem ser negativas (custos) ou positivas (benefícios). Quando são negativas, o custo social é maior do que o custo privado, e há superutilização do recurso. Quando são positivas, o benefício social é maior do que o benefício privado, e há subinvestimento no recurso.

Figura 1.1: Externalidades

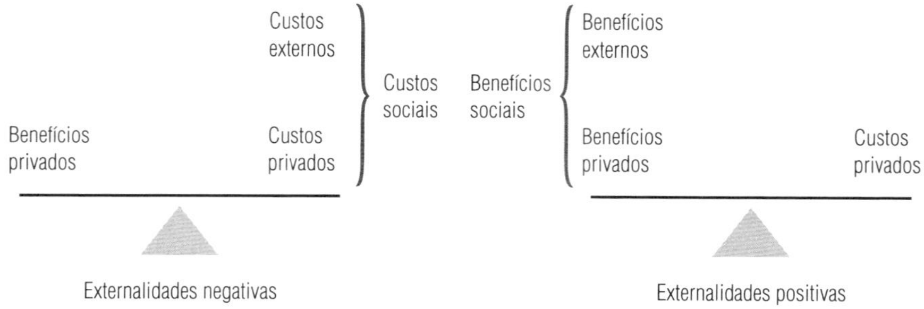

Fonte: Os autores.

Os exemplos a seguir ajudam a compreender os conceitos.

Um aluno que vai à faculdade precisa decidir se utilizará carro particular ou transporte público. Pesarão em sua decisão os custos e os benefícios do uso do transporte individual. Entre os benefícios privados, contarão o conforto, a velocidade, a segurança etc. Entre os custos privados, contarão o combustível, o estacionamento, o risco de multa ou acidente etc.

Mas o aluno não considerará em sua análise de custo-benefício os eventuais custos externos, como a poluição. O custo privado somado ao custo externo equivale ao custo social. Se há custo externo relevante, o custo social é maior do que o custo privado.

Se o aluno levasse em conta o custo social, talvez decidisse pelo transporte público. Como leva em consideração apenas os custos e benefícios privados, opta pelo automóvel particular. Ou seja, na presença de externalidades negativas, mais indivíduos utilizam automóvel particular do que o socialmente desejável. Há superutilização do recurso.

Por outro lado, suponha que um indivíduo mora em uma casa com um jardim cuja vista dá para a rua. Para decidir quanto tempo ele dedicará ao jardim, também fará uma análise do tipo custo-benefício (privados). Entre os benefícios privados, contam o prazer de acordar ou chegar em casa e poder apreciar um jardim bonito. Entre os custos privados, contam as horas de dedicação aos cuidados com o jardim ou os gastos com um jardineiro. Considerando os custos e benefícios privados, o morador decidirá quanto esforço dedicará ao seu jardim.

Mas o morador não levará em conta na sua análise o benefício externo, proporcionado aos pedestres que passam pela rua, especialmente porque os pedestres não contribuem com o trabalho empregado. Se contribuíssem, talvez o morador dedicasse mais esforço à manutenção do jardim. Como não o fazem, ele dedica menos tempo ao jardim do que o socialmente desejável. Em outras palavras, na presença de externalidades positivas, há subinvestimento nos cuidados com o jardim.

O Estado pode corrigir ou atenuar os efeitos das externalidades se conseguir *internalizar* os efeitos externos positivos ou negativos no processo de decisão individual do cidadão. No caso das externalidades negativas, a adoção de um pedágio urbano poderia internalizar os custos externos na decisão privada individual. Nas externalidades positivas, um incentivo – como um prêmio concedido aos jardins mais bem cuidados ou um desconto nos impostos pagos – pode *internalizar* os benefícios externos nas decisões privadas individuais.

Bens públicos

Um bem público é aquele que é ao mesmo tempo *não rival* e *não excludente*.

A *não rivalidade* significa que o consumo de um bem ou serviço por um indivíduo não rivaliza com o consumo do mesmo bem ou serviço por outro indivíduo. Ou, de outra maneira, que o custo de oferta de uma unidade adicional do bem ou serviço (isto é, seu custo marginal) é nulo. Assim, se uma pessoa consumir uma maçã inteira, outra não poderá consumir a mesma maçã. Mas se um navio observar a luz de um farol em alto-mar, avisando da presença de recifes, o serviço de informação prestado pelo farol não será exaurido: outro navio poderá, ao mesmo tempo até, usufruir do mesmo serviço.

Já a *não excludência* significa que não é possível excluir alguém do consumo desse bem ou serviço, o que também significa que não é possível cobrar pelo acesso ao bem ou serviço. Ainda no exemplo do farol em alto-mar, não é possível cobrar dos navios que usufruíram do serviço prestado pelo farol.

Outros exemplos de bens públicos são a iluminação pública e a segurança nacional. Se um bem público é não excludente, isto é, se não for possível cobrar pelo usufruto desse bem ou serviço, a iniciativa privada não terá interesse ou incentivo para ofertá-lo. Assim, a única possibilidade é que o Estado tome para si a tarefa de produzir e ofertar esses bens ou de contratar uma empresa da iniciativa privada, eventualmente sem fins lucrativos, para que os oferte à população.

Assimetrias de informação

Quando em uma transação entre dois entes, sejam indivíduos ou firmas, um deles sabe mais do que outro sobre as reais condições do objeto da transação, diz-se que a informação entre as partes é assimétrica.

O exemplo mais conhecido de informação assimétrica foi descrito no famoso artigo acadêmico de George Akerlof, "The Market for Lemons",[2] sobre o mercado de automóveis usados e a possibilidade de um comprador adquirir um *abacaxi* (um produto ruim, os "limões" do título em inglês).

De maneira simplificada, suponha que um comprador esteja interessado em um carro usado. Se o carro estiver em boas condições, o comprador estaria disposto a pagar até R$ 10 mil; se estiver em más condições, até R$ 5 mil. O comprador não tem conhecimento suficiente para avaliar a qualidade de um automóvel usado, mas imagina que metade dos

---

2 Akerlof, George A.: "The Market for "Lemons": Quality Uncertainty and the Market Mechanism". *The Quarterly Journal of Economics*, Vol. 84, No. 3 (Aug., 1970), pp. 488-500.

automóveis usados atualmente no mercado é de boa qualidade, e a outra metade, de má qualidade.

Isto é, o comprador imagina que a qualidade esperada dos automóveis usados atualmente no mercado, é de, em média, R$ 7,5 mil (0,5 · 10 mil + 0,5 · 5 mil). Mas, se oferecer R$ 7,5 mil, os donos dos automóveis usados de boa qualidade não vão querer vendê-lo para esse comprador, aparecerão apenas os vendedores de automóveis usados de má qualidade. Isto é, haverá *seleção adversa*, um tipo de comportamento oportunista pré-contratual (antes da assinatura de contratos de compra e venda).

Percebendo que aparecerão apenas automóveis de R$ 5 mil para ele, o comprador pode resolver oferecer R$ 5 mil em vez de R$ 7,5 mil. Nesse caso, pelo mesmo raciocínio, poderão aparecer para ele, apenas automóveis de valores ainda mais baixos.

A presença de informação assimétrica pode inviabilizar o mercado de automóveis usados. Para viabilizar a transação, o vendedor pode ofertar garantias pós-venda, ou o comprador pode contratar a avaliação de um mecânico de confiança. Observe, entretanto, que essas soluções não requerem, necessariamente, a ação do Estado.

A assimetria de informações pode também resultar em comportamento oportunista pós-contratual. Um exemplo bem conhecido é o do mercado de seguros. Suponha que o proprietário de um automóvel mude seu comportamento após a contratação de um seguro contra roubo. Antes da contratação do serviço, sempre deixava seu automóvel em estacionamentos pagos. Após, sentindo-se coberto pelo seguro, passou a estacionar seu automóvel na rua. A mudança de comportamento que aumenta a probabilidade de ocorrência do evento contra o qual se está segurado é conhecida como risco moral (em inglês, *moral hazard*).

Novamente, a presença de risco moral poderia inviabilizar o mercado de seguros contra roubo de automóveis. Entretanto, esse mercado existe. Entre as soluções, inclui-se a cobrança de franquias, em que as empresas dividem com seus segurados o eventual prejuízo decorrente do risco moral.

O papel dos preços em um mercado

Em uma economia de mercado, a alocação dos recursos escassos se dá por meio dos preços. Estes são essenciais para o funcionamento do mercado, pois eles sintetizam, de forma muito simples e evidente, duas informações fundamentais para que consumidores e produtores tomem suas decisões econômicas: o custo social de se produzir um bem e o valor subjetivo que os consumidores atribuem a esse bem. Veremos com mais detalhe como essa dinâmica se dá no Capítulo 2, entretanto precisamos desde já definir precisamente o que queremos dizer por preço.

Preços e quantidades de bens e serviços produzidos e transacionados no mercado são os atributos mais diretos e facilmente observáveis aos agentes econômicos, analistas e pesquisadores. Quantidades são mensuradas de diversas formas: unidades, quilos, litros etc. Preços, por sua vez, são definidos em termos de uma unidade monetária: reais, dólares etc., por unidade do produto. Entretanto, como os preços variam ao longo do tempo em função da inflação, é preciso compreender exatamente de que preço estamos falando, o preço nominal ou o preço real.

- Preço nominal: preço absoluto de um bem, sem nenhum ajuste decorrente da inflação. É o preço que está na etiqueta do produto.

- Preço real: preço de um bem relativo a uma medida agregada de preços – ou seja, preço ajustado de acordo com a inflação.

A relação do preço entre duas mercadorias, isto é, o preço relativo, indica o valor de um produto em função de outro.

Inflação e índices de preços

Para calcular o preço real de um bem, ou seja, ajustá-lo à inflação, usamos índices de preços que medem a evolução do poder de compra do dinheiro ao longo do tempo. Esses indicadores se dividem em dois grandes grupos: Índices de Preços ao Consumidor e Índices de Preços ao Produtor (ou preço no atacado):

- IPC: O Índice de Preços ao Consumidor acompanha a evolução do custo de aquisição de uma cesta de mercadorias adquiridas por um consumidor representativo, em algum ano-base, ao longo do tempo.

- IPP: O Índice de Preços ao Produtor mensura a variação do custo de aquisição de uma cesta de bens composta geralmente por matérias-primas e produtos intermediários. São preços de atacado.

No Brasil, os principais medidores são o Índice Nacional de Preços ao Consumidor (INPC) e o Índice de Preços ao Consumidor Amplo

(IPCA, atualmente o índice oficialmente considerado no sistema de metas de inflação), ambos calculados e divulgados pelo Instituto Brasileiro de Geografia e Estatística (IBGE), e o Índice Geral de Preços (IGP), calculado e divulgado pela Fundação Getulio Vargas (FGV).

IGP – FGV

Os Índices Gerais de Preços (IGP) foram criados no fim dos anos 1940 para ser uma medida abrangente do movimento de preços, sendo compostos de uma média aritmética ponderada de subíndices:

- Índice de Preços por Atacado (IPA): 60%, abrangendo especialmente os bens comercializáveis entre países (*tradeables*);

- Índice de Preços ao Consumidor (IPC): 30%, abrangendo famílias com rendimento mensal de 1 a 33 salários mínimos nas sete principais capitais do Brasil (São Paulo, Rio de Janeiro, Belo Horizonte, Salvador, Recife, Porto Alegre e Brasília);

- Índice Nacional de Custo da Construção (INCC): 10%, como indicador dos preços dos investimentos.

O período de coleta do IGP-DI é do dia 1º ao dia 30 de cada mês, e o índice é divulgado até o dia 10 do mês seguinte. Já o período de coleta do IGP-M é do dia 21 ao dia 20 do mês subsequente, e é divulgado até o dia 30 de cada mês. Por essa característica – por estar disponível ao final de cada mês –, o IGP-M é usualmente utilizado para reajuste dos contratos, em especial dos contratos de aluguel.

Índices do IBGE

O IBGE calcula e divulga o Índice Nacional de Preços ao Consumidor (INPC) e o Índice de Preços ao Consumidor Amplo (IPCA).

- A população-objetivo do INPC abrange as famílias com rendimento mensal entre 1 e 5 salários mínimos cujo(a) chefe é assalariado em sua ocupação principal e residentes em áreas urbanas.

- A do IPCA abrange as famílias com rendimento mensal entre 1 e 40 salários mínimos, qualquer que seja a fonte de rendimentos, e residentes nas áreas urbanas das regiões.

O período de coleta do INPC e do IPCA estende-se, em geral, do dia 1º ao dia 30 do mês de referência.

No exercício resolvido e comentado a seguir mostramos como ajustar o preço nominal dos bens usando índices de preços (IPCs), de forma a eliminar o efeito da inflação.

Exercício resolvido e comentado

1. **A maior bilheteria do cinema nacional**

    O sucesso comercial de um filme é medido pela sua arrecadação de bilheteria. Até 2015, o filme brasileiro com maior bilheteria era *Tropa de Elite 2*, de 2010, com arrecadação de R$ 103,5 milhões. Para comparar, a bilheteria no Brasil do *blockbuster Titanic*, de 1998, foi de R$ 89 milhões. A cifra inclui tanto o lançamento original em 1998 quanto o relançamento em 3D em 2013, mas, para efeitos deste exercício, suponha que se refira apenas à bilheteria de 1998. Considerando que o índice de inflação medido pelo IPCA (número índice, dezembro de 1993 = 100) em dezembro de 1998 era 1.458,20, em dezembro de 2010 era de 3.195,89 e que em maio de 2016 era de 4.675,23, qual é o valor real em maio de 2016 da arrecadação dos dois filmes? Qual arrecadou mais em termos reais?

    Em termos nominais, a arrecadação de *Tropa de Elite 2* (R$ 103,5 milhões) foi 16,3% maior do que a de *Titanic* (R$ 89 milhões).

    Para comparar os valores reais, entretanto, é necessário antes atualizá-los. Pode-se fazer isso por meio de uma simples regra de três, dividindo-se o valor nominal pelo Índice de Preços (IPC) que prevalecia na data, e depois multiplicando-se pelo IPC na data em que queremos fazer a comparação. Para o exemplo dado, o valor nominal da arrecadação em dezembro de 1998 (R$ 89 milhões) foi dividido pelo IPCA da mesma data (1458,20) e depois multiplicado pelo IPCA da data escolhida para análise (no caso, maior de 2016, portanto, um IPCA de 3195,89).

    O valor real, em maio de 2016, da arrecadação de *Titanic* é, portanto, de R$ 285,3 milhões (= R$ 89 milhões · 4.675,23/1.458,20). Analogamente, o valor real da arrecadação de *Tropa de Elite 2* a preços de maio de 2016 é de R$ 151,4 milhões (= R$ 103,5 milhões · 3.195,89/1458,20). Assim, em termos reais, *Titanic* arrecadou 88,4% a mais do que *Tropa de Elite 2*.

Exercícios complementares

1. **Valores ao longo do tempo**

    1.1 Se você comprou um imóvel em janeiro de 1998 por R$ 100 mil, qual o mínimo que ele tem que valer hoje, em milhares de reais (R$), para que você não tenha perdido dinheiro, em termos reais? Assuma que o Índice de Preços ao Consumidor Amplo (IPCA, dezembro de 1993 = 100) em janeiro de 1998 era de 1.444,60 e em maio de 2016 era de 4.675,23.

    1.2 Você comprou uma ação em janeiro de 1998 por R$ 17,00, e ela se valorizou 110% da data da compra até hoje. Considerando os valores do IPCA do item anterior, qual foi a valorização percentual desta ação em termos reais? Qual teria sido o melhor investimento, o imóvel ou a ação?

2. **Evolução do salário mínimo no Brasil**

    2.1 Procure no site do IPEADATA (http://www.ipeadata.gov.br/), em "Séries mais usadas" a variável "salário mínimo" e responda: qual era o valor nominal do salário mínimo em janeiro de 1995, quando o presidente Fernando Henrique Cardoso assumiu seu primeiro mandato, e em dezembro de 2002, último mês de seu segundo mandato? Qual foi o aumento nominal do salário mínimo durante seus dois mandatos?

    2.2 Procure agora, no mesmo site, o valor do salário mínimo em janeiro de 2003, primeiro mês do primeiro mandato do presidente Lula, e em dezembro de 2010, último mês do segundo mandato do presidente Lula. Qual foi o aumento real?

2.3 Considere o índice de inflação medido pelo IPCA (dezembro de 1993 = 100). Veja, ainda no site do IPEADATA, quais eram os índices para janeiro de 1995, dezembro de 2002, janeiro de 2003 e dezembro de 2010. Com essas informações, atualize todos os valores para dezembro de 2010 e responda: quem deu o maior aumento real de salário mínimo, FHC ou Lula?

2.4 Veja também no IPEADATA a variável "salário mínimo real", que deflaciona os salários mínimos pelo INPC a partir de março de 1979 e por vários outros índices de inflação antes dessa data. Considerando todo o período, de julho de 1940 até o mês mais recente, quem deu o maior aumento de salário mínimo em um único mês?

3. **Atualização monetária no Brasil**

O anúncio acima, de 23 outubro de 1955, informava que a prestação mensal para o financiamento de uma casa própria no Jardim Morumbi, onde havia sido inaugurada uma linha de ônibus que passava pelo Brooklin (e cujo trajeto era "quase todo asfaltado"), era de Cr$ 1.722,20, por quinze anos.

Você saberia dizer quanto valeria a prestação em preços atuais?

Passo 1: Use a Tabela 1.1 para transformar cruzeiros antigos (Cr$) de outubro de 1955 em reais de 2016.

Passo 2: Atualize o valor encontrado utilizando para hoje (junho de 2013), por exemplo, o IGP-DI. A Tabela 1.2, abaixo, deve ajudar.

Tabela 1.1: Conversão de moedas brasileiras (1947-atualidade)

MOEDA	PERÍODO DE VIGÊNCIA	Cruzeiro Cr$	Cruzeiro Novo NCr$	Cruzeiro Cr$	Cruzado Cz$	Cruzado Novo NCz$	Cruzeiro Cr$	Cruzeiro Real CR$	Real R$
Cruzeiro Cr$	01/11/42 a 12/02/67	–	/ 1.000	/ 1.000	/ 1.000^2	/ 1.000^3	/ 1.000^3	/ 1.000^4	/ 1.000^5 · 2,75
Cruzeiro Novo NCr$	13/12/67 a 14/05/70	· 1.000	–	–	/ 1.000	/ 1.000^2	/ 1.000^2	/ 1.000^3	/ 1.000^4 · 2,75
Cruzeiro Cr$	15/05/70 a 27/02/86	· 1.000	–	–	/ 1.000	/ 1.000^2	/ 1.000^2	/ 1.000^3	/ 1.000^4 · 2,75
Cruzado Cz$	28/02/86 a 15/01/89	· 1.000^2	· 1.000^2	· 1.000	–	/ 1.000	/ 1.000	/ 1.000^2	/ 1.000^3 · 2,75
Cruzado Novo NCz$	16/01/89 a 15/03/90	· 1.000^3	· 1.000^2	· 1.000^2	· 1.000	–	–	/ 1.000	/ 1.000^2 · 2,75
Cruzeiro Cr$	13/03/90 a 31/07/93	· 1.000^3	· 1.000^2	· 1.000^2	· 1.000^2	–	–	/ 1.000	/ 1.000^2 · 2,75
Cruzeiro Real CR$	01/08/93 a 30/06/94	· 1.000^4	· 1.000^3	· 1.000^3	· 1.000^2	· 1.000	· 1.000	–	/ 1.000 · 2,75
Real R$	Desde 01/07/94	· 1.000^5 · 2,75	· 1.000^4 · 2,75	· 1.000^4 · 2,75	· 1.000^3 · 2,75	· 1.000^2 · 2,75	· 1.000^2 · 2,75	· 1.000 · 2,75	–

Fonte: Elaborada a partir de informações do Banco Central.

Tabela 1.2: IGP-DI, número índice (agosto de 1994 = 100), outubro de 1955 e maio de 2016

Data	IGP-DI – geral – índice (ago. 1994 = 100)
10/1955	3,9954E-13
06/2016	636,468

Fonte: Elaborada a partir de informações do Banco Central.

Assim, considerando os preços de hoje, qual era o valor do financiamento da casa própria no Morumbi em outubro de 1955?

Introdução ao mecanismo de oferta e demanda

Introdução

Este capítulo demonstra como o modelo de oferta e demanda pode descrever o comportamento de consumidores e produtores em mercados competitivos. Em linhas gerais, um mercado competitivo é aquele onde há muitos compradores e vendedores de um mesmo bem ou serviço, de forma que as decisões de cada um deles, individualmente, têm impacto insignificante sobre o preço de mercado.

Inicialmente, serão apresentados os conceitos de demanda e de oferta, seus determinantes e o equilíbrio no mercado competitivo. Posteriormente será introduzida a análise das elasticidades da oferta e da demanda – uma medida da resposta dos compradores e vendedores às mudanças em seus principais determinantes.

Demanda e oferta

Demanda

A função de demanda por um bem pode ser expressa da seguinte forma:

$$Q_X^D = f(P_X, P_R, R, G, \mathcal{N} \ldots)$$

Onde Q_X^D é a quantidade de um bem X que os indivíduos desejam e podem adquirir. Ela depende do preço do próprio bem (P_X), do preço de bens relacionados (P_R) – substitutos ou complementares –, da renda dos indivíduos (R), das preferências ou gosto dos indivíduos (G), do número de consumidores (N), entre outros fatores.

É possível representar graficamente e algebricamente a relação entre a quantidade demandada Q_X^D e qualquer uma das variáveis citadas. Entretanto o que se conhece como curva de demanda refere-se especificamente à relação entre a quantidade demandada Q_X^D e o preço do bem P_X.

Figura 2.1: Curva de demanda

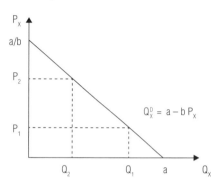

Fonte: Os autores.

A curva de demanda mostra a quantidade do bem que os consumidores estão dispostos a comprar a cada nível de preço, considerando constantes todos os demais fatores (*ceteris paribus*). Quanto maior o preço, menor será a quantidade demandada, ou seja, quantidade demandada e preço são negativamente relacionados. Assim, quando o preço do bem se modifica, há um movimento ao longo da curva de demanda.

Observe o sentido da causalidade: a quantidade demandada, que é a variável dependente, está representada no eixo horizontal. A quantidade demandada é função do preço, a variável independente, que está representada no eixo vertical. O sentido da causalidade é do preço (eixo vertical) para a quantidade demandada (eixo horizontal).[1]

E os demais fatores? Como influenciam a demanda? Variações nesses fatores deslocarão a curva de demanda.

---

[1] Sobre a inversão dos eixos na economia em relação à física, veja-se, por exemplo, *Supply and Demand and QWERTY*, post do economista Paul Krugman publicado em seu blog (The Conscience of a Liberal) em 08/02/2011. Disponível em: <https://krugman.blogs.nytimes.com/2011/02/08/supply-and-demand-and-qwerty/?mcubz=0>. Acesso em: nov. 2016.

Figura 2.2: Deslocamentos da curva de demanda

Aumento na demanda: para qualquer preço, a quantidade demandada será maior

Redução na demanda: para qualquer preço, a quantidade demandada será menor

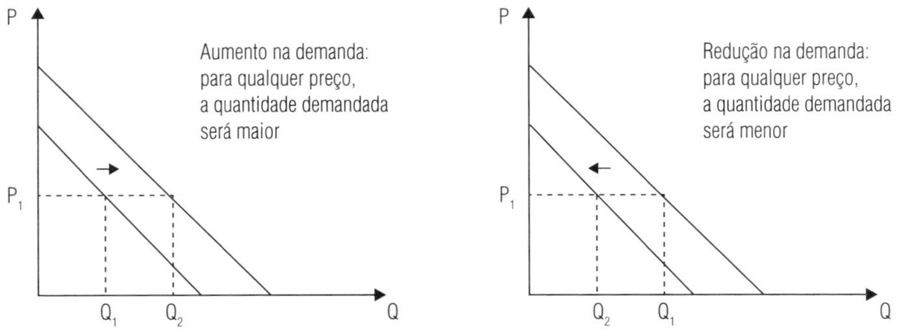

Fonte: Os autores.

É importante diferenciar <u>movimentos ao longo da curva de demanda</u> (em que ocorre apenas uma variação na quantidade demandada) de <u>deslocamentos da curva de demanda</u> (quando a reta inteira se desloca). Variações no preço do bem levam a movimentos ao longo da curva de demanda. Já um aumento da demanda é representado por um deslocamento da curva para a direita – para qualquer preço, os consumidores demandam uma maior quantidade de bens ou serviço. Se há uma redução da demanda, a curva se desloca para a esquerda, e os consumidores demandam menor quantidade de bens e serviços para qualquer nível de preço.

Fatores que deslocam a demanda

- Renda

    Em geral, quando a renda aumenta, a demanda pela maioria dos bens também aumenta, deslocando a curva para a direita. Esses bens são denominados "bens normais". No entanto, a demanda por alguns bens pode se reduzir com um aumento da renda. Os bens para os quais a demanda cai com o aumento da renda são denominados "bens inferiores". Neste caso, o deslocamento da curva de demanda será para a esquerda.[2]

---

[2] Mais detalhes sobre bens inferiores serão apresentados ainda neste capítulo e, posteriormente, no Capítulo 3.

- Preço dos bens relacionados

    Um aumento no preço de um bem substituto deverá aumentar a demanda, deslocando a curva para a direita. No caso do aumento no preço de um bem complementar, a demanda deverá se reduzir, deslocando-se para a esquerda.

- Preferências

    Quando as preferências se alteram, por exemplo, quando um bem sai de moda, a demanda se reduz, deslocando-se para a esquerda. O inverso ocorre quando um bem entra na moda.

- Número de consumidores

    A curva de demanda de mercado é a soma das demandas individuais. Assim, um aumento (redução) no número de consumidores deverá deslocar a demanda para a direita (esquerda).

Um exemplo: como incorporar renda na função de demanda?

Considere as seguintes demandas:

$$\text{Demanda por } X: Q_X^D = a - bP_X + cR$$

$$\text{Demanda por } Y: Q_Y^D = a - bP_Y - cR$$

Onde: Q_X^D e P_X são respectivamente quantidade demandada e preço de X, Q_Y^D e P_Y são respectivamente quantidade demandada e preço de Y, e R é a renda dos indivíduos. Os bens X e Y são normais ou inferiores?

O bem X é um bem normal. O sinal positivo do coeficiente associado à variável R indica que a renda e a quantidade demandada variam na mesma direção. Assim, para um aumento da renda, qualquer que seja o preço de X, os consumidores demandam uma maior quantidade de X. Nesse caso, um aumento na demanda seria representado por um deslocamento para a direita da curva de demanda.

No caso do bem Y isso não ocorre. A variável R e a quantidade demandada são negativamente relacionadas. Como o bem Y é um bem inferior, um aumento na renda deslocaria a demanda para a esquerda.

Oferta

A função de oferta de bem pode ser expressa da seguinte forma:

$$Q_X^S = f(P_X, P_R, P_I, T, \mathcal{N} \ldots)$$

Onde Q_X^S é a quantidade de um bem X que os produtores estão dispostos e podem ofertar. Ela depende do preço do próprio bem (P_X), do preço dos bens relacionados (P_R) – substitutos ou complementares –, do preço dos insumos (P_I), da tecnologia (T), do número de produtores $(\mathcal{N})$, entre outros fatores.

Tal como no caso da demanda, também seria possível representar graficamente e algebricamente a relação entre a quantidade ofertada Q_X^S e qualquer uma das variáveis acima. Mas o que se entende por curva de oferta diz respeito apenas à relação entre a quantidade ofertada Q_X^S e o preço do bem P_S.

Figura 2.3: Curva de oferta

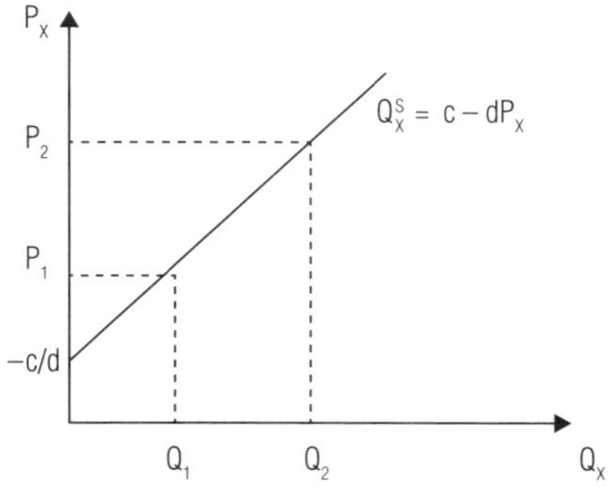

Fonte: Os autores.

A curva de oferta mostra a quantidade do bem que os produtores estão dispostos e podem ofertar a cada preço, considerando constantes todos os demais fatores (*ceteris paribus*). A relação entre o preço, e a quantidade ofertada é positiva – quanto maior o preço, maior será a quantidade ofertada. Quando o preço do bem se modifica há, portanto, um movimento ao longo da curva de oferta.

De forma análoga à demanda, também é importante distinguir <u>movimentos ao longo da curva de oferta</u> (em que ocorre apenas uma variação na quantidade ofertada) de <u>deslocamentos da curva de oferta</u> (quando há variações na oferta). Um aumento na oferta é representado por um deslocamento da curva para a direita – a qualquer preço, os produtores estão dispostos a ofertar uma maior quantidade de bens ou serviço. Uma redução na oferta significa que, qualquer que seja o preço, a quantidade que os produtores estão dispostos a ofertar será menor, o que é representado por um deslocamento para a esquerda da curva.

Figura 2.4: Deslocamentos da curva de oferta

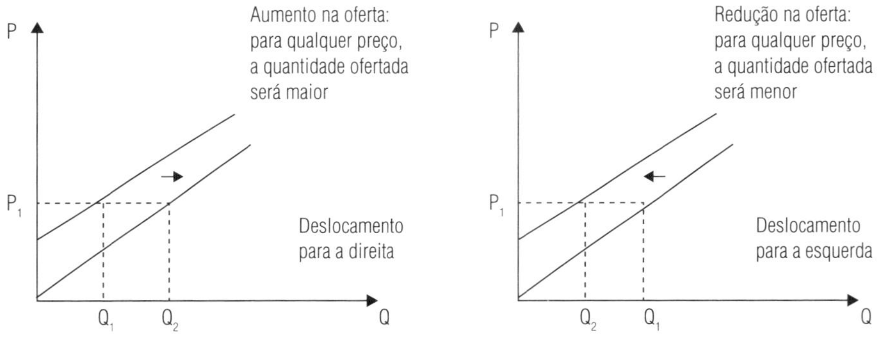

Fonte: Os autores.

Fatores que deslocam a oferta

- O preço dos insumos
  Variações no preço dos insumos impactam sobre o custo de produção de um bem. Um aumento no preço dos insumos torna a produção do bem mais cara, o que tende a reduzir a quantidade que os produtores estariam dispostos a ofertar, a qualquer preço – a curva de oferta se desloca para a esquerda. Para uma redução do preço dos insumos, a curva de oferta se descolaria para a direita.

- Preço de bens relacionados
  Muitas vezes um produtor produz mais de um produto. Um bem é considerado substituto na produção quando um aumento no seu preço reduz a oferta de outro bem. Nesse caso, a curva de oferta desse outro bem se desloca para a esquerda, indicando que, para qualquer preço, a quantidade que os produtores estão dispostos a

ofertar será menor. O inverso ocorre para uma redução no preço do bem substituto. Por exemplo: uma refinaria que produz gasolina e óleo combustível a partir do petróleo bruto.

Dois bens podem ser considerados complementares na produção quando um deles surge como um subproduto do outro. Por exemplo: produtores de petróleo que na perfuração do solo também produzem gás natural. Um aumento no preço do petróleo deverá aumentar a quantidade ofertada de gás natural, qualquer que seja o seu preço – deslocando a curva de oferta para a direita. O inverso acontece para uma redução no preço.

- Tecnologia
  Um avanço tecnológico tende a reduzir o custo de produção e aumentar a oferta – deslocando a curva de oferta para a direta.

- Número de produtores
  Como a curva de oferta do mercado é a soma das ofertas individuais, um aumento (redução) no número de produtores deverá deslocar a oferta para a direita (esquerda).

Um exemplo: como incorporar o custo dos insumos na função de oferta?

Considere a seguinte curva de oferta:

$$Q_X^S = c + dP_X - eP_I$$

Onde: Q_X^S e P_X e são respectivamente quantidade demandada e preço de X, e P_I é o preço dos insumos. O que aconteceria se P_I aumentasse?

Observe que Q_X^S e P_I são negativamente relacionados, indicando que para um aumento no preço dos insumos, qualquer que seja o preço de X, a quantidade que os produtores estão dispostos e podem ofertar será menor. O inverso é válido para uma redução no preço dos insumos. Neste caso, a curva de oferta se deslocaria para a direita, indicando que, para qualquer preço de X, os produtores estariam, agora, dispostos a ofertar uma maior quantidade de X.

Equilíbrio de mercado

O equilíbrio de mercado ocorre no ponto em que as curvas de oferta e demanda se cruzam. Ao preço de equilíbrio, a quantidade do bem que os consumidores desejam e podem adquirir (Q^D) é exatamente igual à quantidade que os produtores desejam e podem vender (Q^S). Há uma coincidência de desejos.

Figura 2.5: Equilíbrio de mercado

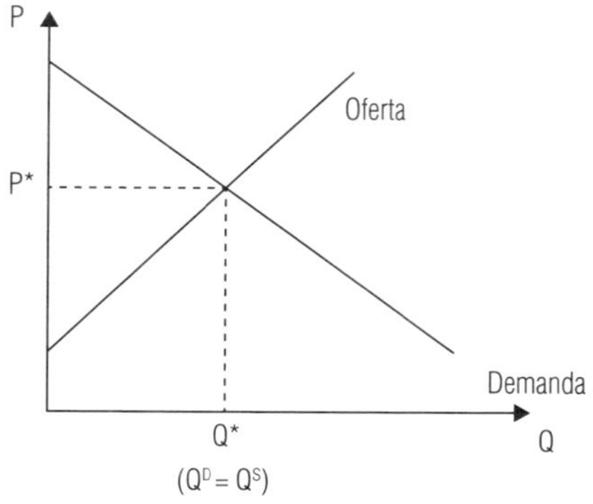

[figura]

Fonte: Os autores.

Para qualquer preço acima do equilíbrio, a quantidade ofertada será maior que a quantidade demanda – haverá um excesso de oferta. Diante de um aumento nos seus estoques, os produtores passam a oferecer o seu produto a preços menores. Os consumidores, por sua vez, começam a negociar preços também menores. O equilíbrio só ocorrerá ao preço P^*, quando $Q^D = Q^S$.

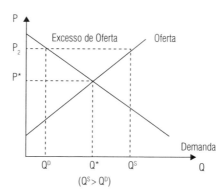

Figura 2.6: Excesso de oferta

Fonte: Os autores.

Ao contrário, para qualquer preço abaixo do equilíbrio, a quantidade demandada será maior do que a quantidade ofertada – haverá um excesso de demanda. Nesse caso, os consumidores, não sendo capazes de comprar tudo que desejam, estarão dispostos a pagar mais. Os produtores, diante da escassez, elevam os seus preços, sem que suas vendas se reduzam. Da mesma forma, o equilíbrio só será alcançado ao preço P^*, quando $Q^D = Q^S$.

Figura 2.7: Excesso de demanda

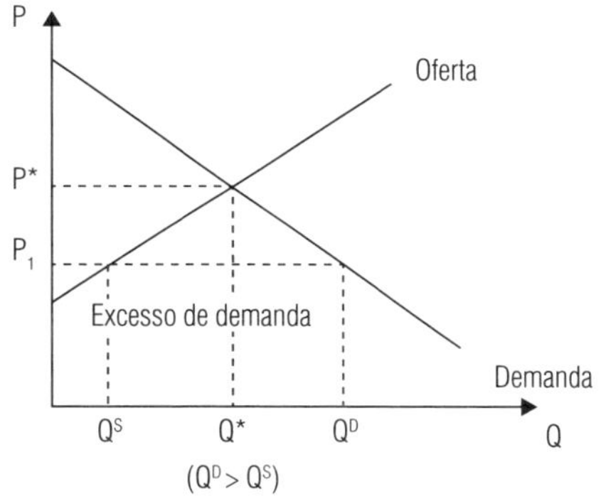

Fonte: Os autores.

Alterações do equilíbrio

Alterações na oferta e/ou na demanda alteram o equilíbrio de mercado. A análise dessas alterações é denominada *estática comparativa* – comparação de dois equilíbrios: equilíbrio inicial e um novo equilíbrio. Como será observado abaixo, um aumento na demanda aumenta o preço e a quantidade de equilíbrio. Um aumento na oferta reduz o preço de equilíbrio e aumenta a quantidade de equilíbrio.

Suponha um aumento de renda que desloque a curva de demanda do bem X para a direita. Ao preço de equilíbrio inicial P^* o mercado não estará mais em equilíbrio – haverá agora um excesso de demanda $(Q_2 - Q_0)$, o que induzirá um aumento dos preços. Um novo equilíbrio será estabelecido ao preço P_1 e quantidade Q_1. O oposto ocorre para uma redução na demanda.

Figura 2.8: Alteração do equilíbrio decorrente de deslocamento da demanda

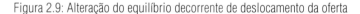

Fonte: Os autores.

Considere agora, em vez de um aumento da renda, uma redução nos preços dos insumos. A curva de oferta do bem X se desloca para a direita. Ao preço de equilíbrio inicial P_0 haverá um excesso de oferta $(Q_2 - Q_0)$, o que levará os produtores a reduzirem os seus preços. O novo equilíbrio será encontrado a um preço menor e quantidade maior – ao preço P_1 e quantidade Q_1. Para um aumento no preço dos insumos, o impacto será o oposto.

Figura 2.9: Alteração do equilíbrio decorrente de deslocamento da oferta

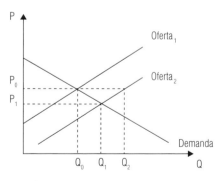

Fonte: Os autores.

Exercícios resolvidos e comentados

1. **Choques de oferta e demanda sobre o mercado de álcool**

   MINISTRO DIZ QUE NÃO HÁ JUSTIFICATIVA PARA FORTE ALTA DO ÁLCOOL
   O ministro Luis Carlos Guedes Pinto (Agricultura) afirmou hoje que não há justificativa para a "elevada" alta do preço do álcool nos postos de combustível registrada nos últimos dias. Com o **início da entressafra**, o preço do álcool subiu em média 1,2% no país e 3% em São Paulo na semana passada. [...]
   Entre os fatores sazonais para a pressão sobre os preços, o ministro citou as **festas de fim de ano e férias escolares** e a substituição do transporte aéreo pelo rodoviário devido à **crise nos aeroportos**.
   Outro fator que pressionou o valor do litro é que o álcool continua a ser mais atrativo que a gasolina para os donos de **carros bicombustíveis** em vários Estados, como em São Paulo. Os carros *flex fuel*, entretanto, tem um importante papel na regulação do mercado, segundo o ministro.

   Folha de S.Paulo, 04/01/2007

   USINEIROS DIZEM QUE PREÇO DO ÁLCOOL É DETERMINADO PELO MERCADO
   O ministro da Agricultura, Luis Carlos Guedes, informou nesta sexta-feira que o presidente Luiz Inácio Lula da Silva recomendou o acompanhamento atento do mercado para que, caso os preços do álcool subam "de forma descontrolada", o Cima (Conselho Interministerial do Açúcar e do Álcool) seja convocado a fim de **rever o percentual do combustível misturado à gasolina**, que hoje está em 23%.
   Em resposta à ameaça do governo de reduzir o percentual de álcool na gasolina, a Unica (União da Indústria da Cana de Açúcar) divulgou no início desta noite que o preço do álcool combustível funciona em regime de livre mercado desde o final da década de 1990 e reage de acordo com a oferta e demanda.
   "Vale ressaltar que o álcool é o único combustível cujos preços são determinados pelo mercado, sendo influenciado pelos períodos de safra e entressafra", diz em nota.

   Folha de S.Paulo, 04/01/2007

Avalie os seguintes choques sobre o mercado de álcool combustível, desenhando a nova curva de demanda ou oferta e indicando o novo ponto de equilíbrio. Indique também se o preço de mercado do álcool e a quantidade de equilíbrio sobem ou caem, circulando a opção correta.

Para avaliar como cada um dos choques afeta o mercado de álcool combustível, siga os seguintes passos:

Avaliação de alterações do equilíbrio de mercado
I. Avaliar se um determinado evento muda a demanda, a oferta ou ambas. Ou ainda, avaliar se há apenas um movimento ao longo das curvas. II. Determinar se as curvas são deslocadas para a direita ou a esquerda. III. Determinar como essas mudanças afetam o preço e a quantidade de equilíbrio.

Assim:

CHOQUES		QUANTIDADE	PREÇO
1.1 Entressafra da cana		SOBE **CAI**	**SOBE** CAI
1.2 Férias e festas de final de ano		**SOBE** CAI	**SOBE** CAI
1.3 Crise nos aeroportos		**SOBE** CAI	**SOBE** CAI
1.4 Redução no percentual de álcool misturado à gasolina		SOBE **CAI**	SOBE **CAI**

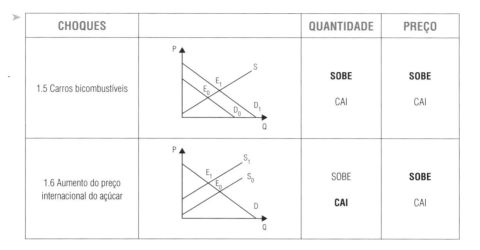

2. **Mercado de fibra**

APÓS SOFRER COM OFERTA ELEVADA, ALGODÃO É PREJUDICADO PELO PETRÓLEO [3]

A produção mundial de algodão da safra 2015/16, segundo avaliação do Departamento de Agricultura dos Estados Unidos (USDA), deverá recuar para o menor patamar em 12 anos. As fibras sintéticas, derivadas do petróleo, têm aumentado substancialmente a sua participação no mercado têxtil em detrimento das fibras naturais, em especial, o algodão. Esta situação tem se acentuado desde a recente queda nos preços internacionais do petróleo. Os menores preços do petróleo têm sido repassados para os preços das fibras sintéticas, impactando negativamente a demanda de algodão.

Folha de S.Paulo, 17/02/2016

Parte A – Mercado de algodão

Suponha que a oferta e a demanda de algodão possam ser representadas pelas seguintes equações:

$$Q_A^D = 400 - 24P_A + 20P_{FS}$$

$$Q_A^S = 160 + 8P_A$$

---

[3] Disponível em: <http://www1.folha.uol.com.br/colunas/vaivem/2016/02/1740195-apos-sofrer-com-oferta-elevada-algodao-e-prejudicado-pelo-petroleo.shtml>. Acesso em: 01 dez. 2016.

Em que Q_A^D e Q_A^S estão expressas em milhões de toneladas, e P_A e P_{FS} são, respectivamente, os preços do algodão e da fibra sintética em dólares por tonelada.

2.1 Calcule o preço e a quantidade de equilíbrio para 2015, admitindo que o preço da fibra sintética P_{FS} é US$ 20,00 por tonelada.

Substituindo $P_{FS} = 20$, na função demanda, temos:

$Q_A^D = 400 - 24P_A + 20P_{FS}$

$Q_A^D = 400 - 24P_A + 20(20)$

$Q_A^D = 800 - 24P_A$

Igualando demanda e oferta, obtemos preço e quantidade de equilíbrio:

$Q_A^D = Q_A^S$

$800 - 24P_A = 160 + 8P_A$

$32P_A = 640$

$P_A = $ US$ 20,00 por tonelada

Substituindo em uma das duas equações, encontramos:

$Q_A^D = 800 - 24P_A$

$Q_A^D = 800 - 24(20)$

$Q_A^D = 320$ milhões de toneladas

Em 2015, eram comercializados 320 milhões de toneladas de algodão ao preço de US$ 20,00 por tonelada.

2.2 Suponha que, segundo as expectativas para 2016, a redução do preço do petróleo ocasione uma redução no preço da fibra sintética para $P_{FS} = $ US$ 10,00 por tonelada. Encontre a nova demanda por algodão e os novos preço e a quantidade de equilíbrio. Represente em um gráfico as curvas de oferta e demanda para os dois anos, indicando os respectivos preços e quantidades de equilíbrio.

Substituindo $P_{FS} = 10$ na função de demanda, temos:

$Q_A^D = 400 - 24P_A + 20P_{FS}$

$Q_A^D = 400 - 24P_A + 20(10)$

A demanda para 2016 será: $Q_A^D = 600 - 24P_A$

Igualando demanda e oferta, obtemos preço e quantidade de equilíbrio:

$Q_A^D = Q_A^S$

$600 - 24P_A = 160 + 8P_A$

$32P_A = 440$

P_A = US$ 13,75 por tonelada

Substituindo em uma das duas equações, encontramos:

$Q_A^D = 600 - 24P_A$

$Q_A^D = 600 - 24(13,75)$

$Q_A^D = 270$ milhões de toneladas

Com a queda do preço da fibra sintética, em 2016 serão comercializados 270 milhões de toneladas de algodão ao preço de US$ 13,75 por tonelada.

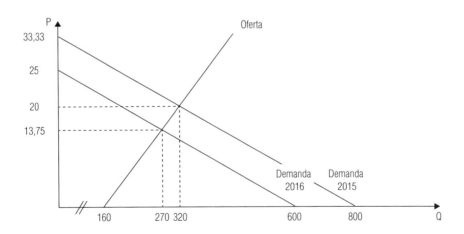

Oferta: $Q_A^S = 160 + 8P_A$

Demanda de 2015: $Q_A^D = 800 - 24P_A$

Demanda de 2016 terá a mesma inclinação e intercepto diferente: $Q_A^D = 600 - 24P_A$

Parte B – Mercado de fibra sintética

Vejamos agora um possível impacto de uma variação no preço do petróleo no mercado de fibra sintética. Suponha que a oferta e a demanda da fibra sintética possam ser representadas pelas seguintes equações:

$$Q_{FS}^{D} = 400 - 18P_{FS}$$

$$Q_{FS}^{S} = 100 + 2P_{FS}$$

Em que Q_{FS}^{D} e Q_{FS}^{S} estão expressas em milhões de toneladas, e P_{FS} é o preço da fibra sintética em dólares por tonelada.

2.3 Calcule o preço e a quantidade de equilíbrio para 2015.

Igualando demanda e oferta, obtemos preço e quantidade de equilíbrio:

$Q_{FS}^{D} = Q_{FS}^{S}$

$400 - 18P_{FS} = 100 + 2P_{FS}$

$20P_{FS} = 300$

P_{FS} = US$ 15,00 por tonelada

Substituindo em uma das duas equações, encontramos:

$Q_{FS}^{S} = 100 + 2P_{FS}$

$Q_{FS}^{S} = 100 + 2(15)$

Q_{FS}^{S} = 130 milhões de toneladas

Em 2015, eram comercializados 130 milhões de toneladas de fibra sintética ao preço de US$ 15,00 por tonelada.

2.4 Suponha agora que com a redução no preço do petróleo em 2016, a oferta de fibra sintética aumente em 50%. Encontre a nova oferta de fibra sintética, os novos preços e a quantidade de equilíbrio. Represente em um gráfico a curva de demanda e as curvas de oferta para os dois anos, indicando os respectivos preços e as quantidades de equilíbrio.

A nova oferta de fibra sintética de 2016 será:

$Q_{FS}^{S'} = 1,5\ (Q_{FS}^{S}) = 1,5\ (100 + 2P_{FS}) = 150 + 3P_{FS}$

$Q_{FS}^{S'} = 150 + 3P_{FS}$

Igualando demanda e oferta, obtemos preço e quantidade de equilíbrio:

$Q_{FS}^{D} = Q_{FS}^{S'}$

$400 - 18P_{FS} = 150 + 3P_{FS}$

$20P_{FS} = 250$

P_{FS} US$ 12,5 por tonelada

Substituindo em uma das duas equações, encontramos:

$Q_{FS}^{S'} = 150 + 3P_{FS}$

$Q_{FS}^{S} = 150 + 3(12,5)$

$Q_{FS}^{S} = 187,5$ milhões de toneladas

A nova oferta é $Q_{FS}^{S'} = 150 + 3P_{FS}$

No novo equilíbrio, em 2016 são comercializados 187,5 milhões de toneladas de fibra sintética ao preço de US$ 12,5 por tonelada.

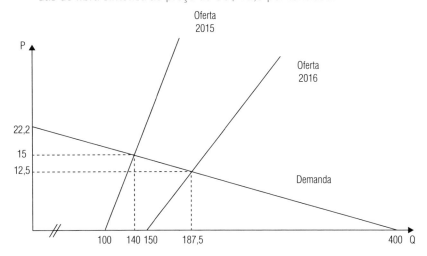

Oferta de 2015: $Q_{FS}^{S} = 100 + 2P_{FS}$

Oferta de 2016 terá outro intercepto e outra inclinação: $Q_{FS}^{S'} = 150 + 3P_{FS}$

Demanda: $Q_{FS}^{D} = 400 - 18P_{FS}$

Elasticidade

Elasticidade é uma medida de sensibilidade – mede quanto ou como uma variável é afetada por outra. A elasticidade informa a variação percentual em uma variável em decorrência da variação percentual em outra variável. Neste capítulo serão discutidas as elasticidades da demanda e oferta. Como os diversos bens são medidos em unidades diferentes (kg, sacas, litros etc.), a elasticidade mede variações em termos percentuais para tornar comparáveis medidas de sensibilidades entre mercados diferentes.

Elasticidade da demanda

Elasticidade-preço da demanda

A elasticidade-preço da demanda mede a variação percentual da quantidade demandada resultante de uma variação percentual do preço. Isto é:

$$\varepsilon_{pd} = \frac{\Delta Q^D \%}{\Delta P \%} = \frac{\frac{\Delta Q^D}{Q^D} \cdot 100\%}{\frac{\Delta P}{P} \cdot 100\%} = \frac{\Delta Q^D}{Q^D} \cdot \frac{P}{\Delta P} = \frac{\Delta Q^D}{\Delta P} \cdot \frac{P}{Q^D}$$

Uma elasticidade-preço da demanda igual a −1 significa que uma variação de 1% no preço do bem ocasiona uma variação, em sentido oposto, de exatamente 1% na quantidade demandada. Neste caso, a demanda possui elasticidade unitária. Esse é o valor utilizado como referência para definir o que é uma demanda elástica e uma inelástica.

Por exemplo, uma elasticidade-preço da demanda igual a −2 significa que uma variação de 1% no preço do bem ocasiona uma variação, em sentido oposto, de 2% na quantidade demandada. Neste caso, como a variação na quantidade demandada é mais que proporcional à variação no preço, diz-se que a demanda é elástica, ou seja, a demanda é bastante sensível às variações no preço do bem.

Considere agora uma elasticidade-preço da demanda igual a –0,5. Nesse caso, uma variação de 1% no preço do bem ocasiona uma variação, em sentido oposto, de 0,5% na quantidade demandada. Como a demanda é bem menos sensível ao preço, ela é considerada inelástica.

Existem também casos extremos como os reportados abaixo. Quando a quantidade demandada não responde às variações no preço do bem, a curva de demanda será vertical. A variação percentual da quantidade demandada resultante de qualquer variação percentual dos preços será zero. Nesse caso, a demanda é considerada perfeitamente inelástica. No outro extremo, a demanda de um bem pode se aproximar de infinitamente elástica, quando pequenas variações percentuais de preço causam variações percentuais da quantidade demandada muito elevadas. No limite, quando a demanda é totalmente horizontal, a demanda é infinitamente elástica.

O valor negativo da elasticidade-preço da demanda apenas informa que uma variação positiva no preço do bem será acompanhada de uma variação negativa na quantidade demandada. Observe que a elasticidade-preço da demanda será sempre negativa,[4] mas o que interessa é o seu valor em módulo.

Um resumo encontra-se reportado no quadro e nos gráficos a seguir.

Quadro 2.1: Demanda e elasticidades

$|\varepsilon_{pd}| = 1$	Elasticidade unitária	Quando a variação na quantidade demandada é exatamente proporcional à variação no preço
$|\varepsilon_{pd}| > 1$	Elástica	Quando a variação na quantidade demandada é mais que proporcional à variação no preço
$|\varepsilon_{pd}| < 1$	Inelástica	Quando a variação na quantidade demandada é menos que proporcional à variação no preço
$|\varepsilon_{pd}| = 0$	Perfeitamente inelástica	Quando a quantidade demandada não se altera com uma variação no preço
$|\varepsilon_{pd}| = \infty$	Perfeitamente elástica	Ocorre quando a quantidade demandada varia infinitamente com uma variação no preço

Fonte: Os autores.

---

4 Na realidade, a elasticidade-preço da demanda será *quase* sempre negativa. A exceção – os bens de Giffen – será apresentada no Capítulo 3.

Quadro 2.2: Demanda e elasticidades – Uma ilustração gráfica

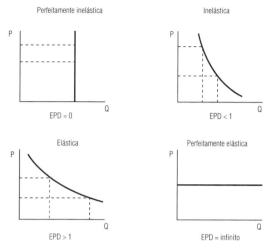

Fonte: Os autores.

Os determinantes da elasticidade-preço da demanda são:

- Disponibilidade de bens substitutos. A demanda tende a ser mais elástica quanto maior o número de substitutos próximos. Quanto menos substitutos um bem possui, mais inelástica será a demanda;

- Se o bem é necessário ou supérfluo. A demanda por bens necessários tende a ser mais inelástica; e a de bens supérfluos, bastante elástica;

- Parcela da renda gasta com o bem. Quando o gasto com um bem representa uma parcela significativa do gasto total do consumidor, a demanda por esse bem tende a ser bastante sensível a variações no preço – demanda mais elástica. Caso contrário, quando o bem representa uma pequena parcela da renda do consumidor, uma variação no preço do bem tem pouco impacto sobre o que o consumidor gasta;

- Horizonte de tempo. A demanda tende a ser mais elástica no longo prazo do que no curto prazo[5]. Ao longo do tempo, o consumidor pode considerar alternativas e realizar substituições no consumo.

---

5 Uma exceção é a demanda para bens duráveis, que são aqueles utilizados por mais de um período. No curto prazo, diante de um aumento no preço dos automóveis, aqueles que planejavam substituí--los podem postergar suas decisões. Talvez prefiram depreciar um pouco mais seus automóveis usados antes de adquirir um novo cujo preço aumentou. No longo prazo, entretanto, serão obrigados a trocar seus automóveis inevitavelmente.

Outras elasticidades da demanda

Como visto, o conceito de elasticidade é bem abrangente. A demanda é uma função não apenas do preço, mas também de variáveis como renda, preço dos bens relacionados, ou ainda, em alguns casos, das condições climáticas, entre tantos outros fatores. É possível calcular a elasticidade da demanda em relação a qualquer um desses fatores.

- Elasticidade-renda

    A elasticidade-renda mede a variação percentual da quantidade demandada resultante de uma variação percentual na renda (R). Ou seja:

$$\varepsilon_{renda} = \frac{\Delta Q \%}{\Delta R \%} = \frac{\frac{\Delta Q}{Q} \cdot 100\%}{\frac{\Delta R}{R} \cdot 100\%} = \frac{\Delta Q}{Q} \cdot \frac{R}{\Delta R} = \frac{\Delta Q}{\Delta R} \cdot \frac{R}{Q}$$

    Nesse caso, o sinal da elasticidade-renda é importante. Quando a elasticidade-renda é positiva, os bens são denominados "normais" – renda e quantidade demandada variam na mesma direção. Ou seja, a quantidade demandada aumenta (diminui) com um aumento (redução) na renda. Ao contrário, se a elasticidade-renda for negativa, os bens são chamados "inferiores" – renda e quantidade demanda variam em sentidos opostos. Com aumento (redução) na renda, os consumidores reduzem (aumentam) a quantidade demandada do bem.
    Existem também os "bens superiores" ou "bens de luxo", definidos como aqueles cuja elasticidade-renda da demanda é muito elevada. Bens necessários devem apresentar uma baixa elasticidade-renda.

- Elasticidade cruzada

    A elasticidade cruzada mede a variação percentual da quantidade demandada de um bem resultante de uma variação percentual no preço de outro bem. Considere, por exemplo, a variação na quantidade demanda de X quando o preço de Y se modifica. A elasticidade cruzada será:

$$\varepsilon_{cruzada} = \frac{\Delta Q_X^{D}\%}{\Delta P_Y \%} = \frac{\frac{\Delta Q_X^D}{Q_X^D} \cdot 100\%}{\frac{\Delta P_Y}{P_Y} \cdot 100\%} = \frac{\Delta Q_X^D}{Q_X^D} \cdot \frac{P_Y}{\Delta P_Y} = \frac{\Delta Q_X^D}{\Delta P_Y} \cdot \frac{P_Y}{Q_X^D}$$

Diferentemente da elasticidade-preço da demanda, o sinal da elasticidade cruzada é relevante – informa se os bens são substitutos ou complementares. Os bens serão substitutos quando a elasticidade cruzada for positiva – um aumento no preço de Y deverá ocasionar um aumento na quantidade demandada de X. Para bens complementares, a elasticidade cruzada será negativa, uma vez que uma variação positiva no preço de Y será acompanhada de uma variação negativa na quantidade demandada de X. E quando a elasticidade cruzada for zero? Isso ocorre quando a quantidade demandada independe de uma variação no preço de Y. Nesse caso, o bem X é não relacionado ou independente de Y. O preço de Y nem sequer apareceria como variável explicativa na função de demanda.

Elasticidade da oferta

Elasticidade-preço da oferta

A elasticidade-preço da oferta mede a variação percentual da quantidade ofertada resultante de uma variação percentual do preço. Isto é:

$$\varepsilon_{pS} = \frac{\Delta Q^S \%}{\Delta P \%} = \frac{\dfrac{\Delta Q^S}{Q^S} \cdot 100\%}{\dfrac{\Delta P}{P} \cdot 100\%} = \frac{\Delta Q^S}{Q^S} \cdot \frac{P}{\Delta P} = \frac{\Delta Q^S}{\Delta P} \cdot \frac{P}{Q^S}$$

Diferentemente da demanda, como preços mais elevados incentivam os produtores a aumentar a quantidade ofertada, a elasticidade-preço da oferta será sempre positiva. No restante, a análise é bastante similar, o que pode ser observado no quadro e nos gráficos a seguir.

Quadro 2.3: Oferta e elasticidades I

$\varepsilon_{pS} = 1$	Elasticidade unitária	Quando a variação na quantidade ofertada é exatamente proporcional à variação no preço
$\varepsilon_{pS} > 1$	Elástica	Quando a variação na quantidade ofertada é mais que proporcional à variação no preço
$\varepsilon_{pS} < 1$	Inelástica	Quando a variação na quantidade ofertada é menos que proporcional à variação no preço
$\varepsilon_{pS} = 0$	Perfeitamente inelástica	Quando a quantidade ofertada não se altera com uma variação no preço
$\varepsilon_{pS} = \infty$	Perfeitamente elástica	Ocorre quando a quantidade ofertada varia infinitamente com uma variação no preço

Fonte: Os autores.

Quadro 2.4: Oferta e elasticidades – Uma ilustração gráfica

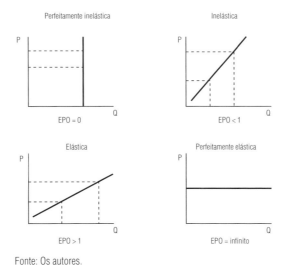

Fonte: Os autores.

Os determinantes da elasticidade-preço da oferta são:

- Existência de capacidade ociosa. A resposta a um aumento de preço é mais viável em setores ou empresas que estejam operando com capacidade ociosa do que naqueles que estejam no limite de sua capacidade produtiva. Assim, quanto maior a capacidade ociosa, maior a elasticidade-preço da oferta;

- Natureza do processo produtivo. Atividades com mais restrições produtivas, como aquelas que dependem de recursos naturais limitados – mineração, cafeicultura –, apresentam uma menor elasticidade-preço da oferta do que aquelas que podem se expandir mais facilmente, por exemplo, confeitarias, confecções etc.;

- Disponibilidade de substitutos próximos na produção. Por exemplo, produtores de açúcar podem migrar facilmente para produção de álcool quando o preço do açúcar se reduz, tornando-se menos atrativo. Isso explica a alta elasticidade-preço da oferta de açúcar;

- Horizonte de tempo. A oferta tende a ser mais elástica no longo prazo do que no curto prazo[6]. Ao longo do tempo, a capacidade de reação dos produtores é maior. Os produtores podem considerar alternativas e realizar substituições na produção, ou ainda expandir sua capacidade produtiva.

Outras elasticidades da oferta

- Elasticidade-preço cruzada da oferta

    A elasticidade-preço da demanda mede a variação percentual da quantidade ofertada resultante de uma variação percentual do preço de outro bem. Isto é:

$$\varepsilon_{cruzada} = \frac{\Delta Q_X^{S}\%}{\Delta P_Y\%} = \frac{\frac{\Delta Q_X^S}{Q_X^S} \cdot 100\%}{\frac{\Delta P_Y}{P_Y} \cdot 100\%} = \frac{\Delta Q_X^S}{Q_X^S} \cdot \frac{P_Y}{\Delta P_Y} = \frac{\Delta Q_X^S}{\Delta P_Y} \cdot \frac{P_Y}{Q_X^S}$$

Os bens serão substitutos na produção quando a elasticidade cruzada for negativa. Nesse caso, um aumento no preço de Y deverá ocasionar uma redução na quantidade ofertada X. Por exemplo, um aumento no preço do trigo pode ocasionar uma redução na quantidade ofertada de milho. Uma elasticidade cruzada positiva é esperada para bens que sejam produzidos conjuntamente. Espera-se,

---

6 No Capítulo 4 deste livro serão definidos com mais precisão os conceitos de curto e longo prazo.

por exemplo, que um aumento no preço da carne bovina eleve a quantidade ofertada de couro bovino.

- Elasticidade-custo da oferta

Em quanto e em que intensidade varia a quantidade ofertada de um bem quando o custo de produção aumenta? A elasticidade-custo da oferta, tal como expressa abaixo, fornece a variação percentual da quantidade ofertada resultante de uma variação percentual do custo.

$$\varepsilon_{custo} = \frac{\Delta Q_X^{S\%}}{\Delta C\%} = \frac{\frac{\Delta Q_X^S}{Q_X^S} \cdot 100\%}{\frac{\Delta C}{C} \cdot 100\%} = \frac{\Delta Q_X^S}{Q_X^S} \cdot \frac{C}{\Delta C} = \frac{\Delta Q_X^S}{\Delta C} \cdot \frac{C}{Q_X^S}$$

A elasticidade deverá assumir um valor negativo indicando que quanto maior o custo, menor a quantidade ofertada do bem. Também é possível classificá-la de forma análoga à elasticidade-preço da oferta – exceção ao sinal negativo.

Como calcular a elasticidade

Elasticidade no arco

Para grandes variações de preço (variações discretas), utiliza-se o cálculo da elasticidade no arco. Nesse caso, são aplicados os valores médios dos preços e das quantidades na fórmula da elasticidade:

$$\varepsilon_{pd} = \frac{\Delta Q\%}{\Delta P\%} = \frac{\frac{\Delta Q^D}{\overline{Q}}}{\frac{\Delta P}{\overline{P}}} = \frac{\Delta Q^D}{\overline{Q}} \cdot \frac{\overline{P}}{\Delta P} = \frac{\Delta Q^D}{\Delta P} \cdot \frac{\overline{P}}{\overline{Q}}$$

Onde:

$$\overline{P} = \frac{P_0 + P_1}{2} \quad e \quad \overline{Q} = \frac{Q_0 + Q_1}{2}$$

Esse método é chamado de elasticidade no arco porque é calculado em um intervalo (um arco) na curva de demanda.

Elasticidade no ponto

No caso de variações pequenas (variações contínuas ou infinitesimais), utiliza-se a fórmula da elasticidade no ponto:

$$\varepsilon_{pd} = \frac{\Delta Q\%}{\Delta P\%} = \frac{dQ^D}{dP} \cdot \frac{P}{Q^D}$$

Onde P e Q^D são os pontos iniciais de equilíbrio.
Considerando a curva de demanda:

$$Q^D = a - bP$$

A derivada de Q^D em relação a P será:

$$\frac{dQ^D}{dP} = -b$$

A elasticidade no ponto pode ser calculada como:

$$\varepsilon_{pd} = \frac{dQ^D}{dP} \cdot \frac{P}{Q^D} = -b \cdot \frac{P}{Q^D}$$

No caso de a demanda ser expressa como função de outras variáveis, a derivada $\dfrac{dQ^D}{dP}$ será substituída pela derivada parcial $\dfrac{\partial Q^D}{\partial P}$.

Como calcular diferentes elasticidades no ponto

Considere a função de demanda abaixo:

$$Q_X^D = a - bP_X + cR + dT + eP_Y$$

Dados P_X (preço do bem X), T (temperatura), R (renda) e P_Y (preço de um bem substituto), é possível calcular a elasticidade-preço da demanda, a elasticidade-renda, a elasticidade-temperatura e a elasticidade cruzada, da seguinte forma:

$$\varepsilon_{pd} = \frac{\partial Q_X^D}{\partial P_X} \cdot \frac{P_X}{Q_X^D} = -b \cdot \frac{P_X}{Q_X^D}$$

$$\varepsilon_{renda} = \frac{\partial Q_X^D}{\partial R} \cdot \frac{R}{Q_X^D} = +c \cdot \frac{R}{Q_X^D}$$

$$\varepsilon_{temperatura} = \frac{\partial Q_X^D}{\partial T} \cdot \frac{T}{Q_X^D} = +d \cdot \frac{T}{Q_X^D}$$

$$\varepsilon_{cruzada} = \frac{\partial Q_X^D}{\partial P_Y} \cdot \frac{P_Y}{Q_X^D} = +e \cdot \frac{P_Y}{Q_X^D}$$

Elasticidade para funções lineares e exponenciais

- Elasticidade para funções lineares

    A elasticidade nem sempre é constante ao longo de uma curva de demanda. Como visto acima, em uma demanda linear, ela pode ser calculada no ponto como:

$$\varepsilon_{pd} = \frac{dQ^D}{dP} \cdot \frac{P}{Q^D} = -b \cdot \frac{P}{Q^D}$$

    Percebe-se que é constante a inclinação da reta − b. A elasticidade dependerá do ponto em que é calculada. Como P e Q mudam ao longo da curva de demanda, a elasticidade também se altera. Para um dado valor de b, quanto maior o preço maior será a elasticidade. Para preços menores, a elasticidade será menor. No ponto médio da curva de demanda, a elasticidade-preço será unitária.

- Elasticidade para funções exponenciais ou log-lineares

    Quando a função de demanda assume o formato:

$$Q^D = aP^{-b} \quad \text{ou} \quad \ln Q^D = \ln a - b \ln P$$

    A elasticidade-preço da demanda será constante e igual a − b. Observe que, neste caso, a derivada de Q^D em relação a P será:

$$\frac{dQ^D}{dP} = -baP^{-b-1}$$

A elasticidade no ponto poderá, então, ser calculada como:

$$\varepsilon_{pd} = \frac{dQ^D}{dP} \cdot \frac{P}{Q^D} = -baP^{-b-1} \cdot \frac{P}{Q^D}$$

Substituindo $Q^D = aP^{-b}$, a elasticidade passa a ser:

$$\varepsilon_{pd} = -baP^{-b-1} \cdot \frac{P}{aP^{-b}}$$

Após o cancelamento dos termos, resta $\varepsilon_{pd} = -b$.

Assim, diferentemente das funções de demanda lineares, a elasticidade das funções exponenciais ou log-lineares será a mesma em qualquer ponto da curva.

Curvas de oferta e demanda a partir das elasticidades

As curvas de demanda e oferta lineares podem ser facilmente obtidas a partir das suas elasticidades.

Considere as curvas lineares para demanda e oferta:

Demanda: $Q^D = a - bP$

Oferta: $Q^S = c + dP$

Uma vez conhecidos preço e quantidade, e as elasticidades da demanda e da oferta nesses pontos, é possível calcular os parâmetros a e b para a demanda, e c e d para a oferta. Isso pode ser feito em duas etapas:

Primeira etapa: encontrar b e d a partir das elasticidades da demanda e da oferta.

$$\text{Demanda: } \varepsilon_{pd} = \frac{dQ}{dP} \cdot \frac{P}{Q} = -b \cdot \frac{P}{Q}.$$

Conhecendo ε_{pd}, P e Q, obtém-se b.

$$\text{Oferta: } \varepsilon_{pS} \frac{dQ}{dP} \cdot \frac{P}{Q} = +d \cdot \frac{P}{Q} = .$$

Conhecendo ε_{pS}, P e Q, obtém-se d.

Segunda etapa: encontrar a e c substituindo nas próprias funções.

Demanda: $Q^D = a - bP$. Conhecendo b, P e Q, obtém-se a.

Oferta: $Q^S = c + dP$. Conhecendo d, P e Q, obtém-se c.

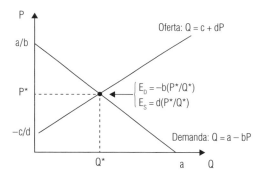

Figura 2.10: Oferta e demanda a partir das elasticidades

Fonte: Os autores.

Exercícios resolvidos e comentados

1. **Biocombustíveis e o preço dos alimentos**

   A busca por fontes alternativas de energia tem causado grande polêmica a nível internacional. De um lado, há a preocupação de diversos governos em encontrar combustíveis que substituam o petróleo e seus derivados, reduzindo sua dependência dos conturbados países do Oriente Médio, bem como em investir em opções menos poluentes no contexto de uma crescente preocupação com o aquecimento global. De outro, há o risco de que o maior uso de terras para o plantio de biocombustíveis leve a um aumento do preço dos alimentos, com impactos dramáticos sobre milhões de pessoas que vivem à beira da fome e miséria. Esse receio levou a fortes altas no preço de vários alimentos ao longo de 2007 e 2008, gerando protestos em diversas partes do mundo. Nesta questão analisaremos especificamente o impacto da política americana de estímulo aos biocombustíveis no preço dos alimentos. Em 2008, o Congresso americano aprovou a nova Lei Agrícola (*Farm Bill*), válida até 2012, que incluiu fortes subsídios para a produção de etanol a partir do milho.

> Essa medida não somente afeta negativamente o etanol brasileiro – que é muito mais competitivo que o etanol de milho –, mas também contribui para o aumento do preço do milho e de seus derivados. Isso afeta os preços de uma grande quantidade de produtos alimentícios, como, por exemplo, a carne bovina – dado que o milho é parte da alimentação de diversos animais.[7]

Vamos primeiro analisar o impacto da introdução dos biocombustíveis no preço do **milho**. Suponha inicialmente que o mercado mundial de milho para uso como alimento e ração em 2008 possa ser descrito pelas seguintes equações:

$$Q^D_M = 300 - 0{,}05 P_M - 0{,}02 R$$

$$Q^S_M = 50 + 0{,}45 P_M$$

Em que Q^D_M e Q^S_M são as quantidades demandadas e ofertadas de milho, em milhões de toneladas, P_M é o preço do milho em dólares por tonelada e R é a renda em dólares por ano. Suponha que em 2008 a renda era de US$ 10 mil por ano.

1.1 Calcule o preço e a quantidade que equilibram o mercado:

$Q^D_M = Q^S_M$

$300 - 0{,}05 P_M - 0{,}02 R = 50 + 0{,}45 P_M$

Como $R = 10.000$

$300 - 0{,}05 P_M - 0{,}02(10.000) = 50 + 0{,}45 P_M$

$100 - 0{,}05 P_M = 50 + 0{,}45 P_M$

$P_M = 100$

---

[7] Fonte: "A nova Farm Bill e suas implicações para o cenário comercial multilateral", International Centre for Trade and Sustainable Development (05 ago. 2008).

Substituindo $P = 100$ na demanda ou na oferta encontramos:

$Q_M = 95$

O mercado se equilibra a um preço de US$ 100,00 por tonelada e uma quantidade de 95 milhões de toneladas

1.2 Calcule as elasticidades-preço e renda da demanda no ponto de equilíbrio, e dê a interpretação econômica desses valores. Milho é um bem normal ou inferior? Explique.

Considerando a demanda: $Q_M^D = 300 - 0,05 P_M - 0,02 R$

$$\varepsilon_{pd} = \frac{\partial Q_M^D}{\partial P_M} \cdot \frac{P_M}{Q_M^D} = -0,05 \cdot \frac{P_M}{Q_M^D}$$

$$\varepsilon_{renda} = \frac{\partial Q_M^D}{\partial R} \cdot \frac{R}{Q_M^D} = -0,02 \cdot \frac{R}{Q_M^D}$$

Para $P_M = 100$, $Q_M = 95$ e $R = 10.000$, temos:

$$\varepsilon_{pd} -0,05 \cdot = \frac{100}{95} = -0,05 \qquad \varepsilon_{renda} = -0,02 \cdot \frac{10.000}{95} = -2,11$$

Se o preço do milho subir 1%, a quantidade demandada do produto cairá 0,05%, o que sugere um bem inelástico. Se a renda aumentar 1%, a quantidade demandada de milho cairá 2,11%. Logo, o bem é inferior.

1.3 Suponha agora que o programa do governo gere uma demanda adicional de 200 milhões de toneladas de milho por ano para ser utilizado como biocombustível. O que acontece com o preço do milho? E com a quantidade de milho comercializada?

Obviamente, com um aumento na demanda e a oferta inalterada, o preço de mercado deverá subir, e a quantidade também.

Para obter o novo equilíbrio, é necessário encontrarmos a nova demanda. A nova demanda será:

$Q_{M'}^D = Q_M^D + 200$

$Q_{M'}^D = 300 - 0,05 P_M - 0,02 R + 200$

$Q_{M'}^D = 500 - 0,05 P_M - 0,02 R$

Substituindo $R = 10.000$

$Q_{M'}^D = 500 - 0,05P_M - 0,02(10.000)$

A nova demanda será: $Q_{M'}^D = 300 - 0,05P_M$

Considerando que não houve qualquer alteração na oferta de milho, no equilíbrio:

$Q_{M'}^D = Q_M^S$

$300 - 0,05P_M = 50 + 0,45P_M$

$P_M = 500$

Substituindo $P = 500$ na demanda ou na oferta, encontramos:

$Q_M = 275$

O preço de equilíbrio sobe para US$ 500,00 por tonelada, e a quantidade de equilíbrio aumenta para 275 milhões de toneladas.

1.4 Desenhe em um mesmo gráfico a curva de oferta e as curvas de demanda (com e sem a utilização como biocombustível) e indique os respectivos equilíbrios.

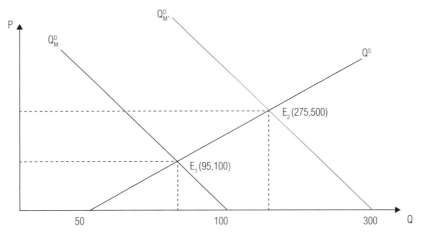

Demanda original: $Q_{M'}^D = 100 - 0,05P_M$

Nova demanda será deslocada paralelamente em 200: $Q_{M'}^D = 300 - 0,05P_M$

Oferta inalterada: $Q_M^S = 50 + 0,45P_M$

1.5 A política de estímulo ao etanol não afeta apenas o preço do milho, mas também o de outros alimentos. Suponha que um produtor possa escolher entre plantar milho ou outro alimento (feijão, por exemplo); os bens são, portanto, substitutos. Sabendo-se que a oferta de feijão pode ser representada pela seguinte equação:

$$Q_F^S = 40 + 3P_F - P_M$$

Em que Q_F^S é a quantidade ofertada em milhões de toneladas de feijão, P_F é o preço do feijão em dólares por tonelada, e P_M o preço do milho em dólares por tonelada. Suponha que no equilíbrio o preço do feijão é US$ 95,00 por tonelada, o preço do milho é de US$ 125,00 por tonelada e que a quantidade de equilíbrio do feijão é de 200 milhões de toneladas:

1.5.1 Calcule a elasticidade-preço cruzada da oferta de feijão, quando varia o preço do milho.

$$Q_F^S = 40 + 3P_F - P_M$$

$$\varepsilon_{cruzada} = \frac{\partial Q_F^S}{\partial P_M} \cdot \frac{P_M}{Q_F^S} = -1 \cdot \frac{P_M}{Q_F^S}$$

Dados: $P_F = 95$, $P_M = 125$, $Q_F = 200$, temos:

$$\varepsilon_{cruzada} = -1 \cdot \frac{125}{200} = -0{,}63$$

1.5.2 Explique o que essa elasticidade significa e utilize-a para interpretar o impacto do subsídio à produção de etanol a partir do milho no mercado de feijão.

A elasticidade significa que se o preço do milho aumentar 1%, a quantidade ofertada de feijão cai 0,63%. Isso demonstra o grande impacto que uma política de subsídio à produção de etanol a partir do milho, que leve a um aumento no preço do milho, pode ter na oferta de alimentos.

1.6 Por fim, vamos analisar o impacto do estímulo ao etanol no preço da **carne**. Suponha que esse mercado seja competitivo, e que, em 2007, a função de demanda por carne pudesse ser representada pela equação linear:

$Q_D = 202 - 0,5\,P$

Onde Q representa a quantidade de carne em milhões de toneladas e P o preço em dólares (US$) por tonelada. O preço de equilíbrio, em 2007, era de US$ 160,00 por tonelada de carne, a quantidade de equilíbrio era de 122 milhões de toneladas, e a elasticidade-preço da oferta $\varepsilon_{pS} = 0,59$.

1.6.1 Encontre a equação da oferta mundial de carne em 2007, supondo que esta possa ser descrita por uma reta.

Sabemos que $P^* = 160$, $Q_C^* = 122$, $\varepsilon_{pS} = 0,59$, e a oferta é linear: $Q^S = c + dP$

Primeira etapa: encontrar d a partir da elasticidade da oferta

$$\varepsilon_{pS} = \frac{dQ}{dP} \cdot \frac{P}{Q} = +\,d \cdot \frac{P}{Q}$$

$$0,59 = +\,d \cdot \frac{160}{122}$$

$d = 0,45$

Segunda etapa: encontrar c substituindo P, Q e d na oferta

$Q^S = c + dP$

$122 = c + 0,45(160)$

$c = 50$

Resposta: $Q^S = 50 + 0,45P$

1.6.2 Em 2008, em função do aumento no preço do milho, um dos principais insumos na produção de carne, a oferta mundial de carne caiu 40%. Ache a nova curva de oferta de carne em 2008.

A oferta será 60% da oferta original, portanto:

$Q^{S'} = (1 - 0,4)\,Q^S = 0,6\,(50 + 0,45P) = 30 + 0,27P$

$Q^{S'} = 30 + 0,27P$

Note que há uma mudança no intercepto e na inclinação da função,

1.6.3 Supondo que a demanda por carne não sofra alterações, ache o novo preço e a quantidade de equilíbrio.

$Q^D = Q^{S'}$

$202 - 0,5P = 30 + 0,27P$

$P = 223,38$

Substituindo na oferta ou na demanda:

$Q = 202 - 0,5(223,38) = 90,31$

O novo equilíbrio se dá a um preço de US$ 223,38 por tonelada de carne e a quantidade de 90,31 milhões de toneladas de carne.

1.6.4 Desenhe em um mesmo gráfico a curva de demanda e as duas curvas de oferta de carne (em 2007 e em 2008) e indique os equilíbrios.

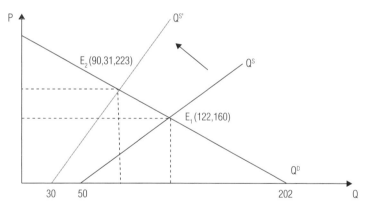

Oferta original: $Q^S = 50 + 0,45P$

Nova oferta terá outro intercepto e inclinação: $Q^{S'} = 30 + 0,27P$

Demanda inalterada: $Q^D = 202 - 0,5P$

2. Croissantonomics

A ECONOMIA DO *CROISSANT* – LIÇÕES DA ADMINISTRAÇÃO DA OFERTA E DA DEMANDA PARA BENS PERECÍVEIS

Croissants crocantes, biscoitos cheios de chocolate, pedaços de bolo suculento – os produtos da City Bakery, em Manhattan, parecem deliciosos. Maury Rubin, seu fundador, estudou na França. Mas suas melhores criações são claramente americanas: *croissants,* pretzel (surpreendentemente saboroso) e receitas para ganhar dinheiro.

Sr. Rubin está entre os padeiros que reverenciam os métodos tradicionais, mas querem um lucro gordo. No entanto, uma boa padaria é mau negócio. Farinha é barato, mas manteiga orgânica, que compõe a metade de um *croissant*, não é. Locais centrais para pontos de venda são caros para alugar. No total, custa US$ 2,60 para produzir um *croissant* que será vendido por US$ 3,50. Se ele faz 100 e vende 70, ele ganha US$ 245,00, mas seus custos são US$ 260,00. Uma vez que ele se recusa a vender sobras – todos os produtos são vendidos no próprio dia em que são fabricados –, ele perde dinheiro. "Bem-vindo ao negócio de padaria", diz Rubin.

A solução óbvia é aumentar os preços. Mas Rubin diz que os compradores se irritam quando o custo dos produtos assados ultrapassa um certo limite. Ele tem duas soluções principais. Primeiro, não seja apenas uma padaria. Ele também vende saladas caprichadas e sanduíches para trabalhadores de escritórios, cujas margens são mais elevadas.

Em segundo lugar, use dados para cortar desperdícios. Rubin estuda as vendas para discernir as tendências da demanda e, em seguida, ajusta a oferta de acordo. Não há brownies ou bolo de cenoura nas segundas ou terças – as pessoas não compram sobremesas muito calóricas após fins de semana decadentes. Ele observa o clima de perto: a demanda se derrete sob a chuva. Ele mantém um olho nos calendários escolares, para assar menos quando as crianças estão longe. Ele assa mais após o jejum de Yom Kipur, quando a demanda dos clientes judeus aumenta. E todos os dias, após o café da manhã, ele ajusta o suprimento verificando as vendas a cada 60-90 minutos. Bandejas de pastelaria estão prontas para serem assadas, mas nada entra no forno até que os números estejam dentro.

The Economist, 29/08/2015 (tradução livre)

Inspirado(a) pelo artigo acima, você resolve abrir sua própria padaria *gourmet* em frente à sua faculdade. Sabendo que o segredo do sucesso é prever precisamente a demanda diária de *croissants* para que não haja desperdício, você resolve pôr em prática todos os seus conhecimentos de microeconomia.

2.1 Inicialmente, você conversa com o senhor Cabral, concessionário do café de sua faculdade, que te dá algumas informações úteis sobre o assunto: "A última vez que subimos o preço do *croissant* de R$ 3,00 para R$ 4,00 nossas vendas diárias caíram de 99 para 70 unidades". Com base nessa informação, calcule a elasticidade-preço no arco da demanda por *croissants* e interprete seu significado. Suponha que o senhor Cabral eleve o preço dos *croissants* em 10%, o que ocorrerá com a receita do café de sua faculdade com *croissants*?

A elasticidade-preço da demanda no arco é dada pela fórmula $EPD = \dfrac{\Delta\%Q}{\Delta\%P}$. Sendo:

$$\Delta\%Q = \frac{(Q_F - Q_I)}{Q_{médio}} = \frac{(70-99)}{(99+70)/2} = -0{,}3432$$

$$\Delta\%P = \frac{(P_F - P_I)}{P_{médio}} = \frac{(4-3)}{(3+4)/2} = -0{,}2857$$

Portanto $EPD = \dfrac{\Delta\%Q}{\Delta\%P} = \dfrac{-0{,}3432}{0{,}2857} = -1{,}20$

Isso significa que se o preço do *croissant* aumenta 1%, a quantidade demandada cairá 1,20%.

A receita de uma empresa é dada por $RT = P \times Q$. Se o preço subir 10%, a quantidade demandada se reduzirá em 12%, portanto, $RT = (1{,}1P) \cdot (0{,}88Q) = 0{,}968\,(P \cdot Q)$. Dessa forma vemos que um aumento de 10% no preço do *croissant* reduzirá a receita do sr. Cabral em $(1 - 0{,}969)$ 3,2%.

2.2 A seguir, você pesquisa os concorrentes da região, descobre que o preço de equilíbrio é R$ 3,00 por *croissant* e que são comercializados 400 *croissants* por dia. Com base nesses dados e na elasticidade calculada por você no item 2.1, encontre a curva de demanda por *croissants*, supondo que ela possa ser descrita por uma reta ($Qd = a - bP$).

Se $Qd = a - bP$, sabemos que a elasticidade-preço da demanda é dada por:

$$EPD = -b \cdot \frac{P}{Q}$$

Utilizando a elasticidade calculada no item 2.1. e o equilíbrio P* = 3 e Q* = 400, temos:

$$-1{,}2 = -b \cdot \frac{3}{400}$$

$b = 160$

Como $Qd = a - bP$, no ponto de equilíbrio temos:

$Qd = a - bP$

$400 = a - 160\,(3)$

$a = 880$

Portanto, $Qd = 880 - 160P$.

2.3 Você sabe, entretanto, que a demanda por *croissants* depende também do clima: os alunos tendem a consumir mais do produto em dias frios. Você encontra um estudo que sugere que a elasticidade-temperatura da demanda é de −1,15. Ajuste os parâmetros da função de demanda encontrada por você no item anterior, supondo que ela continue linear (ou seja, $Qd' = a' - b'P - cT$) e considerando o mesmo equilíbrio do item 2.1., além de uma temperatura média (T) de 23°C.

Ao adicionarmos à curva de demanda um termo dependente da temperatura, o termo independente a, calculado anteriormente, mudará, enquanto b (o termo dependente do preço) continuará o mesmo:

$b' = b = 160$

$a' - cT = a = 880$

Como a elasticidade-temperatura é dada por:

$$\text{ETD} = \frac{dQ}{dT} \cdot \frac{T}{Q} = c \cdot \frac{T}{Q}$$

$$-1{,}15 = c \cdot \frac{23}{400}$$

$c = 20$

Se $a' - cT = 880$, $a' = 880 + (20 \cdot 23) = 1.340$. Portanto, a curva de demanda será:

$Qd' = 1.340 - 160P - 20T$

2.4 A demanda encontrada por você anteriormente é a demanda de mercado, ou seja, a quantidade a ser atendida por todos os fornecedores da região. Você acha que a demanda da SUA padaria será mais ou menos elástica do que a demanda de mercado? Explique claramente por quê.

A demanda de uma empresa é sempre **mais** elástica que a do mercado, pois se apenas *uma* padaria subir seu preço, o consumidor consegue facilmente reduzir seu consumo passando a comprar em um concorrente, por exemplo. Assim, a quantidade demandada cairá bastante.

Já se TODAS as empresas de um mercado subirem concomitantemente seus preços, fica mais difícil para o consumidor encontrar alternativas. Ele terá que substituir o *croissant* por outro produto, por exemplo, e a quantidade demandada cairá menos.

2.5 Com base na notícia da revista *The Economist*, avalie a seguir os seguintes choques sobre o mercado de *croissants*, assumindo que este seja competitivo, desenhando a nova curva de demanda ou oferta e indicando o novo ponto de equilíbrio. Indique também se o preço de mercado do *croissant* e a quantidade de equilíbrio sobem, caem ou ficam inalterados, circulando a opção correta.
Choque 1: Férias escolares fazem que a demanda caia 200 *croissants* por dia.
Choque 2: Dia de chuva reduz a demanda em 50%.
Choque 3: Aumento no preço dos aluguéis comerciais na região eleva custos em 10%.

		QUANTIDADE	PREÇO
Choque 1	(gráfico P×Q com S, D₀, D₁, E₁, E₂)	SOBE **CAI** INALTERADO	SOBE **CAI** INALTERADO
Choque 2	(gráfico P×Q com S, D₀, D₁, E₁, E₂)	SOBE **CAI** INALTERADO	SOBE **CAI** INALTERADO
Choque 3	(gráfico P×Q com S₀, S₁, D, E₁, E₂)	SOBE CAI INALTERADO	**SOBE** CAI INALTERADO

2.6 Além de vender *croissants*, você pretende oferecer também café. Suponha que a curva de demanda por café possa ser dada por:

$$Qd_{CAFÉ} = 118{,}25 - 0{,}5 P_{CAFÉ} - 9 P_{CROISSANT}$$

Onde $Qd_{CAFÉ}$ é a quantidade demandada em xícaras, $P_{CAFÉ}$ é o preço da xícara de café, em R$, e $P_{CROISSANT}$ é o preço do croissant, em R$. Suponha que no equilíbrio o preço do *croissant* seja R$ 3,00 e o do café, R$ 2,50 e que a quantidade seja de 90 xícaras de café.

2.6.1 Calcule a elasticidade-preço cruzada da demanda e interprete seu significado.

$$\text{EPCD} = \frac{dQ_{CAFÉ}}{dP_{CROISSANT}} \cdot \frac{P_{CROISSANT}}{Q_{CAFÉ}} = -9 \cdot \frac{3}{90} = -0{,}3$$

Uma elasticidade-preço cruzada de – 0,3 significa que, se o preço do *croissant* aumentar 1%, a quantidade demandada de café cairá 0,3%.

2.6.2 Café e *croissants* são bens substitutos, complementares ou independentes?

Os dois bens são complementares, pois a elasticidade-preço cruzada é negativa.

Exercícios complementares

1. **O mercado brasileiro de sucata de alumínio**

   Parte A – Choque de demanda

   Em tempos de altas recordes nos preços das *commodities* metálicas, a sucata ganhou tratamento nobre no mercado brasileiro. Nos últimos meses, a cadeia que reúne desde cooperativas de reciclagem a gigantescas fundições e siderúrgicas começou a sentir os reflexos da contínua valorização dos metais não-ferrosos na London Metal Exchange (LME) desde o começo de 2005 (Patrícia Nakamura, *Valor Econômico*, 14/3/2006).

   Vamos aqui analisar, especificamente, o mercado brasileiro de sucata de alumínio. Supondo que esse mercado seja competitivo e que, em 2004, a função de demanda de sucata de alumínio no país pudesse ser representada por:

   $Q^D_{2004} = 5.000 - (1/4)P$

   Supondo ainda que a função-oferta no mesmo período pudesse ser expressa por:

   $Q^S = -4.000 + 2P$

   Em que Q representa a quantidade de sucata de alumínio em centenas de toneladas e P o preço em reais por tonelada.

   1.1 Calcule o preço e a quantidade de equilíbrio no mercado brasileiro de sucata de alumínio em 2004. Desenhe as curvas de oferta e demanda, indicando o equilíbrio de mercado.

   1.2 Calcule a elasticidade-preço da oferta de sucata de alumínio no ponto de equilíbrio. Qual é a interpretação econômica desse valor?

1.3 Em 2005, em decorrência da expansão da economia mundial, notadamente da chinesa, houve um aumento da demanda de sucata de alumínio, para qualquer nível de preços, de 73%. Ache a nova equação da curva de demanda e o novo preço e quantidade de equilíbrio. Desenhe, no gráfico do item 1.1, a nova curva de demanda e indique o novo preço e a quantidade de equilíbrio; calcule a elasticidade-preço da oferta para o novo ponto de equilíbrio e compare-a com a elasticidade calculada no item 1.2.

Parte B – Choque de oferta
Nesta questão analisaremos qual o impacto do recente aumento no preço de sucata de alumínio nos mercados de panelas de alumínio e de ferro. Suponhamos que ambos os mercados sejam perfeitamente competitivos. Alumínio ou sucata de alumínio é um importante insumo na produção de panelas de alumínio, mas não integra a função de produção das de ferro.

1.4 Desenhe um gráfico padrão que represente o mercado brasileiro de panelas de alumínio. Mostre analiticamente neste gráfico, por meio de deslocamentos das/nas curvas, qual o impacto de um aumento no preço do alumínio no equilíbrio de mercado brasileiro de panelas de alumínio. Explique sua resposta.

1.5 Agora faça um gráfico padrão que represente o mercado brasileiro de panelas de ferro. Nesse gráfico, mostre analiticamente o impacto do aumento do preço do alumínio na posição de equilíbrio no mercado brasileiro de panelas de ferro, levando também em consideração sua resposta no item 1.1. da Parte A. Explique sua resposta.

1.6 Defina elasticidade-preço cruzada da demanda. Qual é o sinal (positivo, negativo ou nulo) da elasticidade-preço cruzada da demanda de panelas de ferro em relação ao preço das panelas de alumínio? Explique sua resposta.

2. VW Gol x Fiat Uno

Recente artigo acadêmico do economista chefe do Conselho Administrativo de Defesa Econômica (CADE)[8] estimou as elasticidades-preço da demanda e preço cruzada da demanda de diversos modelos de automóveis, tomando por base os dados do mercado de 2008.

Especificamente para o modelo VW Gol 1.0, os autores chegaram a uma elasticidade-preço da demanda aproximada de -4. Naquele ano foram vendidas aproximadamente 252 mil unidades desse modelo, a um preço médio, também aproximado, de R$ 30 mil.

2.1 Encontre a função de demanda de automóveis da marca VW Gol 1.0, supondo que esta possa ser descrita como uma reta (linear). Considere preços em milhares de reais e quantidade em milhares de unidades.

2.2 Os autores também estimaram as elasticidades-preço cruzada dos modelos que concorrem com o VW Gol 1.0. O principal concorrente do modelo é o automóvel Fiat Uno. A elasticidade-preço cruzada da quantidade demandada de VW Gol 1.0 em relação à variação de preços do Fiat Uno foi estimada em 1,10. O preço médio do Uno naquele ano era aproximadamente R$ 23,1 mil. Estime a função de demanda de automóveis da marca VW Gol, supondo linear e dependente do próprio preço do automóvel (Pg) e do preço do bem substituto Fiat Uno (Pf).

2.3 Supondo que a oferta de automóveis da marca VW Gol possa ser estimada a partir da função:
$Q^S g = -252 + 16,8 Pg$
Qual será o preço e quantidade de *equilíbrio* no mercado de VW Gol 1.0 se a Fiat oferecer o desconto de R$ 2,31 mil no preço do Fiat Uno?

2.4 O IPCA médio em 2008, a preços de dezembro de 2003, foi de 2.826,92. Em 2008, como vimos, o preço médio do VW Gol 1.0 era R$ 30 mil. Em 2010, esse mesmo índice estava em 3.222,42. O VW Gol 1.0, novo, pode ser adquirido, hoje, por R$ 29.290,00. Qual foi a variação nominal do preço do VW Gol 1.0 no período? E em termos reais?

---

[8] DeSousa; Petterini; Miro. "A tributação nas vendas de automóveis no Brasil: Quem paga a maior parte da conta?". *Revista Economia*. Setembro/Dezembro 2010.

3. **Carros usados perdem valor**

As vendas de automóveis novos no Brasil atingiram seu recorde histórico em 2007. A queda nas taxas de juros e o alongamento dos prazos de financiamento, juntamente com o esforço das montadoras para alavancar as vendas no mercado interno, já que o câmbio desfavorece as exportações, explicam grande parte desse desempenho. Esse crescimento mudou o perfil do mercado de automóveis no Brasil à época. O país repete a tendência que já ocorre em países desenvolvidos, como o Japão e os Estados Unidos, onde a renovação da frota se dá a cada dois ou três anos, com uma desvalorização rápida dos preços dos automóveis usados.[9]

Vamos analisar aqui, especificamente, o mercado de **carros usados**. Supondo que esse mercado seja competitivo (imagine que exista apenas um tipo de carro usado) e, que, em 2006, a função de oferta de carros usados pudesse ser representada pela equação:

$Q_S = 0,78P - 6300$

Em que Q representa o número de carros usados em milhares de unidades e P, o preço em R$. O preço de equilíbrio, em 2006, era de R $10 mil por carro, e a quantidade de equilíbrio, 1.500 mil carros.

Parte A – No curto prazo

3.1 Suponha que a elasticidade-preço da demanda é $E_D = -3,4$ (no ponto de equilíbrio). Encontre a equação de demanda por carros usados em 2006, supondo que esta possa ser descrita por uma reta.

3.2. Desenhe as curvas de oferta e demanda por carros usados em 2006, e indique o equilíbrio de mercado.

3.3. Estima-se que, em função das facilidades para a compra de carros *novos* (crédito abundante etc.), a demanda por carros *usados* será reduzida em 20% em 2007. Ache a nova equação da curva de demanda por carros usados.

---

[9] Baseado nos artigos: "O Melhor Ano da História", Revista *Exame* (18/07/07) e "País renovará a frota a cada 3 anos, diz analista", *Gazeta Mercantil* (28/08/07).

3.4 Supondo que a oferta de carros usados não sofra alterações (considere a mesma equação de oferta de 2006), ache o novo preço e a quantidade de equilíbrio.

3.5 Desenhe no mesmo gráfico do item 3.2 a curva de demanda por carros usados em 2007 e indique o novo equilíbrio.

3.6 Se o preço do carro usado estiver em R$ 8.500,00, haverá excesso ou escassez do produto no mercado? De quanto? Para responder este item, considere o mercado em 2007 (item 3.3).

Parte B – No longo prazo
Suponha que a curva de oferta **de longo prazo** de carros usados seja dada por:

$Q_S(LP) = 0{,}21P - 1600$

3.7 Desenhe um gráfico representando as curvas de oferta de curto prazo (dada na Parte A) e de longo prazo. Compare as duas curvas e mostre se a de curto prazo é mais ou menos elástica que a de longo prazo e explique os motivos.

Sabe-se que a equação de demanda por carros usados no longo prazo depende também da renda (R) e pode ser representada pela equação:

$Q_D = 7230 - 0{,}51P - 0{,}11R$

Suponha que no longo prazo a quantidade de equilíbrio seja de 900 mil carros por ano, e que a renda seja R$ 30 mil por ano.

3.8 Calcule a elasticidade-renda da demanda.

3.9 O bem é inferior ou normal? Explique o que isso quer dizer e dê uma possível razão para que este bem tenha tal característica.

3.10 Na tabela a seguir apresentamos o valor do IPC calculado pela FGV em várias datas. Imagine que, na média, um carro com 5 anos de uso custasse R$ 4.500,00 em julho de 1994, logo após o Plano Real. Um carro similar em julho de 2007, com a mesma idade e de padrão semelhante, custa R$ 10 mil. O preço médio desse carro aumentou ou caiu nesse período, em termos reais? Em quanto por cento?

Tabela 2.1

Índice – IPC-SP		Índice – IPC-SP	
jul/94	92,5	jul/01	200,1
jul/95	130,0	jul/02	214,3
jul/96	151,9	jul/03	247,6
jul/97	161,6	jul/04	263,1
jul/98	167,5	jul/05	278,9
jul/99	174,5	jul/06	283,7
jul/00	186,8	jul/07	295,3

Fonte: Os autores.

4. **Sandálias de praia: sol, chuva e exportação**

Sandália de praia é um produto mundialmente associado ao verão brasileiro. As sandálias de praia viraram *hit* em praias internacionais. Entretanto, neste ano, a falta de sol e a temperatura mais baixa nas praias brasileiras afetaram o mercado doméstico de sandálias.

Para poder avaliar o impacto desses eventos no preço e na quantidade de mercado, suponhamos que o mercado de sandálias de praia no Brasil seja competitivo, cuja função de demanda total (tanto para o mercado doméstico quanto para o internacional) possa ser descrita pela seguinte função linear:

$Q^D_{total} = Q^D_{doméstica} + Q^D_{internacional}$

$Q^D_{doméstica} = 6,5 - \frac{1}{15} P + \frac{1}{10} T$

$Q^D_{internacional} = 0,5$

Em que P representa o preço em reais (R$), Q a quantidade em milhões de unidades, e T a temperatura média do verão no Brasil, em graus Celsius (°C). Suponha que a temperatura média do verão no Brasil seja de 30°C. Considere que a função de oferta também possa ser descrita por uma função linear, e que a oferta dependa somente do preço das sandálias, ou seja, $Q^S = f(P) = c + dP$.

4.1 Ache a função de oferta, sabendo-se que a elasticidade-preço da oferta é EPO = 1,5; o preço de equilíbrio é P* = R$ 75,00 e a quantidade de equilíbrio é Q* = 5 (em milhões de unidades).

4.2 Calcule a elasticidade-temperatura da demanda no ponto de equilíbrio, usando T* = 30 para o valor da temperatura, e Q* = 5, e explique o que significa o resultado.

4.3 Desenhe a curva de oferta e a curva de demanda total, usando a função de oferta calculada no item 4.1 e a função da demanda total dada acima, para o valor da temperatura T = 30. Indique o preço e a quantidade de equilíbrio no gráfico.

4.4 Neste verão, a temperatura média no Brasil foi aproximadamente 5 graus mais baixa em comparação com a temperatura média de 30°C que normalmente é observada no verão. Obtenha a nova função de demanda total e desenhe-a no gráfico do item 4.3. Calcule o novo equilíbrio e indique esse equilíbrio também no gráfico. Explique o que ocorreu em termos de preço e quantidade de equilíbrio.

4.5 Suponha que as exportações de sandálias de praia cresceram 30% este ano. Mostre como isso muda a função de demanda total obtida no item 4.4 e discuta o impacto no equilíbrio de mercado.

5. **Tomate, vilão da inflação?**[10]

O tomate é um item muito presente na mesa dos brasileiros, e qualquer variação em seu preço é rapidamente percebida. Em 2012, uma série de reportagens indicava que o tomate era o grande vilão da inflação. Naquele momento, muitas dessas matérias argumentavam que a forte elevação do preço do tomate era a evidência mais clara do descontrole inflacionário pelo qual estaria passando o país. Entretanto é preciso considerar que o tomate é um dos cultivos mais sensíveis a chuvas, e as condições climáticas naquele ano tiveram forte impacto no mercado do produto.

Suponha que a demanda por tomates possa ser expressa pela seguinte função linear:

---

10 Exercício preparado pelo professor Frederico Roman Ramos.

$Qd(P, R) = 263 - 1{,}68P + 0{,}025R$

Em que Qd é a quantidade demandada de caixas de tomates de 18 kg (em milhões), P é o preço da caixa de tomates e R é a renda média da população. Suponha que a oferta também possa ser expressa pela função linear:

$$Q_s(P, Ip) = \begin{cases} 211 + 0{,}89P & \text{se } Ip < 180 \\ 211 + 0{,}89P - 0{,}9Ip & \text{se } Ip \geqslant 180 \end{cases}$$

Em que Q_s é a quantidade ofertada de caixas de tomate, P é o preço da caixa e Ip é o índice pluviométrico. É importante ressaltar que apenas a partir de índices pluviométricos superiores a 180 mm/mês a produção é afetada.

5.1 Calcule o preço e a quantidade de equilíbrio para o mercado de tomates em 2009, quando a renda média da população era igual a R$ 1.000,00, e o índice pluviométrico médio foi de 120 mm/mês.

5.2 Em 2012, a renda média da população permaneceu estável nos mesmos níveis de 2009, mas condições climáticas interferiram na produtividade das lavouras. Nesse período o índice pluviométrico médio foi de 200 mm/mês. Com esse novo cenário, calcule o novo preço e a quantidade de equilíbrio. Calcule também a elasticidade da **oferta** em relação ao preço e ao índice pluviométrico neste novo ponto de equilíbrio. Interprete os resultados e diga para qual variável a oferta é mais sensível.

5.3 Apresente em um gráfico as curvas de oferta e de demanda para os dois períodos analisados, indicando os preços e as quantidades de equilíbrio para cada momento.

5.4 Calcule a elasticidade-preço da demanda no ponto de equilíbrio encontrado para os anos de 2009 e 2012. Compare os resultados e dê uma interpretação econômica para a diferença entre os dois períodos.

5.5 O Instituto de Economia Agrícola do Estado de São Paulo (IEA/SP) acompanha desde 1942 a evolução dos preços no varejo do tomate para salada. Utilizando os dados da tabela, calcule a variação **percentual**

real dos preços entre janeiro/2009 e agosto/2012 e entre agosto/2012 e janeiro/2015.

Tabela 2.2

	Janeiro/2009	Agosto/2012	Janeiro/2015
IPCA/IBGE (Número Índice DEZ 93 = 100)	2906,74	3512,04	4110,20
Preço nominal do Kg do tomate (IEA/SP)	R$ 2,58	R$ 5,61	R$ 4,32

Fonte: Os autores.

6. **Envelhecimento da população e o preço dos ativos**

O mundo está envelhecendo rapidamente. O número de idosos sobre a população economicamente ativa nos Estados Unidos deve praticamente dobrar até 2050. O mesmo efeito pode ser observado em países em desenvolvimento. No Brasil, estima-se que daqui a duas décadas os aposentados correspondam a 20% da população ativa. Esse tema é muito relevante, entre outros motivos, porque o envelhecimento pode pressionar para baixo os preços dos ativos, na medida em que um grande número de *baby boomers*[11], ao se aposentar, vende seus títulos, ações, imóveis etc. para financiar seu merecido descanso.

Em um relatório denominado "*Ageing and asset prices*" (Bank for International Settlements, 2010), Elöd Takáts tenta prever o efeito do envelhecimento da população mundial nos preços dos imóveis e conclui que o envelhecimento da população americana, por exemplo, deve (desconsiderando-se todos os demais efeitos) reduzir o preço dos imóveis em 0,80% ao ano pelos próximos quarenta anos!

Nesta questão analisaremos esse tema. Suponha, simplificadamente, que a curva de demanda por imóveis residenciais em São Paulo possa ser dada por:

$Q_D = 1800 - 0{,}5P - 100D + 0{,}2R$

Em que Q é a quantidade em milhões de metros quadrados por ano, P é o preço em reais (R$) por metro quadrado, D é a taxa de dependência, ou

---

[11] Nome dado às pessoas nascidas logo após a Segunda Guerra Mundial, período em que as taxas de natalidade sofreram forte aumento.

seja, a porcentagem de aposentados sobre a população economicamente ativa, e R a renda per capita em reais por ano.

Suponha que a taxa de dependência seja 8% atualmente (ou seja, $D = 8$), a renda seja R$ 15 mil por ano. O mercado encontra-se em equilíbrio a um preço de R$ 5 mil por metro quadrado e uma quantidade de 1500 milhões de metros quadrados por ano.

6.1 A demanda por imóveis dada é mais sensível à renda ou à demografia? Encontre as elasticidades da demanda em relação à taxa de dependência (D) e à renda (R) e interprete esses valores.

6.2 Encontre a curva de oferta por imóveis, supondo que esta possa ser descrita por uma reta e que a elasticidade-preço da oferta de imóveis é 0,2.

6.3 Desenhe as curvas de oferta e demanda por imóveis, indicando o equilíbrio.

6.4 Suponha que, em 20 anos, a taxa de dependência em São Paulo dobre, e a renda aumente 80% em relação aos níveis atuais, tudo o mais constante. Encontre a nova curva de demanda e represente no mesmo gráfico do item anterior. Qual o novo preço e a quantidade de equilíbrio?

6.5 Para comparar o preço dos imóveis ao decorrer de longos períodos de tempo precisamos trabalhar com preços reais. Para ilustrar este ponto, imagine que seu avô comprou em agosto de 1994 um terreno no que é hoje a Nova Faria Lima por R$ 1.000,00 o metro quadrado. Com a expansão da região, muitas construtoras têm se mostrado interessadas em comprar o terreno para erguer um novo prédio de escritórios, oferecendo R$ 10 mil por metro quadrado! Suponha que o IPC (FIPE) tenha sido de 109,04 em agosto de 1994 e de 818,60 hoje. Qual o ganho real (em %) que seu avô terá ao vender o terreno?

7. **Aquecimento global e o mercado de carbono**

Nos últimos anos, com o intuito de combater a emissão de gases do efeito estufa, foi criado um novo mercado: o de créditos de carbono. Estes funcionam como uma moeda ambiental que pode ser comercializada em bolsas de valores, como a European Climate Exchange (ECX) e a Chicago Climate Exchange (CCX).

O Protocolo de Kyoto estabeleceu uma cota máxima que cada país pode emitir de gases que provocam o efeito estufa. Os países, por sua vez, restringiram a emissão das empresas. As empresas que conseguem diminuir suas emissões abaixo das cotas determinadas podem vender, a preços de mercado, o excedente no mercado internacional para aquelas que não atingem a meta, como uma espécie de "permissão para poluir".

Suponha que o mercado de carbono seja perfeitamente competitivo e que as curvas de oferta e demanda de carbono dependam não só do preço, mas também do crescimento da economia mundial (representado aqui por R, de renda). Se a economia se expande rapidamente, as empresas aumentam sua produção, poluindo mais. A quantidade ofertada de créditos de carbono cai, e a quantidade demandada aumenta, conforme as equações abaixo:

$$Q_D = 1.800 - 700P + 0,9R$$

$$Q_S = 12.000 + 1.000P - 0,8R$$

Em que Q é a quantidade de créditos, em milhões de toneladas de dióxido de carbono (CO_2) ou equivalente, e P o preço em euros (€) por crédito de tonelada. R representa a renda per capita média, em dólares por ano. Para as questões seguintes, assuma uma renda de € 20 mil por ano:

7.1 Desenhe as curvas de oferta e demanda por créditos de carbono para R = 20.000. Além disso, calcule e indique no gráfico o equilíbrio de mercado.

7.2. Calcule as elasticidades da oferta e da demanda de créditos de carbono em relação à renda, no ponto de equilíbrio e para R = 20.000. O que cada uma delas significa? O que é mais sensível à renda (em módulo): a oferta ou a demanda?

7.3. Em 1997, quando foi assinado o Protocolo de Kyoto, esperava-se que o preço do crédito de carbono atingisse o nível de € 33,00 (em moeda de 1997) por tonelada em 2020[12], de forma a viabilizar economicamente novas tecnologias de produção de energia de baixa emissão de carbono, como usinas nucleares e geração eólica. O Índice de Preços ao Consumidor (IPC) da zona do euro era 70 em 1997 e está em 113

---
12 Fonte: The International Energy Agency.

hoje. A quanto equivale o preço de € 33,00 por tonelada em moeda de hoje? Se o preço do crédito de carbono atualmente está em € 14,00 por tonelada, quantos por cento ele precisaria subir para que novas tecnologias sejam viabilizadas?

7.4 De forma a mitigar o problema dos baixos preços e viabilizar as tecnologias de baixa emissão, suponha que os governos decidam fixar um preço mínimo de € 20,00 por tonelada para o crédito de carbono. Utilize as curvas de oferta e demanda do enunciado no início da questão e responda: Haveria excedente ou escassez de créditos de carbono? De quanto?

7.5 A estimativa de um aumento de demanda por créditos de carbono no futuro é grande, à medida que mais países adotem metas mais restritivas à emissão de gases do efeito estufa. Os Estados Unidos e a China, por exemplo, maiores poluidores mundiais, não assinaram o Protocolo de Kyoto nem têm políticas claras nesse sentido.

Suponha que o Congresso Americano aprove uma política de metas para emissões, aumentando em 400% a demanda por créditos de carbono no mercado internacional. Encontre a nova equação da curva de demanda por créditos de carbono e, supondo que a oferta não sofra alterações, ache o novo preço e a quantidade de equilíbrio. Desenhe, no mesmo gráfico do item 7.1, a curva de demanda após a adesão americana e indique o novo equilíbrio.

7.6 A criação do mercado de carbono foi, na verdade, uma tentativa de solucionar uma falha nos demais mercados de bens, chamada externalidade. Explique o que é externalidade, como ela se aplica ao problema ambiental em questão e por que a criação de um mercado de carbono solucionaria esse problema. Além da ocorrência de externalidades, cite e explique duas outras formas de falhas de mercado.

8. **Fazendo água...**

As fortes chuvas e o calor excessivo nas regiões Sul e Sudeste do país nos três primeiros meses de 2010 foram destaque nas manchetes dos jornais. O setor mais afetado foi o de legumes, frutas e verduras. Os preços dispararam nos supermercados e nas feiras livres do estado de São Paulo durante o período.

Suponha que esse mercado seja perfeitamente competitivo e que a oferta de verduras folhosas em geral possa ser expressa pela seguinte equação:

$Q_O = -0,50 + 0,095\ P - 0,01\ IP$

Em que P representa o preço médio da caixa de verduras em reais (R$), Q a quantidade em mil caixas e IP o índice pluviométrico do período em milímetros (mm). (Obs.: a função de oferta acima só é válida para índices pluviométricos iguais ou acima de 200 mm. A hipótese adotada é a de que somente a partir desse ponto as chuvas se tornam prejudicais às plantações.)

Suponha que a demanda também possa ser descrita por uma função linear e que depende apenas do preço.

8.1 Ache a função de demanda por verduras, sabendo-se que a elasticidade-preço da demanda é $Epd = -0,11$; o preço de equilíbrio é $P^* = 50$ e a quantidade de equilíbrio é $Q^* = 2,25$ em mil caixas.

8.2 Desenhe a curva de oferta e a de demanda, usando a função de demanda calculada no item 8.1 e a função de oferta dada no enunciado, considerando um índice pluviométrico de 200 mm por mês. Indique o preço e a quantidade de equilíbrio no gráfico.

8.3 Calcule as elasticidades da oferta de verduras em relação ao preço e ao índice pluviométrico, no ponto de equilíbrio. O que cada uma delas significa? A quantidade ofertada de verduras é mais sensível a variações no preço ou nos índices pluviométricos?

8.4 Segundo informações de vários institutos meteorológicos, as chuvas chegaram a 400 mm no primeiro trimestre de 2010, enquanto a média dos últimos 30 anos, para o mesmo período, era de 200 mm. Aliado a isso, o calor persistente elevou em 10% a demanda de frutas, legumes e verduras em geral. Tanto o aumento nos índices pluviométricos como as temperaturas ainda elevadas para o período afetaram significativamente o preço e as quantidades de equilíbrio no mercado de verduras.

8.4.1 Encontre a nova demanda por verduras, considerando um aumento de 10%; a nova oferta de verduras, considerando um índice pluviométrico de 400 mm e os novos preços e quantidades de equilíbrio. Represente essas alterações no gráfico do item 8.2.

8.4.2 Os preços das verduras dispararam nos supermercados e nas feiras livres de São Paulo, em especial durante os meses de fevereiro e março. Na tabela a seguir, apresentamos o valor do IPC/FIPE em várias datas. Em outubro de 2009, uma caixa de alface custava R$ 40,00. Em março de 2010, ela custava R$ 50,00. O preço da caixa de alface aumentou ou caiu em termos reais? Em quantos por cento?

Tabela 2.3

	Outubro/09	Novembro/09	Dezembro/09	Janeiro/10	Fevereiro/10	Março/10
IPC	311,32	312,21	312,76	316,94	319,29	320,36

Fonte: IPC-FIPE.

9. **No seco**

Um mês após o governo do estado de São Paulo anunciar o uso do chamado volume morto do Sistema Cantareira (12/07/2014) para conter o risco de racionamento, a demanda por água mineral aumentou consideravelmente. A desconfiança sobre a qualidade da água que sai da torneira é grande, ainda que a Sabesp e técnicos da Agência Nacional de Águas (ANA) garantam que ela está adequada ao consumo. Segundo depoimento de morador da Zona Norte da cidade: "Antes, lavando o quintal, eu até bebia água da torneira. Agora, nem para o meu cachorro eu dou".

Nesta questão iremos analisar o mercado de água mineral na cidade de São Paulo. Suponha que, hipoteticamente, a demanda por água mineral antes da crise hídrica pudesse ser descrita pela seguinte equação:

$Qd = 263,5 - 0,5P - 7Um + 0,2R$

Em que Qd é a quantidade de água mineral em mil galões de cinco litros, P é o preço do galão em reais, Um a umidade relativa do ar em pontos percentuais e R a renda mensal em reais.

Suponha que a oferta de água mineral também possa ser descrita por uma função linear e que dependa apenas do preço.

9.1 Encontre a função de oferta de água mineral, sabendo-se que a elasticidade-preço da oferta é Epo = 1,5; o preço de equilíbrio é P^* = R$ 7,00 por galão e quantidade de equilíbrio é Q^* = 140 mil galões.

9.2 Desenhe as curvas de oferta e a curva de demanda usando a função de oferta calculada no item 9.1 e a função de demanda dada no enunciado. Indique o preço e a quantidade de equilíbrio no gráfico. Considere a umidade relativa do ar de 60 pontos percentuais e a renda de R$ 1500,00 mensais.

9.3 Calcule as elasticidades da demanda de galões de água em relação ao preço, em relação à umidade relativa do ar e em relação à renda. Interprete cada uma delas.

9.4 Suponha que, com a seca, a umidade relativa do ar tenha caído para 30 pontos percentuais. Além disso, a desconfiança dos consumidores em relação à qualidade da água do volume morto do Sistema Cantareira elevou a demanda por água mineral em mais 36,5 mil galões. Encontre a nova demanda por água mineral, o novo preço e a quantidade de equilíbrio, considerando que a oferta se manteve constante. Represente essas alterações no gráfico do item 9.2.

9.5 O preço do galão de água mineral teve um aumento nos últimos anos. Em julho de 2012, um galão de água mineral custava R$ 5,00. Em julho de 2014 custava R$ 7,00. O preço do galão de água mineral aumentou em termos reais? Em que percentual? Na tabela a seguir, apresentamos o valor do INPC/IBGE em várias datas.

Tabela 2.4

	Julho/2012	Julho/2013	Julho/2014
INPC (IBGE) (Dez 93 = 100)	3498,27	3715,07	3921,73

Fonte: INPC/IBGE

10. **O mercado de prostituição**[13]

No início dos anos 1900, na cidade americana de Chicago, bem como no restante dos Estados Unidos, a prostituição, apesar de moralmente condenada, não era considerada crime. Estima-se que, dentre as mulheres na casa dos 20 anos, cerca de uma em cada 50 eram prostitutas.

10.1 Enquanto uma operária recebia cerca de US$ 6,00 por semana, uma prostituta que trabalhasse no Everleigh Club – uma das mais famosas e luxuosas casas de prostituição do país – recebia por volta de US$ 400,00 por semana, em moeda da época. Converta esses valores para a moeda de hoje, supondo que o IPC nos Estados Unidos fosse 100 em 1900 e 2067,31 hoje. Calcule o salário **anual** de uma operária e de uma prostituta e compare.

Quando a prostituição foi criminalizada dos Estados Unidos, quase a totalidade dos recursos policiais se voltou contra as prostitutas, não contra os clientes. Analisaremos nesta questão o que acontece em um mercado – mesmo que ilícito – quando se pune os fornecedores.

Suponha que a oferta por serviços de prostitutas pudesse ser descrita por:
$Q_O = -5 + 0{,}45P$
Em que Q está em horas de serviço prestado por prostitutas, por semana, em uma região Chicago e P, em dólares por hora. Suponha que o preço de equilíbrio de mercado, antes da criminalização, fosse US$ 40,00 a hora, e que fossem "comercializadas" 13 horas por semana.

10.2. Se a elasticidade-preço da demanda no ponto de equilíbrio for $EPD = -0{,}154$, encontre a curva de demanda, supondo que esta possa ser descrita por uma reta.

   10.2.1 A demanda por serviços de prostitutas é muito ou pouco elástica? Justifique sua resposta, utilizando a definição de elasticidade-preço da demanda.

---

[13] Esta questão é baseada no capítulo "Por que prostituta de rua é como Papai-Noel de shopping?", do livro *Super Freakonomics* de Steven D. Levitt e Stephen J. Dubner (editora Elsevier, 2010).

10.2.2 Desenhe as curvas de oferta e demanda por serviços de prostituição, indicando o ponto de equilíbrio.

10.3 No início do século XX, os Estados Unidos aprovaram uma lei transformando a prostituição em crime e prevendo a prisão de mulheres que infringissem a lei. Como consequência, uma série de mulheres abandona a profissão, fazendo com que a oferta se reduza em 10 horas, para qualquer nível de preço. O que acontece com o preço de equilíbrio? E com a quantidade?

10.4 Baseando-se na sua resposta para o item 10.2.2, você acha que a criminalização foi uma medida eficiente para combater a prostituição? Explique.

10.5 Desenhe no mesmo gráfico do item 10.2.3 a nova curva de oferta, indicando o novo ponto de equilíbrio.

O mercado de prostituição em Chicago mudou muito nos últimos 100 anos. O sociólogo da Universidade de Columbia Sudhir Venkatesh, estudando esse mercado em 3 regiões da cidade atualmente, constatou que o preço da hora de serviço é bem inferior ao do início do século. Isso se deve aparentemente a uma drástica diminuição da demanda por serviços de prostitutas em função de maior "competição". Com a sociedade tornando-se mais liberal, surgiram alternativas ao sexo pago, reduzindo a demanda das prostitutas.

Suponha que, por hipótese, uma mudança nos costumes da sociedade tenha levado a uma redução de 75% na demanda por serviços de prostitutas em relação ao início do século.

10.6 Encontre a nova curva de demanda e represente-a no gráfico do item 10.2.3.

　　10.6.1 Calcule o novo ponto de equilíbrio, utilizando a curva de oferta pós-criminalização da prostituição (ou seja, aquela encontrada por você no item 10.2.3).

　　10.6.2 Quem contribuiu mais para a redução da prostituição (medida em horas de serviço prestadas), a criminalização (choque de oferta) ou a mudança nos costumes (choque de demanda)?

11. A LUTA DIÁRIA POR COMIDA NO EGITO[14]

Mahrouz, o açougueiro, gosta de comer bem. Seu avental branco manchado de sangue cobre uma majestosa pança que pode estar com os dias contados. Mahrouz costumava levar para casa dois quilos de carne para sua família toda noite – o suficiente para ele, sua mulher e dois filhos. "Agora, só levo um quilo", diz o açougueiro.

A carne ficou cara demais, até para Mahrouz, que paga preço de atacado. Ele quase não tem mais clientes, reclama de trás de sua bancada, que fica a céu aberto, perto de uma rua principal movimentada. Acima dele, ganchos de carne vazios balançam ao vento, junto com algumas salsichas solitárias na brisa poluída. Apenas três pernis de carneiro embrulhados em tecido úmido esperam os clientes. "O milho ficou raro, o preço da ração animal subiu muito – o que posso dizer? Os negócios vão mal", suspira Mahrouz. [...] Ainda há comida suficiente no Egito, que é o país mais populoso do mundo árabe com quase 80 milhões de habitantes. No entanto, os alimentos estão se tornando escassos, e os preços estão subindo. As pessoas simplesmente não têm dinheiro suficiente para comprarem o que precisam para se sentirem satisfeitas.

Der Spiegel 19/04/2008 – A luta diária por comida no Egito
Ulrike Putz

11.1 Supondo que o preço de equilíbrio seja de US$ 20,00 por quilo de carne e a quantidade é de 160 milhões de quilo por mês (considere que a unidade da quantidade é de milhões de quilos), que oferta e demanda são lineares, e que, no curto prazo, a elasticidade-preço da demanda é de −1,5, ao passo que a elasticidade-preço da oferta é de 0,5, derive as funções de oferta e demanda de curto prazo. Represente graficamente estas curvas.

11.2 Utilizando as curvas de oferta e demanda do item 11.1, represente graficamente os efeitos sobre preços e quantidades de equilíbrio no mercado de carnes do Egito das seguintes situações a seguir. Para cada uma delas, desenhe a nova curva de oferta ou demanda no gráfico do item 11.1 e indique o novo ponto de equilíbrio:

---
14 Exercício preparado pelo professor Arthur Barrionuevo Filho.

11.2.1 O aumento do preço do milho reduziu a quantidade ofertada em 40% para qualquer preço de mercado.

11.2.2 A falta de dinheiro afetou a demanda das pessoas da seguinte forma: para qualquer preço de mercado, a quantidade demandada é 40 (milhões de quilos) menor do que na situação no item 11.1.

11.2.3 Ambos os choques ocorreram ao mesmo tempo.

11.3 Qual é a elasticidade-preço da demanda no equilíbrio para cada uma das situações mencionadas no item 11.2? Explique por que a elasticidade varia.

11.4 Considerando as elasticidades da demanda e da oferta em 11.1, pode-se dizer que, no ponto de equilíbrio, elas são elásticas ou inelásticas? No longo prazo, as curvas de oferta e demanda tendem a ser mais ou menos elásticas do que no curto prazo? Explique.

12. ESPECULAÇÃO OU OFERTA E DEMANDA?[15]

Ninguém acredita na oferta e na demanda. A questão dos preços das *commodities* é curiosa, estou recebendo um monte de correspondência na linha de: "Bem, qual é? Estão imprimindo muito dinheiro, ou é a ganância?" Mas por que é que tem que ser uma dessas razões? Por que não pode ser apenas a oferta e a procura?

O que estamos vendo, afinal, é um aumento no preço relativo das matérias-primas em comparação com outros bens e serviços. Isso é o que normalmente acontece durante uma recuperação cíclica, e não há nenhuma razão óbvia para vê-lo como um sinal de inflação sinistra (a menos que você esteja determinado a ver esses sinais).

E sobre a especulação e a manipulação do mercado? Essas coisas acontecem. Os leitores que me acompanham há mais tempo devem lembrar que por volta de 2000-2001 eu era um dos poucos a argumentar que a crise de energia da Califórnia estava sendo causada pela manipulação e não por

---
15 Exercício preparado pelo professor Arthur Barrionuevo Filho.

verdadeira escassez. Uma interpretação que mais tarde foi confirmada por gravações reais dos *traders* de energia ordenando aos dirigentes das plantas geradoras para desligá-las. Mas eu estava e permaneço cético em relação à história de especulação em 2007-2008, por causa da falta de evidência de acumulação de estoques. E, dessa vez, também ao fato de que os preços ainda estão bem abaixo do pico anterior, o que sugere que não deve haver "negócios muito estranhos" envolvidos.

Basicamente, no caso atual, parece que o rápido crescimento da demanda em mercados emergentes (embora não aqui, nos Estados Unidos), colidindo com oferta limitada, explica a situação. E é curioso ver as pessoas, tanto na Direita, bem como na Esquerda, enxergando algo de mal e obscuro na oferta e demanda fazendo seu trabalho.

Paul Krugman – Blog The Conscience of a Liberal – *The New York Times*
(trad. livre) 28/12/2010

A partir do texto de Paul Krugman:

12.1 Suponha que a curva de demanda de matérias-primas agrícolas seja dada por $Q^D = 150 - 0,4P$ e a de oferta por $Q^S = 5 + 0,1P$, onde Q é a quantidade em milhões de toneladas, e P, o preço em dólares por tonelada. Calcule o preço e a quantidade inicial de equilíbrio.

12.2 Vamos analisar agora as duas hipóteses levantadas por Friedman para o aumento no preço das *commodities*:

12.2.1 A **recuperação cíclica** implica em elevação de renda, aumentando a demanda em 20 milhões de toneladas para qualquer nível de preço. Quais são os novos preço e a quantidade de equilíbrio?

12.2.2 Suponha agora que o aumento dos preços é explicado pela "**Teoria da Conspiração**". A demanda permanece no seu nível inicial, mas investidores gananciosos organizaram os agricultores para que eles produzissem menos, reduzindo a oferta em 20 milhões de toneladas para qualquer nível de preço. Quais são os novos preço e a quantidade de equilíbrio?

12.2.3 Compare os impactos em preços e quantidades da recuperação cíclica com os da "Teoria da Conspiração" e explique por que eles diferem. Você pode esboçar o gráfico para facilitar sua explicação.

12.3 Quais são as elasticidades-preço da demanda e da oferta no equilíbrio inicial (antes dos choques)? Os bens têm demanda e oferta elástica ou inelástica? Como as elasticidades encontradas afetam o impacto que choques de oferta e demanda têm sobre os preços das *commodities*?

12.4 Para mensurar apenas o efeito do crescimento da renda sobre a quantidade demandada, suponha que o preço é idêntico ao preço de equilíbrio em que a renda ficou 10% maior, deslocando a curva de demanda para $QD = 180 - 0{,}4P$. Qual é a elasticidade-renda que essa mudança mostra? Essas *commodities* são bens normais ou inferiores? Explique.

13. **Desvalorização do real**

A desvalorização do real tem um importante impacto no equilíbrio de mercado. Alterações no câmbio afetam o custo de insumos, provocando mudanças nos preços e quantidades de equilíbrio. Um produto fortemente afetado pelas oscilações do dólar, por exemplo, é o diesel, utilizado principalmente por caminhões no Brasil. Vamos analisar algumas características do mercado desse combustível e sua relação com o câmbio. Para facilitar, vamos supor que o mercado de diesel é competitivo.

13.1 Obtenha as funções de demanda e oferta do diesel, supondo que a elasticidade-preço da oferta é de 0,3 e a elasticidade-preço da demanda é de –0,4 (ambos no ponto de equilíbrio). Considere que tanto a função de demanda quanto a oferta são lineares e que o preço de equilíbrio inicial é R$ 1,20 por litro de diesel e a quantidade também de equilíbrio é 48 milhões de litros. Desconsidere o efeito do câmbio.

13.2 Considere que oscilações no câmbio afetam apenas o lado da oferta. Suponha que a elasticidade da oferta em relação ao câmbio é de –0,2. Calcule a nova função da oferta, supondo que ela continua linear (ou seja $Qo = c + dP + fC$) e considerando o mesmo equilíbrio do item 13.1, além de uma taxa de câmbio (C) de R$ 2,00.

13.3 Em 2013, o real liderou o ranking da desvalorização entre as principais moedas no mundo. Calcule o novo equilíbrio de mercado, dado que a desvalorização do real levou o câmbio para R$ 2,40.

13.4 Comparando os itens 13.2 e 13.3: o que houve com a curva da oferta? Para justificar sua resposta, use gráficos.

13.5 Suponha que o produtor de diesel aumente o preço do combustível em 10%. Com base nos dados do item 13.1, o que você espera que acontecerá com a receita do produtor? Esse resultado deve se manter no longo prazo? Por quê?

14. **Estimando a demanda por ingressos de cinema**

Um aluno que trabalha na empresa júnior de sua faculdade precisou estimar a elasticidade-preço da demanda de ingressos de cinema em um universo de 200 alunos da escola. Para tanto, ele preparou um formulário, perguntando para cada aluno quantas vezes ele gostaria de ir ao cinema, considerando diferentes preços do ingresso. Os resultados foram colocados na tabela adiante:

Tabela 2.5

Número de vezes que um aluno, em média, iria ao cinema, por mês...	...se o preço do ingresso for
0,15	20
1,25	15
3,5	10
5,4	5
8,4	1

Fonte: Os autores.

Observe que quando o preço do ingresso é de R$ 20,00, apenas 30 ingressos (0,15 x 200) serão comprados pelo grupo de 200 alunos ao longo do mês.

14.1 Calcule a elasticidade-preço da demanda por ingresso de cinema por mês para os intervalos de preço (1→5) e (15→20). À medida que o preço aumenta, o que acontece com a elasticidade-preço da demanda por ingresso de cinema? O que isso significa?

14.2 Por meio desses dados e com o auxílio de uma planilha Excel, estime a curva de demanda linear por ingresso de cinema por mês dos alunos de sua faculdade. Dica: Para estimar a equação da demanda, digite os dados em uma planilha Excel, monte um gráfico de dispersão (XY). Utilize a ferramenta "adicionar linha de tendência" para obter a função de demanda. Veja qual pressuposição sobre o formato da curva de demanda (linear, logarítmica, exponencial ...) exibe o melhor coeficiente de bondade de ajustamento (o R^2). Discuta o resultado.

14.3 A partir da equação, e considerando que o preço do ingresso é R$ 12,00, estime a elasticidade-preço da demanda.

CAPÍTULO 3

Teoria do Consumidor

Introdução

Na Teoria do Consumidor, o comportamento deste é analisado do ponto de vista da racionalidade econômica. Assumimos que um indivíduo sempre procura maximizar sua utilidade, conceito econômico que pode ser tomado como sinônimo de satisfação, tendo, porém, como limite, a sua restrição orçamentária. Isto é, ele procura encontrar a *escolha ótima* de mercadorias: a *melhor* combinação de mercadorias que se pode adquirir considerando suas *preferências* e os *limites* de seu poder aquisitivo (sua renda e os preços das mercadorias).

Neste capítulo, serão analisadas, de início, as preferências do consumidor, ou seja, suas necessidades e seus gostos. Mais adiante, mostra-se a restrição orçamentária e, na sequência, discute-se a escolha ótima. Ao final deste capítulo, apresentam-se exercícios resolvidos e comentados sobre a Teoria do Consumidor, além de uma lista de exercícios suplementares.

Preferências do consumidor

O objetivo desta seção é tratar de maneira analítica os gostos e desejos de um consumidor representativo.

Funções de utilidade, curvas de indiferença e mapa de indiferença

As preferências dos consumidores (isto é, seus gostos) são representadas por meio de uma função de utilidade, em que U mede a satisfação subjetiva que um consumidor obtém ao consumir uma determinada cesta de bens.

Considere, por exemplo, que a satisfação de um consumidor depende do consumo de duas mercadorias, x_1 e x_2, de tal forma que sua função utilidade possa ser expressa por:

$$U(x_1, x_2) = x_1^{0,5} x_2^{0,5}$$

em que x_1 e x_2 são as quantidades dos bens.

Se o consumidor adquirir uma unidade de x_1 e uma de x_2, sua utilidade será $U_0 = 1$. Por outro lado, se ele consumir quatro unidades de x_1 e dezesseis de x_2, sua utilidade será de $U_1 = 4^{0,5} \cdot 16^{0,5} = 8$. A utilidade é importante para que possamos ordenar as cestas de consumo. No exemplo, a segunda cesta é preferível à primeira, já que gera maior utilidade ou satisfação.

Graficamente, a função de utilidade é representada por curvas de indiferença, como na Figura 3.1. Cada curva de indiferença é a reunião de todas as combinações de x_1 e x_2 que proporcionam a um consumidor o mesmo nível de satisfação. Ao *continuum* de curvas de indiferença dá-se o nome de *mapa de indiferença*. O mapa de indiferença é, em última instância, a representação gráfica dos gostos e das preferências de um consumidor.

As curvas de indiferença e o mapa de indiferença de uma função de utilidade bem-comportada estão ilustradas na Figura 3.1.

Figura 3.1: Curvas de indiferença, mapa de indiferença

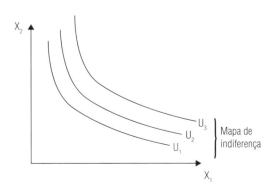

Fonte: Os autores.

As premissas das preferências do consumidor

Funções de utilidade bem-comportadas obedecem a quatro premissas usualmente adotadas na Teoria do Consumidor. As três primeiras são:

- Preferências integrais ou completas: dadas duas cestas de mercadorias, o consumidor prefere a primeira à segunda, ou a segunda à primeira, ou é indiferente entre as duas cestas de mercadorias. Ou seja, o consumidor é sempre capaz de comparar duas cestas de mercadorias.

Isto é, dadas duas cestas de mercadorias, o consumidor racional considera que:

$$A > B \vee B > A \vee A \sim B$$

Onde $>$ significa "é preferível a"; $\vee$ representa "ou" e $\sim$ significa "é indiferente a". Em outras palavras, o consumidor racional sempre consegue comparar duas cestas de mercadorias e dizer qual é a que prefere.

- Mais mercadorias são sempre desejáveis: isto é, o consumidor é não saciável. Dada uma cesta A composta pelas mercadorias x_1 e x_2:

$$(x'_1, x_2) > (x_1, x_2)$$

se $x'_1 > x_1$.

- Transitividade: dadas três cestas de mercadorias, A, B e C, se um consumidor prefere A a B e B a C, então ele prefere A a C.

$$A > B \wedge B > C \Rightarrow A > C$$

Onde $\wedge$ representa "e" e $\Rightarrow$, "implica".

Uma consequência da premissa da transitividade é que as curvas de indiferença não podem se cruzar. Considere, por exemplo, a Figura 3.2 a seguir, onde as curvas de indiferença referentes aos níveis de satisfação U_1 e U_2 se interceptam no ponto A.

Figura 3.2: As curvas de indiferença não podem se interceptar

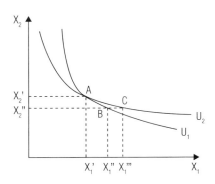

Fonte: Os autores.

Como a cesta A e a cesta B estão na mesma curva de indiferença, proporcionam o mesmo nível de satisfação. Logo, $A \sim B$. Da mesma forma, $A \sim C$. Pela premissa da transitividade, B deveria ser indiferente a C. Mas observe que a cesta B tem a mesma quantidade de x_2 e, ao mesmo tempo, unidades adicionais de x_1. Portanto, pela premissa de que as mercadorias são desejáveis, $C > B$, o que contradiz a afirmação anterior.

Para enunciar a quarta premissa, é preciso definir antes o conceito de Taxa Marginal de Substituição.

A Taxa Marginal de Substituição (TMS)

A Taxa Marginal de Substituição (TMS) mostra quanto um consumidor está propenso a abrir mão de um bem para ter outro, ou seja, quantas unidades de x_2 ele estaria disposto a deixar de consumir para obter uma unidade adicional de x_1, permanecendo no mesmo nível de satisfação. Algebricamente:

$$TMS = -\frac{dx_2}{dx_1} \text{ para } U = \bar{U}$$

Graficamente, a TMS é a tangente de uma curva de indiferença em cada um de seus pontos (veja a Figura 3.3).

Figura 3.3: A Taxa Marginal de Substituição

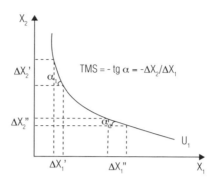

Fonte: Os autores.

Agora, a quarta premissa pode ser enunciada:

- A TMS é decrescente.

Isso significa que quanto mais unidades de x_1 o consumidor possuir, menos disposto ele estará a abrir mão de x_2 para obter uma unidade adicional de x_1. À medida que se avança no eixo horizontal, a tangente do ângulo α nas curvas de indiferença é cada vez menor.

A quarta premissa também significa que as curvas de indiferença são convexas em relação à origem.

Assim, as funções de utilidade bem-comportadas são justamente aquelas que observam as quatro premissas da Teoria do Consumidor: funções de utilidade bem-comportadas são contínuas (premissa das preferências completas); nelas a utilidade aumenta à medida que crescem as quantidades consumidas (não saciedade); as curvas de indiferença não se cruzam (transitividade) e são convexas (TMS decrescente).

Para se calcular a TMS, podem-se utilizar alguns métodos alternativos.

a. Diferenciação total

O primeiro deles consiste em derivar-se totalmente uma função de utilidade, igualar dU a zero (pois ao longo de uma curva de indiferença a utilidade não se altera, ou seja, $dU = 0$) e então isolar $-dx_2/dx_1$.

Considere, por exemplo, a função utilidade $U(x_1, x_2) = 3x_1 + 2x_2$. Derivando-se totalmente, obtém-se:

$dU = 3dx_1 + 2dx_2$

Igualando dU a zero e isolando-se $-dx_2/dx_1$, obtém-se TMS = 3/2. Observe que o sinal é positivo, pois o conceito de TMS já inclui o sinal negativo.

b. Função implícita

Uma segunda alternativa é utilizar a função implícita. Isto é, fixa-se $U = \bar{U}$, e reescreve-se a função de utilidade fazendo x_2 depender de $\bar{U}$ e x_1. Assim, para a mesma função de utilidade $U(x_1, x_2) = 3x_1 + 2x_2$:

$$x_2 = -\frac{\bar{U}}{2} - \frac{3x_1}{2}$$

Dessa função implícita, obtém-se diretamente TMS = $-dx_2/dx_1$ = 3/2.

c. Razão entre utilidades marginais

Chama-se de utilidade marginal a contribuição de uma unidade adicional do bem à satisfação geral do consumidor. Ou seja, a utilidade marginal do bem x_1 (UMg_1), por exemplo, será a derivada da função utilidade em relação a x_1 (U/dx_1).

Pode-se utilizar o conceito de utilidade marginal para calcular o valor da TMS de uma função de utilidade. Dividindo-se a utilidade marginal de x_1 pela utilidade marginal de x_2, obtém-se:

$$\frac{UMgx_1}{UMgx_2} = \frac{dU/dx_1}{dU/dx_2} = \frac{dU}{dx_1} \frac{dx}{dU} = \frac{dx_2}{dx_1} = -TMS$$

Da mesma função de utilidade aplicada anteriormente, a utilidade marginal de x_1 é 3, e a utilidade marginal de x_2 é 2. Logo, a TMS é 3/2.

Em geral, pressupõe-se que a utilidade marginal é decrescente. Isto é, que unidades adicionais de uma mercadoria proporcionam, na margem, aumentos de satisfação positivos, mas decrescentes (cada vez menores).

Três tipos básicos de funções de utilidade

Alguns tipos básicos de função utilidade estão a seguir.

a. Função de utilidade para bens substitutos perfeitos: bens perfeitamente substitutos são aqueles que podem ser substituídos entre si sempre a uma mesma taxa constante. Na função de utilidade em que os bens são substitutos perfeitos, a TMS é constante, porém não necessariamente igual à unidade. A função é da forma $U(x_1, x) = ax_1 + bx_2$, onde a e b são constantes. Graficamente, suas curvas de indiferença são lineares. Exemplos: gasolina e etanol em motores flex (por exemplo, $U = 10G + 7A$, em que G são litros de gasolina e A são litros de álcool etanol).

Figura 3.4: Função de utilidade para bens substitutos perfeitos

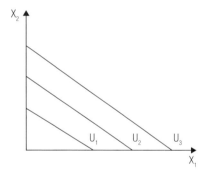

Fonte: Os autores.

b. Função de utilidade para bens complementares perfeitos: bens complementares perfeitos são aqueles que devem ser usados sempre conjuntamente, em uma proporção fixa. A função de utilidade é da forma $U(x_1, x) = min\left\{\dfrac{x_1}{a}, \dfrac{x_2}{b}\right\}$. Exemplos: uma lanterna (L) que utiliza 2 pilhas (P), $(U(L, P) = min\left\{\dfrac{L}{1}, \dfrac{P}{2}\right\}$ ou uma impressora (I) que exige um cartucho (C), $(U(I, C) = min\left\{\dfrac{l}{1}, \dfrac{c}{1}\right\})$. Graficamente, as curvas de indiferença dessa função têm o formato de "L". Nessa curva de indiferença, a TMS não se define, uma vez que a função não é diferenciável em todos os seus pontos. Alternativamente, a TMS pode ser zero (na porção horizontal) ou tendente ao infinito (na porção vertical).

Figura 3.5: Função de utilidade para bens complementares perfeitos

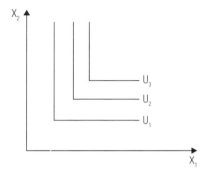

Fonte: Os autores.

c. Função de utilidade para consumo em proporções fixas da renda (Cobb-Douglas[1]): A Cobb-Douglas é um exemplo de função bem-comportada, que atende às quatro premissas da teoria do consumidor. A função é da forma $U(x_1, x) = A x_1^\alpha x_2^\beta$. A curva de indiferença é convexa e a TMS varia ao longo da curva.

Figura 3.6: Função de utilidade Cobb-Douglas

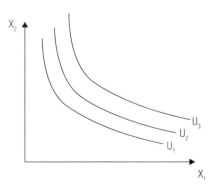

Fonte: Os autores.

---

[1] A partir do artigo de 1928, "A theory of production" de Charles W. Cobb e Paul H. Douglas. Disponível em: <http://tinyurl.com/ycfbpxma>. Acesso em: 19 jun. 2017.

Abordagem cardinal x abordagem ordinal

Utilidade (satisfação) é um conceito subjetivo, impossível de ser mensurado em termos objetivos. Os economistas marginalistas do século XIX (como Stanley Jevons) imaginaram que consumidores poderiam atribuir um nível objetivo de satisfação às diferentes combinações de mercadorias e conceberam a teoria nesses termos, que passou a ser chamada de abordagem cardinal. Ainda no início do século XX, essa abordagem cardinal foi substituída pela abordagem ordinal, na qual as cestas de mercadorias são apenas ordenadas quanto às preferências de cada consumidor.

Como não existe uma medida objetiva de satisfação, é impossível fazer comparações interpessoais de satisfação.

Restrição orçamentária

As escolhas dos consumidores são limitadas por suas respectivas restrições orçamentárias. Um consumidor racional é aquele que maximiza sua utilidade considerando tanto os seus gostos e necessidades (suas preferências), quanto seu poder aquisitivo (sua renda e os preços das mercadorias).

O que um consumidor recebe de renda permite a ele comprar certas quantidades de mercadorias, multiplicadas pelos seus respectivos preços de venda.

$$I = p_1 x_1 + p_2 x_2$$

em que I é a renda, x_1 e x_2 são as quantidades das mercadorias e p_1 e p_2 seus respectivos preços.

Graficamente, a restrição orçamentária é representada pela linha do orçamento.

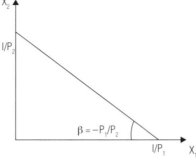

Fonte: Os autores.

Para obter a inclinação β da restrição orçamentária basta dividir o cateto oposto (I/p_2) pelo cateto adjacente (I/p_1) ou fixar I e isolar x_2:

$$x_2 = I/p_2 - (p_1/p_2)x_2$$

Em ambas as alternativas, a inclinação resulta em $\beta = -(p_1/p_2)$.

Repare que, de acordo com a equação acima, uma mudança na renda leva a um deslocamento paralelo da restrição orçamentária, alterando seu intercepto, mas não sua inclinação. Já uma alteração no preço de um dos bens (p1 ou p2), isto é, nos preços relativos, leva a uma mudança na inclinação da reta.

A escolha ótima

A escolha ótima é a combinação de mercadorias que maximiza a utilidade, obedecida a restrição orçamentária. Na Figura 3.8, a combinação de mercadorias A é preferível a B e a C, mas está além da restrição orçamentária; a combinação B é acessível ao consumidor, mas não maximiza sua utilidade. Assim, a combinação C é a que maximiza sua satisfação considerando sua restrição orçamentária.

Figura 3.8: A escolha ótima

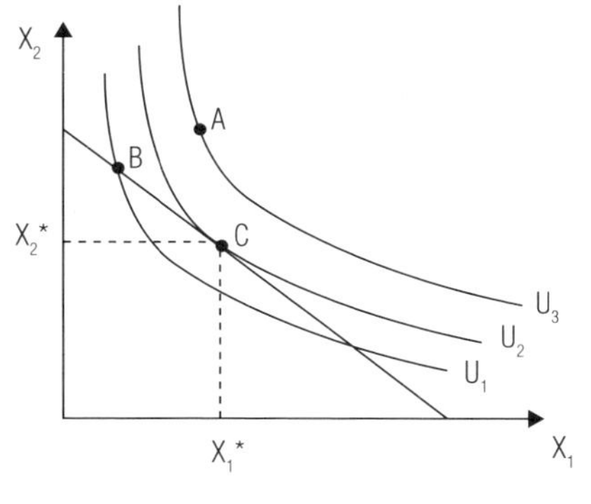

Fonte: Os autores.

Repare que, se uma curva de indiferença é cortada pela reta de restrição orçamentária em dois pontos, existe uma cesta acessível em uma curva de utilidade mais alta. Isso é o que ocorre em U_1, por exemplo, que é cortada em dois pontos e, portanto, B não pode ser o ponto ótimo. A condição de ótimo se dá justamente quando a curva de utilidade e a restrição orçamentária se tangenciam.

Princípio da Igualdade Marginal

A cesta ótima pode ser determinada pela aplicação do Princípio da Igualdade Marginal. Como visto, o consumidor tomará a melhor decisão possível quando a reta de restrição orçamentária tangenciar a curva de indiferença. Em outras palavras, neste ponto observa-se a seguinte relação: a TMS (a inclinação da curva de indiferença no ponto de escolha ótima) é igual à relação de preços (a inclinação da restrição orçamentária):

$$TMS = -\frac{dX_2}{dX_1} = -\frac{UMg_1}{UMg_2} = -\frac{p_1}{p_2}$$

Para encontrar a escolha ótima, além do Princípio da Igualdade Marginal, é preciso garantir que a cesta ótima caiba dentro da restrição orçamentária do consumidor. Portanto, que:

$$p_1 x_1 + p_2 x_2 = I$$

Com base nesse sistema de duas equações e duas variáveis (x_1 e x_2), é possível, conhecendo-se $U(x_1, x_2)$, p_1, p_2 e I, encontrar a cesta ótima para o consumidor.

O método do multiplicador de Lagrange

Alternativamente, para encontrar o ponto de escolha ótima, pode-se aplicar o método do multiplicador de Lagrange. A aplicação pode ser descrita em três passos:

a. Escreva a função Lagrangeana:

$$\mathcal{L} = U(x_1, x_2) + \lambda\,(p_1\,x_1 \pm p_2\,x_2 - I)$$

b. Tire as condições de primeira ordem:

$$\mathcal{L}_{x_1} = \frac{\partial \mathcal{L}}{\partial x_1} = 0$$

$$\mathcal{L}_{x_2} = \frac{\partial \mathcal{L}}{\partial x_2} = 0$$

$$\mathcal{L}_{\lambda} = \frac{\partial \mathcal{L}}{\partial \lambda} = 0$$

c. Resolva o sistema de três equações resultante para x_1, x_2 e λ.

Os exercícios a seguir mostram como aplicar o método do multiplicador de Lagrange em problemas simples de maximização. Alguns itens desses exercícios também indicam que não é possível utilizar o método do multiplicador de Lagrange quando as funções de utilidade que serão maximizadas não são bem-comportadas, isto é, quando violam pelo menos uma das quatro premissas da Teoria do Consumidor (por exemplo, nos casos de funções utilidade para bens substitutos perfeitos e complementares perfeitos).

Exercícios resolvidos e comentados

1. **O comportamento de consumidores em shopping centers**[2]

    Você foi chamado para descrever o comportamento dos consumidores em shopping centers. Após criteriosa observação, você conseguiu separar três tipos de consumidores com as seguintes características:

    1.1 O primeiro grupo de consumidores se mostra indiferente entre consumir vinhos nacionais (bem Y) ou importados (bem X), trocando sempre duas garrafas de vinho nacional por uma de vinho importado.

    1.1.1 Escreva a equação que descreve as preferências desse consumidor por vinho nacional (bem Y) e vinho importado (bem X).

    Repare que, para o consumidor, os produtos são perfeitamente substitutos. Assim, uma possível função de utilidade é dada por $U(X, Y) = 2X + Y$.

    1.1.2 Esboce o gráfico que representa essas preferências.

    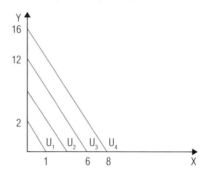

    1.1.3 Calcule e indique no gráfico a restrição orçamentária e a escolha ótima desse grupo de consumidores, assumindo que o consumidor dispõe de R$ 480,00 para gastar com vinhos, PX = R$ 60,00/garrafa e PY = R$ 40,00/garrafa.

    Restrição orçamentária $480 = 60X + 40Y$.

---
[2] Exercício elaborado pelo professor Jairo Abud.

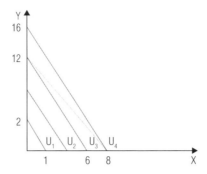

1.1.4 Qual é a escolha ótima do consumidor?

A escolha ótima será 8 garrafas de vinho importado e nenhuma garrafa de vinho nacional. Observe que nesse caso houve uma solução de canto, e que nessa solução não vale o princípio da utilidade marginal (portanto, não é possível utilizar o método do multiplicador de Lagrange).

1.2. O segundo grupo de consumidores vai ao shopping precisando adquirir lanternas e pilhas.

1.2.1 Escreva a equação que descreve as preferências desse grupo de consumidores por lanternas (L) e pilhas (P), sendo que cada lanterna funciona com duas pilhas.

Uma lanterna funciona sempre com duas pilhas. Assim, são bens complementares perfeitos. Uma possível função de utilidade é dada por: $U(L, P) = \min\{L, P/2\}$

1.2.2 Esboce o gráfico que representa essas preferências.

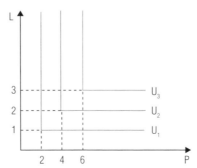

1.2.3 Calcule e indique no gráfico a restrição orçamentária e a escolha ótima desse grupo de consumidores, assumindo que ele disponha de R$ 60,00 para gastar com suas compras, sendo que a lanterna custa R$ 20,00 (PL = 20) e cada pilha sai por R$ 5,00 (PL = 5).

Restrição Orçamentária 60 = 20L + 5P

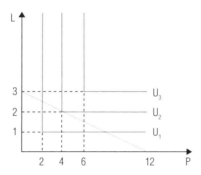

1.2.4 Qual é a escolha ótima desse consumidor?

$(L^*, P^*) = (2, 4)$. Para chegar a esse resultado, note que nas "quebras" sempre se observa a relação $L = P/2$. Basta substituir essa igualdade na restrição orçamentária e resolver para L ou para P.

1.3 O terceiro grupo de consumidores vai ao shopping para gastar na praça de alimentação (A) e comprar peças de vestuário (V). O consumidor desse grupo sempre despende 40% de sua renda com alimentos e 60% com vestuário.

1.3.1 Escreva a função de utilidade.

O terceiro grupo de consumidores gasta frações constantes de sua renda no consumo de determinados bens. Uma função que capta esse tipo de comportamento é a seguinte: $U = A^m V^n$, em que a fração no consumo do bem A é dada por $m/(m+n)$ e no consumo no bem V por $n/(m+n)$. Um exemplo é $U = A^{0,4} V^{0,6}$.

1.3.2 Esboce o gráfico que representa as preferências desse tipo de consumidor por vestuário (V) e alimentação (A).

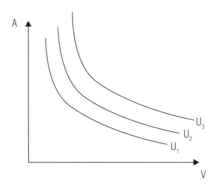

1.3.3 Assumindo que P_A = R$ 40,00, P_V = R$ 60,00 e R = R$ 600,00, encontre sua escolha ótima.

Restrição orçamentária: $600 = 40A + 60V$.

$\mathcal{L} = A^{0,4} V^{0,6} + \lambda(600 - 40A - 60V)$

$\mathcal{L}_A = 0,4\, A^{-0,6} V^{0,6} - 40\lambda = 0$ \hfill (I)

$\mathcal{L}_V = 0,6\, A^{0,4} V^{-0,4} - 60\lambda = 0$ \hfill (II)

$\mathcal{L}_\lambda = 600 - 40A - 60V = 0$ \hfill (III)

Resolvendo o sistema, de (I) e (II), obtemos:

$$\lambda = \left(\frac{0,4\, A^{-0,6} V^{0,6}}{40}\right) = \left(\frac{0,6\, A^{-0,4} V^{0,4}}{60}\right) \rightarrow A = V \quad \text{(IV)}$$

Substituindo (IV) em (III), isto é, na Restrição Orçamentária $A = V = 6$.

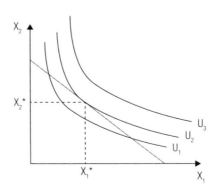

2. **Aumento nos preços de transporte público**

A análise da situação de um consumidor em termos de sua utilidade após aumentos simultâneos da renda e do preço de um dos bens é um exercício mais difícil do que parece. Por exemplo, até maio de 2004, um trabalhador recebia salário mínimo de R$ 260,00, e gastava, hipoteticamente, em duas mercadorias: transporte público (representado por *Y*) e a mercadoria composta (isto é, uma mercadoria que simboliza todas as demais mercadorias, representada por *X*). Em março daquele ano, o preço do transporte público era P_x = 1,70, enquanto o da mercadoria composta é, por construção, P_y = 1,00. Todo mês, o trabalhador gasta o equivalente a 40 viagens de transporte público (ida e volta do trabalho, 20 dias por mês) e o resto em mercadoria composta. Suponha que suas preferências sejam regulares e bem-comportadas, ou seja, que atendam às quatro premissas básicas da Teoria do Consumidor[3].

2.1 Em maio daquele ano, o prefeito de São Paulo aumentou o preço da passagem para R$ 2,00, e o salário mínimo subiu para R$ 300,00. O trabalhador ficou em melhor situação? Mostre graficamente.

Na situação inicial, a escolha ótima do trabalhador é (x*; y*) = (40; 192), onde 192 = 260 − 1,7 · 40. A situação está representada na figura abaixo pela linha do orçamento menos inclinada e pela curva de indiferença U_1. A figura está fora de escala, o que não altera o raciocínio. Com o aumento do salário mínimo e da tarifa de ônibus, a nova linha do orçamento é a que está mais inclinada na figura. Com o novo salário mínimo, o trabalhador pode comprar a cesta ótima (x*, y*) original, que custa agora R$ 272 = 40 · 2 + 192, e ainda sobra algum dinheiro. Inequivocamente, o trabalhador está em melhor situação, como mostra a curva de indiferença U_2.

---

[3] Elas devem ser também monotônicas, mas isso é assunto para estudos mais avançados.

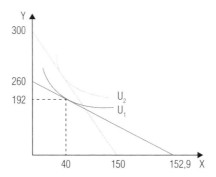

2.2 Se o prefeito tivesse aumentado o preço da passagem para R$ 2,70, o trabalhador estaria em melhor situação do que na situação inicial? Mostre graficamente.

Nesta nova situação, o trabalhador consegue comprar a cesta inicial (X^*, Y^*), mas não sobra nenhum dinheiro. A antiga cesta custa agora exatamente os mesmos R$ 300,00 do novo salário mínimo. A análise da figura mostra que nesse caso, e ao contrário do senso comum, o trabalhador continua claramente em melhor situação, desde que as suas preferências sejam bem-comportadas.

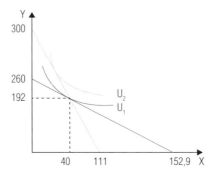

2.3 Se o salário mínimo tivesse subido para R$ 270,00 e o preço da passagem para R$ 2,00, o trabalhador estaria em melhor posição do que na situação inicial? Mostre graficamente.

Nessa situação, o trabalhador não pode comprar a sua cesta inicial (X^*, Y^*) com seu novo orçamento. A nova cesta custa R$ 272,00, enquanto seu salário é de apenas R$ 270,00. Neste caso, e novamente contrariando o senso comum, a situação final do trabalhador é inconclusiva, dependendo de quão importante é para ele o transporte em relação às demais mercadorias. Ele pode ficar melhor (Figura a), quando o transporte é relativamente menos importante), pior (Figura b), quando o transporte é relativamente mais importante) ou até igual (Figura c), quando é indiferente ao trabalhador).

As três figuras abaixo ilustram as situações possíveis.

(a) O consumidor fica em melhor situação (sua utilidade aumenta).

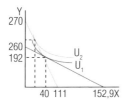

(b) O consumidor fica na mesma situação (sua utilidade se mantém inalterada).

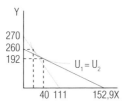

(c) O consumidor fica em pior situação (sua utilidade diminui).

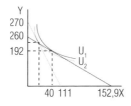

2.4 Suponhamos que a combinação de aumentos no salário mínimo e no preço da passagem de ônibus tenha resultado na elevação de satisfação de dois trabalhadores e na redução da satisfação de um trabalhador. É possível dizer, a partir da abordagem cardinal da utilidade, se a satisfação geral dos trabalhadores (soma das satisfações individuais dos três trabalhadores) aumentou ou diminuiu? E pela abordagem ordinal? Explique.

Na abordagem cardinal é possível, pois ela permite a mensuração comparativa dos níveis de satisfação dos trabalhadores (em "utiles"). Na abordagem ordinal, essa comparação não é possível.

3. **Preferências, restrições orçamentárias e fome zero**

Em 2003, Guaribas (PI) era a cidade brasileira com menor Índice de Desenvolvimento Humano (IDH) e, por isso, foi escolhida para uma experiência-piloto para o Programa Fome Zero do primeiro governo do presidente Lula. Nesta questão, avalia-se o impacto sobre o bem-estar do consumidor decorrente da concessão do benefício Bolsa Família (em dinheiro) em comparação com a distribuição de cestas de alimentos. Suponha que as preferências de um habitante pobre de Guaribas possam ser descritas como "preferências hierárquicas",[4] as quais podem ser representadas pela seguinte função de utilidade:

$$U(A,V) = \begin{cases} A & \text{se } A < 40 \\ (40 + V) & \text{se } V \geq 40 \end{cases}$$

Em que A é quantidade mensal de alimento e V é quantidade mensal de vestuário

3.1 Desenhe o mapa de curvas de indiferença que corresponde a esta função de utilidade e indique nele o nível de utilidade (em números). Dê uma interpretação do significado do ponto $(A,V) = (40,0)$.

O ponto (40,0) indica o ponto de saturação, ou seja, neste ponto o habitante não está mais com fome.

---

[4] Por exemplo, Mukesh Eswaran e Ashok Kotwal analisaram a persistência da pobreza da Índia utilizando preferências hierárquicas. Veja: Eswaram M.; Kotwal, A. *Why Poverty Persists in Índia*. Oxford University Press, 1994.

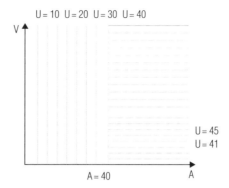

3.2 Quais são as quatro premissas usualmente adotadas na Teoria do Consumidor? Qual/quais dessa(s) premissa(s) é (são) violada(s) no mapa de curvas de indiferença desta questão?

Integralidade: as preferências são completas; transitividade: preferências são transitivas; não saciedade: mais é melhor do que menos; convexidade: a TMS é decrescente. Nesse mapa de curvas de indiferença são violadas as duas últimas premissas.

3.3 Desenhe a restrição orçamentária de um habitante de Guariba, supondo que a renda mensal dele é R = 30, e que os preços são $P_A = 1$ e $P_V = 2$ e, e indique a escolha ótima do habitante. Qual é o pacote (A, V) que maximiza sua utilidade? Qual é o valor da sua utilidade?

A R.O.$_1$ é $30 = A + 2V$. Escolha ótima: $(A, V) = (30,0)$, $U = 30$.

3.4 Suponha que o governo, por meio do programa Bolsa Família, dê R$ 45,00 para cada habitante por mês. Desenhe a nova restrição orçamentária dele, mostrando o novo ponto de escolha ótima (X, Y). Qual é o pacote (A, V) que maximiza sua utilidade? Qual é o valor da sua utilidade?

A R.O.$_2$ é $75 = A + 2V$. A escolha ótima é $(A, V) = (40, 17,5)$. O nível de utilidade é $U = 57,5$.

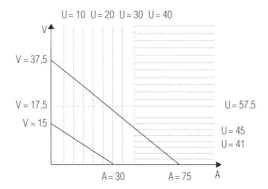

3.5 Suponha que, em vez de R$ 45,00 por mês, o governo dê a cada habitante de Guaribas uma cesta de alimentos no valor de R$ 45,00 também por mês. Mostre como isso muda a restrição orçamentária desenhada na questão anterior. Qual é o novo pacote (A, V) que maximiza sua utilidade? Qual é o novo valor da utilidade?

No intervalo $A = [0, 45]$, $V = 15$. Se $A > 45$, $V = 37.5 - A/2$. O novo pacote é $A = 45$ e $V = 15$. A nova utilidade é $U = 55$.

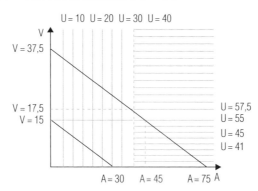

3.6 Qual dos programas permite que o habitante de Guaribas atinja maior utilidade? Sua resposta é um exemplo de análise positiva ou normativa? Explique sua resposta.

A utilidade do programa Bolsa Família, no modelo adotado, é maior do que a do Programa Cesta Básica. A conclusão é um exemplo de análise positiva, porque descreve como a economia é, não como a economia deveria ser.

4. **Escolha do consumidor: função de utilidade quase linear**

A função de utilidade quase linear é utilizada muitas vezes quando a escolha envolve a mercadoria composta. Considere a seguinte função de utilidade linear:

$$U = X + \ln Y$$

Em que X é a mercadoria composta e Y uma mercadoria qualquer. Por exemplo, Y pode ser barras de chocolate.

4.1 Calcule a utilidade marginal de chocolates e de mercadoria composta. Interprete o resultado: A premissa de utilidade marginal decrescente se aplica às duas mercadorias? Você acha o resultado razoável? Por quê?

$UMg_x = dU/dx = 1$ e $UMg_y = dU/d_y = 1/y$. UMg_x é constante, mas UMg_y é decrescente. É razoável supor que a utilidade marginal de mercadoria composta é constante, uma vez que ela representa todas as demais mercadorias.

4.2 Calcule a TMS (dY/dX) dessa função de utilidade. Interprete o resultado: quantas unidades de mercadoria composta você estaria disposto a abdicar para obter, digamos, 5 barras de chocolate, permanecendo no mesmo nível de utilidade?

TMS = UMg_x/UMg_y Como $UMg_x = 1$ e $UMg_y = 1/Y$, a TMS = $-y$. Se $dy = +5$, dx deve ser $-5/y$.

4.3 Suponha que o preço de uma barra de chocolate seja $PY = 0,25$ e o preço da mercadoria composta seja $PX = 1$. Suponha também que sua mesada seja $m = 60$. Qual é a combinação ótima de chocolates e mercadoria composta?

Pelo princípio da utilidade marginal, $UMgx/px = UMgy/py$. Fazendo as devidas substituições, $y^* = 4$. Substituindo esse resultado na restrição orçamentária ($60 = x + 0,25y$), obtém-se $x^* = 59$. Isto é, $(x^*, y^*) = (59, 4)$.

4.4 Suponha agora que o preço do chocolate aumentou para $PY = 0,5$. Qual é a combinação ótima de chocolate e mercadoria composta agora?

Refazendo o raciocínio do item anterior, $y^{**} = 2$; substituindo na nova restrição orçamentária ($60 = x + 0,5y$), obtém-se $x^* = 59$. Isto é, $(x^{**}, y^{**}) = (59, 2)$.

4.5 Digamos que, para compensar o aumento do preço de chocolate, você peça ao seu pai um aumento da mesada que lhe permita comprar exatamente a mesma quantidade de chocolate e mercadoria composta. Qual seria essa variação compensatória de sua mesada?

A renda que permite adquirir a cesta (x^{**}, y^{**}) ao preço original de x e ao novo preço de y é m = R$ 61,00 reais. É o resultado da soma $m = 59 \cdot 1 + 4 \cdot 0,5$.

4.6 Qual seria a combinação ótima de X e de Y nesta nova situação, com $m = 61$ e $PY = 0,5$?

Refazendo o raciocínio do item 4.3, $y^{***} = 2$; substituindo esse resultado na restrição orçamentária compensada $(61 = x + 0,5y)$, obtém-se $x^{***} = 60$. Assim, $(x^{***}, y^{***}) = (60, 2)$.

4.7 Neste novo ponto ótimo, sua utilidade teria aumentado, diminuído ou permanecido a mesma? Interprete o resultado: se seu pai quisesse que você permanecesse no mesmo nível de satisfação, ele teria concordado com o pedido de aumento de mesada?

A utilidade teria aumentado. Um pai racional teria recusado. Mas os filhos sempre têm outros argumentos...

Exercícios complementares

1. **Preferências dos consumidores**

    1.1 Bens substitutos perfeitos:

    1.1.1 Você é indiferente entre uma garrafa de refrigerante tipo cola e uma de guaraná. Desenhe seu mapa de indiferença.

    1.1.2 Se o refrigerante tipo cola custar 10% a mais do que o de guaraná, qual sua escolha ótima?

    1.1.3 Qual sua taxa marginal de substituição? Explique em palavras o que ela significa.

    1.2 Bens complementares perfeitos:

1.2.1 Você só toma café com açúcar. Para cada xícara de café, você usa 2 sachês de açúcar. Desenhe seu mapa de indiferença entre café e açúcar.

1.2.2 Se você tem R$ 6,00 para gastar hoje com café, a xícara custa R$ 2,00, e cada sachê de açúcar, R$0,20, quantas xícaras de café e quantos sachês de açúcar você deve comprar para maximizar sua utilidade?

1.3 Suponha que três amigos, Pedro, Paulo e João, tenham as seguintes preferências por tortas (bem X) e sorvetes (bem Y). Com base nas informações abaixo, escreva as funções de utilidade que melhor representam as preferências de cada um dos amigos e esboce cada uma delas em um gráfico:

1.3.1 Tortas e sorvetes são bens não relacionados para Pedro. Ele sempre gasta parcelas fixas da sua renda dedicadas à alimentação com cada bem: 40% com tortas (bem X) e 60% com sorvetes (bem Y).

1.3.2 Tortas e sorvetes são substitutos perfeitos para Paulo, e a Taxa Marginal de Substituição é 2/3.

1.3.3 Os bens são complementos perfeitos para João: ele sempre come 3 fatias de torta junto com 2 bolas de sorvete.

1.4 Que premissas do comportamento do consumidor são violadas nas funções utilidade para bens substitutos perfeitos e para bens complementares perfeitos?

2. **Taxa marginal de substituição e escolha ótima**

2.1 Desenhe uma curva de indiferença em que um dos bens é desejável e o outro indesejável. Por exemplo, desenhe uma curva de indiferença representando as preferências de um investidor entre carteiras de ativos que combinam retorno (desejável) e risco (indesejável). Qual é o formato dessa curva de indiferença?

2.2 Calcule a TMS da função utilidade, utilizando-se dos três métodos descritos acima. Compare o resultado obtido com o que foi obtido a partir da função utilidade $U(x_1, x_2) = 3x_1 + 2x_2$.

2.3 Discuta se o Princípio da Igualdade Marginal se aplica a problemas de maximização que envolvam bens substitutos perfeitos e bens complementares perfeitos.

3. **Aumento salarial ou vale-refeição**

   Trabalhadores de uma empresa recebem por mês R$ 300,00. Essa renda é repartida em alimentação dentro da empresa (bem X), cujo preço por quilograma é P_X = R$ 10,00, e mercadoria composta (isto é, uma mercadoria que representa todas as demais mercadorias, bem Y), cujo preço é, por definição, P_Y = R$ 1,00. Em meio a um processo de negociação salarial, os trabalhadores pedem um aumento salarial de R$ 50,00. Em contrapartida, o diretor desta empresa oferece vale-refeição, valendo os mesmos R$ 50,00, que só podem ser gastos no refeitório da empresa. Suponha que os trabalhadores são racionais.

   3.1 Escreva e desenhe a restrição orçamentária nas três situações:

       3.1.1 Antes do aumento.
       3.1.2 Supondo aumento salarial de R$ 50,00.
       3.1.3 Considerando a oferta do diretor.

   3.2 Na empresa há trabalhadores que na situação inicial consomem mensalmente menos de 5 quilos de alimentação no refeitório (Grupo 1); para estes, o bem X é um bem inferior. Outros trabalhadores consomem inicialmente mais do que 5 quilos por mês (Grupo 2); para estes, o bem X é um bem normal. Considere que ambos os grupos de trabalhadores têm preferências bem-comportadas (isto é, que obedecem às quatro premissas usuais da Teoria do Consumidor).

       3.2.1 Represente no gráfico do item 3.1 a possível escolha ótima de um trabalhador do Grupo 1 nas três situações: antes do aumento, supondo aumento salarial de R$ 50,00 e considerando a oferta do diretor. Qual das alternativas lhes proporciona maior utilidade?

       3.2.2 Com relação aos trabalhadores do Grupo 2, qual das alternativas lhes proporciona maior utilidade? Calcule a Taxa Marginal de Substituição (TMS) de um trabalhador do Grupo 2 no ponto de escolha ótima.

A curva de demanda individual

A curva de demanda individual é obtida a partir da escolha ótima do consumidor individual. Para se chegar à demanda individual, analisa-se o que ocorre quando o preço da mercadoria X varia, mantendo-se o preço da mercadoria Y constante. Assim, observa-se o que ocorre com a escolha ótima do consumidor em relação à mercadoria X.

Na Figura 3.9, o gráfico de cima mostra a escolha ótima do consumidor e as variações do preço da mercadoria X. Na situação inicial, o consumidor encontra-se na escolha ótima representada pelo ponto A. À medida que P_X aumenta, a restrição orçamentária gira na direção horária em torno do ponto I/P_Y, e a escolha ótima do consumidor é alterada para os pontos B e C, sucessivamente. A curva que liga os pontos de escolha ótima no gráfico superior é chamada de "curva de preço-consumo".

A partir dela, é possível encontrar a curva de demanda para o bem X, que é desenhada no gráfico inferior da Figura 3.9.

Figura 3.9: Derivação gráfica da curva de demanda

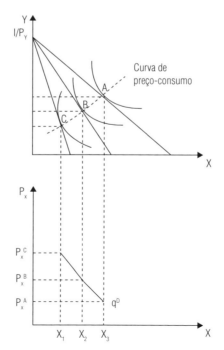

Fonte: Os autores.

Se em vez de variar P_x, variar-se a renda I, obtém-se a curva de renda-consumo, no gráfico superior da Figura 3.10, e a curva de Engel, no gráfico inferior, que relaciona renda a quantidades demandadas ótimas do bem X.

Figura 3.10: Derivação gráfica da curva de Engel

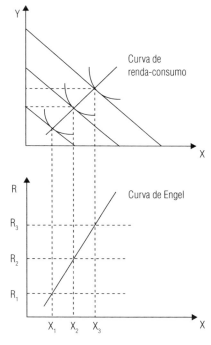

Fonte: Os autores.

A inclinação positiva da curva de Engel significa que o bem é "normal", no sentido de que aumentos da renda resultam em aumentos da quantidade demandada do bem X. Se, ao contrário, aumentos da renda resultarem em redução da quantidade demandada de X, isso significará que o bem é "inferior", e a curva de Engel correspondente terá inclinação negativa. Um exemplo clássico de bem inferior é carne de segunda. No Brasil, a análise dos dados da Pesquisa de Orçamento Familiar sugere que embutidos (salsichas, apresuntados) também se encaixam na definição de bens inferiores.

Em termos algébricos, a curva de demanda individual e a curva de Engel podem ser derivadas diretamente do método do multiplicador de Lagrange. Basta resolver o problema mantendo-se como variáveis a renda I e os preços das mercadorias, ou seja, sem definir essas variáveis em termos de valores. Por exemplo, a derivação de curvas de demanda e de Engel a partir de funções de utilidade Cobb-Douglas pode ser conferida a seguir:

$$\mathcal{L} = U(X^\alpha Y^\beta) + \lambda(I - P_X X - P_Y Y) \qquad (I)$$

$$\mathcal{L}_X = \frac{\partial \mathcal{L}}{\partial X} = \alpha X^{\alpha-1} Y^\beta - \lambda P_X = 0 \qquad (II)$$

$$\mathcal{L}_Y = \frac{\partial \mathcal{L}}{\partial Y} = \beta X^\alpha Y^{\beta-1} - \lambda P_Y = 0 \qquad (III)$$

$$\mathcal{L}_Y = \frac{\partial \mathcal{L}}{\partial \lambda} = I - P_X X - P_Y Y = 0 \qquad (IV)$$

De (II) e (III), obtém-se

$$\frac{\alpha}{\beta} \frac{Y}{X} = \frac{P_X}{P_Y}$$

Ou

$$Y = \frac{\beta}{\alpha} \frac{X P_X}{P_Y}$$

Substituindo em (IV)

$$X = \frac{\alpha}{\alpha + \beta} \frac{I}{P_X}$$

Analogamente:

$$Y = \frac{\beta}{\alpha + \beta} \frac{I}{P_Y}$$

Duas observações importantes sobre esses resultados:

- Na função de utilidade Cobb-Douglas, a demanda de X é independente do preço de Y e vice-versa. Ou seja, as demandas de X e Y não estão relacionadas.

- Na função de utilidade Cobb-Douglas, o valor despendido nas mercadorias X e Y são proporções constantes da renda. Pode-se observar que o consumidor gastará uma percentagem fixa α da renda I com o consumo de X e uma percentagem fixa β com o consumo de Y.

Exercícios complementares

1. **A função de utilidade Stone-Geary**

   Encontre a função de demanda e a curva de Engel de X e de Y associadas à função de utilidade $U = (X - a)(Y - b)$, também conhecida como função de utilidade Stone-Geary. A partir do resultado, *X* é substituto, complementar ou não relacionado a *Y*? E *Y*, é substituto, complementar ou não relacionado a *X*?

2. **A tábua ("*tablet*") mais famosa desde os 10 Mandamentos**

   "2010 foi o ano do iPad", disse Steve Jobs, fundador da Apple, no evento em março de 2011 em que apresentou uma nova versão do produto[5]. Em apenas 9 meses daquele ano, a Apple vendeu 15 milhões de unidades do produto, mais do que todos os *tablets* juntos tinham vendido até então. O sucesso dos *tablets* mudou os hábitos de consumo para diversos tipos de conteúdo, tais como músicas, livros, filmes, revistas e jornais.

   2.1 O efeito mais óbvio da disseminação dos *tablets* é a substituição de conteúdos em meio físico por conteúdos digitais. Suponha que para você *e-books* (bem X) e livros impressos (bem Y) são substitutos perfeitos. Como usar seu iPad novo é particularmente prazeroso para você, ler um *e-book* te dá uma utilidade marginal 20% maior do que ler um livro tradicional.

---

[5] Disponível em: <http://colunas.revistaepoca.globo.com/vidautil/2011/03/02/o-novo-ipad/>. Acesso em: 07 fev. 2017.

2.1.1 Escreva uma equação que descreva suas preferências por *e-books* (bem X) e livros impressos (bem Y).

2.1.2 Desenhe em um mesmo gráfico suas preferências e sua restrição orçamentária, assumindo que você dispõe de R$ 300,00 para gastar com livros (digitais e impressos) no ano e que um *e-books* custa PX = R$ 15,00/livro e um livro impresso custa PY = R$ 30,00/livro.

2.1.3 Quantos *e-books* e quantos livros impressos você deve comprar no ano se quiser maximizar sua utilidade? Indique no gráfico do item 2.1.2.

2.1.4 Qual teria que ser o preço do livro impresso para que você se tornasse indiferente entre ele e um *e-book*?

2.2. Em outras situações, bens reais e virtuais são complementares. Imagine que você compre sempre 20 músicas por meio do iTunes (bem X) para cada show de algum grupo que assiste no estádio (bem Y).

2.2.1 Escreva a equação que descreve suas preferências por músicas (X) e shows (Y).

2.2.2 Desenhe em um mesmo gráfico suas preferências e sua restrição orçamentária, assumindo que você disponha de R$ 360,00 para gastar com os dois bens no ano, sendo que cada música custa P_X = R$ 1,00 e cada show, P_Y = R$ 100,00.

2.2.3 Qual sua escolha ótima? Calcule e indique no gráfico do item 2.2.2.

2.3. Suponha agora que *e-books* (bem X) e música digital (bem Y) sejam bens independentes entre si para você, e que você gaste sempre 30% da renda que dedica à compra de conteúdos digitais (R) com *e-books* e 70% com músicas.

2.3.1. Escreva a equação que descreve suas preferências por *e-books* (bem X) e música digital (bem Y).

2.3.2 Encontre suas funções de demanda por *e-books* e música digital, assumindo que você maximiza sua utilidade, utilizando o Princípio da Utilidade Marginal ou o método do multiplicador de Lagrange.

2.4. Qual sua escolha ótima, assumindo que um *e-book* custa R$ 15,00, uma música digital custa R$ 1,00 e que sua renda dedicada a esse fim é R= R$ 100,00 por mês?

3. **Amansando o Leão: O Princípio Lump-Sum**
O desenho de um sistema tributário que arrecade os recursos necessários incorrendo no menor custo e transtorno para a sociedade deveria ser uma preocupação importante dos governos. O Princípio Lump-Sum (ou "montante fixo"), por exemplo, afirma que impostos sobre a renda são preferíveis a impostos sobre o preço de um produto específico. Este exercício explora o Princípio Lump-Sum.
Suponha uma função de utilidade do tipo:

$$U(x, y) = x^{0,5} y^{0,5}$$

Considere também a restrição orçamentária:

$$I = p_x x + p_y y$$

3.1 Obtenha as funções de demanda de x e de y. Mostre os cálculos.

3.2 Se px = 1, py = 4 e I = 8, qual será a escolha ótima x* e y*? Substitua x* e y* na função de utilidade. Qual é o nível de utilidade (U*) obtido?

3.3 Primeiro, suponha um imposto de R$ 1,00 sobre o preço de x. Com isso, px = 2. Utilize as funções de demanda de x e de y obtidas em 5.1, o novo px e os valores originais de py e I e responda: Qual é o novo par (x*, y*)? Qual é a nova utilidade U*?

3.4 Agora, suponha que o governo, alternativamente, imponha um imposto sobre a renda de R$ 2,00, o que lhe permitiria arrecadar o mesmo montante de impostos do imposto sobre x. Com isso, a renda cai para I = 6. Utilize as funções de demanda de x e de y obtidas em 3.1, o novo I e os valores originais de px e py e responda: Qual é o novo par (x*, y*)? Qual é a nova utilidade U*?

3.5 Represente graficamente as duas situações (imposto sobre o preço e imposto sobre a renda), indicando claramente a restrição orçamentária, a função de utilidade e a escolha ótima antes e após o imposto.

3.6 Nos dois casos a arrecadação do governo foi a mesma. Em que situação a utilidade do consumidor foi maior? Sua conclusão está de acordo com o Princípio Lump-Sum?

3.7 Procure na internet sobre a experiência com a *lump-sum tax* da primeira-ministra da Inglaterra, Margaret Thatcher, no final dos anos 1980.

Efeito-renda e efeito-substituição

Quando ocorre uma mudança no preço de um bem, percebem-se dois efeitos distintos. Um imediato é que o preço relativo daquele bem em relação aos outros mudou. No entanto, outro efeito igualmente importante é que a nossa renda tem agora um poder de compra diferente. De fato, a mudança do consumo decorrente da alteração do preço de uma mercadoria pode ser decomposta em dois efeitos: o efeito-substituição, associado à mudança dos preços relativos das mercadorias; e o efeito-renda, associado ao aumento ou à redução do poder aquisitivo.

A Figura 3.11 mostra a decomposição do efeito-renda e do efeito-substituição de um bem normal. Quando P_X diminui, a restrição orçamentária desloca-se de R.O.$_1$ para R.O.$_2$ e a escolha ótima altera-se de A para B. Com o auxílio de uma restrição orçamentária auxiliar, que apresenta a nova relação de preços P_Y/P_X, ou seja, a mesma inclinação de R.O.$_2$, tangenciando, porém, a curva de indiferença original, é possível decompor a alteração do consumo de X de A para B entre efeito-substituição (ES, de A para A') e efeito-renda (ER, de A' para B). A soma de ambos é o efeito total (ET, de A para B).

Figura 3.11: Efeito-renda e efeito-substituição em um bem normal

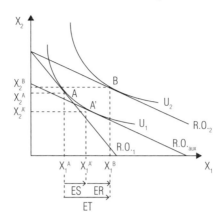

Fonte: Os autores.

Se o bem é normal, o ES e o ER têm ambos a mesma direção. No caso, a redução de P_X resultou em ES e ER positivos. Entretanto, se o bem é inferior, o ER é negativo, por definição, como mostra a Figura 3.12. Observe que o ES é positivo, mas o ER é negativo, resultando em ET positivo, porém menor do que o ES.

Figura 3.12: Efeito-renda e efeito-substituição em um bem inferior

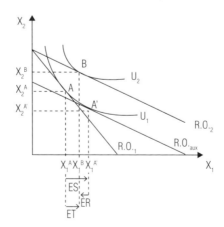

Fonte: Os autores.

Há uma terceira possibilidade, que é apenas teórica, que é o chamado bem de Giffen, em homenagem ao economista escocês Robert Giffen (1837-1910). No bem de Giffen, o ER negativo é tão intenso que supera em módulo o ES, como mostra a Figura 3.13.

Figura 3.13: Efeito-renda e efeito-substituição em um bem de Giffen

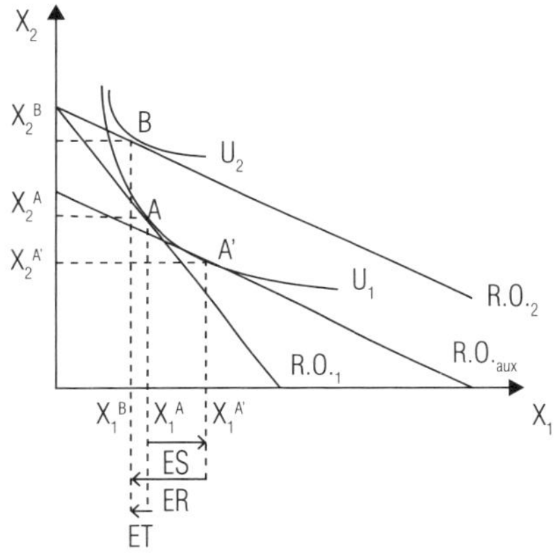

Fonte: Os autores.

No bem de Giffen, uma redução do preço do bem X leva à diminuição de sua demanda, o que resultaria em uma curva de demanda positivamente inclinada, violando-se assim a lei da demanda (isto é, a relação inversa entre preço e quantidade demandada).

Tome-se, por exemplo, um estudante que utiliza transporte público para ir e voltar da escola de segunda a sexta-feira, e também utiliza transporte público para ir se divertir no sábado. Ou seja, ele utiliza 10 passagens de ônibus entre segunda e sexta-feira e mais 2 no sábado. Se o preço da passagem de ônibus for de R$ 4,00, ele terá um dispêndio semanal de R$ 40,00 de segunda a sexta-feira mais R$ 8,00 no sábado. Se o preço da passagem de ônibus for reduzido para R$ 3,00, ele pode optar em continuar a utilizar transporte público de segunda a sexta-feira, despendendo R$ 30,00, e utilizar o excedente para voltar de táxi no sábado. Com isso, uma redução do preço da tarifa de ônibus correspondeu a uma redução da quantidade demandada de passagens pelo estudante.

Entretanto, ainda que o exemplo possa servir para um estudante em particular, não há evidência empírica de que passagens de ônibus ou qualquer outra mercadoria possam ser classificadas realmente como bens de Giffen.

Exemplo: Decomposição de Slutsky entre efeito-renda e efeitos-substituição em uma função de utilidade Cobb-Douglas.

Na seção precedente, o efeito total no consumo de uma mercadoria decorrente de uma alteração de seu preço foi decomposto entre efeito-renda e efeito-substituição, mantendo-se constante o nível de satisfação na determinação do efeito-substituição. Esse critério é usualmente associado ao economista inglês John Hicks (1904–1989).[6]

Alternativamente, determina-se o efeito-substituição mantendo-se constante o poder aquisitivo do consumidor, em critério usualmente associado ao economista russo Eugen Slutsky (1880-1948).[7]

Suponha um consumidor cuja função utilidade é dada por U(x, y). Determine a compensação de renda, o efeito-substituição e o efeito-renda sobre o consumo do bem x, no seguinte caso: a quantia disponível para gastar em x e y é de 200 reais, o preço de Y permanece inalterado em 1 real e o preço de x sobe de 1 real para 2 reais.

Situação A: (I = 200; p_x = 1; p_y = 1)

Situação B: (I = 200; p_x' = 2; p_y = 1)

A partir da maximização da utilidade do consumidor encontramos as seguintes funções demanda pelos bens X e Y:

$$x = \frac{1}{2} \frac{I}{p_x}$$

$$y = \frac{1}{2} \frac{I}{p_y}$$

---
6 Veja-se HICKS, J.: *Value and Capital*. UK: Oxford U. Press, 1939.
7 Veja-se SLUTSKY, E. E. (1915). "Sulla teoria del bilancio del consumatore". *Giornale degli Economisti*. 51 (July): 1-26.

A cesta ótima (A) adquirida originalmente na situação A (I = 200; $p_x = 1$; $p_y = 1$) é:

$$x = \frac{1}{2}\frac{I}{p_x} \Rightarrow x(I; p_x; p_y) = \frac{1}{2}\frac{200}{1} = 100$$

$$y = \frac{1}{2}\frac{I}{p_y} \Rightarrow y(I; p_x; p_y) = \frac{1}{2}\frac{200}{1} = 100$$

A cesta A = (x, y), portanto, é (100, 100)

A cesta ótima (B) adquirida após a variação de p_x, na situação B (I = 200; $p_x' = 2$; $p_y = 1$), é:

$$x = \frac{1}{2}\frac{I}{p_x} \Rightarrow x(I; p_x'; p_y) = \frac{1}{2}\frac{200}{2} = 50$$

$$y = \frac{1}{2}\frac{I}{p_y} \Rightarrow y(I; p_x; p_y) = \frac{1}{2}\frac{200}{1} = 100$$

A cesta B = (x', y), portanto, é (50, 100)

O efeito total (ET) sobre o consumo do bem x é:

ET = x(I, p_x', p_y) − x(I, p_x, p_y) = 50 − 100 = −50

Seguindo o método de decomposição de Slustky, uma maneira simples de decompor o efeito total entre efeito-renda e efeito-substituição é encontrar a compensação de renda que mantém o poder de compra do consumidor constante, ou seja, que permita ao consumidor adquirir a cesta original A (x, y) = (100, 100) aos *novos* preços ($p_x' = 2$; $p_y = 1$) e usar a renda compensada para separar o efeito-substituição.

Para que o consumidor possa adquirir a cesta original A = (x, y) = (100, 100), são necessários agora 300 reais:

$$x(p_x') + y(p_y) = I'$$

$$100(p_x') + 100(p_y) = I'$$

$$100(2) + 100(1) = I'$$

$$I' = 300$$

Portanto, a compensação de renda $\Delta I = I' - I = 100$ reais, e a restrição orçamentária auxiliar agora é $x(p_x') + y(p_y) = I'$ ou $x(2) + y(1) = 300$

A cesta ótima (C) adquirida após a variação de p_x e a compensação de renda é:

$$x = \frac{1}{2}\frac{I}{p_x} \Rightarrow x(I'; p_x'; p_y) = \frac{1}{2}\frac{300}{2} = 75$$

$$y = \frac{1}{2}\frac{I}{p_y} \Rightarrow y(I'; p_x'; p_y) = \frac{1}{2}\frac{300}{1} = 150$$

A cesta C = (x, y), portanto, é (75, 150)

O efeito-substituição (ES) sobre o consumo do bem x é equivalente à diferença entre x na situação C e x na situação A, ou:

$$ES = x(I', p_x', p_y) - x(I, p_x, p_y) = 75 - 100 = -25.$$

O efeito-substituição indica que os consumidores comprarão mais da mercadoria que ficou relativamente mais barata, que é o bem y, adquirindo menos da mercadoria que ficou mais cara, que é o bem x. Ele mede a variação do consumo, mantendo constante o nível de utilidade (conforme a decomposição de Hicks) ou o poder aquisitivo (seguindo a decomposição de Slutsky).

Portanto, mantendo-se constante a utilidade ou o poder aquisitivo, e variando apenas os preços relativos, o consumidor deixaria de comprar 25 unidades de x.

O efeito-renda (ER) sobre o consumo do bem x é a diferença entre o efeito total (ET) e o efeito-substituição (ES) ou:

$$ER = ET - ES = -50 - (-25) = -25$$

O efeito-renda mede a variação do consumo referente ao aumento ou à redução do poder aquisitivo do consumidor, mantendo-se constante o preço do item. Aqui, ela deixaria de comprar 25 unidades de x em decorrência de uma perda de poder aquisitivo.

Figura 3.14: Efeito-renda e efeito-substituição: Slutsky

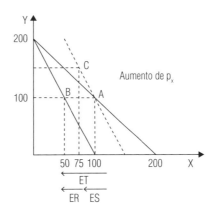

Fonte: Os autores.

Demanda de mercado

A função de demanda de mercado é a agregação (isto é, a soma horizontal) das quantidades demandadas individuais para cada nível de preços. Por exemplo, a Figura 3.14 mostra uma economia supostamente composta por apenas dois indivíduos.

Figura 3.15: Demanda individual e demanda de mercado

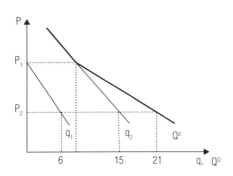

Fonte: Os autores.

Até P_1, a demanda de mercado corresponde à demanda do indivíduo 2. A partir de P_1, a demanda de mercado é a soma das demandas de ambos os indivíduos. Por exemplo, em P_2, a demanda de mercado ($Q^D = 21$) é a soma da demanda do indivíduo 1 ($q_1 = 6$) e do indivíduo 2 ($q_2 = 15$).

Exercícios complementares

1. **Churrasco**

    1.1. Observe a tabela a seguir, obtida a partir dos dados da rodada 2002--2003 da Pesquisa de Orçamento Familiar (POF), do IBGE. Ela apresenta a aquisição alimentar per capita anual, por classe de rendimento mensal familiar, de vários tipos de carne bovina.

Tabela 2.1 Aquisição alimentar domiciliar per capita anual, por classes de rendimento monetário e não monetário mensal familiar, segundo os produtos – Brasil – período 2002-2003

Produtos	Aquisição alimentar domiciliar per capita (kg)						
		Classes de rendimento monetário e não monetário mensal familiar (R$)					
	Total	Até 400 (1)	Mais de 400 a 600	Mais de 600 a 1.000	Mais de 1.000 a 1.600	Mais de 1.600 a 3.000	Mais de 3.000
Carnes	25,237	16,859	20,171	23,483	27,373	31,562	31,026
Carnes bovinas de primeira	6,010	2,285	3,459	4,529	6,354	8,760	10,669
Alcatra	1,089	0,212	0,366	0,820	0,982	1,669	2,492
Carne moída	0,409	0,103	0,157	0,303	0,454	0,652	0,766
Carne não especificada	2,104	1,298	1,780	1,784	2,479	2,382	2,896
Chã-de-dentro	0,661	0,202	0,364	0,514	0,645	1,170	1,048
Contrafilé	0,806	0,188	0,331	0,485	0,753	1,619	1,466
Filé mignon	0,129	0,015	0,055	0,030	0,047	0,157	0,520
Lagarto comum	0,235	0,086	0,126	0,139	0,292	0,311	0,468
Lagarto redondo	0,060	0,021	0,006	0,033	0,075	0,089	0,139

CAPÍTULO 3 TEORIA DO CONSUMIDOR

Produtos	Aquisição alimentar domiciliar per capita (kg)						
	Total	Classes de rendimento monetário e não monetário mensal familiar (R$)					
		Até 400 (1)	Mais de 400 a 600	Mais de 600 a 1.000	Mais de 1.000 a 1.600	Mais de 1.600 a 3.000	Mais de 3.000
Patinho	0,516	0,160	0,277	0,421	0,626	0,711	0,875
Carnes bovina de segunda	7,143	5,969	6,976	7,336	7,790	8,765	5,580
Acém	0,721	0,266	0,437	0,824	0,994	1,038	0,598
Capa de filé	0,117	0,008	0,001	0,036	0,150	0,355	0,134
Carne moída	0,847	0,480	0,674	0,991	1,036	1,162	0,579
Carne não especificada	2,802	3,399	3,578	2,961	2,803	2,852	1,208
Costela	1,593	1,289	1,551	1,681	1,525	1,798	1,666
Músculo	0,416	0,237	0,377	0,291	0,501	0,518	0,594
Pá	0,383	0,139	0,159	0,311	0,524	0,676	0,430
Peito	0,159	0,106	0,168	0,171	0,157	0,198	0,148
Outras	0,106	0,046	0,032	0,069	0,100	0,168	0,224

Fonte: Pesquisa de Orçamentos Familiares do IBGE.

1.1.1 Defina bens normais e bens inferiores, e esboce graficamente as curvas de Engel para ambos os bens.

1.1.2 De acordo com os dados do IBGE, e considerando apenas a aquisição alimentar das duas classes de rendimento mais elevadas, podemos dizer que no Brasil todos os tipos de carne de segunda são bens inferiores? Da mesma forma, podemos dizer que no Brasil todos os tipos de carne de primeira são bens normais? Justifique.

1.2 Já a tabela a seguir, também construída a partir dos dados da POF 2002/2003 do IBGE, apresenta a despesa (ou gasto) em reais com alguns itens do orçamento familiar, classificados pela média da despesa total de 10 faixas de despesa.

Tabela 3.2

	1	2	3	4	5	6	7	8	9	10
	454,70	658,18	920,69	1.215,33	1.494,43	1.914,35	2.450,03	3.270,20	4.445,42	8.721,91
Alimentação	148,59	195,85	234,26	282,12	312,33	359,76	397,94	474,54	523,77	788,70
Habitação	168,92	242,00	330,33	417,23	485,10	599,76	714,56	881,33	1.189,44	1.987,85
Manutenção do lar	18,99	21,52	26,92	37,24	40,75	63,16	75,10	102,27	168,15	348,09
Vestuário	24,06	37,53	53,44	71,57	83,78	104,77	121,82	154,01	179,26	279,76
Transporte	37,08	56,52	100,57	143,25	207,25	277,37	418,81	620,59	802,61	1.505,24
Aquisição de veículos	7,54	12,39	26,87	40,60	62,78	91,16	167,79	260,65	343,40	715,53
Educação	3,63	6,83	12,15	21,63	29,54	51,55	85,86	143,31	230,80	426,45
Periódicos, livros...	0,38	0,69	1,49	2,91	3,28	5,99	8,46	13,89	21,56	37,23

Fonte: Pesquisa de Orçamentos Familiares do IBGE.

Suponha, por simplicidade, que a despesa total média por faixa corresponda à renda familiar média mensal de cada faixa[8]. Considere também que "elasticidade-renda das despesas" é a variação percentual das despesas (ou gastos) com um determinado item, face à variação percentual da "renda". Ou seja, que:

$$\eta = \frac{\Delta\% \text{ da despesa}}{\Delta\% \text{ da renda}}$$

Para as questões abaixo, você pode ignorar os algarismos decimais da tabela.

1.2.1 Estime a elasticidade-renda das despesas com "alimentação" e com "aquisição de veículos" para famílias cuja "renda" média está entre as faixas 7 e 8. Utilize para tanto o conceito de elasticidade no arco.

---

8 Essa suposição não é muito realista, pois é razoável supor que as faixas de renda superiores despendam menos relativamente à renda (isto é, poupem relativamente mais) em comparação com as faixas de renda inferiores. Mas pense nas despesas mensais totais de sua família para saber em que faixa ela se enquadraria.

1.2.2 Bens de luxo são aqueles cuja elasticidade-renda da despesa supera a unidade. "Alimentos" e "aquisição de veículos" são bens de luxo para as faixas de renda 7 e 8? Por quê?

1.3 Considerando um crescimento de 5,2% da economia brasileira no ano anterior, e pressupondo que esse aumento da renda se deu de forma homogênea entre as faixas de "renda", qual foi o aumento esperado nas despesas com "alimentação" e com "aquisição de veículos" para famílias cuja "renda" média está entre as faixas 7 e 8?

2. **Escolha entre álcool e gasolina**

O objetivo deste exercício é derivar a curva de demanda por um bem que é substituto perfeito de outro. No caso, de etanol em automóveis do tipo *flex fuel*, que é substituto perfeito da gasolina.

Um vereador recebe, além de seus proventos e outros benefícios, verba fixa exclusiva para combustível, que ele utiliza em seu carro oficial nos deslocamentos pela cidade. Suponha que o valor dessa verba seja de R$ 700,00 por mês, mais ou menos o equivalente a um tanque cheio de gasolina por semana.

2.1 Defina os bens substitutos perfeitos.

2.2 Suponha que o preço do litro da gasolina seja de R$ 2,80 e do litro de etanol seja de R$ 2,00. Desenhe a Restrição Orçamentária do vereador, colocando no eixo horizontal quantidade consumida de litros de etanol (E) e no eixo vertical, gasolina (G).

2.3 Sabemos que o rendimento do etanol é equivalente a 0,7 vezes o rendimento da gasolina, e que os combustíveis são, em tese, substitutos perfeitos. Para simplificar, suponha que o carro do vereador faça 7 km com um litro de álcool e 10 km com um litro de gasolina.

2.3.1 Escreva a função de utilidade do vereador, isto é, U = f(E, G), em que E é o consumo de etanol, e G, de gasolina.

2.3.2 Calcule a taxa marginal e substituição (-dG/dE).

2.3.3 Desenhe, no gráfico do item 2.2, o mapa de indiferença da função de utilidade que você encontrou em 2.3.1. Qual é o ponto de escolha ótima, isto é, a combinação de gasolina e etanol que maximiza a utilidade do vereador? Qual é a utilidade neste ponto?

2.4 O preço do etanol varia bastante ao longo do ano, especialmente por causa da safra de cana-de-açúcar, que ocorre entre abril e setembro, quando o preço cai.

2.4.1 Suponha que em abril, em virtude da safra de cana, o preço do litro do etanol caia para R$ 1,96/litro. Desenhe em um novo gráfico a nova restrição orçamentária e as curvas da função de utilidade. Qual é a escolha agora entre gasolina e etanol? Qual é a utilidade?

2.4.2 E se o preço do litro do álcool cair para abaixo de R$ 1,96/litro, qual será a escolha entre gasolina e etanol?

2.4.3 A partir dos resultados obtidos nos itens anteriores, esboce graficamente a curva de demanda de etanol por parte do vereador.

3. **A classe C vai às compras**

O Brasil passou nos primeiros anos do século XXI por uma transformação sem precedentes no perfil de seus consumidores. A estabilidade e o crescimento da economia levaram à escalada de dezenas de milhões de pessoas para a classe C, que hoje representa cerca de metade da população brasileira. Mais do que uma simples elevação da renda, a ascensão para a classe C gerou mudanças nas preferências dos consumidores. Itens antes inacessíveis, como celulares, computadores e até cursos superiores, tornam-se agora anseios de consumo e símbolos de status.

Um estudo do Ibope identificou dois perfis principais de consumidores da classe C: o consumista, ou "deslumbrado", que compra por impulso e valoriza bens de consumo como carros e eletrodomésticos, e o planejador, mais cauteloso, cético e preocupado com o futuro, que tende a investir mais em educação (escolas particulares para os filhos, curso superior etc.).

Suponha que um casal acabou de ascender para a classe média. Eles estão tendo dificuldade em determinar a melhor maneira de gastar sua renda familiar e, depois de incontáveis brigas familiares, pediram que você use seus prestimosos conhecimentos de microeconomia para evitar o divórcio! Considere, de forma simplificada, que ambos concordam em gastar toda a parcela de sua renda que sobra após seus gastos com subsistência (alimento, aluguel, roupas etc.) com duas categorias de bens: telefonia celular (bem X) e educação (bem Y). As funções de utilidade de cada um são dadas por:

Cônjuge W: $U_W = X^{0,2}Y^{0,8}$

Cônjuge E: $U_E = X^{0,7}Y^{0,3}$

Em que X é o número de minutos por mês que o consumidor passa no celular e Y, o número de horas por mês que gasta com um curso de especialização.

3.1 Calcule a Taxa Marginal de Substituição (TMS) de X por Y (dY/dX) para cada um dos consumidores. Defina a taxa marginal de substituição. Com base nos valores calculados, como você classificaria ambos os cônjuges dentro dos perfis "consumista" e "planejador" explicados anteriormente? Justifique sua resposta.

3.2 Suponha que, vencido pelo cansaço, o Cônjuge W tenha concordado que as preferências de seu companheiro ($U_E = X^{0,7}Y^{0,3}$) prevaleçam e deixa que o Cônjuge E tome as decisões sobre como gastar a renda disponível da família (R). Obtenha as curvas de demanda por eletrônicos (bem X) e educação (bem Y) do Cônjuge E.

3.3 Suponha que a família disponha de uma renda de R$ 500,00 por mês para gastar com não supérfluos, e que o preço a ligação no celular (P_X) seja R$ 1,00 por minuto e o preço do curso de especialização (P_Y) seja R$ 5,00 a hora. Qual a escolha entre eletrônicos e educação capaz de maximizar a utilidade?

3.4 Imagine que você seja o diretor de uma nova empresa de celular criada para atender a nova classe emergente e gostaria de estimar a demanda total por eletrônicos deste público. Assumindo que o

Cônjuge E represente um consumidor padrão, e que existem 20 milhões de consumidores potenciais com as mesmas preferências e renda disponível que ela, qual seria a demanda agregada por serviços de telefonia celular?

3.5 De forma a estimular os consumidores da classe C a investirem mais em educação, o governo criou um programa de subsídio a cursos superiores de forma que P_Y caiu pela metade. Represente a função de utilidade da família graficamente e mostre a restrição orçamentária antes e após o subsídio, a escolha ótima entre eletrônicos e educação antes e após o subsídio (mostre os valores correspondentes de X e Y nos respectivos eixos) e o efeito-renda e o efeito-substituição, em termos do consumo de Y.

4. **Férias em família**

Um casal, após um bom período sem viajar sozinho, foi surpreendido por seus pais, que se ofertaram para cuidar das netas para que a dupla pudesse viajar sem as crianças. Os pais do casal decidiram que eles poderiam escolher entre uma semana na Floresta Amazônica ou uma semana na Patagônia. As passagens e estadias de ambos os destinos tinham o mesmo custo, que seria coberto pelos pais do casal; os demais gastos ficariam por conta do casal.

A primeira decisão a ser tomada seria para onde ir. Suponha que as preferências do casal, chamados aqui de A e R, possam ser expressas por: $U_A(X,Y) = X + Y$ e $U_R(X, Y) = X - Y$, onde X é a Patagônia e Y é a Floresta Amazônica.

4.1 O que você pode dizer a respeito das preferências dos dois? Represente graficamente o mapa de indiferença de cada um. Explique, a partir das funções de utilidade, o que cada um prefere. Seria possível chegarem a um consenso? Justifique.

4.2 Entretanto, a filha mais velha do casal "fechou o tempo". Segundo ela, na Amazônia seus pais seriam atacados por onças e piranhas e, na Patagônia, por leões-marinhos ferozes. Além disso, a dificuldade de locomoção e comunicação impediria o resgate rápido de seus corpos ou do que restasse deles. Esses argumentos sensibilizaram seus avós, que com o aval da menina, decidiram agora enviá-los ao Nordeste.

Assim, o casal viajaria para o Nordeste, sendo que eles poderiam decidir apenas quantos dias ficariam na cidade de Fortaleza (X) e quantos em Natal (Y).

Agora a decisão a ser tomada seria quantos dias em cada cidade. Por sorte, suas preferências convergiam, podendo ser representadas por U_{CASAL} (X,Y) = 0,5 lnX + 0,5 lnY .

4.2.1 Encontre as funções de demanda por X e Y, como função dos preços (P_X, P_Y) e da quantia (R) destinada à estadia em Fortaleza (X) e Natal (Y).

4.2.2 Supondo que o preço médio da diária em Fortaleza seja de R$ 750,00 (P_X = 750) e que em Natal seja R$ 500,00 (P_Y = 500) e que os pais tenham disponibilizado R$ 6.000,00 para os gastos com estadia (R = 6.000), quantos dias eles ficariam em cada cidade?

4.2.3 Represente em um gráfico a restrição orçamentária e indique a cesta ótima.

Suponha agora que os preços das diárias em Natal (Y) sofram em média uma queda de 14,29%.

4.3 Será que eles alterariam os seus planos? Em caso afirmativo, mostre quantos dias ficariam em cada cidade. Represente no gráfico anterior a nova restrição e a escolha ótima.

4.3.1 Sabemos que uma variação de preços gera um efeito-substituição e um efeito-renda. Discuta e calcule cada um deles. Dica: Utilize o conceito de Slutsky, isto é, calcule qual a nova renda – menor! – que permitiria ao casal comprar exatamente a mesma cesta que comprava antes.

4.3.2 Suponha agora que o casal decida restituir aos seus pais a diferença dos gastos em estadia decorrente do desconto obtido. Seus planos continuariam os mesmos? Justifique sua resposta.

5. **Correndo por fora...**

A utilidade de Matheus depende do consumo de dois de seus prazeres: andar de kart e sair para comer pizza. Suponha que sua função de utilidade possa ser expressa por $U(X, Y) = \frac{4}{10} \ln X + \frac{6}{10} \ln Y$, onde Y é o número de vezes por mês que ele corre de kart e X é o número de vezes por mês que ele vai à pizzaria.

5.1 Obtenha a Taxa Marginal de Substituição (TMS = –dY/dX). Interprete o resultado obtido.

5.2 Encontre as funções de demanda por X e Y.

5.3 Suponha que ele disponha de R$ 800,00 (R = 800) para gastar com Y (kart) e X (pizza). Ele gasta em média R$ 80,00 cada vez que sai para jantar (Px = 80), e o preço do kart é de R$ 80,00 por bateria de 30 minutos (Py = 80). Quantas vezes por mês ele irá correr de kart (Y) e sair para comer pizza (X)?

5.4 Com o aumento na demanda por corridas de kart, o preço por bateria de 30 minutos subiu para R$ 96,00 (Py = 96). Sabemos que a variação total na quantidade demandada de Y (efeito total) decorrente do aumento de Py pode ser dividida entre efeito-renda (ER) e efeito--substituição (ES).

5.4.1 Encontre o efeito total (ET) sobre a quantidade demandada de Y.

5.4.2 Calcule qual a compensação de renda que permitiria a Matheus manter o seu poder de compra constante.

5.4.3 Calcule o efeito-substituição (ES) em termos do consumo de Y e explique o resultado.

5.4.4 Calcule o efeito-renda (ER) em termos do consumo de Y e explique o resultado.

5.5 A namorada de Matheus, Fernanda, por sua vez, odeia correr de kart (Y), mas adora sair para comer pizza (X).

    5.5.1 Escreva uma possível função utilidade que represente as preferências de Fernanda e represente-a graficamente.

    5.5.2 A função utilidade de Fernanda não representa preferências "bem-comportadas". Qual premissa não é satisfeita?

6. **Pedalando**

Após ler sobre as iniciativas da prefeitura de São Paulo para a implantação de ciclovias como alternativa ao uso de carros particulares, um aluno estimou que as preferências por transporte de um paulistano médio possam ser descritas por $U = X^8 Y^2$, sendo X o número de viagens de carro por mês, e Y, o número de viagens de bicicleta.

    6.1 Encontre as curvas de demanda desse consumidor por X e Y.

    6.2 De acordo com os pressupostos utilizados pelo aluno, X e Y são substitutos, complementares ou independentes? Justifique sua resposta, calculando a elasticidade relevante.

    6.3 Quantas viagens de carro (X) e de bicicleta (Y) o paulistano deve fazer de modo a maximizar sua utilidade, supondo que o custo e cada viagem de carro (Px) seja R$ 3,00, o custo de cada viagem de bicicleta (Py) seja R$ 1,00 e a renda disponível para esses descolamentos seja de R$ 150,00?

    6.4 Suponha agora que a prefeitura melhore a infraestrutura para bicicletas, reduzindo o custo por viagem (Py) de R$ 1,00 para R$ 0,50 (o restante permanece inalterado).

        6.4.1 Qual a nova cesta ótima (X', Y')?

        6.4.2 A política da prefeitura será eficiente em reduzir o número de viagens de carro na cidade, de acordo com os pressupostos do aluno? Por que você acha que isso aconteceu? Justifique sua resposta, criticando ou defendendo o modelo utilizado pelo aluno.

    6.5 Imagine agora que a prefeitura crie um novo imposto sobre a renda para financiar as obras da ciclovia. Funcionários da prefeitura anunciam que o valor desse imposto, em reais, será exatamente igual à economia que o paulistano médio terá com a redução no custo das viagens de bicicleta. Ou seja, o novo imposto t (em reais) será:

t= Y (ou o número de viagens de bicicletas calculadas por você no item 6.3) x R$ 0,50

Críticos do imposto dizem que ele anulará completamente o efeito positivo sobre a utilização da bicicleta obtido com a redução no custo das viagens (Py).

Isso é verdade? Para responder, calcule:

6.5.1 A renda do paulistano após o imposto (R');

6.5.2 A nova cesta ótima, após a adoção da política (i.e., a redução no custo das viagens de bicicleta combinada com a introdução do imposto). Arredonde sua resposta para o número inteiro mais próximo;

6.5.3 O efeito-renda e o efeito-substituição sobre o consumo de Y da política de redução de Py *mais* introdução do imposto. Explique em palavras o que esses números significam.

6.5.4 Com base nos cálculos feitos por você, argumente: o imposto anulou ou não o efeito positivo sobre a utilização da bicicleta da redução no custo das viagens (Py)? Por que isso acontece?

7. **Ligações telefônicas para os EUA**

Tânia e Emil namoram desde 2003. Tânia sempre quis conhecer os EUA. A chance finalmente apareceu quando, entre 200 universitários, ela foi escolhida para trabalhar em Nova York durante seu período de férias de fim de ano. Emil não poderia ir junto, mas acabou concordando que Tânia não deveria desperdiçar essa chance. Além disso, Emil já estava pensando em aproveitar o período para rever amigos em São Paulo.

PARTE A

Emil tem a seguinte função de utilidade: $U(X,Y) = X^{1/3}Y^{2/3}$, onde X é o número de minutos mensais de ligação telefônica para Tânia e Y é o número de vezes no mês que ele sai com os amigos.

7.1 Com base na função utilidade de Emil descrita acima:

    7.1.1 Obtenha a Taxa Marginal de Substituição de X por Y (TMS = – dY/dX).

    7.1.2 Mostre que a TMS obtida acima é decrescente e interprete esse resultado.

    7.1.3 Encontre as funções de demanda por X e Y, como função dos preços (P_X, P_Y) e da renda (R).

7.2 Com base nas funções de demanda calculadas no item 7.1, responda:

    7.2.1 Os bens X e Y são substitutos, complementares ou independentes? Justifique sua resposta usando as elasticidades relevantes. Mostre como chegou ao resultado.

    7.2.2 Os bens X e Y são normais ou inferiores? Justifique sua resposta usando as elasticidades relevantes. Mostre como chegou ao resultado.

7.3 Supondo que $P_X = 0{,}80$, $P_Y = 50$ e R = 600:

    7.3.1 Calcule a cesta de consumo ótimo de Emil (a quantidade de X e Y que maximiza a sua utilidade).

    7.3.2 Desenhe a restrição orçamentária de Emil e marque a cesta ótima escolhida por ele.

PARTE B

A companhia telefônica, percebendo que Emil liga frequentemente para Tânia nos EUA, oferece a ele um novo plano telefônico. Emil pagaria R$ 150,00 por mês e teria direito de falar até 250 minutos com Tânia. Caso quisesse falar mais do que esses 250 minutos no mês, pagaria R$ 1,00 por minuto adicional. A renda e o preço do bem Y permaneceriam inalterados (veja no item 7.3).

7.4 Desenhe a nova restrição orçamentária de Emil, com o novo plano da companhia telefônica. Coloque também neste gráfico as informações (restrição orçamentária inicial e a cesta ótima de consumo calculada em 7.3.1) que você colocou no gráfico do item 7.3.2).

7.5 Caso Emil continue falando a mesma quantidade de minutos com Tânia por mês (calculada no item 7.3) e escolha aderir ao novo plano oferecido:

7.5.1 Qual será sua nova combinação de consumo de X e Y?

7.5.2 Qual a utilidade dessa nova combinação de ligações para Tânia (X) e saídas com os amigos (Y)?

7.5.3 Neste ponto, ele estará numa situação melhor que no plano antigo? Utilize o gráfico (7.4) para justificar sua resposta.

7.6 Com o novo plano Emil deve falar com Tânia 250 minutos, mais que 250 minutos ou menos que 250 minutos, para maximizar a sua utilidade? Justifique sua resposta.

8. **Imposto sobre o cigarro**

Após diversos estudos demonstrarem os efeitos nocivos do cigarro à saúde, vários governos adotaram políticas destinadas à redução do consumo do produto, entre elas restrições à propaganda, limitação dos locais nos quais o fumo é permitido e campanhas de conscientização.

Outra medida comum é aumentar o imposto sobre o cigarro, encarecendo o produto e assim reduzindo seu consumo. Entretanto alguns críticos consideram essa medida controvertida: argumentam que, com o imposto, consumidores mais pobres, mesmo que reduzissem seu consumo, gastariam uma porção maior de sua renda com o vício, sendo, portanto, desproporcionalmente onerados com o imposto.

Esta questão analisa a possibilidade de eliminar essa distorção devolvendo, na forma de uma transferência em dinheiro, o valor pago em impostos sobre o cigarro. O objetivo da transferência seria isolar o desejável efeito-substituição e compensar o indesejável efeito-riqueza decorrentes do aumento do preço do cigarro.

Imagine um trabalhador que consuma cigarros todos os dias e tenha suas preferências representadas pela seguinte função de utilidade Cobb-Douglas:

$U(x, y) = xy^3$

Em que x é quantidade diária de cigarros e y é um bem composto que representa os demais bens que o trabalhador consome (alimento, vestuário etc.).

8.1 Quais as curvas de demanda do bem x e do bem y, assumindo que o trabalhador maximiza sua utilidade?

8.2 Suponha que a renda diária do trabalhador é R = 8 e que os preços são $P_x = 0,25$ e $P_y = 0,75$. Escreva e desenhe a restrição orçamentária do trabalhador. Qual a cesta A = (x_A, y_A) que maximiza sua utilidade? Indique esta cesta em sua figura, e calcule o valor da utilidade dessa cesta.

8.3 Suponha agora que o governo aumente o imposto sobre o cigarro de forma que este passe a custar $P_x = 0,50$, tudo o mais constante. Calcule o novo ponto de escolha ótima B = (x_B, y_B). Escreva e desenhe também a nova restrição orçamentária na figura do item 8.2, indicando o ponto (B). Qual o impacto do imposto na utilidade do consumidor?

8.4 Um economista calculou que o imposto teria um efeito-substituição de -3 cigarros e um efeito-renda de -1 cigarro. Qual a interpretação desses valores? Dê também uma definição geral dos dois efeitos.

8.5 Suponha agora que o governo dê ao trabalhador uma restituição em dinheiro, de forma que seu poder de compra não caia. Quantos reais (R$) o governo deve transferir ao trabalhador para que seja possível a ele comprar exatamente a mesma cesta comprada antes do imposto?

8.6 Escreva e desenhe a nova restrição orçamentária na sua figura no item 8.2 e calcule o novo ponto ótimo C, e o valor da utilidade dessa cesta. Em comparação com a cesta A, qual é a redução no consumo de cigarro por parte do trabalhador? O bem-estar do trabalhador aumentou ou diminuiu?

8.7 Considerando essa compensação financeira, o que aconteceu com o efeito-renda e com o efeito-substituição, em termos do consumo de cigarro?

8.8 Se você fosse ministro da Saúde e tivesse como objetivo diminuir o consumo de cigarro, você implementaria a política proposta no enunciado? Justifique sua resposta.

Teoria do Produtor

Introdução

Neste capítulo iniciamos o estudo de como as pessoas se organizam em empresas para produzir bens e serviços. A Teoria do Produtor procura compreender as decisões da firma, tais como:

- Quais combinações de insumos utilizar para produzir determinada quantidade de mercadorias de forma a minimizar os custos de produção?
- Quanto produzir para maximizar os lucros?
- Quais preços devem vigorar nas diferentes estruturas de mercado?

A partir das decisões individuais das firmas, encontraremos a curva de oferta do mercado, ou seja, qual quantidade de produto os produtores estarão dispostos a vender a cada nível de preço.

Em nosso modelo, as empresas escolhem entre combinações possíveis de fatores de produção, que permitam produzir uma determinada quantidade de produto ao menor custo possível. Os dois principais fatores são o **capital** (os recursos financeiros aplicados em máquinas, equipamentos, galpões etc.) e o **trabalho** (o número de horas trabalhadas pelo conjunto dos empregados contratados).

Uma distinção essencial que faremos em Teoria do Produtor será entre decisões de **curto** e **longo** prazo. No curto prazo, a quantidade de pelo menos um dos fatores não pode ser alterada; em geral, a quantidade de capital (K) é fixa. Isso ocorre porque não é possível aumentar o tamanho de uma fábrica ou mesmo o número de máquinas de um dia para o outro. Já o fator trabalho (L) é variável, pois é possível contratar ou demitir trabalhadores praticamente a qualquer momento. No longo prazo, todos os fatores de produção são variáveis, inclusive o capital. Repare que o prazo (em meses ou anos) necessário para se alcançar o longo prazo varia de setor para setor: por exemplo, na extração de petróleo, podem-se levar vários anos até atingir o longo prazo (talvez devido à demora para a construção de uma nova plataforma de petróleo), enquanto no caso de uma sorveteria, tal prazo pode ser bastante curto.

A partir desses conceitos iniciais, dividiremos este capítulo da seguinte forma: primeiramente analisaremos a produção física no curto prazo. Em seguida, a produção no longo prazo. Introduziremos ainda o conceito de custos de produção e encontraremos a escolha ótima minimizadora de custos e as curvas de demanda por fatores. A seguir, trataremos de conceitos estratégicos importantes, como escala e escopo. Por fim, veremos a maximização de lucros e encontraremos a curva de oferta de um mercado competitivo.

Produção no curto prazo

A decisão de curto prazo da firma deve levar em consideração que a quantidade total de capital (K) é fixa, assim, a única forma de a empresa aumentar sua produção é agregando mais trabalho (L).

Tecnologia e funções de produção

As decisões da firma estão restritas pela tecnologia de produção existente. Representaremos essa tecnologia em nosso modelo por meio de uma **função de produção**, que indica a maior quantidade de um bem que é tecnicamente possível produzir, dada certa combinação de fatores. Assim, a função de produção terá, por exemplo, a forma:

$$Q = f(K, L)$$

Em que Q é a quantidade produzida (ou **produção total**), K a quantidade de capital, e L, a quantidade de trabalho.

O formato que a função de produção assumirá depende do prazo a ser considerado, bem como da tecnologia de produção específica de cada setor.

Função de produção de curto prazo

Quando o capital é fixo ($\overline{K}$), a produção total (Q) dependerá exclusivamente da quantidade de trabalho utilizada (L). Na maioria dos processos produtivos, a produção pode ser dividida em três fases distintas. Conforme aumenta gradativamente o número de trabalhadores, dada a quantidade de capital constante:

- **Fase 1**: Inicialmente a produção total (Q) aumenta muito rapidamente em função de sinergias e de maior especialização dos trabalhadores, que podem dividir o trabalho e fazer melhor uso dos equipamentos existentes.

- **Fase 2**: A partir de um certo número de trabalhadores, com novas contratações, a produção total (Q) continua aumentando, porém a taxas cada vez menores. Isso porque, como o capital é fixo, mais trabalhadores têm que dividir as mesmas máquinas, equipamentos e o mesmo espaço físico, criando gargalos. Chamamos esse efeito de **Lei dos Rendimentos Decrescentes**, ou seja, novos trabalhadores rendem cada vez menos, em termos de produção, quando o capital é fixo.

- **Fase 3:** No limite, pode-se atingir uma situação em que a fábrica já está tão lotada que trabalhadores adicionais atrapalhariam os demais e *reduziriam* a produção total (Q), ao invés de aumentá-la.

A representação gráfica dessas três fases, colocando a produção total (Q) no eixo vertical e a quantidade de trabalho (L) no eixo horizontal, está na Figura 4.1.

Figura 4.1: Função de produção

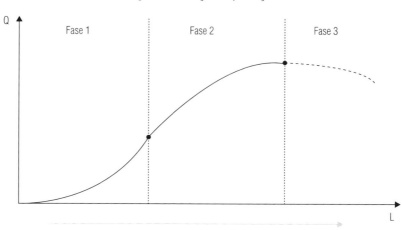

Fonte: Os autores.

Desconsiderando a Fase 3, em que a contratação de trabalhadores adicionais *reduziria* a produção, pode-se representar algebricamente o gráfico acima (Fases 1 e 2), com dois pontos de inflexão, por uma função cúbica na forma:

$$Q = A \bar{K}(aL + bL^2 - cL^3)$$

Onde Q é o produto total, A é um número que representa o nível da tecnologia, $\bar{K}$ o nível de capital (fixo no curto prazo), e L a variável que representa a quantidade de trabalho. Esta seria uma forma funcional adequada para representar a função de produção no curto prazo, em que a, b e c são os parâmetros do processo produtivo. A, $\bar{K}$, a, b e c são números, desse modo, tem-se algo como o exemplo abaixo:

$$Q = 12L + 6L^2 - \frac{1}{2}L^3$$

Produtividade e produto marginal

A partir da função de produção, podemos definir dois outros conceitos importantes que retratam o processo produtivo:

Produtividade (ou produto **médio**): representa a produção por trabalhador, ou seja, a razão entre a produção total (Q) e quantidade total de trabalho empregada (L). Algebricamente, a produtividade é dada pela fórmula:

$$PMe = \frac{Q}{L}$$

Graficamente, a produtividade em um dado ponto da função de produção é dada pela inclinação da reta que liga a origem do gráfico ao ponto em questão (Figura 4.2):

Figura 4.2: Produtividade do fator trabalho

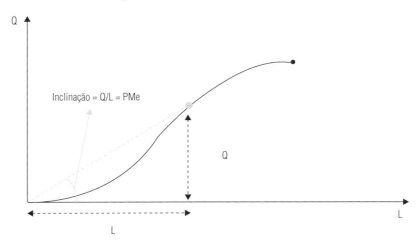

Fonte: Os autores.

Produto marginal (ou rendimento do trabalho): representa quanto a produção total (Q) aumenta quando se eleva a quantidade total de trabalho empregada (L) em 1 unidade. Algebricamente, o produto marginal é dado pela fórmula:

$$PMg = \frac{dQ}{dL}$$

Graficamente, o produto marginal em um dado ponto da função de produção é dado pela inclinação da reta tangente ao ponto em questão, ou sua derivada (Figura 4.3):

Figura 4.3: Produto marginal do fator trabalho

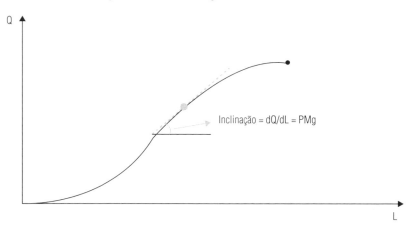

Fonte: Os autores.

Uma empresa pode tentar maximizar qualquer uma das três medidas vistas (Q, PMe ou PMg), mas não consegue atingir os três objetivos simultaneamente. No exercício resolvido a seguir, vê-se como isso se dá.

Exercícios resolvidos e comentados

1. **A gripe suína e a produção de máscaras**

    Em 2009, o mundo experimentou um surto de influenza do tipo A/H1N1 – a popularmente chamada gripe suína. Nesse período, a venda de máscaras cirúrgicas cresceu significativamente. Nesta questão discutimos a produção e os custos de uma fábrica pequena de máscaras. Suponha que essa fábrica tenha a seguinte função de produção:

    $Q(L, K) = AK(10L + 12L^2 - 2L^3)$

    Em que Q é a quantidade de máscaras produzidas por minuto, K representa o tamanho da fábrica, A representa o nível da tecnologia, e L é a quantidade de horas trabalhadas usada na produção (em milhares). Suponha que no curto prazo $A = 1$ e $K = 5$.

1.1 Escreva as equações e represente graficamente (em um mesmo eixo) as funções de produto médio e de produto marginal.

A produção total, dada pela própria função de produção do enunciado, será:

$Q = 5(10L + 12L^2 - 2L^3)$

$Q = 50L + 60L^2 - 10L^3$

A produtividade, ou produto médio, será:

$PMe = Q/L = 50 + 60L - 10L^2$

O produto marginal, ou rendimento do trabalho, será:

$PMg = dQ/dL = 50 + 120L - 30L^2$

Tanto o produto médio quanto o marginal dependem do nível de trabalho (L) utilizado são, na verdade, funções em segundo grau de L, portanto, graficamente têm-se duas parábolas:

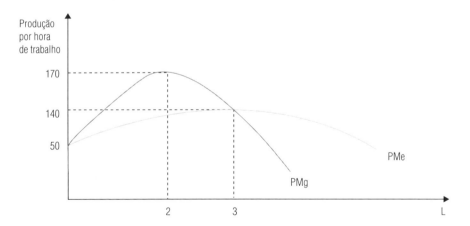

1.2 Desenhe, em um gráfico separado, a função de produção de curto prazo, e indique os pontos que correspondem a (A) produto total (ou produção) máximo, (B) produto médio (ou produtividade) máximo, (C) produto marginal máximo e (D) produto marginal zero.

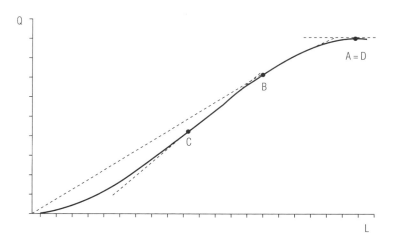

O ponto A é o ponto de produção máxima (produção total máxima).

O ponto B é aquele para o qual a reta que vai da origem ao ponto tem a maior inclinação possível (PMe máxima).

O ponto C é aquele que apresenta maior inclinação no ponto, ou derivada (PMg máxima).

O ponto D é aquele que apresenta inclinação igual a zero (PMg = 0), coincidindo sempre com A. Se, ao se contratar mais um trabalhador, este agregar zero à produção total, isso significa que a produção total não pode aumentar mais e que, portanto, atingiu seu máximo.

1.3 Para qual nível de produção a fábrica terá produtividade do trabalho máxima? Quantos trabalhadores ela emprega nesse ponto?

A produtividade mede o produto MÉDIO do trabalho, ou seja, $PMe = Q/L$. Do item 1.1, tem-se que:

$PMe = Q/L = 50 + 60L - 10L^2$

Para maximizar essa função, deve-se que derivar e igualar a zero:

$dPMe/dL = 0$

$60 - 20L = 0$

$L = 3$

Para nos certificar de que esse é um ponto de máximo, deve-se checar se a segunda derivada é negativa:

$d^2 PMe/dL^2 < 0$

$-20 < 0$ (convém)

Ou seja, com 3 mil horas trabalhadas a produtividade será máxima. Nesse nível a produção total será de:

$Q = 50(3) + 60(3)^2 - 10(3)^3$

$Q = 420$

Portanto, a produtividade é máxima quando a empresa produz 420 máscaras por minuto, contratando 3 mil horas de trabalho. Repare que a produtividade, ou produto médio, seria, nesse caso $PMe = Q/L = 420/3 = 140$ máscaras.

1.4 Suponha que, em função do surto de gripe, a demanda por máscaras cresça subitamente de tal forma que a empresa tenha que operar com capacidade máxima para suprir a demanda. Quantas máscaras a empresa conseguirá produzir, no máximo? Quantos trabalhadores ela deverá empregar para isso?

Operar com capacidade máxima significa maximizar a produção TOTAL, ou seja:

$Q = 50L + 60L^2 - 10L^3$

Maximizando a equação acima, tem-se que:

$dQ/dL = 0$

$50 + 120L - 30L^2 = 0$

Aplicando a fórmula de Bhaskara, encontra-se duas soluções:

$L = -0,38$ (não convém, pois não existe trabalho negativo)

ou

$L = 4,38$

Para certificar de que esse é um ponto de máximo, é preciso checar se a segunda derivada é negativa:

$d^2PT/dL^2 < 0$

$120 - 60L < 0$

$L > 2$ (portanto, $L = 4,38$ convém)

A produção total é maximizada contratando-se 4,38 mil horas de trabalho. Com isso, a produção total (ou capacidade) máxima da fábrica será:

$Q = 50(4,38) + 60(4,38)^2 - 10(4,38)^3$

$Q = 529,79$ máscaras por minuto

1.5 Aumentando a produção da quantidade produzida no item 1.3, para a quantidade produzida no item 1.4, o que ocorre com o produto marginal do trabalho? Por que isso acontece?

Para aumentar a produção da quantidade do item 1.3 igualando a quantidade do item 1.4, deve-se aumentar a quantidade de trabalho de 3 para 4,38 mil horas. Pode-se encontrar o produto marginal em cada caso, utilizando a fórmula obtida no item 1.1:

$PMg = dQ/dL = 50 + 120L - 30L^2$

$PMg\ (L = 3) = 50 + 120(3) - 30(3)^2$

$Pmg\ (L = 3) = 140$ máscaras por trabalhador

$PMg\ (L = 4,38) = 50 + 120(4,38) - 30(4,38)^2$

$PMg\ (L = 4,38) \cong 0$

O produto marginal cai a zero. Isso ocorre em função da **Lei dos Rendimentos Decrescentes**, que diz que conforme se aumenta a quantidade de um fator de produção, mantendo-se o outro fixo, o produto marginal decresce, igualando-se a zero no ponto em que a produção é máxima.

1.6 Preencha a tabela a seguir, indicando o número de trabalhadores (L), a produção total (Q), o produto médio (PMe) e o produto marginal (PMg) em cada um dos três cenários analisados:

Tabela 4.1

	L	Q	PMe = Q/L	PMg = dQ/dL
Produto total (Q) máximo (capacidade máxima)	4,38	529,79	120,96	0
Produto médio (PMe) máximo (produtividade máxima)	3	420	140	140
Produto marginal máximo (rendimento máximo)	2	260	130	170

Fonte: Os autores.

A tabela acima resume todas as possíveis situações relevantes na produção do curto prazo.

Na primeira linha pretende-se **maximizar a produção total**, ou seja, trabalhar a plena capacidade, exatamente o que foi feito no item 1.4. Aplicando a fórmula de Bhaskara, encontra-se como solução $L = 4,38$.

Para preencher as demais colunas da tabela, basta substituir $L = 4,38$ em cada uma das funções do item 1.1.

$Q = 50(4,38) + 60(4,38)^2 - 10(4,38)^3 = 529,79$ máscaras por minuto

$PMe = Q/L = 50 + 60(4,38) - 10(4,38)^2 = 120,96$ máscaras por hora de trabalho

$PMg = dQ/dL = 50 + 120L(4,38) - 30(4,38)^2 = 0$ máscaras por hora de trabalho

Passando agora para a segunda linha da tabela, em que se procura o ponto em que o produto médio, ou produtividade, é máximo. Foi o que foi feito justamente no item 1.3. Para preencher as demais colunas da tabela, basta substituir $L = 3$ em cada uma das funções do item 1.1.

$Q = 50(3) + 60(3)^2 - 10(3)^3 = 420$ máscaras por minuto

$PMe = Q/L = 50 + 60(3) - 10(3)^2 = 140$ máscaras por hora de trabalho

$PMg = dQ/dL = 50 + 120L(3) - 30(3)^2 = 140$ máscaras por hora de trabalho

Repare que $PMe = PMg = 140$. Isto é sempre válido: no ponto em que PMe é máximo, PMe e PMg coincidem.

Por fim, na terceira linha procura-se o ponto onde o **produto marginal**, ou **rendimento do trabalho**, é máximo. É preciso fazer o mesmo processo de maximização, mas agora a partir da função de produto médio, encontrada no item 1.1:

$PMg = dQ/dL = 50 + 120L - 30L^2$

Derivando e igualando a zero para maximizar:

$dPMg/dL = 0$

$120 - 60L = 0$

$L = 2$

Pela condição de segunda ordem para um máximo:

$d^2PMg/dL^2 < 0$

$-60 < 0$ (convém)

Para preencher as demais colunas da tabela, basta substituir $L = 2$ em cada uma das funções do item 1.1.

$Q = 50(2) + 60(2)^2 - 10(2)^3 = 260$ máscaras por minuto

$PMe = Q/L = 50 + 60(2) - 10(2)^2 = 130$ máscaras por hora de trabalho

$PMg = dQ/dL = 50 + 120L(2) - 30(2)^2 = 170$ máscaras por hora de trabalho

Pode-se dizer então que, a hora de número 2.000 é a que mais contribui para o aumento da produção total, agregando 170 máscaras. Nesse nível, cada hora empregada gera, na média, 130 máscaras, e a produção total da fábrica é de 260 máscaras por minuto.

1.7 Explique a Lei dos Rendimentos Decrescentes. Ela se aplica nesse caso?

A Lei dos Rendimentos Decrescentes diz que, ao se aumentar a quantidade de um dos fatores, mantendo o outro fixo (no caso, fixando o capital e aumentando o número de horas trabalhadas), a partir de certo ponto o produto marginal diminuirá, ou seja, horas de trabalho adicionais contribuirão cada vez menos para a produção total.

Tal lei se aplica nesse caso, pois, como se observa na tabela do item anterior, o produto marginal atinge seu máximo de 170 máscaras para $L = 2$ mil horas de trabalho. A partir desse nível, ele decresce e a Lei dos Rendimentos Decrescentes entra em ação. Pode-se facilmente observar isso no gráfico do item 1.2:

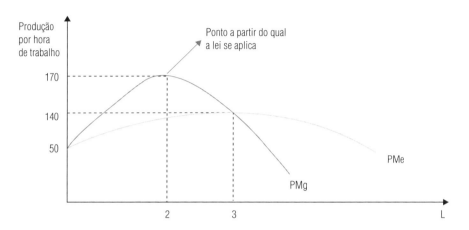

1.8 Suponha agora que a empresa consiga melhorar a tecnologia de produção no curto prazo, fabricando um maior número de máscaras por minuto sem a necessidade de comprar novas máquinas. Faça um esboço da função de produção inicial (com a tecnologia $A = 1$), e mostre graficamente, no mesmo gráfico, o que acontece com ela quando a tecnologia melhora.

Uma melhora no nível de tecnologia A desloca para cima a função de produção. Por exemplo, se $A = 2$, tem-se que:

$Q\,(A = 2) = 100L + 120L^2 - 20L^3$

$L = 2;\ Q = 520$

$L = 3;\ Q = 840$

$L = 4,38;\ Q = 1059,57$

Ou seja, melhorando a tecnologia, a produção aumenta para qualquer número de horas trabalhadas.

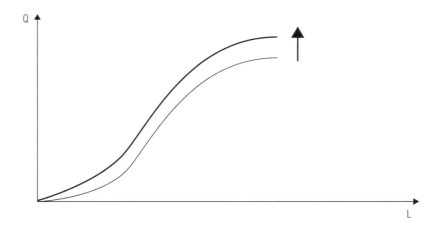

2. **Malthus e a produção de alimentos**

Em outubro de 2011, a Organização das Nações Unidas (ONU) anunciou que, de acordo com suas projeções, a população mundial tinha atingido 7 bilhões de pessoas. Esse crescimento exponencial atiça o imaginário coletivo com prognósticos pessimistas sobre a escassez de recursos, como terra, energia e água.

Essas preocupações, entretanto, não são novas. Em 1789, Thomas Malthus publicou seu famoso *Essay on the principle of population*, em que defendia que a quantidade fixa de terra em nosso planeta seria insuficiente para o suprimento de quantidades necessárias de alimento à medida que a população crescesse. A ideia de Malthus baseava-se na Lei dos Rendimentos Decrescentes.

Suponha que a produção de cereais seja dada pela seguinte função de produção:

$$Q = AT(L + 3L^2 - 0,2L^3)$$

Onde Q é a quantidade de cereais produzida no mundo em milhões de toneladas/ano, e L, o número de trabalhadores empregados pela agricultura, em milhões. A é o estado da tecnologia (suponha $A = 1$) e T, o montante de terra cultivável, em milhões de hectares. Suponha T fixo em 50 milhões de hectares.

    2.1   Explique a Lei dos Rendimentos Decrescentes. Ela se aplica ao caso analisado? Se sim, a partir de que nível de produção? Como a Lei dos

Rendimentos Decrescentes pode ser usada para justificar a previsão de Malthus?

Observe que esta questão aborda justamente a Lei dos Rendimentos Decrescentes, assunto muito importante dentro da teoria de produção. Neste caso, a terra, em vez do capital, é o fator de produção fixo. Outros exercícios mais à frente trabalharão dessa forma, usando, por exemplo, fertilizantes como insumo variável em vez do trabalho. A forma de resolução, entretanto, não muda. Assim, respondendo:

A Lei dos Rendimentos Decrescentes diz que, mantendo-se um fator de produção fixo, nesse caso terra, à medida que se aumenta a utilização do outro insumo, atinge-se um ponto a partir do qual o produto marginal torna-se decrescente.

E sim, a Lei dos Rendimentos Decrescentes se aplica a partir do ponto em que o produto marginal é máximo:

$Q = 1 \cdot 50 \cdot (L + 3L^2 - 0{,}2L^3) = 50L + 150L^2 - 10L^3$

$PMg = dQ/dL = 50 + 300L - 30L^2$

Para encontrar o ponto onde PMg é máximo, derivamos e igualamos a zero:

$dPMg/dL = 300 - 60L = 0$

$L = 5$ milhões de trabalhadores

Para termos certeza de que se trata de um ponto de máximo, temos que checar a condição de segunda ordem:

$d^2PMg/dL^2 = -60 < 0$ (convém)

Com $L = 5$, a produção é de:

$Q = 50\,(5) + 150\,(5)^2 - 10\,(5)^3 = 250 + 3.750 - 1.250 = 2750$

Ou seja, a lei se aplica a partir de 2.750 milhões de toneladas/ano.

No caso proposto, o insumo fixo é o montante de terra cultivável (T), e o insumo variável, o número de trabalhadores (L). Ao se tentar aumentar a produção de alimentos com a contratação de mais trabalhadores, mantendo-se a quantidade de terra constante, a produção adicional de cada trabalhador agregado vai tornando-se cada vez menor (a partir de 5 milhões de trabalhadores). Assim, segundo essa visão, um aumento da população (e, portanto, de *L*) criaria maior demanda por alimentos que não poderia ser suprida pelo incremento da produção.

2.2 Se quisermos operar no ponto em que a produtividade do trabalho é máxima, quantas toneladas de grão devemos produzir?

A produtividade, ou produto médio, do trabalho é dada por:

PMe = Q/L = $50 + 150L - 10L^2$

Para encontrar o ponto onde *PMe* é máximo, deriva-se e iguala-se a zero:

$dPMe/dL = 150 - 20L = 0$

$L = 7,5$ milhões de trabalhadores

Para se ter certeza de que se trata de um ponto de máximo, deve-se checar a condição de segunda ordem:

$d^2PMe/dL^2 = -20 < 0$ (convém)

Com $L = 7,5$, a produção é de:

$Q = 50\,(7,5) + 150\,(7,5)^2 - 10\,(7,5)^3 = 375 + 8.437,5 - 4.218,75 = 4.593,75$

Operando no ponto de máxima produtividade do trabalho, a produção é de 4.593,75 milhões de toneladas/ano.

2.3 Quantas toneladas de grãos podem ser produzidas, no máximo, dada a função acima?

Para encontrar a produção máxima, é preciso derivar *Q* e igualar a zero:

$dQ/dL = 50 + 300L - 30L^2 = 0$

$\Delta = 300^2 - 4\,(-30)\,(50) = 96.000$

$L = \dfrac{-300 \pm \sqrt{96.000}}{-60} = \dfrac{-300 \pm 309,84}{-60}$

$L_1 = 10,16$ $L_2 = -0,33$ (não convém)

Condição de segunda ordem de um máximo:

$d^2Q/dL^2 = 300 - 60\,(10{,}16) < 0$ (convém)

Com $L = 10{,}16$, a produção é de:

$Q = 50\,(10{,}16) + 150\,(10{,}16)^2 - 10\,(10{,}16)^3 = 508 + 15.483{,}84 - 10.487{,}72 = 5.504{,}12$

Assim, vê-se que, no máximo, seria possível produzir 5.504,12 milhões de toneladas/ano.

2.4 Esboce a função de produção dada e indique os pontos onde (A) a produção é máxima, (B) a produtividade do trabalho é máxima, e (C) o ponto a partir do qual a Lei dos Rendimentos Decrescentes se aplica. Obs.: Não se esqueça de indicar nos eixos os valores correspondentes.

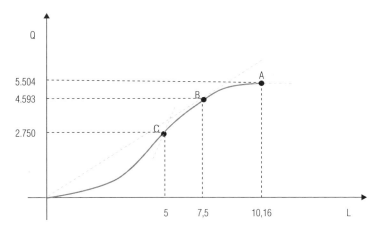

2.5 Apesar das previsões catastróficas, a humanidade é capaz de alimentar hoje uma população de 7 bilhões de pessoas com menor dificuldade e custo do que se observava para suprir 1 bilhão de bocas que viviam na época de Malthus. Isso se deve, fundamentalmente, a avanços tecnológicos. Esboce, no gráfico do item 2.4, o efeito da invenção dos fertilizantes. Suponha que o invento dos fertilizantes aumente o coeficiente tecnológico A de 1 para 4, tudo o mais constante. Calcule e indique no gráfico o ponto onde a capacidade de produção de cereais é máxima.

Um avanço tecnológico desloca a função de produção para cima, como vemos no gráfico a seguir:

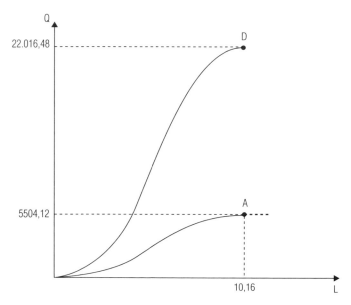

Aumentando-se A de 1 para 4, por exemplo:

Q' = 4Q = 4 (5504,12) = 22.016,48 milhões de toneladas (ponto D do gráfico)

Exercícios complementares

1. **Produção no curto prazo**[1]

    Suponha que você gerencie uma empresa de confecções cuja função de produção é dada por

    $Q(K, L) = (5/20) K (L + 40L^2 - 0,5L^3)$

    Em que Q é o número de peças de roupa produzidas, K é o número de máquinas, e L o número de trabalhadores.

    1.1 A empresa possui uma quantidade fixa de 20 máquinas e emprega 25 trabalhadores. No mês de Natal, para aumentar a produção, a empresa contrata 25 trabalhadores temporários. Imagine que seu chefe tenha enviado um memorando solicitando os seguintes dados sobre o impacto dessa expansão na produtividade do trabalho e na eficiência da empresa:

---
[1] Exercício preparado pelo professor Jairo Abud.

1.1.1 O que ocorreu com a produtividade do trabalho?

1.1.2 E com o produto marginal do trabalho?

1.1.3 Defina a Lei dos Rendimentos Decrescentes. Dobrando a quantidade de trabalhadores no mês de Natal, os efeitos dela já são observados? Justifique sua resposta.

1.2 Seu chefe deseja agora atingir a produtividade máxima do trabalho, ainda com uma quantidade fixa de 20 máquinas.

1.2.1 Quantos trabalhadores serão empregados, qual será a produção total, média e o produto marginal?

1.2.2 Para atingir essa produtividade máxima do trabalho, você deve empregar o número de trabalhadores que proporciona produção total máxima da fábrica? Mostre graficamente.

2. **Ares de deserto**

Os invernos em São Paulo são épocas de clima muito seco, o que agrava o problema da poluição. Segundo o Centro de Gerenciamento de Emergências, CGE, em agosto de 2014 foi registrada a maior sequência de dias secos da década, com o índice de umidade relativa do ar chegando a 12%, limite do estado de emergência – semelhante ao do Deserto do Saara. A persistência do tempo seco elevou significativamente a venda de umidificadores de ar. Nesta questão, discutimos a produção e os custos de uma fábrica pequena de umidificadores de ar. Suponha que essa fábrica tenha a seguinte função de produção:

$$Q(L, K) = AK\left(28L + 6L^2 - \frac{1}{3}L^3\right)$$

Em que Q é a quantidade de umidificadores produzidos por dia, K representa número de máquinas, A representa o nível da tecnologia, e L é a quantidade de trabalhadores usada na produção. Suponha que no curto prazo $A = \frac{3}{4}$ e $K = 4$.

2.1 Escreva as equações de produção total, de produto médio e de produto marginal.

2.2 Em situações normais de umidade do ar, a empresa trabalha sempre em um nível de produção em que a produtividade do trabalho é máxima. Quantos trabalhadores a firma emprega nesse ponto? Neste caso, quantos umidificadores ela produz por dia?

2.3 Em função da persistência da baixa umidade do ar, a demanda por umidificadores cresceu subitamente, de tal forma que a empresa teve que operar com capacidade máxima. Suponha que em um único dia ela receba um pedido de 2.000 umidificadores. Ela será capaz de atender esse pedido no curto prazo? Quantos umidificadores a empresa consegue produzir, no máximo? Quantos trabalhadores ela deve empregar para isso?

2.4 Explique a Lei dos Rendimentos Decrescentes. Ela se aplica neste exemplo? Justifique. Em caso afirmativo, a partir de que ponto (número de trabalhadores) a empresa passa a apresentar rendimentos decrescentes?

2.5 Faça, separadamente, dois gráficos indicando o que é solicitado:
Gráfico 1: desenhe as funções de produto médio e produto marginal indicando os pontos (produto e número de trabalhadores) que correspondem ao (A) produto médio máximo, (B) produto marginal máximo e (C) produto marginal zero.
Gráfico 2: esboce a função de produção de curto prazo dada no enunciado e indique os pontos (produto total e número de trabalhadores) correspondentes em (A), (B) e (C) acima.

3. **Brigadeiro Gourmet**

O brigadeiro é um doce que foi criado no Brasil, tendo ficado famoso em 1945, durante a campanha do brigadeiro Eduardo Gomes pelas eleições presidenciais. O doce de chocolate era apresentado nas festas de campanha do político como o "preferido do brigadeiro". Com o passar do tempo, a guloseima ficou conhecida apenas como "brigadeiro". Durante décadas o doce foi tratado, na culinária brasileira, como um doce popular, muito comum em festas infantis. Em 2010, esse cenário se alterou: foi criado o primeiro ateliê do país especializado na produção do "brigadeiro gourmet" – um brigadeiro sofisticado tanto na técnica como nos seus ingredientes.

Nesta questão discutimos as condições de produção de um pequeno e fictício ateliê especializado na produção do "brigadeiro gourmet". Admita a seguinte função de produção de curto prazo em que a quantidade de fogões (F) é o insumo fixo no curto prazo, e o número de cozinheiras (C), o insumo variável:

$$Q(F, C) = AF(28C + 6C^2 - \frac{1}{3}C^3)$$

Q é a quantidade de brigadeiros produzidos diariamente, F é a quantidade de fogões, e C é o número de cozinheiras (para simplificar vamos desconsiderar os demais insumos de produção). Suponha que A = 1, e que no curto prazo a quantidade de fogões é fixa em 3 (F = 3).

3.1 Escreva as equações dos produtos total, médio e marginal.

3.2 O ateliê recebeu um pedido de 2.000 brigadeiros por dia. Ele conseguirá atender esse pedido no curto prazo? Quantos brigadeiros o ateliê consegue produzir por dia, no máximo? Quantas cozinheiras devem ser empregadas?

3.3 No ponto em que a produção é máxima, qual é a produtividade das cozinheiras? Esse é o maior nível de produtividade que pode ser atingido? Se não é, quanto seria a produtividade máxima?

3.4 A partir de que ponto (quantidade diária de brigadeiros e número de cozinheiras) a produção de brigadeiro apresenta rendimentos decrescentes?

3.5 Esboce a função de produção (produto total) de curto prazo indicando os pontos (quantidade de brigadeiros e número de cozinheiras) que correspondem ao (*A*) produto médio máximo, (*B*) produto marginal máximo, e (*C*) produto marginal zero.

3.6 Suponha agora que o ateliê consiga melhorar a tecnologia de produção no curto prazo, produzindo um maior número de brigadeiros por dia, sem a necessidade de comprar novos fogões. Esboce no gráfico acima o que acontece com a função de produção quando ocorrem avanços tecnológicos.

4. **Quando a crise bate à porta**

A crise econômica que o Brasil enfrentou em 2015 impactou algumas indústrias de forma mais severa. O maior exemplo disso está na indústria automobilística que, após seguidos anos de recordes de vendas e investimentos maciços em fábricas, enfrentou uma forte retração na sua demanda, tendo que readequar sua capacidade produtiva.

Nesta questão discutiremos a produção de **curto prazo** de uma fabricante de automóveis. Suponha que a função de produção dessa firma seja descrita por:

$$Q(K, L) = KL(4K - L)(L - K)$$

Considere que o nível de capital (K) é fixo em 1 – uma planta fabril –, que o nível de trabalho (L) é medido em milhares de funcionários, e que a quantidade de produto (Q) é medida em milhares de unidades por mês.

4.1 Quando essa firma emprega três mil funcionários por mês, calcule a quantidade de automóveis produzida, o produto marginal do trabalho e a produtividade ou o produto médio.

4.2 Quando essa firma opera no ponto que maximiza o produto marginal, calcule: o número de funcionários que utiliza, o nível de produção, o produto marginal do trabalho e a produtividade ou o produto médio.

4.3 O rendimento marginal do trabalho, de acordo com a função de produção acima, é constante, crescente ou decrescente quando a firma emprega três mil funcionários? E quando maximiza o produto marginal?

4.4 Devido aos altos estoques, essa firma precisou cortar sua produção em 2015 para se adequar à nova demanda. Alguns executivos avaliaram que a crise seria duradoura e que a firma deveria se ajustar permanentemente a um cenário de menor produção. Outros avaliaram que o cenário econômico melhoraria em breve e que a produção deveria retornar ao nível que maximiza o produto marginal. Suponha que a firma reduza a força de trabalho para 1,5 mil funcionários. Qual será o novo nível de produção? Qual será o novo produto marginal?

4.5 Se o cenário benéfico acontecer, isto é, se a firma voltar a produzir a mesma quantidade que maximizava o produto marginal (item 5.2), ela terá que contratar novos funcionários, e estes terão de ser treinados e aprender o ofício. Isso alteraria a função de produção para:

$Q(K, L) = KL(0,5L - K)$

Considere que o nível de capital (K) continua fixo em 1.
Responda:

4.5.1 Qual o número de funcionários necessários para que a firma produza a quantidade obtida em 4.2?

4.5.2 Qual o produto marginal da firma nesse cenário?

4.5.3 O produto marginal da firma agora é maior ou menor do que o obtido em 4.2? Em vista deste resultado, você consegue justificar por que as firmas preferem, em alguns casos, manter funcionários em *layoff*[2] em vez de demiti-los, em um momento de queda de demanda?

5. **Baixa produtividade**

Em outubro de 2015, a revista *The Economist* publicou o artigo sobre a baixa produtividade do trabalhador brasileiro "The productivity challenge in Latin America". Segundo o periódico, após um período de forte crescimento entre 1960 e 1970, a produtividade média do brasileiro praticamente não se alterou, distanciando-se da tendência de aumento registrada nas outras grandes economias emergentes.

Por exemplo, entre 1990 e 2012, o aumento da produtividade do trabalho foi responsável por apenas 40% da expansão do PIB do Brasil, contra 91% da China e 67% da Índia, de acordo com um estudo de uma consultoria importante. A maior parcela do crescimento brasileiro decorreu da ampliação

---

2 Chama-se *layoff* a redução da jornada de trabalho e do salário ou suas suspensões temporárias. Criada em 2001, a medida só pode ser usada por empresas que enfrentam crises econômicas e precisa ser negociada com o sindicato. Nesses casos, o contrato de trabalho dos funcionários é suspenso por até cinco meses.

da força de trabalho, decorrentes da estrutura demográfica favorável, formalização e baixo desemprego.

Comparando com a Coreia do Sul, por exemplo, a produtividade do trabalhador brasileiro era ligeiramente maior em 1960. No entanto, meio século depois, esse quadro se inverteu, com o país asiático abrindo franca vantagem. Gargalos de infraestrutura e baixa escolaridade média são algumas entre as muitas razões que explicam a menor produtividade brasileira.

Para melhor entender os seus efeitos, vamos analisar o seu impacto no setor de serviços dos dois países, mais especificamente analisando o funcionamento de um restaurante. Suponha que uma rede de *fast-food* abra uma filial em Seul e outra em São Paulo, e que a produção de refeições seja dada pela seguinte função de produção:

$q(K, L) = AH^{1/2}K^{1/2}(100/3L + 1L^2 - 0,1L^3)$

Em que Q é a quantidade de refeições produzidas em um restaurante por dia, e L o número de trabalhadores empregados, sejam garçons ou cozinheiros. A qualidade da infraestrutura logística é dada por A, H é a escolaridade média do trabalhador, e K o capital utilizado. Considerando que A, H e K são fixos e dados pela seguinte tabela, responda:

Tabela 4.2

	A	H	K
Coreia do Sul	3	16	1
Brasil	1	9	1

Fonte: Os autores.

5.1 Em virtude do costume paulistano de comer fora de casa, o restaurante em São Paulo está sempre cheio, tendo que produzir o máximo possível. Quantos trabalhadores deverão ser contratados? Quantas refeições poderão ser vendidas?

5.2 Já na Coreia do Sul, a rede decide operar no ponto de maior produtividade. Quantas refeições serão produzidas em Seul, e quantos funcionários serão empregados?

5.3 A partir de que quantidade de refeições a Lei dos Rendimentos Decrescentes se aplica nos restaurantes do Brasil? E da Coreia do Sul?

6. **Kadafi e o etanol brasileiro**

A crise que atingiu o norte da África em 2011, em especial na Líbia (grande exportador de óleo cru), ocasionou fortes altas no preço internacional do petróleo. Com um provável aumento no preço da gasolina, seria razoável imaginar um aumento na demanda por combustíveis alternativos, o que por sua vez acabaria estimulando o plantio da cana destinada ao etanol no Brasil.

Admita a seguinte função de produção de curto prazo de cana destinada ao etanol, em que a terra (T) é o insumo fixo no curto prazo, e o uso de fertilizante (F), o insumo variável:

$$Q(T, F) = 6T\left(14F + 3F^2 - \frac{1}{6}F^3\right)$$

Q é a quantidade de cana em toneladas, T (terra) o número de hectares disponíveis para o plantio, e F (fertilizante) é a quantidade de fertilizante em toneladas. O número de máquinas e trabalhadores são fixos por propriedade, podendo ser desconsiderados. Suponha que no curto prazo o tamanho da propriedade é fixa em $T = 100$ hectares.

6.1 Escreva as equações do produto total, produto médio e produto marginal.

6.2 Em função do aumento na demanda por etanol, os produtores de cana passaram a cultivar as suas terras em sua capacidade máxima. Quantas toneladas de cana o produtor consegue produzir, no máximo? Quantas toneladas de fertilizantes devem ser utilizadas?

6.3 No ponto em que a produção é máxima, qual é a produtividade do fertilizante? Esse é o maior nível de produtividade que a fazenda pode atingir? Se não, qual seria essa produtividade máxima?

6.4 A partir de que ponto (toneladas de fertilizantes) a produção de cana apresenta rendimentos decrescentes? Explique por que isso acontece.

6.5 No longo prazo, o produtor pode mudar a escala de produção. Se o produtor dobrar ambos os insumos (*T* e *F*), a partir do nível de referência onde *T* = 100 e *F* = 1, qual incremento veríamos na produção total?

Produção no longo prazo

No longo prazo todos os fatores de produção que a empresa utiliza são variáveis, ou seja, ela pode aumentar ou reduzir não só a quantidade de trabalho utilizada (*L*), como ocorria no curto prazo, mas também seu capital (*K*), ampliando ou reduzindo o tamanho de sua planta industrial ou utilizando mais ou menos máquinas e equipamentos, por exemplo.

Funções de produção de longo prazo

No longo prazo, a *função de produção*:

$$Q = f(K, L)$$

terá três variáveis: a quantidade produzida (Q), o montante de capital utilizado (K) e o montante de trabalho contratado (L). Para representar essa função com três variáveis em um gráfico com duas dimensões, utiliza-se o conceito de curvas de nível, ou isoquantas. As **isoquantas** mostram as possíveis combinações de capital e trabalho que geram o mesmo nível de produção (q_i). Por exemplo, a tabela a seguir mostra a quantidade de um bem que é possível produzir com diferentes combinações de capital e trabalho:

Tabela 4.3: Quantidade de mercadorias produzidas a partir de diferentes combinações de capital e trabalho

CAPITAL	TRABALHO				
	1	2	3	4	5
1	40	80	110	130	**150**
2	80	120	**150**	170	180
3	110	**150**	180	200	210
4	130	170	200	220	230
5	**150**	180	210	230	240

Fonte: Os autores.

Para desenhar a isoquanta $q = 150$, procura-se as diferentes combinações de K e L que permitam a produção de 150 unidades do bem, marcadas em cinza na tabela. O resultado será a curva de nível abaixo:

Figura 4.4: Isoquanta

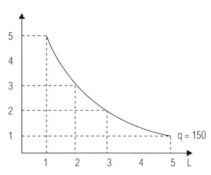

Fonte: Os autores.

Usando o mesmo procedimento, podem-se encontrar isoquantas para qualquer valor de Q escolhido:

Figura 4.5: Mapa de produção

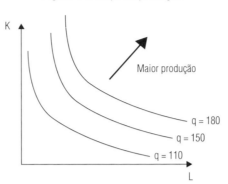

Fonte: Os autores.

Repare que existem *infinitas* isoquantas paralelas entre si; quanto mais acima e à direita do gráfico estiver a curva, maior a produção física (Q).

A inclinação da isoquanta, chamada de **Taxa Marginal de Substituição Técnica** (TMST), é dada pela fórmula:

$$\text{TMTS} = -\frac{dK}{dL}, \text{ mantendo } q \text{ constante}$$

A TMST diz em quanto se deve aumentar a quantidade de capital (K) se a quantidade de trabalho (L) for reduzida em uma unidade, de forma a manter a produção (Q) constante.

Repare que, para uma função convexa como abaixo, a TMST (ou inclinação da isoquanta no ponto) diminui conforme nos movemos ao longo da curva.

Figura 4.6: A Taxa Marginal de Substituição Técnica

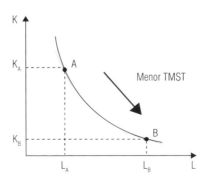

Fonte: Os autores.

Outra consideração importante é que, ao se mover do ponto A ao ponto B da isoquanta, duas coisas acontecem:

- A empresa aumenta a quantidade de trabalho (L) de que dispõe e em ΔL, por isso, pode produzir MAIS. Lembrando que a contribuição à produção total de cada unidade adicional de trabalho é dada pelo produto marginal do trabalho (PMg_L), o ganho, em termos de produção, será:

$$PMg_L \cdot \Delta L$$

- Por outro lado, a empresa diminui a quantidade de capital (K) aplicado e em ΔK, por isso, pode produzir MENOS. Analogamente, a perda, em termos de produção, será:

$$PMg_K \cdot \Delta K$$

Sabe-se que, ao longo de uma mesma isoquanta, a produção é por definição constante ($q = 150$, no exemplo). Dessa forma, os ganhos e perdas, em termos de produção, devem se compensar exatamente, ou seja:

$$PMg_L \cdot \Delta L = - PMg_K \cdot \Delta K$$

Reescrevendo, chega-se à fórmula da TMST:

$$\frac{PMg_L}{PMg_K} = - \frac{\Delta K}{\Delta L} = TMTS$$

Outras relações entre fatores

A função de produção côncava vista até agora reflete bem um processo produtivo no qual os fatores de produção podem ser substituídos entre si a uma taxa (TMST) variável ao longo da curva, refletindo o fato de que essa substituição é mais ou menos efetiva conforme o *mix* de capital e trabalho em questão. Em geral, representa-se processos produtivos desse tipo por uma função de produção do modelo Cobb-Douglas:

$$Q(L, K) = AK^a L^b$$

Em que Q é a quantidade do bem produzida por período, K representa o número de máquinas, A o nível da tecnologia, L a quantidade de horas, e a e b são parâmetros do modelo.

Existem, entretanto, processos produtivos em que a substituição entre os insumos não se dá dessa forma. Em certos setores, por exemplo, os insumos são **substitutos perfeitos**: capital e trabalho podem ser substituídos entre si a uma mesma taxa fixa. A TMST, ou inclinação, de uma função de produção desse tipo será constante ao longo de toda a curva, e as isoquantas tomarão a forma de retas:

Figura 4.7: Insumos substitutos perfeitos

$Q = aK + bL$
$TMST = -b/a$

q = 90
q = 70
q = 50

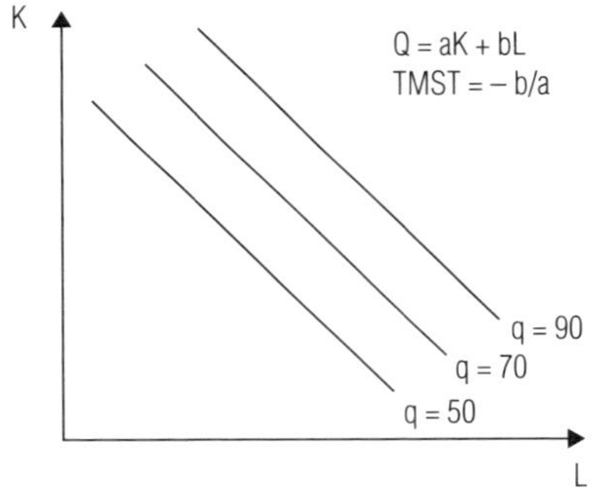

Fonte: Os autores.

Em outros casos, os insumos são utilizados em **proporções fixas**, ou seja, não é possível a substituição de capital por trabalho. Para aumentar a produção, é necessário acrescentar ambos os fatores de produção de acordo com uma dada proporção. Um exemplo seria um operário abrindo buracos em uma rua com uma britadeira: para cada máquina é necessário um trabalhador. A TMST não faz sentido, já que não pode haver substituição entre insumos. A função de produção terá o formato Leontieff, com a e b indicando a proporção em que os insumos são necessários:

Figura 4.8: Insumos substitutos perfeitos (proporções fixas)

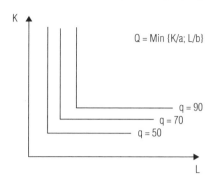

Fonte: Os autores.

Retornos de escala e escopo

Os rendimentos de fator (PMg_L e PMg_K, por exemplo) medem o efeito sobre a produção total de se aumentar a quantidade de *apenas um* dos fatores, mantendo o outro constante. No longo prazo, entretanto, a empresa estará interessada em conhecer também o efeito sobre a produção total de um *aumento proporcional de ambos* os fatores. Chama-se esse efeito de **retorno de escala**.

Uma firma possui retorno crescente de escala quando, ao aumentar tanto o capital quanto o trabalho em uma mesma proporção (dobrando ambos, por exemplo), a produção aumenta mais do que proporcionalmente (mais do que dobra). Para uma função Cobb-Douglas:

$$Q = AK^a L^b$$

Multiplicando-se K e L por um mesmo fator tem-se que:

$$Q' = A(cK)^a (cL)^b = Ac^{(a+b)} K^a L^b = c^{(a+b)} Q$$

Sendo assim:

Se $(a + b) > 1$, a produção cresce mais do que proporcionalmente ao incremento nos fatores de produção, acarretando retornos **crescentes** de escala.

Se $(a + b) = 1$, a produção cresce proporcionalmente ao incremento nos insumos, portanto tem-se retornos **constantes** de escala.

Se $(a + b) < 1$, a produção cresce menos do que proporcionalmente ao incremento nos insumos, levando a retornos **decrescentes** de escala.

Assim, no exemplo $Q = K^{0,5}L^{0,5}$, vê-se que há retornos constantes de escala, pois ao se dobrar K e L, a produção dobra exatamente:

$$Q = (2K)^{0,5}(2L)^{0,5} = 2^{(0,5 + 0,5)} K^{0,5}L^{0,5} = 2Q$$

A existência ou não de retornos de escala depende das características do setor e de como seus processos se beneficiam de maior especialização e da divisão de trabalho, ou se sofrem com problemas de coordenação e gerenciamento à medida que o porte da empresa aumenta. Esses assuntos são estrategicamente muito importantes, pois determinarão se predominará, por exemplo, uma série de pequenas empresas em um setor ou se este será dominado por grandes competidores que se beneficiam de ganhos de escala.

Outro conceito estrategicamente importante é o de economia de **escopo**. Em muitos setores, é possível a produção conjunta de dois ou mais produtos por uma mesma firma. Uma usina pode, por exemplo, transformar cana-de-açúcar em açúcar ou álcool, e uma universidade pode produzir simultaneamente ensino e pesquisa. Se a produção conjunta dos bens gerar ganhos de produtividade em relação à produção especializada, há economias de escopo.

É fácil observar se há ganhos de escopo por meio da curva de transformação, que mostra as possíveis combinações de dois diferentes produtos que podem ser produzidos por um dado conjunto de K e L.

Figura 4.9: Economias de escopo

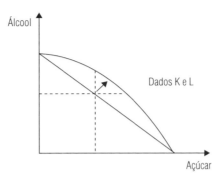

Fonte: Os autores.

A curva de transformação superior apresenta economias de escopo, já que é possível produzir maiores quantidades de álcool e açúcar em plantas mistas do que seria em uma planta dedicada a apenas um dos produtos. Já a curva (reta) inferior não apresenta ganhos de escopo.

O conceito de escopo é importante na estratégia das empresas, pois determinará se é vantajoso especializar-se na produção de apenas um bem ou diversificar o portfólio de produtos.

Exercício resolvido e comentado

1. **Diferentes funções de produção no bar**

    Um barman produz todos os dias uma série de *drinks*. Vamos estimar as respectivas funções de produção.

    1.1 O bar serve a Caipirinha da Casa, em que mistura limão e lima da pérsia. Suponha que ambos sejam substitutos perfeitos e que o barman, para manter o nível de produção constante em 1 caipirinha, possa substituir 3 limões por uma lima. Qual a *TMST* entre limão (L) e lima da pérsia (P) ($TMST = -dP/dL$)?

    $$TMTS = \frac{PMgL}{PMgP} = \frac{1/3}{1} = \frac{1}{3}$$

Repare que, para produzir 1 caipirinha são necessários 3 limões, portanto, o produto marginal do limão é de 1/3. O produto marginal da lima é 1, sendo que a perda de um limão pode ser compensada por 1/3 de lima.

1.2 Considerando as informações acima, escreva a função de produção de UMA caipirinha e desenhe em um gráfico as isoquantas.

$$Q = P + \frac{1}{3} L$$

Repare que $Q = 1$, ou seja, será produzida 1 caipirinha se usarmos uma lima ($P = 1$) ou 3 limões ($L = 3$).

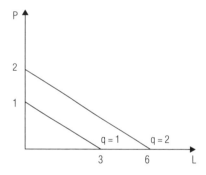

1.3 Para produzir gim-tônica, um barman mistura, na mesma proporção, sempre 2 doses de gim (G) para 5 doses de água tônica (T). Escreva a função de produção de drinques gim-tônica e represente em um gráfico.

$$Q = mín \left\{ \frac{G}{2}, \frac{T}{5} \right\}$$

1.4
Suponha que o bar trabalhe de acordo com a função de produção $Q(K, L) = 2K^{0,5}L^{0,8}$, em que K representa a quantidade de equipamentos, e L o número de funcionários. Mostre que essa função apresenta rendimentos marginais decrescentes para ambos os fatores de produção e retornos de escala crescentes ao mesmo tempo.

O rendimento ou produto marginal do fator trabalho é dado pela fórmula:

$$PMg_L = \frac{\partial Q}{\partial L}$$

Considerando a função de produção dada pelo exercício ($Q = 2K^{0,5}L^{0,8}$) e derivando em função de L, tem-se que:

$$PMg_L = 1,6K^{0,5}L^{-0,2}$$

Como L está no denominador, sabe-se que quanto L aumenta seu produto marginal diminui, ou seja, o rendimento decresce em L. Mais precisamente, pode-se ver que a derivada do PMg_L em função de L é negativa, portanto, o rendimento é decrescente em L.

$$\frac{\partial PMg_L}{L} = -0,32K^{0,5}L^{-1,2} < 0$$

Analogamente, para o fator de produção capital:

$$PMg_K = \frac{\partial Q}{\partial K}$$

$$PMg_L = K^{-0,5}L^{0,8}$$

$$\frac{\partial PMg_L}{L} = -0,32K^{0,5}L^{-1,2} < 0$$

Pode-se ver que a derivada do PMg_K em função de K é negativa, portanto, o rendimento é decrescente em K.

Para avaliar se existe retorno de escala, é preciso aumentar a quantidade de ambos os fatores por uma mesma constante c:

$$Q' = 2(cK)^{0,5}(cL)^{0,8} = 2(c)^{0,5+0,8}K^{0,5}L^{0,8} = 2c^{1,3}K^{0,5}L^{0,8} = c^{1,3}Q$$

Observa-se que, para qualquer valor positivo de *c*, *Q* aumenta mais do que proporcionalmente ao incremento nos insumos, por conseguinte, temos retornos crescentes de escala. Se dobrarmos *K* e *L*, por exemplo, a produção *Q* aumenta $2^{1,3} = 2,46$ vezes.

Custos de produção

Nas seções anteriores tratou-se do processo físico de produção: como combinar diferentes insumos para produzir determinada quantidade de um bem. Entretanto, para a empresa escolher a combinação mais atrativa desses fatores de produção, é necessário também considerar os custos envolvidos na aquisição desses fatores de produção. Um exemplo é o salário: o custo do fator de produção trabalho.

Tipos de custos

Chama-se de w o custo unitário do trabalho, e de r, o custo de uso do capital. É importante notar que o custo do capital incorpora não apenas a depreciação ou manutenção dos prédios, máquinas e equipamentos utilizados, mas inclui também o **custo de oportunidade**, que é aquele associado às oportunidades perdidas quando a empresa não usa seus recursos no melhor emprego possível. Por exemplo, o dono de uma firma, que também atua como seu executivo, ainda que decida não pagar um salário para si mesmo, deve levar em conta o custo de oportunidade de seu tempo. A razão para isso é que ele poderia ter recebido esse salário caso tivesse trabalhando para outra firma em vez de administrar a sua própria. O mesmo ocorre com o capital empregado pela firma na aquisição de máquinas, galpões etc., que poderia auferir um retorno financeiro em aplicações alternativas. Portanto, como se consideram os custos de oportunidade no cálculo do lucro econômico, esse será inferior ao lucro contábil, que incorpora apenas custos explícitos.

No modelo simplificado com dois insumos, capital e trabalho, tem-se que o **custo total** da empresa pode ser escrito como:

$$C = wL + rK$$

Custos no curto prazo

Como no curto prazo a quantidade de capital é fixa, o custo do capital (r) representa o **custo fixo** da empresa, ou seja, aquele que independe da quantidade produzida. Já o custo do trabalho irá compor o **custo variável**, que aumenta conforme a quantidade produzida cresce.

Se a função de produção de curto prazo for uma função cúbica na forma:

$$Q(L) = A\bar{K}(aL + bL^2 - c\,L^3)$$

A função de custo total também será cúbica em função da Lei dos Rendimentos Decrescentes, porém com sinal trocado nos termos não lineares da equação:

$$C(q) = C_F + dq - eq^2 + fq^3$$

Em que C representa o custo total, C_F é o custo fixo relacionado ao capital, q a quantidade produzida e d, e e f são parâmetros do modelo. O custo variável será:

$$C_V(q) = dq - eq^2 + fq^3$$

Figura 4.10: Custos de curto prazo

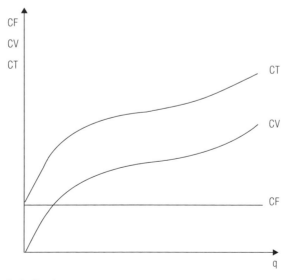

Fonte: Os autores.

Custos médios e custo marginal

A partir da função de custo total, pode-se encontrar o **custo médio** da empresa, dividindo o custo total pela quantidade produzida:

$$CMe = C/q$$

Analogamente, tem-se o custo fixo e variável médios:

$$C_F Me = C_F/q \qquad C_V Me = C_V/q = d - eq + fq^2$$

Repare que o custo fixo médio ($C_F Me$) sempre diminui conforme a quantidade produzida aumenta, em virtude da diluição do custo fixo (CF) por uma quantidade cada vez maior de bens produzidos. Inicialmente essa queda do $C_F Me$ é bastante abrupta, entretanto, conforme a quantidade produzida aumenta, o impacto do rateio de uma unidade de produção a mais torna-se cada vez menos importante e, assim, a curva declina mais suavemente, conforme o gráfico da figura abaixo:

Figura 4.11: Custo fixo médio

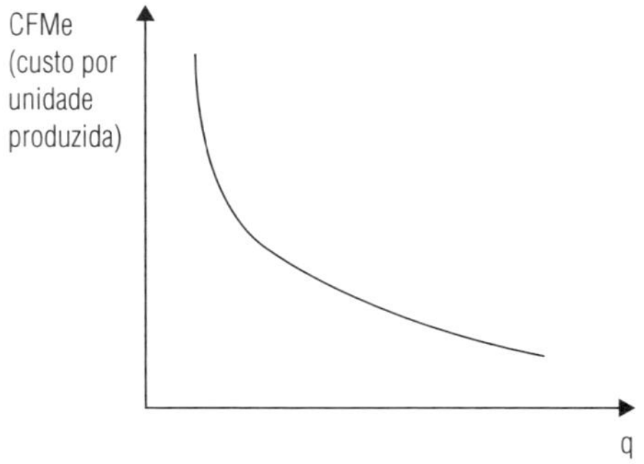

Fonte: Os autores.

Já o custo variável médio refletirá os efeitos do aumento da produção sobre o *rendimento* do trabalho. Isso porque, no modelo simplificado de curto prazo com dois fatores de produção, o custo do capital é fixo. Assim, o custo variável dependerá exclusivamente do custo do trabalho:

$$C_V = wL$$

Conforme se contratam trabalhadores de forma a aumentar a produção, teremos um incremento de custo de:

$$dC_V = w\, dL$$

Em geral, assumindo a Lei dos Rendimentos Decrescentes, no início espera-se que o custo variável médio caia. A contratação de mais funcionários permite utilizar melhor o equipamento existente na firma, em virtude da especialização de tarefas. Assim, nessa fase, as firmas apresentam rendimentos crescentes, produzindo mais por trabalhador, porém, pagando o mesmo salário unitário, o custo variável médio cai. No entanto, como o fator capital é fixo, a partir de certo momento esse quadro muda. Os novos trabalhadores contratados contribuem menos do que os anteriores para a produção total, mas recebem o mesmo salário w. Logo, o custo variável por unidade produzida irá aumentar.

Pode-se compreender melhor esse efeito por meio do conceito de **custo marginal**, que diz quanto o custo *total* aumenta quando se eleva a produção em 1 unidade. Algebricamente, este é dado pela derivada da função custo em função de q:

$$\text{CMg} = \frac{dCT}{dq}$$

Como o capital é fixo, o responsável pelo aumento no custo total deve ser, necessariamente, o custo variável:

$$\text{CMg} = \frac{dCT}{dq} = \frac{dCV}{dq}$$

Utilizando a Fórmula 1 e sabendo que $\text{PMg}_L = dQ/dL$, temos que:

$$\text{CMg} = w\,\frac{dL}{dq} = \frac{w}{\text{PMg}_L}$$

Portanto, se o produto marginal estiver decrescendo, conforme a Lei dos Rendimentos Decrescentes, o custo marginal estará aumentando. Custo e produto marginal são dois lados da mesma moeda.

Para a função de curto prazo padrão descrita acima, o custo variável médio e custo marginal teriam o seguinte comportamento:

Figura 4.12: Custos variáveis médios e custo marginal

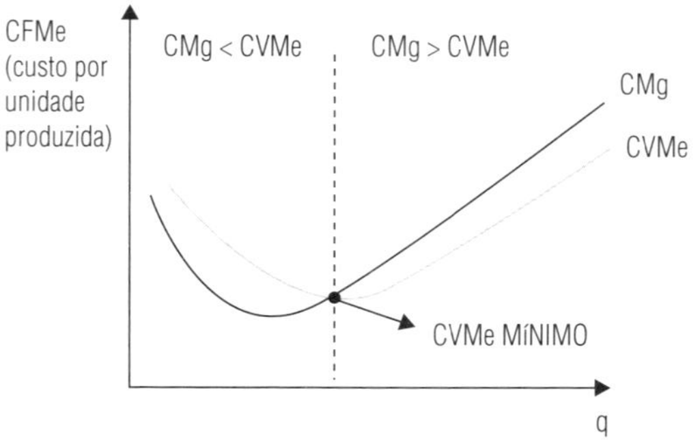

Fonte: Os autores.

Se o custo marginal for *maior* que o custo variável médio, produzir uma unidade adicional do bem custará *mais* do que o que custou, na média, fabricar as unidades anteriores. Sendo assim, essas novas unidades pressionam o custo médio para cima e o CVMe é ascendente.

Se o custo marginal for *menor* que o custo médio, produzir uma unidade adicional do bem custará *menos* do que o que custou, na média, fabricar as unidades anteriores. O CVMe é descendente. Portanto, a curva de CMg cruza a curva de CVMe no ponto em que o custo médio é mínimo.

Como o custo total é a soma dos custos fixos e variáveis, podemos encontrar o custo total médio (CTMe) somando as curvas de CFMe e CVMe. Esta terá, em geral, formato de U, já que para baixos níveis de produção o impacto da queda no custo fixo médio é determinante. Conforme a quantidade aumenta, o custo fixo médio cai mais suavemente, e o aumento no custo variável médio predomina.

Figura 4.13: Custos médios de curto prazo

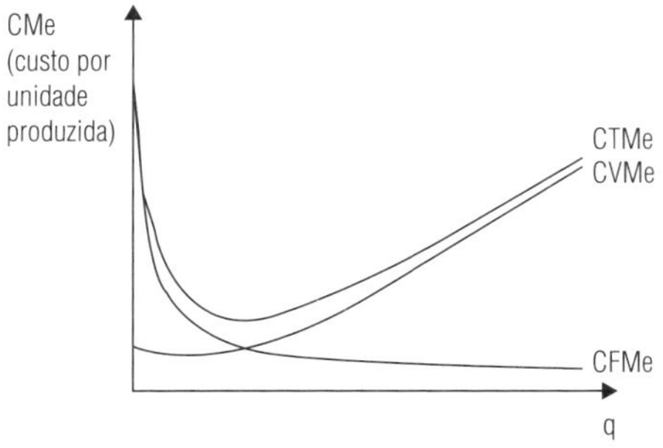

[Gráfico: eixo vertical CMe (custo por unidade produzida), eixo horizontal q; curvas CTMe, CVMe e CFMe]

Fonte: Os autores.

Custos no longo prazo

No longo prazo, ambos os insumos K e L são variáveis e suas quantidades serão determinadas pela firma com base em seus respectivos custos, r e w, de forma a minimizar o custo total C.

$$C = wL + rK$$

Para representar essa função em um gráfico com duas dimensões, utiliza-se novamente o conceito de curva de nível. Chama-se de **isocusto** a reta que descreve todas as combinações de K e L que podem ser compradas ao mesmo custo C.

Isolando K:

$$K = \frac{C}{r} - \frac{w}{r}L$$

A inclinação da reta de isocusto é dada pela razão entre o salário e o custo do capital (−w/r). Tem-se, portanto, infinitas retas paralelas com inclinação −w/r, cada uma das quais representando um nível de custo distinto.

Figura 4.14: Isocusto

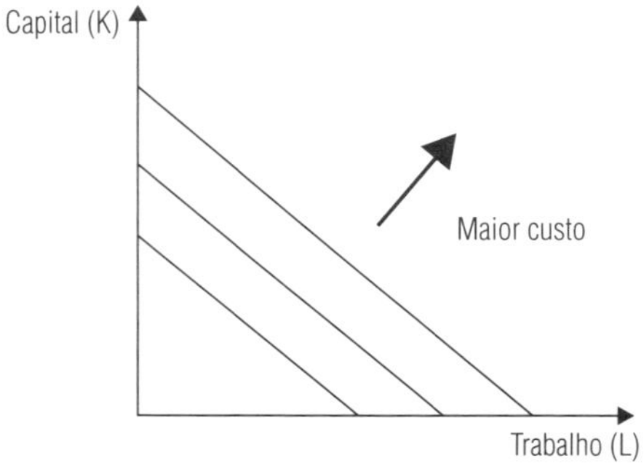

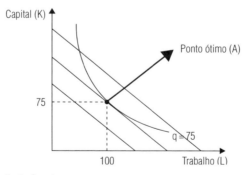

Fonte: Os autores.

Combinação ótima de insumos

A firma escolherá a quantidade de capital e trabalho que minimiza o custo total, para cada nível de produção qi. Graficamente, pode-se ver facilmente esse ponto representando as curvas de isoquantas e a reta de isocustos em um mesmo eixo:

Figura 4.15: Combinação ótima de insumos I

Fonte: Os autores.

No gráfico acima, a firma minimizará o custo de produzir q = 75 unidades do bem utilizando 100 unidades de trabalho e 75 unidades de capital. Isso ocorre porque o ponto está sobre a menor isocusto possível, que toca a isoquanta q = 75. Repare que se a isoquanta fosse cortada por uma reta de isocusto em dois pontos, existiria então uma outra reta de isocusto inferior, ou seja, seria possível a produção de 75 unidades do bem a um custo menor. Assim, o ponto ótimo para a firma é aquele em que a isoquanta e a isocusto são *tangentes*.

Duas curvas são tangentes quando apresentam a mesma inclinação. A inclinação da isoquanta é, como visto anteriormente, a TMTS (com sinal negativo):

$$TMST = \frac{PMg_L}{PMg_K}$$

A inclinação da isocusto é $-w/r$. Igualando as inclinações, sabe-se que *no ponto de escolha ótima*:

$$\frac{PMg_L}{PMg_K} = \frac{w}{r}$$

Reescrevendo:

$$\frac{PMg_L}{w} = \frac{PMg_K}{r}$$

Esse é um dos resultados mais importantes de toda a Teoria do Produtor: na combinação ótima, cada insumo gerará o mesmo rendimento por real (R$) gasto.

Para cada nível de produção, correspondendo a uma curva de isoquanta, existe um ponto de tangência e, logo, uma combinação ótima de capital e trabalho:

Figura 4.16: Combinação ótima de insumos II

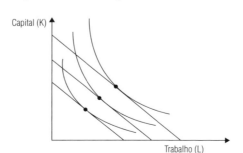

Fonte: Os autores.

Em geral, as empresas decidem o quanto vão produzir, em virtude das suas expectativas quanto à demanda do mercado. Desse modo, fixando a quantidade que se deseja produzir, podem determinar qual desses diversos pontos será o ponto ótimo de interesse. O problema do produtor é: minimizar custos (C = wL + rK) dado um objetivo de produção (por exemplo, q_0). A restrição desse problema de minimização é a própria função de produção, ou seja:

$$Q = AK^a L^b = q_0$$

Tendo-se a restrição, é preciso encontrar a quantidade de K e L, que devem ser utilizadas para produzir a quantidade q_0 do bem, de forma a minimizar custos. Por exemplo, se a função de produção é dada por:

$$Q = K^{0,5} L^{0,5}$$

e se o custo unitário do trabalho (w) é R\$25,00 e o custo do capital (r) é R\$ 16,00, para produzir 100 unidades (q_0 = 100) ao menor custo possível deve-se fazer:

(1) Primeira condição (ponto de tangência):

$$\frac{PMg_L}{w} = \frac{PMg_K}{r}$$

$$\frac{0,5 L^{-0,5}}{25} = \frac{0,5 K^{-0,5}}{16}$$

$$L = \frac{16}{25} K$$

(2) Segunda condição (restrição – nível de produção):

$$Q = K^{0,5} L^{0,5} = 100$$

$$K^{0,5} \left(\frac{16}{25} K \right)^{0,5} = 100$$

$$\frac{4}{5}K = 100$$

$$K = 125$$

$$L = \frac{16}{25}(125) = 80$$

Portanto, a empresa produz 100 unidades do bem ao menor custo possível utilizando 125 unidades de capital e 80 unidades de trabalho.

O método do multiplicador de Lagrange

O procedimento que utilizamos acima é chamado de método da TMST, que se baseia num raciocínio eminentemente econômico de custo-benefício. Outra forma de ver a escolha da produção no longo prazo é utilizar métodos de otimização ou, em nosso caso, o método do multiplicador de Lagrange. Assim, lembrando que o problema do produtor é minimizar o custo, sujeito à restrição de se produzir uma dada quantidade q_0:

$$\text{Min } C = wL + rK$$

$$\text{s.a. } Q(K,L) = q_0$$

A aplicação terá três passos:

a. Escreva a função Lagrangeana

$$\mathcal{L} = wL + rK + \lambda(Q(K,L) - q_0)$$

b. Tire as condições de primeira ordem

$$\mathcal{L}_L = \frac{\partial \mathcal{L}}{\partial L} = 0$$

$$\mathcal{L}_K = \frac{\partial \mathcal{L}}{\partial K} = 0$$

$$\mathcal{L}_\lambda = \frac{\partial \mathcal{L}}{\partial \lambda} = 0$$

c. Resolva o sistema de três equações resultante.

Curvas de demanda por fatores

As variáveis determinantes para a escolha do produtor (o salário (w), o custo de uso do capital (r) e a quantidade a ser produzida (q_0), dependem de fatores externos à firma e podem se alterar com frequência. Por isso, é interessante resolver o problema de minimização de custos literalmente, em vez de empregar valores específicos de w, r e q. Para a função de produção usada anteriormente ($Q = K^{0,5}L^{0,5}$), por exemplo:

(1) Primeira condição: (ponto de tangência)

$$\frac{PMg_L}{w} = \frac{PMg_K}{r}$$

$$\frac{0{,}5L^{-0{,}5}}{w} = \frac{0{,}5K^{-0{,}5}}{r}$$

$$L = \frac{r}{w} K$$

(2) Segunda condição: (nível de produção)

$$Q = K^{0,5}L^{0,5} = q_0$$

$$K^{0,5}\left(\frac{r}{w}K\right)^{0,5} = q_0$$

$$K = \sqrt{\frac{w}{r}} \cdot q_0$$

$$L = \sqrt{\frac{w}{r}} \cdot q_0$$

Repare que as equações em negrito representam, respectivamente, as funções de demanda por capital e trabalho, descrevendo a quantidade de cada insumo que a firma irá requisitar para cada nível de preço (w ou r).

Funções de custos e economia de escala

É interessante também para a firma encontrar sua curva de custo total, em função da quantidade produzida. Supondo a função de produção do exemplo acima, basta substituir as variáveis K e L na isocusto pelas curvas de demanda encontradas anteriormente. Conforme o exemplo:

$$C = wL + rK$$

$$C = w \cdot \left(\sqrt{\frac{r}{w}} \cdot q_0 \right) + r \cdot \left(\sqrt{\frac{w}{r}} \cdot q_0 \right)$$

Simplificando:

$$C = 2\sqrt{wr} \; q_0$$

Como q_i pode assumir qualquer valor, tem-se agora a função de custo de longo prazo da empresa C(Q), que mostra qual será o custo total para cada nível de produção:

$$C = 2\sqrt{wr} \; Q$$

Pode-se também obter o custo médio e o custo marginal. No exemplo ambos, excepcionalmente, coincidem:

$$\text{CMe} = \frac{C}{Q} = 2\sqrt{wr} \qquad \text{CMg} = \frac{dC}{dQ} = 2\sqrt{wr}$$

A dinâmica entre o custo médio e o custo marginal de uma empresa determinará se existem ou não **economias de escala**. Esse conceito difere do de *retornos* de escala, visto anteriormente, em que se assumia que o capital e o trabalho eram acrescentados sempre na mesma proporção.

Por exemplo, as quantidades dos fatores de produção eram ambas dobradas. Na prática, porém, a firma não fará isso, pois estará sempre procurando o *mix* ótimo de capital e trabalho. Assim, para dobrar a quantidade produzida, pode ser mais econômico investir proporcionalmente mais em capital, automatizando a linha de produção, por exemplo, do que em trabalho. Dessa forma, é possível termos *retornos* constantes de escala e, ao mesmo tempo, *economias* de escala.

A economia de escala é mensurada por meio da elasticidade-custo do produto, ou seja, qual a variação percentual do custo total que se observa quando a quantidade produzida aumenta 1%. Algebricamente:

$$Ec = \frac{\frac{\Delta C}{C}}{\frac{\Delta Q}{Q}} = \frac{\frac{\Delta C}{\Delta Q}}{\frac{C}{Q}} = \frac{CMg}{CMe}$$

Se $E_C < 1$, CMg é menor que o CMe e há **economia de escala**;

Se $E_C = 1$, CMg é igual ao CMe e há **rendimentos constantes de escala**;

Se $E_C > 1$, CMg é maior que o CMe e há **deseconomias de escala**.

A elasticidade-custo do produto depende das características do setor. Em geral, economias de escala decorrem da existência de substanciais custos fixos a serem amortizados em indústrias de capital-intensivas, do mesmo modo que de ganhos com a especialização do trabalho, gerenciamento de estoques, maior poder de barganha na compra de insumos etc. Deseconomias de escala, por sua vez, estão associadas a dificuldades de gerenciamento de empresas maiores (incentivos, coordenação de equipes, conflitos entre áreas etc.), bem como do fato de empresas maiores terem, em geral, sua mão de obra mais organizada e com maior poder de barganha em negociações salariais.

Caminho de expansão

Por fim, pode-se expressar em um mesmo gráfico as decisões de curto e de longo prazo da firma. O "**caminho de expansão**" mostra as quantidades de K e L que minimizam custos para vários níveis de produção. Imagine que a empresa perceba maior demanda por seu produto e deseje aumentar a quantidade produzida de 100 para 120 unidades. Idealmente, ela gostaria de ir do ponto (80, 125) para o ponto (96, 150), contratando 16 trabalhadores e comprando 25 máquinas. Entretanto no curto prazo a quantidade de capital permanece em K = 125. Para produzir as 120 unidades, a firma terá que contratar mais trabalhadores:

$$Q = K^{0,5}L^{0,5} = 120$$

$$(125)^{0,5}L^{0,5} = 120$$

$$L = 115 \text{ trabalhadores (em vez de 96)}$$

O custo será maior do que o que seria possível caso pudesse aumentar a quantidade de máquinas:

No ótimo (96,150): C = 25 (96) + 16 (150) = 4800

No curto prazo (115,125): C = 25 (115) + 16 (125) = 4875

Graficamente, vê-se que os caminhos de expansão da firma no curto e no longo prazo são distintos:

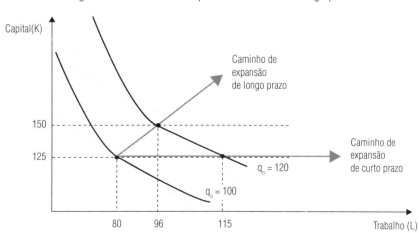

Figura 4.17: Caminho de expansão no curto e no longo prazo

Fonte: Os autores.

No curto prazo, produzir q = 120 unidades só será possível a um custo mais alto (isto é, conforme a curva de isocusto tracejada).

Exercícios resolvidos e comentados

1. **Homens de lata**

    A Foxconn, maior fabricante mundial terceirizada de celulares, *tablets* e videogames, planeja substituir a força de trabalho humana por robôs. Segundo o jornal *China Business News* e o site Xinhuanet, a companhia taiwanesa quer incluir 1 milhão de máquinas em suas linhas de montagem dentro de 3 anos, substituindo trabalhadores em serviços de rotina como pintura, solda e montagem de aparelhos.

    O principal motivo para o uso de robôs, segundo Terry Gou, CEO da Foxconn, em declaração ao jornal, é "reduzir custos com encargos trabalhistas e melhorar a eficiência nas linhas de produção". A decisão da Foxconn destaca a tendência crescente de automação na indústria chinesa à medida que o salário dos trabalhadores se eleva. Nesta questão avaliaremos esse assunto.

    1.1 Suponha que a fábrica da Foxconn em Chengdu, na China, responsável pela fabricação dos iPads, da Apple, produz de acordo com a seguinte função de produção:

    $Q = K^{0,5}L^{0,5}$

    Em que q é a quantidade de *tablets* produzidos por mês, em milhares de aparelhos, K é o número de robôs utilizados e L é a quantidade de trabalhadores empregados, em milhares.

    Ache as curvas de demanda para os insumos K e L no longo prazo em função de Q, w e r, supondo que a fábrica minimiza seus custos.

    A empresa irá minimizar seu custo, sujeito à restrição tecnológica, ou seja, sua função de produção. O problema de minimização pode ser resolvido pelo método da TMST ou então pelo método de Lagrange, pois ambos são equivalentes. Aqui utiliza-se o segundo para ilustrar. O lagrangeano fica:

$$\mathcal{L} = wL + rK - \lambda\,[K^{0,5}L^{0,5} - q_0]$$

$$\frac{\partial \mathcal{L}}{\partial L} = w - \lambda\,[0,5\,K^{0,5}L^{-0,5}] = 0 \quad \Rightarrow \quad \lambda = 2wL^{0,5}/K^{0,5} \quad \text{(Eq. 1)}$$

$$\frac{\partial \mathcal{L}}{\partial K}\,r - \lambda\,[0,5K^{-0,5}L^{0,5}] = 0 \quad \Rightarrow \quad \lambda = 2rK^{0,5}/L^{0,5} \quad \text{(Eq. 2)}$$

$$\frac{\partial \mathcal{L}}{\partial \lambda}\,K^{0,5}L^{0,5} - q_0 = 0 \quad \text{(Eq. 3)}$$

Igualando as equações (1) e (2):

$$\frac{2wL^{0,5}}{K^{0,5}} = \frac{2rK^{0,5}}{L^{0,5}}$$

$$L = \frac{r}{w}\,K \quad \text{(Eq. 4)}$$

Substituindo na equação (3):

$$K^{0,5}\left(\frac{r}{w}K\right)^{0,5} - q_0 = 0$$

$$K = \sqrt{\frac{w}{r}}\cdot q_0$$

Voltando à equação (4):

$$L = \frac{r}{w}\,K = \frac{r}{w}\cdot\sqrt{\frac{w}{r}}\cdot q_0$$

$$L = \sqrt{\frac{r}{w}}\cdot q_0$$

As curvas de demanda são $K = \sqrt{\dfrac{w}{r}}\cdot q_0$ e $L = \sqrt{\dfrac{r}{w}}\cdot q_0$.

1.2 Quais são as funções de custo total, custo médio e custo marginal de longo prazo desta fábrica?

A curva de custo total é dada por: C = wL + rK. Substituindo L e K pelas curvas de demanda encontradas em 1.1 e assumindo-se que Q torna-se variável, temos:

C = wL + rK

$$C = w\left[\sqrt{\frac{r}{w}} \cdot Q\right] + r\left[\sqrt{\frac{w}{r}} \cdot Q\right]$$

$C = \sqrt{rw} \cdot Q + \sqrt{rw} \cdot Q$

$C = 2\sqrt{rw} \cdot Q$

O custo médio será C/Q, portanto:

$C/Q = 2\sqrt{rw}$

O custo marginal será dC/dQ:

$dC/dQ = 2\sqrt{rw}$

1.3 Suponha que hoje a empresa produza 500 mil aparelhos/mês, que o salário mensal em Chengdu é de US$ 75,00 por trabalhador, além de que o custo de uso do capital mensal é US$ 3,00 por robô. Quantos robôs e quantos funcionários a empresa deverá utilizar de forma a minimizar seus custos? Qual o custo médio por *tablet* produzido?

Colocando os dados acima nas curvas de demanda calculadas em 1.1

$K = \sqrt{\frac{75}{3}} \cdot 500 = 2500$ robôs

$L = \sqrt{\frac{3}{75}} \cdot 500 = 100$ mil trabalhadores

Custo médio = $2\sqrt{rw}$ = US$ 30,00 por *tablet*.

1.4 Imagine que, conforme a China se desenvolve e a demanda por trabalhadores aumenta, o salário que a Foxconn paga sobe para US$ 300,00 por mês. Assumindo que a fábrica continua produzindo 500 mil aparelhos/mês e que o custo do capital não mudou, responda:

Se a Foxconn continuar empregando o mesmo número de trabalhadores e robôs calculados no item 1.3, qual será agora o custo médio por *tablet* produzido?

O custo total será wL + rK, portanto, se a Foxconn continuar empregando 2500 robôs e 100 mil trabalhadores

C = 300 (100) + 3 (2500) = 37.500

O custo médio será C/Q = 37.500/500 = 75

Mantendo o número de trabalhadores e robôs, o custo médio sobe de US$ 30,00 para US$ 75,00 por *tablet*. Repare que agora não se pode usar as curvas de demanda e de custos encontradas nos itens 1.1 e 1.2, pois elas valem apenas para o ponto de ótimo. Lembre-se que elas são encontradas por meio da minimização dos custos, o que já não ocorre mais, pois a firma não ajustou as quantidades de K e L ao novo preço w.

1.5 Suponha agora que a Foxconn ajuste seu *mix* de robôs e trabalhadores para responder à elevação dos salários, de forma a minimizar seus custos totais de longo prazo. Quantos robôs devem ser construídos neste caso? Quantos trabalhadores devem ser demitidos? Qual o novo custo médio por *tablet* produzido?

A firma agora volta a minimizar, portanto pode-se usar as curvas de demanda calculadas em 1.1:

$K = \sqrt{\dfrac{300}{3}} \cdot 500 = 5.000$ robôs

$L = \sqrt{\dfrac{3}{300}} \cdot 500 = 50$ mil trabalhadores

Portanto, devem ser construídos (5.000 − 2.500) = 2.500 mil robôs e devem ser demitidos (50 − 100) = 50 mil trabalhadores.

Custo médio = $2\sqrt{rw}$ = $ 60

Ajustando o *mix* para o novo ponto ótimo, o custo médio cai de US$ 75,00 para US$ 60,00 por *tablet*.

2. **Mais médicos?**

Em 2013, o setor de saúde cercou-se de polêmica com o anúncio por parte do governo federal da contratação de milhares de médicos estrangeiros, em especial, cubanos. Críticos do programa argumentavam que a melhoria do setor de saúde pública dependeria mais de investimentos em infraestrutura, como hospitais e equipamentos, do que da contratação de mais médicos. Grupos favoráveis defendiam que era a única solução de curto prazo para melhorar a saúde. Aspectos importantes desse problema podem ser analisados utilizando-se uma função de produção.

Parte A

2.1 Para ilustrar essa discussão, suponha que um hospital adquira um aparelho de ultrassonografia. Este é capaz de realizar 3 exames por hora, ao longo de 24 horas, desde que seja operado por um médico radiologista, que trabalha no máximo 8 horas por dia.

2.1.1 Escreva a função de produção que representa o número de exames radiológicos realizados por dia (Q), em função dos insumos A (aparelhos) e M (médicos). Ilustre graficamente.

Se o hospital possuir um aparelho e tiver contratado três médicos, será possível realizar 72 exames. No entanto, se houver apenas dois médicos, a quantidade possível cai para 48. Com um médico, apenas 24. Uma função que representa essa descrição matemática é a função mínimo, com os parâmetros abaixo.

$Q = 72 \cdot \text{Min} \{A; M/3\}$

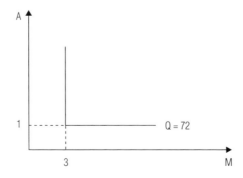

2.1.2 Que tipo de tecnologia (ou função de produção) observamos neste caso? Qual a implicação dessa função de produção para a expansão do setor?

Observamos uma função de produção do tipo proporções-fixas, o que implica que a expansão da produção depende do acréscimo proporcional dos dois fatores de produção, ou seja, para produzir mais exames é preciso que 3 médicos sejam contratados para cada aparelho adquirido.

2.2 Diferentemente da função de produção do item anterior, pesquisadores da economia da saúde, como Reinhardt (1972),[3] acreditam que existe certo grau de substituição entre as horas de trabalho de um médico e outros insumos, tais como capital (equipamentos, salas de exame) e auxiliares (enfermeiras, técnicos, recepcionistas) para a produção de serviços de saúde. Simplificando o problema, suponha que a função de produção de um hospital público seja:

$Q = H(42M + 9M^2 - 0,5M^3)$

Em que Q é o número de consultas realizadas por dia, M o número de médicos contratados e H, a infraestrutura do hospital, representada aqui pelos recursos investidos em leitos e equipamentos. Suponha que H é o fator fixo no curto prazo, com o valor H = 1/10.

Suponha que inicialmente o governo estivesse trabalhando no ponto em que a produtividade do médico é máxima. Quantos médicos seriam contratados? Quantas consultas seriam realizadas por dia?

A produtividade, ou produto médio, é dada por:

PMe = Q/M = 4,2 + 0,9M − 0,05M^2

Para maximizar PMe, tem-se condição de primeira ordem:

dPMd / dM = 0,9 − 0,1M = 0

M = 9 médicos

Checando a condição de segunda ordem para um máximo:

d^{2}PMd / dM^2 = −0, 1 < 0 (atende)

---

3 "A Production Function for Physician Services", Reinhardt (1972).

A produção neste ponto será:

Q = 4,2(9) + 0,9(9)² − 0,05(9)³ = **74,25 consultas**

2.3 Após as manifestações de 2013, imagine que o governo tenha sido pressionado a aumentar ao máximo o número de atendimentos. Quantos médicos adicionais devem ser contratados? Em quanto aumentaria o número de consultas por dia?

Deve-se agora encontrar o ponto que maximiza a produção total (Q):

Q = 4,2M + 0,9M² − 0,05M³

Condição de primeira ordem:

dQ/dM = 4,2 + 1,8M − 0,15 M² = 0

$$M = \frac{-1,8 \pm \sqrt{-1,8^2 - 4 \cdot (-0,15) \cdot (2,2)}}{2 \cdot -0,15}$$

M = 14 ou M = − 2 (não faz sentido econômico)

Condição de segunda ordem para um máximo:

d²Q/dM² = 1,8 − 0,3 M < 0

M > 6 (M = 14 atende)

Portanto, a produção é máxima ao se contratar 14 médicos. A produção será:

Q = 4,2(14) + 0,9(14)² − 0,05(14)³ = **98 consultas** (aumentaria em 23,75 consultas)

2.4 Analise as frases abaixo e, em cada caso, diga se a afirmação trata de:

A. rendimento marginal crescente ou decrescente de fator

B. rendimentos crescentes ou decrescentes de escala

C. economia ou deseconomia de escala

D. economia ou deseconomia de escopo

2.4.1 "Apenas grandes hospitais têm movimento suficiente para justificar os custos de comprar os equipamentos mais modernos e contratar médicos especializados."

C. economia de escala. Observe que custos não crescem na mesma proporção em que a quantidade ofertada Q aumenta.

2.4.2 "Não adianta apenas contratar mais médicos se não há leitos suficientes!"

A. rendimento marginal decrescentes de fator. No caso, o $PMg_M = 0$.

2.4.3 "Pequenas clínicas permitem melhor utilização do tempo do médico e dos equipamentos, evitando demoras com burocracia e permitindo o atendimento de um maior número de pacientes."

B. rendimentos decrescentes de escala. Note que Q cresce menos do que proporcionalmente, conforme M e A aumentam simultaneamente.

2.4.4 "Os Conselhos Regionais de Medicina opõem-se à contratação de médicos estrangeiros, alegando que a contribuição dos novos médicos à produção de serviços de saúde será inferior à dos existentes se a estrutura física dos hospitais não for expandida."

A. rendimento marginal decrescentes do fator "médico".

2.4.5 "Hospitais generalistas, com diversas especialidades médicas, reduzem os custos, pois a mesma estrutura atende consultas para diferentes pacientes e problemas."

D. economia de escopo. Trata-se da produção de diferentes serviços com a mesma estrutura.

Parte B

2.5 Como visto na questão anterior, o problema da oferta de serviços médicos no Brasil refere-se tanto à falta de médicos quanto de infraestrutura. No curto prazo, o governo buscou com o Programa Mais Médicos trazer médicos do exterior. No longo prazo o governo federal atenderá, supostamente, a outra reclamação da população e investirá em infraestrutura. Se isso acontecer, talvez possa desativar o programa.

Vamos aprofundar a análise da questão, no longo prazo, a partir da Teoria da Firma. Assuma que a quantidade "produzida" de consultas (Q) depende de médicos (M) e aparelhos (A), conforme a função abaixo:

$Q = 20M^{0,5}A^{0,5}$

Obtenha as funções de demanda por médicos e por aparelhos para a oferta de qualquer quantidade de consultas (suponha que o salário dos médicos seja w e o custo dos aparelhos, r). Escreva a função custo total (CT), em função do número de consultas e do preço dos insumos (CT = f(Q, w, r)).

Resolvendo pelo método da TMST:

(1) Primeira condição (ponto de tangência):

$$\frac{PMg_M}{w} = \frac{PMg_A}{r}$$

$$\frac{10M^{-0,5}A^{0,5}}{w} = \frac{10A^{-0,5}M^{0,5}}{r}$$

$$M = \frac{r}{w} A$$

(2) Segunda condição (nível de produção):

$Q = 20M^{0,5}A^{0,5} = q_0$

$$20A^{0,5} \left(\frac{r}{w} A\right)^{0,5} = q_0$$

$$A = \frac{1}{20} \cdot \sqrt{\frac{w}{r}} \cdot q_0$$

$$M = \frac{1}{20} \cdot \sqrt{\frac{r}{w}} \cdot q_0$$

CT = wM + wA

Substituindo M e A pelas curvas de demanda encontradas no item anterior:

$$CT = \frac{1}{10} \cdot \sqrt{wr} \cdot q_0$$

2.6 Suponha que o salário mensal dos médicos (w) seja R$ 25 mil, que o aluguel mensal do aparelho (r) seja de R$ 100 mil e que numa cidade pequena seja necessária a oferta mensal de 120 consultas. Qual é a combinação de médicos e aparelhos que minimiza o custo de produção de 120 consultas nessa cidade? Qual é o custo total dessas consultas?

Substituindo w = 25, r = 100 e q_0 = 120 nas curvas de demanda do item 2.5,

$$A = \frac{1}{20} \sqrt{\frac{w}{r}} \cdot q_0 = 3 \text{ aparelhos}$$

$$M = \frac{1}{20} \sqrt{\frac{r}{w}} \cdot q_0 = 12 \text{ médicos}$$

Custo = wM + rA = (25x12) + (100x3) = **R$ 600 mil**

2.7 Atualmente existem apenas 9 médicos e 1 aparelho. Quantas consultas podem ser ofertadas com essa combinação de médicos e aparelhos? Qual é o custo total atual?

Substituindo M = 9 e A = 1 na função de produção:

Q = $20M^{0,5}A^{0,5}$ = 60 consultas

Custo = wM + rA = (25x9) + (100x1) = **R$ 325 mil**

2.8 Quantos médicos precisam ser contratados, mantida a infraestrutura atual (ou seja, com apenas 1 aparelho), para dar conta das 120 consultas? Qual será o custo total?

Fixando A = 1, vê-se pela função de produção que para produzir q = 120 consultas devem ser contratados mais 27 médicos.

$20M^{0,5}(1)^{0,5} = 120$

M = 36

Como já se tem 9 médicos, será preciso contratar 36 − 9 = 27.

Custo = wM + rA = (25x36) + (100x1) = **R$ 1 milhão.**

2.9 Como se sabe, o Programa Mais Médicos buscou trazer profissionais do exterior recebendo um salário de R$ 10 mil, à época. Qual seria o custo total para o governo, neste exemplo hipotético, se as vagas disponíveis calculadas no item anterior fossem preenchidas por esses médicos? Qual é a economia para o governo, comparando com os custos do item 2.8?

Neste caso, teremos 9 médicos recebendo R$ 25 mil cada e mais 27 médicos recebendo R$ 10 mil cada, portanto:

CT = (25x9) + (27x10) + (100x1) = R$ 0,595 milhão.

A economia em relação ao item 2.8 será de R$ 405 mil.

Exercícios complementares

1. **Impacto do Protocolo Ambiental na produção canavieira**[4]

    O corte manual é o modo mais comum de colheita da cana-de-açúcar, porém ele é alvo de muitas polêmicas relacionadas à queima da cana antes da colheita, que visa facilitar o corte, mas libera elevada quantidade de poluentes na atmosfera. Em 2002, o governo estadual paulista, por meio da Lei n. 11.241, estabeleceu prazos para o fim da queima da palha de cana-de-açúcar. Determinou-se que, para o ano de 2021, as áreas com declividade inferior a 12% e as áreas superiores a 150 hectares deveriam estar totalmente mecanizadas. O estado de São Paulo é o maior produtor de cana-de-açúcar do país, com uma área plantada de 4 milhões de hectares.

    1.1 Sabe-se que um trabalhador experiente consegue colher manualmente uma área de 0,2 hectares por dia após a queima da palha. Por sua vez, uma máquina colheitadeira é capaz de cobrir 20 hectares por dia com a vantagem de que sua operação não requer a queima prévia do canavial. Por simplicidade, para fins de modelagem, assumiremos que não são necessários trabalhadores para operar as colheitadeiras. Considerando essas informações:

---
[4] Exercício preparado pelo professor Frederico Roma Ramos.

1.1.1 Escreva a função de produção $Q = f(L,K)$ que representa a colheita da cana, sendo Q o número de hectares colhidos por dia, L o número de trabalhadores contratados por dia e K o número de colheitadeiras utilizadas por dia.

1.1.2 Que tipo de relação entre os insumos (capital e trabalho) encontramos em uma função de produção deste tipo?

1.1.3 Essa função de produção exibe rendimentos constantes, crescentes ou decrescentes de escala? Demonstre.

1.1.4 Qual é a TMST $(-dK/dL)$ entre mão de obra e máquina? Interprete.

1.2 Sabendo que o preço de aluguel da colheitadeira é R$ 8.000,00 por dia e a remuneração diária de um trabalhador é R$ 60,00:

1.2.1 Qual a escolha ótima entre máquinas e trabalhadores, supondo que existam 4 milhões de hectares em São Paulo a serem colhidos ($q = 4.000.000$)?

1.2.2 Faça um esquema representando, em um mesmo gráfico, as isoquantas, os isocustos e a escolha ótima.

1.2.3 Qual será o custo total e o custo médio por hectare da colheita no estado de São Paulo, assumindo que os produtores estejam minimizando seus custos?

1.3 Estima-se que 80% da área plantada no estado esteja sujeita à regulamentação do protocolo ambiental, que obriga a total mecanização destas lavouras, sendo que os 20% restantes podem continuar operando como antes. Neste caso, qual seria o custo total e custo médio da colheita de cana no estado de São Paulo após a implantação do protocolo?

2. **We are the 99%!**
Desde a crise de 2008, preocupações com a concentração da renda nos países desenvolvidos ganharam as ruas, tornando-se o principal tema do

movimento *Ocuppy*. Cerca de 200 pessoas montaram acampamentos provisórios em Zuccotti Park, Wall Street, por alguns meses em 2011 para protestar, o que foi emulado em diversas cidades do mundo. No cerne do aumento da desigualdade está o crescimento do desemprego e uma redução da participação dos salários na economia. Nesta questão utiliza-se a Teoria do Produtor para analisar este problema.

2.1 Suponha que o setor manufatureiro de uma economia é composto de diversas empresas idênticas que operam segundo a seguinte função de produção:

$$q = K^{0,5}L^{0,5}$$

Em que q é o volume produzido, K o número de horas-máquina, e L o número de horas de trabalho empregadas na produção.

Considerando w o salário por hora e r o custo da hora-máquina, encontre as curvas de demanda pelos fatores de produção K e L. Ache a curva de custo total em função de r, w, respectivamente os custos de capital e de trabalho, além da meta de produção q, bem como o custo médio e o custo marginal.

2.2 O vilão usual para explicar os problemas do mercado de trabalho nos países desenvolvidos são os baixos salários de trabalhadores chineses. Entretanto estudos recentes sugerem que grande parte do problema tem a ver, na verdade, com o desenvolvimento de novas tecnologias. A Organização para a Cooperação e Desenvolvimento Econômico (OECD) estima que cerca de 80% da redução da participação dos salários na economia deve-se ao advento de robôs e equipamentos mais baratos e poderosos, permitindo a automatização de um maior número de tarefas. Karabarbounis e Neiman da Universidade de Chicago, por exemplo, estimaram que o custo do capital teria caído cerca de 25% ao longo dos últimos 35 anos. Suponha inicialmente um salário de R$ 16,00 por hora e um custo de capital de R$ 25,00. Quantas horas de trabalho seriam contratadas para a produção de 100 unidades de q, visto que a empresa minimiza custos? Se o custo de capital cair 25% no longo prazo, quantas horas de trabalho podem ser dispensadas agora, mantendo a produção constante?

2.3 As novas tecnologias, entretanto, barateiam os bens, o que beneficia também os trabalhadores que são, afinal, consumidores desses produtos. Veremos mais adiante que se um setor for perfeitamente competitivo, o preço será justamente igual ao custo marginal. Suponha que seja esse o caso deste exercício. Quanto cairá o preço do bem para o consumidor em função da redução do custo de capital acima? Mostre como você chegou ao resultado.

2.4 Por outro lado, uma maior automação eleva a produtividade do trabalho, o que deveria se traduzir em maiores salários.

2.4.1 Qual o produto marginal do trabalho antes e após a redução do custo de capital? Em quanto ele aumentou?

2.4.2 Mostre que, segundo a teoria da oferta, o salário que uma empresa qualquer estará disposta a oferecer equivalerá, no máximo, ao valor em dinheiro do produto marginal do trabalho. Dica: escreva a fórmula do lucro da empresa em função do preço de mercado dado , da função de produção genérica Q = f(K,L) e dos custos do capital (r) e trabalho (w). A seguir encontre L, que maximiza esse lucro.

3. **Produção e custos no longo prazo: carros brasileiros**
A Volkswagen do Brasil começou a produzir automóveis em 1953. Desde então, a produção de automóveis no Brasil tem aumentado drasticamente, e cada vez mais novas tecnologias foram implementadas. Suponha que a produção no setor automotivo no país pode ser descrita pela seguinte função de produção:

$$Q = f(K . L) = \frac{100 \sqrt{10}}{3} K^{1/2} L^{1/2}$$

Em que Q é a quantidade de automóveis produzidos por mês, K representa a quantidade de fábricas, e L é a quantidade de trabalhadores.

3.1 Esta função de produção tem retornos de escala constantes, crescentes ou decrescentes? Justifique sua resposta.
3.2 Calcule a taxa marginal de substituição técnica (TMST) e mostre que ela é decrescente ao longo de uma isoquanta. Qual a interpretação econômica desta característica?
3.3 Em 2002, 150 mil automóveis foram produzidos por mês no Brasil. Supondo que no curto prazo K = 25, quantos trabalhadores serão

necessários para a produção dessa quantidade, de acordo com a função de produção acima?

3.4 Encontre as curvas de demanda por capital e trabalho, assumindo que a empresa minimize seus custos.

3.5 Suponha que cada fábrica é alugada ao custo (r) de R$ 9.720.000,00 mensais, e o custo salarial (w) é de R$ 3 mil por trabalhador por mês. O custo dos automóveis é dado pelo custo dos trabalhadores e das fábricas, mais R$ 16.760,00 por veículo. Suponha que atualmente no Brasil 25 fábricas estejam em funcionamento. Quantas fábricas devem ser alugadas e quantos trabalhadores devem ser contratados para produzir 150 mil automóveis, de forma a minimizar custos?

3.6 Ache a função de custos totais da empresa, considerando que r = R$ 9.720.000,00 e w = R$ 3 mil. Qual o custo médio de cada automóvel?

3.7 Neste setor, há fábricas que, além de automóveis, produzem também caminhões e ônibus. Apresente uma possível justificativa para esse comportamento, do ponto de vista dos custos.

4. **Negócio da China**[5]

Um empresário do ramo de calçados possui fábricas idênticas no Brasil e na China. A fábrica do Brasil atende basicamente ao mercado interno, enquanto na China a produção é totalmente voltada para a exportação.

A função de produção de curto prazo de calçados em ambas as fábricas é dada por:

$q(K,L) = A K^{1/2} (2L + 6L^2 - 0{,}2 L^3)$

Em que q é o número de pares de sapatos (em centenas) por mês de produção, K é o número de máquinas (em centenas) e L é o número de funcionários por mês (em centenas).

Em ambos os casos, o empresário dispõe de 400 máquinas (K = 4), sendo o seu nível de tecnologia A = 1, tanto na fábrica do Brasil como da China.

Parte A

4.1 Como o custo de mão de obra é maior no Brasil, ele decide manter a fábrica brasileira produzindo no nível em que a produtividade seja

---

5 Exercício preparado pelo professor Jairo Abud.

máxima, ou seja, em que cada trabalhador produza o número máximo de pares de sapato no mês. Neste caso, quantos pares de sapatos cada trabalhador brasileiro irá produzir? Quantos trabalhadores a empresa empregará no Brasil?

4.2 Já a fábrica chinesa trabalha em plena capacidade, produzindo o maior número de sapatos possível. Qual a produção na China? Quantos trabalhadores a empresa empregará na China?

4.3 Explique por que a produtividade no Brasil é diferente na China, comparando suas respostas nos itens 4.1 e 4.2.

4.4 A partir de que produção a Lei dos Rendimentos Decrescentes se aplica nas fábricas do Brasil e da China?

Parte B

Suponha agora que o empresário receba um pedido mensal de uma importante loja de departamentos, de 210 mil pares de sapato. O contrato exige dedicação exclusiva, ou seja, a fábrica chinesa deverá atender única e exclusivamente ao grande varejista. Considere ainda que não haverá alteração no pedido no longo prazo.

Como o custo da mão de obra na China é menor, o empresário decide fechar a fábrica no Brasil e transferir todas as máquinas brasileiras para a China, ampliando a fábrica chinesa. Para facilitar os cálculos, considere agora que a função de produção no longo prazo na China pode ser descrita por:

$q = AK^{1/2}L^{1/2}$

Em que q é o número de pares de sapatos (em centenas) por mês de produção, K é o número de máquinas (em centenas), L é o número de funcionários por mês (em centenas) e A é o nível de tecnologia, sendo A = 140.

4.5 Qual a curva de demanda por capital e por trabalho da nova fábrica chinesa, de forma a minimizar seus custos de produção? Escreva em função de um objetivo de produção q, bem como do salário w e do custo do capital r.

4.6 Sabendo que a remuneração para o trabalhador na China é de US$ 100,00/mês, o custo de uso do capital é US$ 900,00/mês e que a fábrica deve produzir 210 mil pares de sapato por mês (q = 210.000), qual a quantidade de capital e trabalho que o empresário deveria utilizar se quisesse minimizar seus custos?

4.7 Operando de forma a minimizar custos e assumindo que w = US$ 100,00/mês e r = US$ 900,00/mês:

    4.7.1 Qual a curva de custo total de longo prazo da empresa?

    4.7.2 Qual o custo médio? Qual o custo marginal?

4.8 Como o empresário tem disponíveis 800 máquinas para operar (400 que ele já tinha na fábrica da China mais as 400 que transferiu da fábrica brasileira), ele resolve utilizá-las todas na produção, ou seja, com K = 8.

    4.8.1 Quantos trabalhadores ele teria que contratar para atender ao pedido do varejista?

    4.8.2 Quanto custará, em média, fabricar cada par de sapatos agora?

    4.8.3 Você considera que o empresário tomou a decisão correta ao transferir as 400 máquinas brasileiras para a China? Justifique sua resposta.

5. **Demitindo na crise**

Em 3 de dezembro de 2008, no auge da crise financeira internacional, uma grande empresa brasileira na área de mineração anunciou a demissão de funcionários e férias coletivas. A companhia, assim como outras que enxugaram seus quadros em resposta à crise, foram amplamente criticadas por sindicatos, por parte da imprensa e até pelo presidente Lula à época, que questionou abertamente as demissões. Apesar da repercussão negativa, o ajuste do quadro de pessoal é uma resposta natural das empresas que buscam maximizar seus lucros em momentos de retração da demanda. Nesta questão analisaremos esse problema.

    5.1 Suponha que a função de produção da empresa possa ser dada por: $Q(K,L) = AK^{0,4}L^{0,6}$, em que Q é a quantidade de minerais ferrosos produzido por mês (em milhares de toneladas), K é a quantidade de capital (em mil horas-máquina), e L a quantidade de trabalho (em milhares de trabalhadores). Considere que o nível de tecnologia seja A = 350. A remuneração para o insumo trabalho é o salário por trabalhador (w) e a remuneração do insumo capital é o preço do capital por hora (r). Qual a curva de demanda por capital e por trabalho da empresa, supondo que ela minimize seus custos?

5.2 Antes da crise a companhia produzia 19.634 toneladas de minerais ferrosos por mês. Supondo que o custo do trabalho (w) seja de R$ 2.400,00 por trabalhador por mês e o custo do capital (r) seja de R$ 1.200,00 por hora, quantos trabalhadores e quantas horas-máquina ela deve empregar de forma a minimizar seus custos?

5.3 Com a crise, a demanda por minerais ferrosos caiu, e a firma decidiu ajustar sua produção para 19 mil toneladas por mês.

    5.3.1 Se o nível de capital no curto prazo permanece fixo, quantos empregados a empresa deve demitir para ajustar-se à nova quantidade produzida?

    5.3.2 Em quanto aumentará o custo total médio da empresa?

5.4 Imagine que a empresa tenha a expectativa de que a crise seja duradoura e que a quantidade produzida permaneça em Q = 19 mil toneladas por mês indefinidamente. Assuma que o salário e o custo do capital permanecem inalterados (ou seja, w = R$ 2.400,00/mês e r = R$ 1.200,00/hora). Se quiser operar de forma a minimizar os custos no longo prazo, a companhia deve continuar com o mesmo número de funcionários calculado por você na questão anterior (item 5.3)? Justifique sua resposta, calculando quantos empregados devem ser contratados (ou demitidos), se for o caso.

5.5 Esboce em um gráfico o caminho de expansão (ou, no caso, de retração) da firma no curto e no longo prazo, indicando as quantidades de cada insumo que devem ser usadas (A) antes da crise, (B) depois da crise no curto prazo e (C) depois da crise no longo prazo.

5.6 Baseando-se na função de produção do enunciado:

    5.6.1 Encontre as curvas de produto médio do trabalho e produto marginal do trabalho.

    5.6.2 O que é a Lei dos Rendimentos Decrescentes? Ela se aplica neste caso? Demonstre.

6. **Satisfeitos...**

    O crescimento da economia brasileira e a redução da pobreza observada entre 2003 e 2010 pressionaram para cima a demanda por alimentos, em especial, aqueles que compõem a cesta básica. Suponha hipoteticamente que a função de produção de uma empresa produtora de um alimento típico da cesta básica possa ser expressa por:

    $Q(L, K) = L^{1/2} K^{1/2}$

    Em que Q é a quantidade de alimentos produzidos por mês (em mil toneladas), K é a quantidade de capital (em mil horas-máquina), e L a quantidade de trabalho (em mil trabalhadores). A remuneração para o insumo trabalho é o salário por trabalhador (w), e a remuneração do insumo capital é o preço do capital por hora (r).

    6.1 Qual a demanda por capital e por trabalho, supondo que a empresa minimize seus custos?

    6.2 Antes da expansão da economia, a empresa produzia 100 mil toneladas de alimentos por mês. Supondo que o custo do trabalho (w) seja de R$ 16,00 por trabalhador por mês e o custo do capital (r) seja de R$ 25,00, quantos trabalhadores e quantas horas-máquina a empresa deve empregar de forma a minimizar seus custos?

    6.3 Com a expansão da economia e a redução da pobreza, a demanda por alimentos aumentou, e a empresa decidiu ajustar sua produção para 120 mil toneladas por mês. No curto prazo, quando o nível do capital permanece fixo, quantos empregados a empresa deve contratar para ajustar-se à nova quantidade produzida?

    6.4 No longo prazo, quando trabalho e capital são variáveis, se a empresa quiser operar de forma a minimizar seus custos, ela deve continuar com o mesmo número de trabalhadores calculado por você na questão anterior (item 6.3)? Justifique sua resposta, calculando quantos empregados devem ser contratados (ou demitidos), se for o caso. Quantas horas-máquina ela deve utilizar?

    6.5 Compare os custos totais de curto prazo (item 6.3) e longo prazo (item 6.4) e analise.

7. **ACME e *widgets*[6]**

   A empresa ACME produz *widgets*. Ela tem um processo de produção bem-comportado, ou seja, com tecnologia convexa, utilizando máquinas e operários especializados, isto é, dois fatores de produção: capital (K) e trabalho (L). O valor do aluguel diário de uma máquina é de R$ 1.000,00, e um dia de trabalho de um operário especializado custa à empresa R$ 200,00. Além disso, sabe-se que, ao nível atual de produção da empresa, o produto marginal de uma máquina é de 300 unidades e o produto marginal de um operário é de 80 unidades.

   7.1 A empresa está minimizando o seu custo de produção, sujeito à restrição tecnológica? Justifique sua resposta. Caso ela seja negativa, explique também como a empresa poderia melhorar com relação à situação encontrada.

   7.2 A empresa AFMAE é uma concorrente da ACME que usa o mesmo tipo de tecnologia. A nova gerência de produção da AFMAE decidiu mudar a escala de produção tendo em vista a exportação em grandes quantidades para países vizinhos. A ideia é aproveitar "economias de escala". Explique com suas palavras o que é um processo de produção com economias de escala.

   7.3 Suponha que a empresa do item 7.2, a AFMAE, tenha uma função de produção dada por Q = 6KL e esteja produzindo 18.750 unidades/dia. Conforme a intenção anunciada no item 7.2, a nova gerência de produção alterou a escala de produção para 75 mil unidades/dia. Suponha que ela pague os mesmos preços que a ACME pelos fatores de produção (w = 200 e r = 1.000) e que tais não se alterem com compras em maiores quantidades. Encontre as quantidades de capital e trabalho que a empresa deve utilizar em cada caso, de forma a minimizar seus custos. A empresa conseguirá obter as economias de escala desejadas? Justifique sua resposta.

---

[6] Exercício preparado pelo professor Jorge Oliveira Pires.

8. **Açúcar e álcool**

Suponha que a produção de álcool em uma usina possa ser descrita pela seguinte expressão:

$Q = 25\ K^{0,5}L^{0,5}$

Em que Q é a quantidade de álcool produzida em litros, K é o capital empregado em reais, e L, o número de trabalhadores. Considere também que o preço de locação do capital seja r por mês, em reais, e que o custo da mão de obra seja dado pelo salário mensal em reais, w.

8.1 A função de produção apresenta rendimentos de escala constantes, crescentes ou decrescentes? Justifique.

8.2 A função acima apresenta rendimentos marginais decrescentes de mão de obra? E de capital? Justifique.

8.3 Encontre a função de demanda por **mão de obra** (em função de r e w, respectivamente os custos de capital e de trabalho, além da meta de produção Q), de forma a minimizar seus custos de produção.

8.4 Sabendo que a remuneração da mão de obra é de R$ 562,50/mês, que o custo de uso do capital é R$ 0,1/mês, e que a fábrica deve produzir 1.500.000 litros de álcool, qual a quantidade de **mão de obra** que deveria ser empregada de forma a minimizar os custos?

8.5 Com os mesmos insumos, essa empresa pode produzir açúcar. O máximo do produto que ela pode produzir é 1,5 tonelada. Esboce uma fronteira de possibilidade de produção para o caso em que **não** há economias de escopo.

9. **A crise hídrica e a eletricidade**[7]

Após as severas secas de 2000 e 2001, que causaram o racionamento de energia no Brasil no período, o governo brasileiro decidiu incentivar a produção de energia por formas alternativas à geração hidrelétrica. Dentre as formas aventadas, a que mais ganhou espaço foi a energia termelétrica, produzida por usinas movidas a gás natural, biomassa ou óleo diesel. Para

---

[7] Exercício preparado pelo professor Heleno Pioner.

se ter uma ideia, a participação das termelétricas no total da oferta de energia elétrica no Brasil foi de 15% em 2001 para 30% em 2013, enquanto a energia hidrelétrica viu sua participação cair de 85% para 68% no mesmo período. Juntas, essas duas formas de geração correspondem a 98% da oferta de energia no Brasil.

Vamos considerar que podemos usar água (A) – caso a fonte seja energia hidrelétrica – ou gás natural (G) – caso a fonte seja energia termelétrica – para produzir energia elétrica e que a função de produção é dada por:

$E = F(A, G) = A + G$

Em que E representa a energia gerada em GWh, A representa uma medida da quantidade de água em m^3 disponível no sistema necessária para a geração de 1GWh e G, a quantidade de gás natural em m^3 necessária para a mesma geração.

9.1 Que tipo de função de produção é essa? Essa função de produção exibe retornos constantes, crescentes ou decrescentes de escala? Demonstre.

9.2 Qual a Taxa Marginal de Substituição Técnica $\left(\text{TMST} = -\dfrac{dA}{dG}\right)$ entre gás e água para a produção de energia elétrica? Interprete seu resultado.

9.3 O consumo de eletricidade nas regiões Sudeste/Centro-Oeste do Brasil, em fevereiro de 2015, foi de 40.500 GWh. É possível encontrar a escolha ótima entre água e gás pelo método do multiplicador de Lagrange ou pelo método da TMST? Por quê?

9.4 Considere que o custo de oportunidade da água é de R$ 30,00 e o custo do gás é de R$ 120,00 por unidade do insumo. Qual é a escolha ótima entre água e gás natural para atender o consumo de energia elétrica em fevereiro de 2015, a fim de minimizar custos? Mostre graficamente.

9.5 Qual o custo total e o custo médio de produção de energia?

9.6 Mais de uma década depois, uma nova crise hídrica afetou a capacidade das usinas hidrelétricas atenderem adequadamente o sistema. No mês de fevereiro de 2015, a quantidade de água disponível para geração no sistema hidrelétrico foi de, no máximo, 20 mil. Assumindo que a produção de energia acima desse nível dependa exclusivamente da geração termelétrica, responda:

9.6.1 Quanta água (A) e quanto gás (G) serão utilizados agora para atender o consumo de energia elétrica?

9.6.2 Qual o custo total e o custo médio neste caso?

9.6.3 Comparando com o item 9.4, houve aumento no custo médio da geração elétrica no país? Por que isso aconteceu?

9.7 Suponha agora que a quantidade máxima de geração termelétrica disponível no país em fevereiro de 2015 fosse 20 mil GWh e que a quantidade máxima para geração hidrelétrica continuasse em 20 mil GWh. O sistema seria capaz de atender ao consumo de energia? Justifique, calculando a capacidade máxima de geração nessas condições.

10. **A crise é para todos**

Todos os setores sofreram com a crise no Brasil em 2015. A produção industrial de São Paulo caiu 12% em julho de 2015 na comparação com o mesmo período do ano passado. Até a indústria de produtos alimentícios, geralmente menos sensível, teve que se adequar aos novos tempos.

Suponha hipoteticamente que a função de produção de uma empresa de produtos alimentícios possa ser expressa por: Q = 25KL, em que Q é a quantidade de alimentos produzidos por mês (em mil toneladas), K é a quantidade de capital (em mil horas-máquina), e L a quantidade de trabalho (em mil trabalhadores). A remuneração para o insumo trabalho é o salário por trabalhador (w), e a remuneração do insumo capital é o preço do capital por hora (r).

10.1 Quais as demandas por capital e por trabalho, supondo que a empresa minimize seus custos?

10.2 Quais são as funções de custo total, custo médio e custo marginal de longo prazo dessa fábrica?

10.3 Neste caso há economias de escala ou não? Justifique matematicamente sua resposta.

10.4 A função de produção acima apresenta rendimentos de escala constantes, crescentes ou decrescentes? Justifique matematicamente sua resposta.

10.5 Suponha que o custo do trabalho (w) é R$ 1.600,00 por trabalhador por mês, e o custo do capital (r) é de R$ 4,00 por mil horas. Antes da crise eram produzidas 100 toneladas de alimentos por mês, no entanto, agora a demanda deve estabilizar em um novo nível de 81 toneladas mensais. Supondo que não existam barreiras de entrada no setor, qual seria o efeito da crise sobre preço de equilíbrio de longo prazo praticado nesse mercado? Calcule.

Maximização de lucros com perfeita competição

Maximização de lucros

Um produtor, além de escolher as quantidades ótimas dos diferentes fatores que emprega em seu processo produtivo, precisa eleger que quantidade do bem será ofertada e qual preço será cobrado.

Até o momento, para a escolha dos fatores, assumiu-se que a empresa minimiza custos. No entanto, para definir o preço de venda do produto, vamos considerar que o objetivo da empresa é a maximização de seu lucro, denotado por Π.

Assim, ela deve maximizar a diferença entre a receita total (R) e os custos totais (C). Repare que a receita total é dada pela quantidade vendida Q, multiplicada pelo preço cobrado P, ou seja, $R = P \cdot Q$. Assim, o lucro total será:

$$\Pi = R - C$$

Algebricamente, para se encontrar a quantidade que maximiza o lucro, pode-se usar a primeira derivada, igualando-a a zero:

$$\frac{d\Pi}{dQ} = \frac{dR}{dQ} - \frac{dC}{dQ} = 0$$

Na seção anterior chamou-se dC/dQ de custo marginal (CMg). Ela, analogamente,, chama-se dR/dQ de **receita marginal** (RMg) nos diz em quanto aumentará a receita da empresa ao se vender uma unidade adicional do produto. Pode-se dizer, então, que a regra de maximização de lucros da empresa será:

$$\frac{dR}{dQ} - \frac{dC}{dQ} = 0$$

RMg = CMg

É importante ressaltar que a receita marginal é um conceito distinto, teoricamente, de **receita média** (RMe), que é a receita total (R) dividida pelo número de unidades vendidas (Q). Enquanto a receita média, por definição, sempre será igual ao preço de venda do bem:

$$RMe = \frac{R}{Q} = \frac{(P \cdot Q)}{Q} = Q$$

a relação entre a receita marginal e o preço dependerá da *estrutura do mercado* onde a empresa opera. Suponha, por exemplo, que uma empresa deseje aumentar suas vendas e, para tanto, opte por oferecer um desconto, reduzindo o preço que cobra pelo bem. Como todas as unidades são vendidas a um mesmo preço, ao aumentar a quantidade vendida, a empresa abre mão de parte da margem que tinha anteriormente, o que afeta também a RMg. Por exemplo, se a empresa vendia 100 unidades a um preço de R$ 2,00 e agora, para aumentar a quantidade vendida para 101, precisa reduzir o preço para R$ 1,90, ela perderá R$ 0,10 de margem sobre cada um dos 100 consumidores que atendia originalmente. A tabela a seguir ilustra a diferença entre receita média e marginal.

Tabela 4.4

Para 100 unidades	Para 101 unidades
R = R$ 2,00 · 100 = R$ 200,00	R' = R$ 1,90 · 101 = R$ 191,90
RMe = P = R$ 2,00	RMe' = P' = R$ 1,90
	RMg = R' − R = (191,9 − 200) = − R$ 7,10

Apesar de a receita média para 101 unidades ser R$ 1,90 por unidade, a receita marginal será negativa em R$ 7,10, já que a perda de margem que a empresa observa ao reduzir o preço que cobrava dos 100 consumidores originais de R$ 2,00 para R$ 1,90 mais do que supera o incremento na receita auferido ao vender uma unidade a mais do bem.

Em geral, o comportamento da receita marginal e, por consequência, a regra de maximização dos lucros, dependerá das características da curva de demanda pelo bem (em especial, de sua elasticidade-preço), bem como da estrutura de mercado envolvida. Neste item trata-se apenas de setores perfeitamente competitivos, para os quais, como se vê, a RMg será igual ao preço do bem. Nos que seguem, analisam-se outras estruturas de mercado, tais como monopólios, oligopólios e setores de competição monopolística, casos em que a RMg será menor que o preço cobrado.

Competição perfeita

Em setores perfeitamente competitivos têm-se **muitos compradores e vendedores pequenos** em relação ao mercado como um todo, que comercializam **produtos homogêneos**, ou seja, em que não há qualquer tipo de diferenciação, e perfeitamente divisíveis. Há também **livre entrada e saída** de empresas no mercado, não havendo grandes barreiras tecnológicas, legais etc. para tanto. Dessa forma, compradores e vendedores são **tomadores de preço**, ou seja, são obrigados a praticar o preço de mercado (P*) em suas transações. Se os vendedores, por exemplo, tentarem vender a um preço maior do que o praticado pelo mercado, não encontrarão compradores para os seus produtos.

Como a empresa perfeitamente competitiva é pequena em relação ao mercado, ela pode aumentar ou reduzir sua produção sem que isso afete o preço de mercado. Podemos então assumir que o preço é dado para a empresa competitiva e constante em relação à quantidade produzida, portanto, RMg = P. Assim, a curva de demanda que a empresa competitiva enfrenta será horizontal, apesar de o mercado como um todo apresentar uma curva de demanda negativamente inclinada.

Figura 4.18: Competição perfeita: demanda da empresa e demanda agregada

Fonte: Os autores.

Aplicando essa ideia ao problema de maximização de lucros da empresa, tem-se que:

$$\frac{d\Pi}{dQ} = \frac{dR}{dQ} - \frac{dC}{dQ} = 0 \quad \text{para maximizar o lucro...}$$

$$\frac{d\Pi}{dQ} = \frac{d(P \cdot Q)}{dQ} - CMg = 0$$

Se P é uma constante, já que a empresa é tomadora de preços:

$$\frac{d\Pi}{dQ} = \frac{\overline{P} \cdot dQ)}{dQ} - CMg = 0$$

$$\overline{P} = CMg$$

Portanto, a empresa perfeitamente competitiva cobrará um preço igual ao custo marginal de produção. Ela observará o preço de mercado e ajustará a quantidade produzida de forma que o custo marginal seja igual ao preço. Graficamente:

Figura 4.19: Escolha ótima de produção

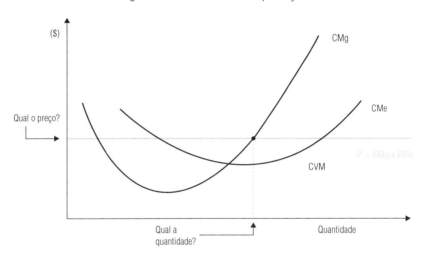

Fonte: Os autores.

Curva de oferta de curto prazo da empresa

Sabendo-se que a empresa perfeitamente competitiva, visando maximizar seus lucros, ofertará a quantidade que faça com que $\overline{P} = CMg$, pode-se deduzir a **curva de oferta de curto prazo** de um mercado.

Olhando o gráfico a seguir vê-se que, se o preço de mercado for P_1, a empresa decidirá ofertar a quantidade q_1, onde P=CMg, maximizando seus lucros. Entretanto se o preço for muito baixo, P_2, por exemplo, não cobre nem os custos variáveis médios de produção (observados na curva CMg). Assim, será melhor para a empresa sair do mercado e não produzir nada (q = 0).

Figura 4.20: Curva de oferta da empresa competitiva no curto prazo

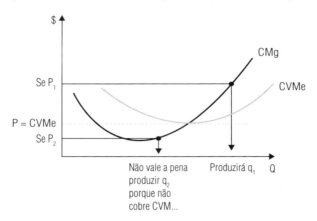

Fonte: Os autores.

Pode-se dizer, então, que a curva de oferta de curto prazo de uma empresa coincidirá com sua curva de custo marginal, para todos os pontos em que P > CVMe. Abaixo desse nível, a empresa sai do mercado, e a quantidade ofertada passa a ser zero.

Figura 4.21: *Break even point* de curto prazo

Fonte: Os autores.

Repare que, no curto prazo, isso implica que a empresa optará por produzir sempre que o preço de mercado (P) superar o custo variável médio de produção (CVMe), mesmo que esse preço não seja suficiente para cobrir seus custos fixos. Isso significa que, no curto prazo, a empresa irá produzir mesmo com prejuízo, se CTMe > P > CVMe.

Naturalmente, no longo prazo, se os prejuízos persistirem, a empresa sairá definitivamente do mercado, pois terá condições de eliminar os custos fixos. Lembre-se de que, no curto prazo, por definição, os custos fixos são irrecuperáveis.

Curva de oferta de curto prazo do setor

A curva de oferta de curto prazo de um setor será a soma horizontal das curvas de oferta de curto prazo das diversas empresas produtoras do bem. Como normalmente firmas diferentes possuem custos marginais distintos, o preço de mercado será igual ao custo marginal da empresa mais ineficiente que precisa operar no mercado para suprir a quantidade demandada.

A curva de oferta de mercado tem inclinação positiva devido à ocorrência de rendimentos marginais decrescentes. Imagine, por exemplo, o mercado de exploração de petróleo bruto, em que campos distintos possuem custos marginais distintos. Conforme a produção aumenta para atender à maior demanda pelo produto, o preço deve subir de forma a fazer que compense financeiramente a produção em campos com custos cada vez mais elevados.

Como o mesmo preço se aplica a todas as unidades vendidas, proprietários de campos com custos de produção marginais menores aufeririam um ganho excepcional. Esse "ganho" tem uma característica distinta do lucro econômico tradicional, já que está diretamente relacionado à posse desse recurso escasso (no caso, o campo de petróleo vantajoso). Chama-se de **renda econômica** justamente a remuneração sobre o valor de mercado desse recurso que oferece a possibilidade de produção a um custo marginal inferior aos concorrentes.[8]

Decisão de saída e equilíbrio de longo prazo

No longo prazo, as empresas podem sair do mercado, deixando de operar – e, portanto, de incorrer nos custos fixos de produção. Assim, diferentemente do curto prazo, quando as empresas podem produzir mesmo incorrendo em prejuízos, desde que o preço seja alto o suficiente para

---

8 H. Landreth e D. Colander (2002) destacam a complexidade do conceito de Renda Econômica. Conforme os autores, David Ricardo, por exemplo, via a renda econômica como um pagamento ao proprietário de terras que equaliza a taxa de lucro sobre terras de diferentes fertilidades (LANDRETH, H.; COLANDER, D. *History of Economic Thought*. 4. ed. Boston/Toronto: Houghton Mifflin Company, 2002).

remunerar os custos variáveis de produção (P > CVMe), no longo prazo as empresas continuarão produzindo somente se o preço cobrir os custos totais médios de produção, ou seja, se P > CTMe.

Como em um setor perfeitamente competitivo há livre entrada e saída de empresas, sempre que o lucro econômico for positivo, novas empresas entrarão no setor, pressionando para cima as quantidades ofertadas e para baixo os preços. Repare que, neste caso, considera-se não apenas os custos explícitos, mas também os custos de oportunidade, em especial o custo de oportunidade do capital. De outro lado, sempre que o lucro econômico for negativo, empresas sairão do mercado, reduzindo quantidades ofertadas e pressionando para cima os preços. Assim, pode-se dizer que um mercado perfeitamente competitivo encontra-se em seu **ponto de equilíbrio de longo prazo** quando não há incentivos nem para a entrada nem para a saída de empresas do mercado ou seja, quando:

$$P = CTMe$$

Nessa situação, não há lucro ou prejuízo econômico, portanto não haverá incentivos para a entrada ou saída de empresas do setor.

Curva de oferta de longo prazo

No longo prazo empresas podem entrar e sair de um mercado, visto que há tempo suficiente para inclusive desmobilizar seus custos fixos. Desse modo, não se pode simplesmente somar as curvas de oferta das empresas individuais para se encontrar a curva de oferta de longo prazo de um mercado, pois o conjunto de empresas pode variar. Para tanto, é preciso observar o que acontece com os custos totais de longo prazo de um setor conforme a quantidade produzida aumenta.

Setores nos quais há custos crescentes apresentarão uma curva de oferta de longo prazo positivamente inclinada, no seu formato mais tradicional. Entretanto, é possível imaginar também setores em que há custos decrescentes em função de economias de escala, o que geraria uma curva de oferta de longo prazo negativamente inclinada. Um exemplo seria a produção de automóveis, onde economias de escala substanciais têm levado a uma redução do custo médio de produção conforme a quantidade produzida aumenta. Da mesma forma, setores poderiam apresentar custos constantes, o que acarretaria uma curva de oferta horizontal.

Exercício resolvido e comentado

1. **O preço do açaí**

   No Brasil, a produção de açaí se aproxima das condições dos mercados competitivos. O preço nesse mercado é medido em reais (R$) por kg de polpa. Suponha que uma fazenda produtora de açaí apresente a seguinte função de custos totais de longo prazo:

   $CT = \frac{1}{2} q^3 - 2 q^2 + 5q$

   Em que q é a quantidade ofertada pela fazenda em 1.000 kg de polpa por ano.

   1.1 Qual a função de custo médio e custo marginal? Escreva e desenhe essas funções, indicando claramente a quantidade para qual CMg é mínimo e a quantidade para qual CMe é mínimo.

   $CMe = 0,5 q^2 - 2 q + 5$

   $CMg = 1,5 q^2 - 4 q + 5$

   Observe que essas curvas se desenham com formato similar a um "U". As curvas se cruzam exatamente no ponto mínimo da curva de custo médio.

   Minimizando o CMe e o CMg:

   CMe mínimo = $\partial CMe/\partial q = q - 2 = 0$ $\Rightarrow$ q = 2 (CMe = 3)

   CMg mínimo = $\partial CMg/\partial q = 3q - 4 = 0$ $\Rightarrow$ q = 4/3 = 1,33 (CMg = 2,33)

   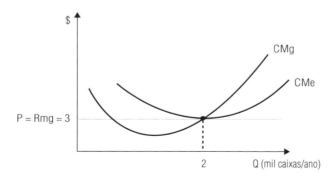

   1.2 A função de custo total apresenta custo fixo? Explique sua resposta, dando uma clara definição do conceito "custo fixo".

Não. Essa função não apresenta custo fixo. Este é por definição um custo que não depende da quantidade produzida. Seria, portanto, um termo independente de q na função de custos total (CT), que, no caso, não existe.

1.3 Suponha que o preço que prevalece no mercado de açaí é de R$ 5,00 por kg de polpa. Indique na figura do item 1.1 a curva de receita marginal da empresa, dado que P = 5. Calcule e indique na figura qual quantidade a fazenda vai produzir, maximizando seus lucros econômicos.

A empresa maximiza seu lucro fazendo P = CMg. Isso é verdade num mercado competitivo apenas no trecho crescente da curva de custo marginal.

Desse modo:

RMg = P* = 5

CMg = 1,5 q^2 − 4 q + 5

P* = CMg

5 = 1,5 q^2 − 4 q + 5

1,5 q^2 = 4q

1,5q = 4

q = 2,67

A empresa maximiza seu lucro produzindo 2,67 mil kg por ano.

1.4 Calcule e indique na figura do item 1.1 qual o lucro econômico da fazenda.

O lucro nesse caso é (P − CMe) · 2,67 = (5 − CMe) · 2,67 = (5 − 3,22) · 2,67 = R$ 4,74 mil.

1.5 Para o preço de R$ 5,00 podemos observar que o dono da fazenda está auferindo lucro econômico positivo. Sabemos que num mercado competitivo não há barreiras de entrada. Isso implica que, se alguma empresa estiver auferindo lucro, outras empresas entrarão no mercado. Para qual preço a empresa aufere lucro econômico igual a zero? Calcule esse preço e a produção correspondente da fazenda.

Sabe-se que no longo prazo uma empresa que opera em um mercado perfeitamente competitivo terá lucros econômicos nulos. Como P é sempre igual ao CMg no mercado competitivo, para que o lucro seja zero necessariamente P = CMe, precisamos encontrar o ponto onde CMg = CMe.

$$CT = \frac{1}{2} q^3 - 2q^2 + 5q$$

$$CMg = \frac{3}{2} q^2 - 4q + 5$$

$$CMe = \frac{1}{2} q^2 - 2q + 5$$

CMg = CMe

$$\frac{3}{2} q^2 - 4q + 5 = \frac{1}{2} q^2 - 2q + 5$$

$$q^2 - 2q = 0$$

q = 2 mil kg

$$P = CMg = \frac{3}{2} 2^2 - 4(2) + 5 = R\$3 \text{ por kg}$$

Repare que no ponto onde CMg = CMe, o CMe será mínimo. Uma forma alternativa para resolver a questão seria encontrar o CMe mínimo.

1.6 Suponha que a demanda de mercado por açaí possa ser expressa pela seguinte equação:

P = 5 − 0,001 Q

Onde Q é a quantidade demandada no mercado de 1.000 kg por ano e P é o preço em reais (R$) por kg. Suponha também que todas as fazendas neste setor tenham uma estrutura de custos idêntica. Qual o número de empresas que colocaria o setor em equilíbrio de longo prazo?

É possível calcular que para um preço de R$ 3,00 por kg, a demanda é 2 mil caixas. Calculou-se em 1.1 que uma fazenda produz 2 mil kg. Isso significa que no ponto de equilíbrio do mercado de longo prazo temos 2.000/2 = 1.000.

1.7 Imagine que a demanda de mercado para esse produto venha a apresentar uma inesperada elevação. Qual é a curva de oferta de longo prazo? Mostre-a em uma figura.

Se o setor opera a longo prazo com custos constantes, a curva de oferta de longo prazo é horizontal. Veja a figura:

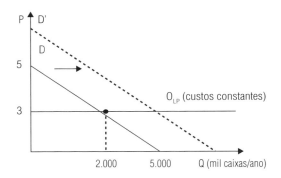

Exercícios complementares

1. **Concorrência no setor de autopeças**

   Imagine que você abriu uma empresa que produz autopeças e as vende no mercado de reposição para oficinas. Suponha que existam 100 empresas nesse setor, todas idênticas e com a seguinte função de **custos totais de curto prazo**:

   $CT_{CP} = q^2 - 600q + 90.000$

   Em que CT são os custos totais em dólares (US$) por autopeça, e q é a quantidade de autopeças colocadas no mercado pela empresa, em milhares de unidades por mês.

   1.1 Você acredita que o mercado de autopeças é perfeitamente competitivo? Liste e explique as características de um mercado assim.

   1.2 Obtenha, a partir da curva de custos totais de curto prazo dada acima, a **curva de oferta da empresa**. Coloque essa curva no formato $Q_{\text{oferta empresa}} = f(P)$.

1.3 Dado que no curto prazo existem 100 empresas no setor, todas com a mesma estrutura de custos, use a curva obtida no item 1.2 para obter a **curva de oferta do mercado**.

1.4 Admita que a **curva de demanda total do mercado** para autopeças possa ser representada pela seguinte função:

$$Q_{demanda\ total} = 30.600 - 10P$$

Em que P representa o preço em US$ por autopeça e $Q_{demanda\ total}$ a quantidade de autopeças demandada pelo mercado de reposição por mês.

Calcule o equilíbrio de mercado no curto prazo, mostrando o preço e a quantidade de equilíbrio e o lucro e/ou prejuízo de cada empresa.

1.5 Para o mesmo problema acima, admita agora que cada empresa tenha uma curva de **custos totais de longo prazo** representada pela função:

$$CT_{longo\ prazo\ empresa} = \frac{Q_{empresa}^2}{10.000} + 160.000$$

Considere ainda que a curva de demanda seja a mesma da primeira parte da questão.

 1.5.1 Qual seria o lucro econômico de longo prazo num mercado competitivo?

 1.5.2 Qual seria o preço e a quantidade de equilíbrio de longo prazo praticados pela empresa?

2. **Xeiques x Xisto**

O gráfico a seguir mostra o comportamento dos preços internacionais do petróleo bruto entre 2011 e 2015 após cerca de 3 anos negociando a níveis acima de US$ 100,00 por barril, os preços entraram em queda livre desde julho de 2014, com o barril sendo negociado no início de 2015 a níveis próximos de US$ 30-35,00.

Petróleo bruto Brent preço mensal – E. U. dólares por barril

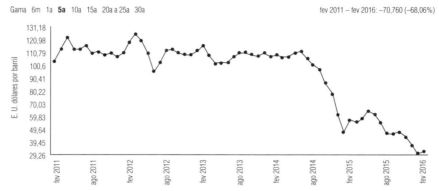

Descrição: Crude Oil (petroleum), Dated Brent, light blend 38 API, fob U. K., E. U. dólares por barril
Fonte: Index Mundi.

Analistas atribuem a queda nos preços à menor demanda chinesa e ao vigoroso aumento na produção norte-americana de petróleo de xisto, com o desenvolvimento de uma nova tecnologia conhecida como "*fracking*", que permite retirar petróleo de formações rochosas antes inacessíveis, injetando produtos químicos com alta pressão.

A Organização dos Países Exportadores de Petróleo (OPEP), que tradicionalmente regula sua produção por meio de cotas a fim de evitar reduções significativas de preço, desta vez recusou-se a agir. Segundo alguns analistas, a estratégia da OPEP seria uma forma de *dumping*, tolerando preços baixos de forma a expulsar do mercado os produtores norte-americanos.

Para analisar esta questão, suponha que um pequeno produtor de petróleo de xisto americano enfrente a seguinte função de custo total:

$CT = 400 + 20q - 8\,q^2 + q^3$

Em que q é a quantidade de barris de petróleo produzidos pela empresa no ano, em milhares, e CT é o custo total, em milhares de dólares (US$).

2.1 Encontre as curvas, para a empresa dada, de custo fixo médio (CFM), custo variável médio (CVM), custo total médio (CTM) e custo marginal (CMg). Esboce essas curvas em um gráfico. Essa empresa apresenta economias ou deseconomias de escala? Justifique sua resposta.

2.2 Suponha que o preço de mercado do petróleo esteja inicialmente em US$ 119,00 por barril. Quantos barris de petróleo a empresa estaria produzindo, de forma a maximizar seu lucro? Qual lucro (ou prejuízo) a empresa teria?

2.3 Imagine agora que, com a recusa da OPEP em reduzir a produção, o preço caia para US$ 32,00.

    2.3.1 Sabendo que no curto prazo o produtor não tem como recuperar seu custo fixo, ele deveria continuar produzindo ou deveria interromper a produção, como espera a OPEP? Justifique sua resposta.

    2.3.2 Quantos barris de petróleo a empresa deveria produzir, qual preço deveria cobrar e que lucro/prejuízo teria?

2.4 Se o mercado de petróleo de xisto for formado por 100 produtores idênticos a esse, o que acontecerá com a quantidade ofertada TOTAL de petróleo de xisto quando o preço cai de US$ 119,00 para US$ 32,00? Você acredita que a estratégia da OPEP de expulsar os produtores americanos do mercado funcionará no curto prazo? Justifique, com base nos cálculos feitos anteriormente por você e nos conceitos vistos de Teoria da Firma.

Na prática, o preço do petróleo continuou caindo até atingir níveis historicamente baixos de US$ 22,00. Em fevereiro de 2016, a OPEP jogou a toalha: o *Wall Street Journal* noticiou que a OPEP estaria disposta a coordenar uma redução da produção, e os preços chegaram a subir mais de 10% em um único dia.

2.5 Qual preço faria com que o produtor de xisto interrompesse sua produção no curto prazo? Suponha, por simplificação, que as curvas de custos de curto e longo prazo sejam idênticas. Qual seria então o preço de equilíbrio de longo prazo desse mercado? Justifique sua resposta teoricamente e indique claramente este ponto no gráfico do item 2.1. Não é preciso calcular o valor.

Exercícios abrangentes sobre a Teoria do Produtor

1. **Custos de curto e longo prazos e oferta competitiva**

   Suponha que um produtor de cana-de-açúcar produza de acordo com a seguinte função de produção de longo prazo:

   $q = 2T^{0,5} F^{0,5}$

   Onde T representa a terra em hectares e F, a quantidade de fertilizante utilizado em kg/hectare.

   1.1 O preço da terra é P_T (aluguel), e o preço do fertilizante é P_F. Minimizando os custos totais do produtor, sujeito à restrição tecnológica, quais são as funções de demanda de longo prazo para os fatores de produção T e F?

   1.2 Qual é a função de custos totais de longo prazo (CT = $f(P_T, P_F, q)$) quando o produtor faz suas escolhas minimizadoras de custo?

   1.3 Suponha que produtor, no curto prazo, disponha de 16 alqueires de terra para plantar. Considere também que o preço de aluguel da terra seja P_T = 20 e que o preço do fertilizante seja P_F = 32. Encontre a função de demanda do fator de produção F de **curto prazo** (F = f(q)).

   1.4 Com base na função de demanda do item anterior, escreva a função de custo total de curto prazo.

   1.5 A partir da função de custo total de curto prazo do item anterior, escreva a função de custo marginal e a oferta individual. Supondo que existam 40 fazendas de cana-de-açúcar idênticas, qual é a oferta de mercado?

   1.6 Se a demanda por cana-de-açúcar puder ser expressa por Qd = 400 − 10P, qual é o preço de equilíbrio de curto prazo?

2. **Investir ou não investir, eis a questão...**

   Em anos de eleições presidenciais, o debate sobre como atrair investimentos para impulsionar o desenvolvimento do país se aquece. Por outro lado, a incerteza quanto à política econômica a ser adotada pelo futuro presidente faz com que empresários fiquem mais cautelosos e adiem seus investimentos.

Suponha que uma determinada empresa, a Brazil Inc., produza um bem manufaturado de acordo com a seguinte função de produção:

$Q = AK^{0,5}L^{0,5}$

Em que Q é a quantidade de bens fabricados por mês, K é a quantidade de capital (em milhões de reais), e L, a quantidade de trabalhadores (em milhares). Suponha que o nível de tecnologia seja A = 2.

2.1 Qual a curva de demanda por capital e trabalho, em função do preço dos fatores de produção (r e w) e da quantidade produzida (q_0), assumindo que a Brazil Inc. minimiza custos? Escreva as **curvas** de custo total, custo médio e custo marginal da empresa (em função de w, r e q_0).

2.2 Há seis meses a empresa produzia 1.000 unidades por mês, o custo de capital (r) era R$ 2.500,00 e o custo unitário do trabalho (w), R$ 1.600,00. Qual a quantidade ótima de capital e de trabalho que a empresa empregava de forma a minimizar seus custos? Qual o custo médio de cada bem manufaturado? E o custo marginal?

2.3 Suponha que, com maior disponibilidade de crédito, a demanda da Brazil Inc. tenha subido agora para 1.200 unidades por mês. Entretanto, em função da incerteza eleitoral a empresa está com medo de investir capital e decide aumentar a produção exclusivamente por meio da contratação de mais trabalhadores. Quantos trabalhadores deverão ser contratados? Qual o custo médio de cada bem manufaturado? E o custo marginal?

2.4 Suponha que existam várias empresas pequenas em diversos países concorrendo com a Brazil Inc., todas idênticas, operando segundo a mesma função de produção acima e produzindo 1.200 unidades cada. Considere que, nos demais países, não haja o problema da incerteza eleitoral e as empresas operem no ponto de minimização de custos. Quantos trabalhadores e quanto capital serão utilizados por cada concorrente da Brazil Inc.? Qual o custo médio de cada bem manufaturado no exterior? E o custo marginal?

2.5 Se o mercado em questão for perfeitamente competitivo e houver livre importação e exportação de bens, qual será o preço que prevalecerá nesse mercado no curto prazo? Justifique sua resposta. Qual será o lucro (ou prejuízo) da Brazil Inc. no curto prazo, se ela optar por não investir capital? Comente o efeito da incerteza eleitoral (e do consequente adiamento dos investimentos em capital) sobre o **custo médio** e a **lucratividade** das empresas brasileiras, baseando-se nos valores calculados por você.

3. **As montadoras e a crise internacional**

    A crise financeira internacional de 2010 se propagou rapidamente para a economia real, levando a um colapso da demanda por diversos produtos. Uma das indústrias mais afetadas foi a indústria automobilística americana, que há tempos já enfrentava problemas de competitividade. Para se ter uma ideia da dimensão do problema, os Estados Unidos produziram em janeiro de 2009 menos da metade do número de carros do ano anterior. As três grandes montadoras americanas – GM, Chrysler e Ford – enfrentaram situação financeira complicadíssima, apresentando prejuízos bilionários e recebendo maciça ajuda do governo americano para evitar a falência. Nas questões a seguir analisaremos a dinâmica da indústria automobilística no curto e no longo prazo. Suponha que a função de produção de automóveis de uma das fábricas da GM possa ser dada por:

    $q(K,L) = AK(10L + 7L^2 - 0,5L^3)$

    Em que q é a quantidade de carros produzidos por mês pela fábrica (em milhares), K é a quantidade de capital (em mil horas-máquina), e L, a quantidade de trabalho (em milhares de trabalhadores). Suponha que o nível de tecnologia seja A = 1, e o capital, fixo no curto prazo, seja K = 3.

    3.1 Quantos automóveis a fábrica poderia produzir por mês, no máximo, no curto prazo?

    3.2 Quantos trabalhadores a fábrica deve contratar se quiser ter produtividade máxima?

    3.3 Explique em suas próprias palavras a Lei dos Rendimentos Marginais (ou retornos) Decrescentes. Considerando a função de produção da GM dada acima, a partir de qual nível de produção a Lei dos Rendimentos Marginais Decrescentes se aplica?

3.4 Suponha que a empresa GM como um todo tenha a seguinte função de custo total:

$CT = 60.500 + 39.200\,q - 20\,q^2 + 4q^3$

Em que q é a quantidade de carros produzidos pela empresa no ano, em milhões, e CT é o custo total, em milhões de dólares. Considere que a indústria automobilística seja um mercado perfeitamente competitivo, em particular se considerarmos os modelos de entrada mais econômicos e pouco diferenciados, e, para simplificar, que exista apenas um modelo de automóvel cujo preço de mercado tenha caído com a crise e esteja atualmente, por causa da crise, em US$ 40 mil.

3.4.1 Quantos automóveis a GM deve produzir de forma a maximizar seu lucro?

3.4.2 Qual lucro (ou prejuízo) a empresa terá?

3.5 Suponha que no curto prazo a GM não tenha como recuperar seu custo fixo. Ela deveria continuar produzindo, considerando-se o preço atual de mercado (US$ 40 mil), ou deveria interromper a produção, fechando no curto prazo, até que as condições de mercado melhorem, dispensando seus funcionários? Explique sua resposta.

3.6 Se a GM acreditar que o preço do automóvel irá permanecer em US$ 40 mil indefinidamente, e assumindo que no longo prazo o custo fixo pode ser recuperado, ela deveria continuar produzindo ou fechar definitivamente suas fábricas? Justifique sua resposta.

3.7 Suponha agora que todas as montadoras no mercado norte-americano de automóveis produzam sob condições idênticas, de acordo com a seguinte função de produção no longo prazo:

$q = K^{1/2}\,L^{1/2}$

Em que q é o número de automóveis produzidos por mês, em milhares, K é a quantidade de capital (em mil horas-máquina), e L, a quantidade de trabalho (em milhares de trabalhadores).

3.7.1 A função de produção acima apresenta retornos de escala constantes, crescentes ou decrescentes? Demonstre.

3.7.2 A função de produção acima apresenta rendimentos para cada fator (K, L) constantes, crescentes ou decrescentes? Demonstre.

3.7.3 Qual a Taxa Marginal de Substituição Técnica (-dK/dL)?

3.8 Suponha que as montadoras de carros minimizem seus custos de produção no longo prazo. O preço do capital (r) é US$ 16,00 e o preço do trabalho (w) é US$ 4,00. Considere que antes da crise cada montadora produzia 100 mil carros por mês (isto é, q = 100). Responda:

3.8.1 Qual a escolha ótima de K e L no longo prazo, para produzir q = 100?

3.8.2 Qual o custo total da GM no longo prazo?

3.9 Suponha que com a crise internacional a demanda por automóveis caia abruptamente. A montadora então precisa ajustar sua produção, reduzindo o número de automóveis produzidos de q = 100 para q = 60. Porém, no curto prazo, a quantidade de capital é fixa, e a empresa continua a utilizar a quantidade de horas-máquina calculadas na questão anterior. Dada essa informação, quantos trabalhadores a montadora deverá demitir no curto prazo para ajustar o nível de produção?

3.10 Imagine que a quantidade produzida permaneça em q = 60 indefinidamente. Com o passar do tempo, a montadora tem condições de ajustar não apenas o número de trabalhadores, mas também o tamanho de suas fábricas (isto é, no longo prazo tanto o capital como o trabalho são variáveis). Considerando que com o passar do tempo a montadora ajusta sua escolha de K e L de tal forma que alcance a escolha ótima de longo prazo para q = 60, o que acontece com o número de trabalhadores que a montadora empregará, em relação à pergunta anterior?

Análise de bem-estar

Introdução

No Capítulo 2 discutiu-se como as curvas de oferta e demanda podem descrever o comportamento de consumidores e produtores em mercados competitivos – como são determinados os preços e quantidades de equilíbrio, como e quais fatores podem alterar a demanda, a oferta e, por conseguinte, o equilíbrio de mercado.

No entanto, não se avaliou até que ponto os resultados e as condições prevalecentes nesses mercados são desejáveis. Os preços e as quantidades praticados no mercado são adequados? Quais os benefícios que produtores e consumidores obtêm ao participar do mercado? Esses benefícios são os maiores possíveis? Intervenções do governo em mercados competitivos são desejáveis do ponto de vista da sociedade como um todo?

Para responder a essas e outras questões, inicialmente serão abordados neste capítulo os conceitos de excedente do produtor e consumidor. Essas concepções fornecem uma medida do bem-estar de consumidores e produtores. Posteriormente, serão discutidas as definições de eficiência econômica e de bem-estar – mostrando que o equilíbrio competitivo é eficiente.

A seguir, serão analisados os impactos de algumas políticas governamentais sobre o bem-estar: controle de preços (fixação de preços máximos e mínimos), suporte de preços, a implementação de impostos, a concessão de subsídios e a imposição de barreiras à importação (cotas e tarifas de importação).

Toda análise sobre o impacto da intervenção governamental sobre o bem-estar e eficiência aqui desenvolvida está baseada em um Modelo de Equilíbrio Parcial – o impacto sobre um mercado específico. Para analisar como a intervenção afeta os demais mercados simultaneamente, seria necessário um Modelo de Equilíbrio Geral, o que não é objeto de estudo no momento[1].

Excedentes do consumidor e produtor e bem-estar

Excedente do consumidor

O excedente do consumidor é a diferença entre a quantia máxima que os consumidores estão dispostos a pagar por um bem (preço de reserva) e quanto eles efetivamente pagam (preço de mercado). Graficamente, a área entre o preço de mercado e a curva de demanda é a soma dos excedentes de todos os consumidores em um determinado mercado. O excedente do consumidor mede o benefício que os consumidores obtêm tal como percebido por eles, uma vez que cada ponto na curva de demanda mede o valor que os consumidores atribuem ao bem.

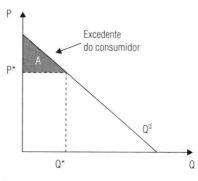

Figura 5.1: Excedente do consumidor

Fonte: Os autores.

---

[1] Leitores interessados podem encontrar introdução ao tema de equilíbrio geral nos livros-textos de microeconomia como Pindyck e Rubinfeld (8ª edição, Pearson, 2013) e Hal Varian (9ª edição, Elsevier, 2015).

Quando o preço de mercado cai, o excedente do consumidor aumenta por dois motivos, conforme a Figura 5.2. Aqueles que já adquiriam o bem ao preço P_1 estarão em melhor situação pois irão pagar menos pelo mesmo bem – ganho representado pela área do retângulo B. Outros consumidores que antes não estavam dispostos a pagar P_1 pelo bem agora estão dispostos a fazê-lo a um preço menor – representado pela área do triângulo C.

Figura 5.2: Como o preço afeta o excedente do consumidor

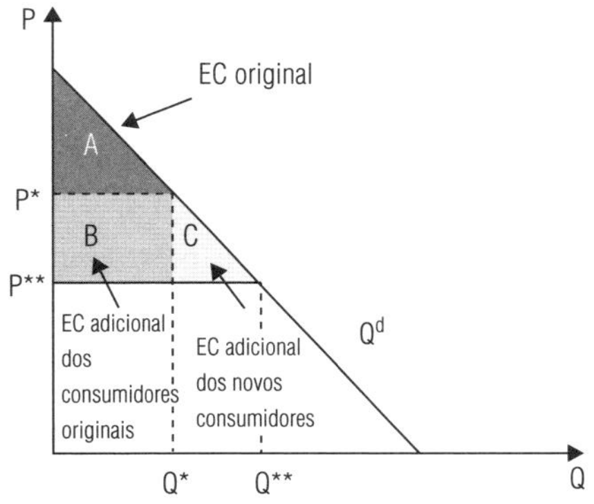

Fonte: Os autores.

Excedente do produtor

De forma análoga, o excedente do produtor mede os benefícios que ele obtém por participar do mercado. Quando o produtor vende o produto a um preço superior ao seu custo marginal, recebe um ganho líquido. O excedente do produtor é a diferença entre o preço de mercado e o custo marginal de produção. Da mesma forma que o excedente do consumidor se relaciona com a curva de demanda, o excedente do produtor relaciona-se com a curva de oferta. Lembrando: a curva de oferta representa o custo marginal de cada unidade adicional. Assim, a área entre o preço de mercado e curva de oferta de mercado mede o excedente dos produtores em um determinado mercado.

Figura 5.3: Excedente do produtor

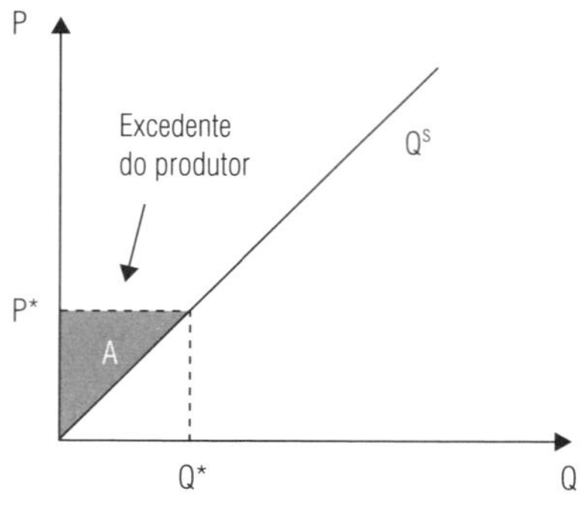

Fonte: Os autores.

A Figura 5.4 mostra que o excedente do produtor aumenta quando o preço de mercado sobe. Esse aumento se deve parcialmente ao acréscimo no excedente daqueles vendedores que já ofertavam o seu produto a um preço inferior – representado pela área do retângulo E – e parcialmente porque, diante do aumento no preço, novos produtores, menos eficientes, se tornam competitivos, entrando no mercado e aumentando a quantidade ofertada – área do triangulo F.

Figura 5.4: Como o preço afeta o excedente do consumidor

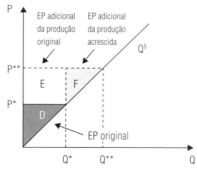

Fonte: Os autores.

Excedente total

A soma dos excedentes do consumidor e do produtor é o excedente total e pode ser representado no gráfico da figura abaixo. Como os excedentes do consumidor e do produtor retratam o benefício que ambos obtêm pela sua participação no mercado, o excedente total tem sido utilizado como uma medida do bem-estar econômico da sociedade como um todo.

Figura 5.5: Excedente total

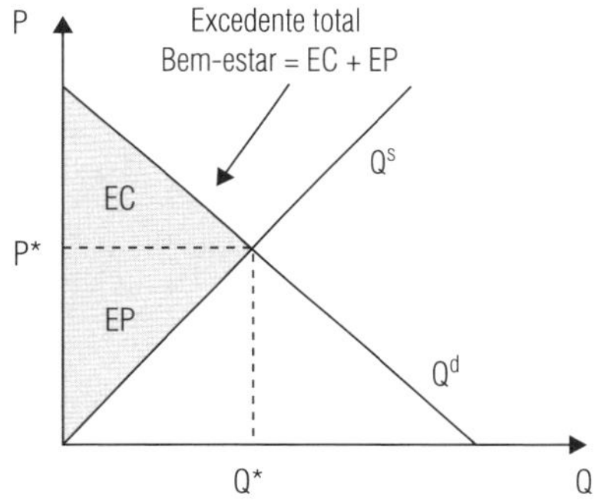

Fonte: Os autores.

Excedente total, bem-estar e eficiência

Um mercado é dito eficiente na alocação de seus recursos se maximiza o excedente total. Quando uma alocação não é eficiente, parte dos ganhos do comércio (trocas) entre consumidores e produtores não é realizada. Ou ainda, segundo a definição de Pareto,[2] uma alocação é eficiente quando não for possível encontrar uma forma de melhorar a situação de alguém sem piorar a de outro. Assim, se uma alocação permite uma melhoria sem prejudicar ninguém, diz-se que ela é ineficiente no sentido de Pareto.

Por que, então, um nível de produção diferente do equilíbrio competitivo não é eficiente? É possível observar na figura a seguir que para qualquer quantidade abaixo do nível de equilíbrio q_0, o valor atribuído pelos consumidores ao bem será maior que o custo para os produtores. Ainda

---

[2] Vilfredo Pareto (1848-1923) foi um dos pioneiros na análise das implicações do conceito de eficiência econômica.

haveria espaço, portanto, para transações mutuamente benéficas. Nesse caso, aumentos na quantidade até o nível de equilíbrio elevariam tanto o excedente do consumidor como o do produtor. Por sua vez, para qualquer quantidade acima do equilíbrio, o valor para os consumidores será menor que o custo para os produtores. Reduções na quantidade produzida até o nível de equilíbrio também aumentariam os excedentes do consumidor e do produtor.

Figura 5.6: Quantidades Pareto-ineficientes

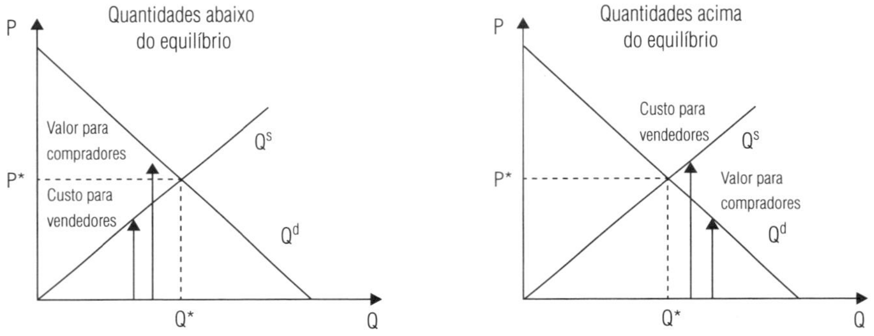

Fonte: Os autores.

Assim, qualquer intervenção que induza o mercado à produção de quantidades maiores ou menores que a quantidade do equilíbrio competitivo reduziria o excedente total. A perda líquida de excedente resultante de uma intervenção desse tipo é denominada **peso morto**. Esta é uma perda líquida para a sociedade e ocorre quando as perdas totais superam os ganhos obtidos.

O peso morto é um conceito fundamental em economia. Ele surge sempre que uma ação ou uma política leva a uma alocação ineficiente dos recursos – gerando uma redução ou aumento da quantidade comercializada em relação ao equilíbrio.

A conclusão segundo a qual um mercado não regulamentado é eficiente apoia-se na hipótese de que o mercado de que se trata é um mercado perfeitamente competitivo, sem falhas de mercado, como as que foram discutidas no Capítulo 1: poder de mercado, externalidades, assimetria de informação e bens públicos.

Essas conclusões são conhecidas na Teoria Econômica como o Primeiro Teorema Fundamental do Bem-Estar. Segundo esse teorema, "mercados competitivos geram alocações Pareto eficientes".

Controle de preços

Em certas situações, o governo pode pretender controlar os preços, estabelecendo limites superiores, de forma a manter o preço abaixo do equilíbrio (preço máximo), ou inferiores, de forma a manter o preço acima do equilíbrio (preço mínimo).

Preço máximo ou preço-teto

Quando um governo intervém em um mercado, fixando um preço máximo (abaixo do equilíbrio competitivo), ocorre um desequilíbrio entre a quantidade ofertada e a demandada, gerando um excesso de demanda (ou escassez de oferta). Exemplos clássicos de restrição de preços incluem os controles de aluguéis e o de preços de gasolina. A um preço menor do que o do equilíbrio, os produtores estarão dispostos a reduzir a quantidade ofertada, e os consumidores a aumentar a quantidade demandada. Na figura a seguir é possível observar que, ao preço máximo, a quantidade ofertada será Q_1 e a quantidade demandada Q_2. O excesso de demanda será a diferença $Q_2 - Q_1$. A quantidade efetivamente comercializada nesse mercado se reduzirá de Q^* para Q_1.

Figura 5.7: Efeito de preço máximo sobre o bem-estar

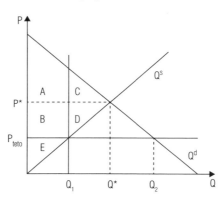

Fonte: Os autores.

Tabela 5.1: Análise de bem-estar

	Antes	Depois	Variação
Consumidor	A + C	A + B	+B – C
Produtor	E + B + D	E	–B –D
Total	A + B + C + D + E	A + B + E	–C – D

Fonte: Os autores.

E o que acontece com o bem-estar? Alguns consumidores serão prejudicados enquanto outros serão beneficiados. A tabela anterior resume os efeitos sobre os excedentes: os consumidores que ficarem fora do mercado em decorrência da escassez induzida pelo controle de preços perderão a área C; aqueles que conseguirem adquirir o bem ao preço máximo terão um ganho de bem-estar equivalente à B (excedente transferido dos produtores para os consumidores); consumidores como um todo, portanto, ganharão B e perderão C.

Com um preço mais baixo, os produtores terão uma perda líquida de bem-estar. Os produtores que permanecerem no mercado (aqueles com custos mais baixos) receberão um valor menor pelo produto, perdendo o equivalente a área B. Aqueles com custos maiores deixarão de produzir, reduzindo a quantidade no mercado a Q_1. A perda de bem-estar desse grupo de produtores pode ser representada pela área D. A perda para o total dos produtores corresponderá, portanto, às áreas B e D.

A variação total do bem-estar será a soma das variações dos excedentes dos consumidores e dos produtores. O resultado será uma perda líquida de bem-estar equivalente às áreas C e D.

Preço mínimo ou preço-piso

Outras vezes os governos intervêm elevando o preço para além do nível de equilíbrio de mercado. Um exemplo clássico de preço mínimo é a fixação de um limite inferior para o preço do trabalho, o salário mínimo. Isso pode ser feito tornando ilegal a prática de um preço inferior a um determinado nível estabelecido.

Em um mercado perfeitamente competitivo, como visto anteriormente, qualquer preço acima do equilíbrio pode gerar um excesso de oferta. Preços maiores tendem a elevar a quantidade ofertada e reduzir a quantidade demandada do produto. Na figura abaixo, é possível observar que, considerando que o produtor não seja capaz de prever corretamente quanto poderá vender ao preço mínimo, a quantidade ofertada será Q_2 e a quantidade demandada Q_1. O excesso de oferta será a diferença $Q_2 - Q_1$. Porém, a quantidade efetivamente comercializada neste mercado se reduzirá de Q^* para Q_1.

Figura 5.8: Efeito de preço mínimo sobre o bem-estar

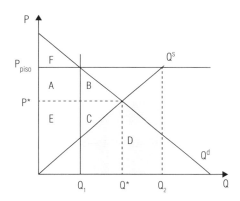

Fonte: Os autores.

Tabela 5.2: Análise de bem-estar

	Antes	**Depois**	**Variação**
Consumidor	F + A + B	F	– A – B
Produtor	E + C	E + A – D	– C + A – D
Total	F + A + B + E + C	F + E + A – D	– B – C – D

Fonte: Os autores.

O impacto sobre o bem-estar dos consumidores é evidente – eles perderão com a política de precificação. O preço maior impacta sobre o bem-estar dos consumidores de duas maneiras: aqueles que permanecerem no mercado agora pagarão um preço mais elevado, o que reduzirá o excedente em A; os consumidores que deixarem o mercado sofrerão uma redução equivalente à área B.

Assim, os consumidores, como um todo, terão o bem-estar reduzido em A e B.

Do ponto de vista dos produtores, estes receberão um preço maior pela quantidade que vendem e terão um ganho representado pela área A. No entanto, há uma perda de bem-estar decorrente da queda nas vendas (de Q_0 para Q_1) equivalente à área C.

Mas isso não é tudo. E a quantidade produzida que não foi vendida? É preciso considerar o custo associado à produção da quantidade ofertada para a qual não existe comprador, o excedente de oferta $Q_2 - Q_1$.

Como visto anteriormente, a curva de oferta representa o custo marginal de cada unidade adicional. A área D situada abaixo da curva de oferta, entre q_2 e q_1, representa, portanto, o custo de produção das unidades excedentes não vendidas, que deve ser levado em consideração na avaliação do bem-estar do produtor.

O efeito líquido total seria uma redução de bem-estar correspondente às áreas B, C e D. Os consumidores perdem A e B, os produtores perdem C e D e ganham A. Como a área A é transferida dos consumidores para os produtores, o peso morto será o equivalente às áreas B, C e D. Observe que, se os produtores fizerem uma previsão correta de que poderão vender apenas a quantidade Q_1, a perda líquida de bem-estar será apenas B e C.

Como será visto a seguir, o impacto de uma política de preços mínimos dependerá, em grande medida, da política do governo no que diz respeito ao excedente de oferta.

Suporte de preços (ou preço de garantia) e cota de produção

Suporte de preços

Quando o governo, além de fixar um preço mínimo, adquire a produção excedente de forma a mantê-lo elevado (isto é, estabelece um preço de garantia), diz-se que ele adota uma política de suporte de preços.

Políticas de garantia de preços têm sido utilizada pelos governos para atender aos interesses de produtores agrícolas a fim de garantir uma renda mínima. A política de defesa do preço do café decidida no Convênio de Taubaté (1906) pode ser enquadrada nessa categoria de política econômica, por exemplo.

Na política de suporte de preços nada muda para o consumidor em relação à política de preços mínimos. Com preço maior, a quantidade demandada será Q_1, e os consumidores continuarão perdendo as áreas A e B. O produtor, por sua vez, continuará ofertando Q_2 unidades. A diferença agora é que ele tem quem compre o excesso de oferta $Q_2 - Q_1$. O governo comprará o excesso de oferta ao preço mínimo garantido, o que elevará o excedente do produtor em A, B e C.

Entretanto, o custo para o governo, representado pelas áreas B, C, D e G, deverá ser levado em conta quando se avalia o impacto da política sobre o bem-estar da sociedade. Os gastos do governo devem ser financiados via arrecadação tributária representando um custo para consumidores e produtores.

Figura 5.9: Efeito de política de suporte de preços sobre o bem-estar

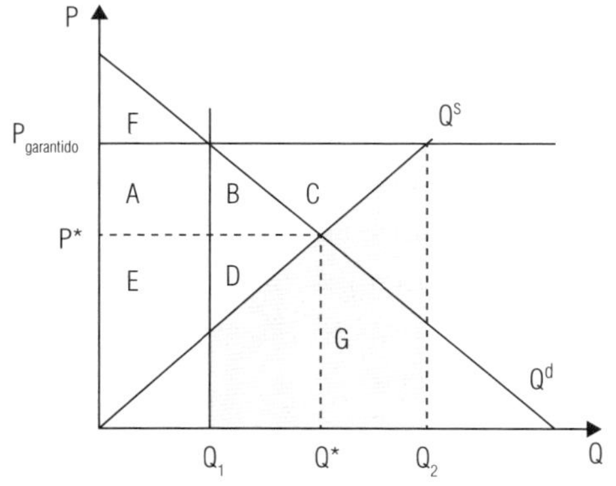

Fonte: Os autores.

Tabela 5.3: Análise de bem-estar

	Antes	Depois	Variação
Consumidor	F + A + B	F	– A – B
Produtor	E + D	A + B + C + D + E	A + B + C
Governo	–	-B-C-D-G	– B – C – D – G
Total	F + A + B + E + D	F + A + E – G	– B – D – G

Fonte: Os autores.

A variação total do bem-estar será igual à variação do excedente do produtor e do consumidor menos o custo para o governo. Resumindo: os consumidores perdem A e B, os produtores ganham A, B e C, e o governo tem um custo de B, C, D e G. O peso morto da política de suporte de preços será, portanto, B, D e G, exatamente o mesmo resultado obtido com a política de preço mínimo, com a diferença que recursos (C + B + D + G) são transferidos da sociedade (governo) para os produtores.

Cotas de produção

A manutenção de preços acima do equilíbrio de mercado pode ser viabilizada, alternativamente, por programas de restrição à oferta. Esta pode se dar por meio da imposição de cotas de produção ou, ainda, por meio da concessão de incentivos financeiros para que os produtores reduzam a quantidade ofertada. Tal como no suporte de preços, essas políticas são comumente utilizadas como apoio ao setor agrícola. Um exemplo é a Política Agrícola Comum (PAC) da União Europeia.

O impacto de uma política de restrição à produção por intermédio da imposição de cotas de produção pode ser observado na figura abaixo. A cota estabelece um teto sobre a quantidade que os produtores podem ofertar, por exemplo, Q_1. Com a produção restrita à Q_1, o preço praticado será Ps.

Figura 5.10: Efeito de cota de produção sobre o bem-estar

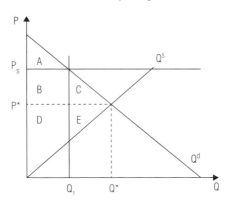

Fonte: Os autores.

Tabela 5.4: Análise de bem-estar

	Antes	Depois	Variação
Consumidor	A + B + C	A	– B – C
Produtor	D + E	D + B	+ B – E
Governo	–	–	-
Total	A + B + C + D + E	A + D + B	– E – C

Fonte: Os autores.

Os consumidores que permanecerem no mercado agora pagarão o preço P_s, o que reduzirá o seu excedente em B. Os demais deixarão o mercado com uma redução no excedente equivalente à área C. Os consumidores, como um todo, terão o bem-estar reduzido em B e C.

Os produtores receberão um preço maior pela quantidade que vendem e terão um ganho representado pela área B. No entanto, perderão o equivalente à área E em função do menor nível de produção. O efeito total seria uma perda líquida de bem-estar correspondente às áreas C e E.

Considere, agora, um programa de restrição à produção associado a incentivos financeiros. Neste caso, o governo paga para o produtor reduzir sua produção. É possível observar na Figura 5.11 que, para garantir que a produção se restrinja à mesma quantidade estabelecida pela cota de produção, o governo teria que conceder ao produtor um benefício equivalente às áreas C, E e F – o excedente que os produtores teriam que renunciar ao limitar sua produção à Q_1.

Ao limitarem a produção à Q_1, os produtores, tal como na política de cota, perderão a área E e ganharão B. No entanto, com o incentivo monetário concedido pelo governo, ganharão C, E e F. O programa, portanto, aumentará o excedente do produtor em B, C e F. Os consumidores, por sua vez, perderão as áreas B e C.

Figura 5.11: Efeito de programas de incentivo à redução da produção sobre o bem-estar

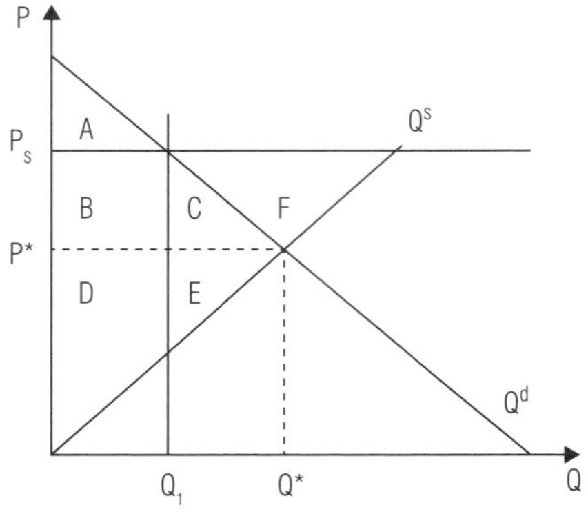

Fonte: Os autores.

Tabela 5.5: Análise de bem-estar

	Antes	Depois	Variação
Consumidor	A + B + C	A	– B – C
Produtor	D + E	D + E + B + C + F	B + C + F
Governo	–	– E – C – F	– E – C – F
Total	A + B + C + D + E	A + D + B	– E – C

Fonte: Os autores.

O benefício líquido do programa será igual à variação do excedente do produtor e do consumidor menos o custo para o governo. Em suma: os consumidores perdem B e C, os produtores ganham B, C e F e o governo tem um custo de C, E e F. O peso morto desse programa será, portanto, C e E – o mesmo da cota de produção.

Exercícios resolvidos e comentados

1. **Preços bolivarianos**

    ARGENTINA APROVA REFORMA DA LEI QUE LIMITA PREÇOS E MARGENS DE LUCRO
    BUENOS AIRES – A Câmara dos deputados da Argentina aprovou a chamada Lei de Abastecimento, que aumenta o controle do Estado nas cadeias de

produção industrial e agrícola. [...] Assim como uma lei que existe na Venezuela, a reforma que a presidente Cristina Kirchner conseguiu aprovar fixa **limites de preços** e de margem de lucro, além de cotas de produção. [...] Os empresários estarão sujeitos a multas, ao fechamento do estabelecimento por até noventa dias e à suspensão de registro para comércio de até cinco anos.

Na Venezuela, a chamada Lei Preço Justo, que inclui controles e multas semelhantes, além de pena de prisão, provocou desabastecimento e criou um mercado negro de produtos de primeira necessidade.

[...] Nas suas exposições durante a sessão que aprovou a medida, os deputados governistas destacaram a importância de proteger o consumidor e evitar abusos das empresas. Já a bancada de oposição sustentou que o aumento da interferência do Estado afugentará ainda mais os investidores.

Valor Econômico Online, 18/09/2014

Nesta questão avaliaremos o impacto de políticas de controle de preços – como as adotadas na Venezuela e Argentina – sobre o funcionamento dos mercados. Suponha que o mercado de farinha de trigo na Argentina seja perfeitamente competitivo e possa ser descrito por:

$Q_d = 17,5 - 0,5P$

$Q_s = -2 + 6P$

Em que Q é a quantidade comercializada em milhões de quilos de farinha de trigo e P, o preço em pesos por quilo. Imagine que o governo argentino estabeleça um preço máximo para a farinha de trigo de 1 peso por quilo.

1.1. O artigo menciona que medidas semelhantes na Venezuela ocasionaram "desabastecimento" e o aparecimento de um "mercado negro". Críticos defendem que esse mesmo efeito ocorreria no mercado argentino de farinha de trigo. Com base nos dados do problema acima, indique em um gráfico o preço máximo, de quanto seria a escassez (ou desabastecimento) e o preço que o consumidor pagaria (ilegalmente) pelo produto se surgisse um mercado negro de farinha de trigo.

$P_{máximo} = 1$ peso por quilo

Substituindo o preço máximo (1 peso) nas curvas de demanda e oferta, temos:

Qd = 17,5 − 0,5(1) = 17

Qs = − 2 + 6(1) = 4

A quantidade demandada será de 17 milhões de quilos enquanto a quantidade ofertada não passará de 4 milhões de quilos.

A escassez nesse mercado será de 13 milhões de quilos.

Escassez = quantidade demandada − quantidade ofertada

Escassez = 17 − 4 = 13

O preço no mercado negro (P_N) equivale ao preço marginal que os consumidores estariam dispostos a pagar se apenas 4 milhões de quilos fossem ofertados. Portanto, devemos substituir a quantidade ofertada na curva de demanda:

Qd = 17,5 − 0,5P_N

4 = 17,5 − 0,5P_N

P_N = 13,5 / 0,5 = 27 pesos

O preço no mercado negro seria de 27 pesos por quilo.

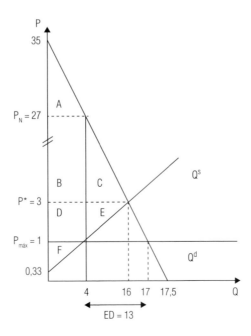

1.2 Já defensores da medida mencionam a "importância de proteger o consumidor e evitar abusos das empresas". Para avaliar isso, faremos uma análise de bem-estar da política.

    1.2.1 Preencha a tabela abaixo, indicando com letras o impacto nos excedentes do consumidor, do produtor e no excedente total da medida.

    1.2.2 Calcule (em valores monetários) o efeito líquido da medida sobre consumidores, produtores e a sociedade como um todo. Preencha a última coluna da tabela com esses valores.

    1.2.3 Você acredita que a medida é eficiente no sentido de proteger os consumidores argentinos? Justifique.

	Economia livre	Economia COM preço máximo	Variação	Variação em $
Consumidor	A + B + C	A + B + D	D − C	(8 − 144) = − $ 136 milhões
Produtor	D + E + F	F	− D − E	(− 8 − 12) = − $ 20 milhões
Total	A + B + C + D + E + F	A + B + D + F	− C − E	(− 144 − 12) = − $ 156 milhões

Área D (área do retângulo): (3 − 1) · 4 = $ 8 milhões

Área C (área do triângulo): (27 − 3) · (16 − 4) / 2 = $ 144 milhões

Área E (área do triângulo): (3 − 1) · (16 − 4) / 2 = $ 12 milhões

A medida é claramente ineficiente, reduzindo o bem-estar dos consumidores em $ 130 milhões e causando um peso morto de $ 150 milhões. Isto ocorre porque a política beneficia aqueles consumidores que conseguem comprar o produto mais barato (área D), mas prejudica outros que compravam o produto antes – mesmo que mais caro – e agora ficam sem (área C). Neste caso, como a demanda por trigo é muito inelástica (já que este é um bem essencial), as perdas superam em muito os ganhos, e o excedente dos consumidores, em conjunto, diminui.

1.3 Deputados argentinos defendem que as regras visam proteger os consumidores de empresas com posição de domínio em seus mercados, ou seja, monopólios e oligopólios.

1.3.1 Se o mercado de farinha de trigo for realmente monopolizado, qual o efeito do estabelecimento de uma política de preço máximo sobre o bem-estar? Explique (não é preciso calcular).

Diferentemente de um produtor competitivo, um monopólio, como será estudado no próximo capítulo, cobra um preço acima do custo marginal e produz uma quantidade menor do que a socialmente desejável, gerando ele próprio um peso morto. Se isso também valesse para o mercado de farinha de trigo, o governo poderia maximizar o bem-estar da sociedade, estabelecendo um preço máximo igual ao custo marginal.

1.3.2 Você acha que o mercado de farinha de trigo é competitivo ou monopolizado? Justifique sua resposta mencionando as 4 características principais de um mercado perfeitamente competitivo.

É provável que o mercado de farinha de trigo na Argentina seja competitivo, já que ele atende às suas 4 características principais: (1) muitos produtores pequenos tomadores de preço (2) vendendo bens homogêneos, (3) com livre entrada e saída e (4) simetria de informações.

2. **Garantia de preços mínimos para produção agrícola**
A Política de Garantia de Preços Mínimos (PGPM), lançada em 1966, ainda exerce papel relevante na política agrícola brasileira e, consequentemente, nas decisões do produtor sobre o plantio, atenuando as oscilações de preços, que são característica do mercado agrícola. Por meio de instrumentos como a aquisição e o empréstimo, o governo atua comprando o excedente ou financiando a estocagem, sempre que o preço de mercado se situa abaixo do preço mínimo. Este é definido pelo governo para os produtos das safras regionais e de safra de verão e pode ocorrer por meio de operações de compra, de equalização de preços ou de financiamento. A atuação governamental é feita quando o preço de mercado está abaixo do mínimo nas regiões produtoras.

Nesta questão analisaremos o impacto sobre o bem-estar de duas políticas alternativas de apoio ao produtor rural. Suponha inicialmente que o mercado, livre de qualquer intervenção do governo, apresente a seguinte curva de demanda e de oferta para um produto agrícola:

$Qd = 8.000 - 500P$

$Qs = 1.000 + 200P$

Em que Q é a quantidade em toneladas de grãos por ano e P o preço por toneladas de grãos em US$.

2.1 Calcule o preço e a quantidade de equilíbrio no mercado.

$Qd = Qs$

$8.000 - 500P = 1.000 + 200P$

$P = 10$

Substituindo P = 10 na demanda ou na oferta encontramos:

$Q = 3.000$

O preço de equilíbrio será US$ 10,00 por tonelada e serão comercializadas 3 mil toneladas.

2.2 Suponha que o preço de mercado se encontre abaixo do preço mínimo estipulado de US$ 12,00 por tonelada e que, em função disso, produtores agrícolas passem a pleitear junto ao governo a adoção de alguma política de apoio. Nesta questão vamos analisar duas políticas alternativas.

2.2.1 Suponha inicialmente a adoção de uma política de suporte de preço. Calcule a quantidade demandada e a quantidade ofertada para o preço mínimo da política de suporte de preço (Pmín=12).

Substituindo o preço mínimo = 12 nas funções de demanda e oferta, obtemos:

Qd = 8.000 − 500(12) = 2.000 toneladas

Qs = 1.000 + 200(12) = 3.400 toneladas

Ao preço mínimo de US$ 12,00 a tonelada, a quantidade demandada será 2 mil toneladas e a quantidade ofertada 3.400 toneladas. O excesso de oferta será de 1.400 toneladas.

2.2.2 Faça a análise de bem-estar (tabela comparando antes e depois da política), mostrando as áreas relevantes (use letras para indicar as áreas, não é preciso calcular valores monetários). Para tanto, desenhe um gráfico com as curvas de demanda e de oferta do item 2.1, indicando o preço de equilíbrio, o preço mínimo estipulado e as quantidades demandadas e ofertadas a esse preço.

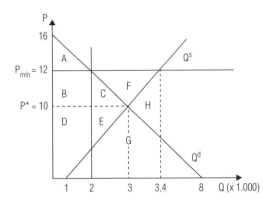

Análise de bem-estar

	Sem suporte de preços	Com suporte de preços	Variação
Consumidor	A + B + C	A	– B – C
Produtor	D + E	B + C + F + D + E	+ B + C + F
Governo		– C – E – F – G – H	– C – E – F – G – H
Total	A + B + C + D + E	A + B + D – G – H	– C – E – G – H

2.2.3 Calcule os gastos do governo com a política de suporte de preço.

O governo compra o excedente de oferta de 1.400 toneladas de grãos ao preço mínimo de US$ 12,00 a tonelada. Assim, o custo para o governo será de 1.400 · 12 = US$ 16.800,00. No gráfico o custo para o governo corresponde à área C+E+F+G+H.

2.2.4 Calcule o peso morto em valores monetários.

O peso morto é dado pela área C+E+G+H. Podemos observar que esse valor equivale ao gasto total do governo com a política menos a área F. Ou seja:

Peso morto = área C+E+G+H = 16.800 − F

Como a área F será igual a US$ 1.400,00 (F = (1.400x2)/2 = US$ 1.400,00), o peso morto da política será de US$ 15.400,00 (16.800 − 1.400 = 15.400).

2.3 Suponha agora a adoção de uma política governamental de transferência direta de renda (suporte direto de renda) capaz de gerar o mesmo benefício para os produtores agrícolas.

    2.3.1 Quanto o governo deveria transferir aos produtores para que eles possam obter o mesmo bem-estar que ganhariam com a política de suporte de preços?

Valor equivalente à área do trapézio B + C + F = $\dfrac{h(B+b)}{2}$ = 2 (3.400 + 3.000)/2 = 6.400

O governo deveria transferir US$ 6.400,00 aos produtores.

    2.3.2 Qual o custo para a sociedade (peso morto)?

A política de suporte de renda consiste de uma mera transferência, sem que se alterem as condições prevalecentes em um equilíbrio competitivo (preços e quantidades). Não há, portanto, peso morto, e o custo para sociedade será zero.

3. **Salário mínimo e bem-estar**
Uma questão importante para o mercado de trabalho é o impacto da fixação de um salário mínimo sobre o desemprego e o bem-estar de trabalhadores e empregadores. Esta questão será avaliada neste exercício.[3]
Pode-se representar o mercado de trabalho por meio de um modelo de oferta e demanda. Do lado da oferta de trabalho estão os trabalhadores e do lado da demanda os empregadores. A oferta de trabalho mostra

---

3 Outra questão muito debatida é sobre quem recai a maior parte da carga fiscal sobre a folha: sobre o trabalhador ou sobre a empresa? Será que alterar a proporção segundo a qual empresas e trabalhadores contribuem ao INSS faz sentido? Isso será alvo de estudo no exercício sobre encargos trabalhistas e bem-estar.

o número de trabalhadores (ou horas de trabalho) dispostos a ofertar seus serviços por um determinado salário. Quanto maior o salário maior o número de trabalhadores dispostos a trabalhar. A demanda por trabalho fornece o número de trabalhadores (ou horas de trabalho) que os empregadores estariam dispostos a contratar a diferentes salários. Quanto maior o salário menor a quantidade demandada de trabalho. O salário é o preço do trabalho.

Sabemos que o mercado de trabalho é bastante complexo. Em uma simplificação, suponha um mercado de trabalho específico perfeitamente competitivo em que a interação entre trabalhadores (oferta) e empregadores (demanda) determina o salário de equilíbrio e o nível de emprego.[4]

Imagine que as curvas de demanda e de oferta de trabalho possam ser descritas por:

$$Q_L^D = 160 - 2P_w$$

$$Q_L^S = -2 + P_w$$

Em que a quantidade de trabalho (Q_L) é dada em mil de trabalhadores, e o P_w é o preço do trabalho (ou salário), em reais (R$) por dia trabalhado.

3.1 Desenhe as curvas de oferta e de demanda de trabalho e indique o equilíbrio. Quantos trabalhadores estão empregados? Qual salário eles recebem por dia?

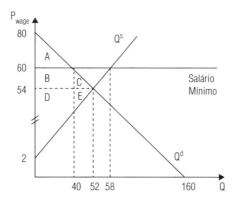

---

[4] Há um extenso debate teórico e empírico sobre os efeitos do aumento do salário mínimo no mercado de trabalho. Os resultados são muito suscetíveis à metodologia utilizada, grupo populacional considerado, elasticidades da demanda, entre outros fatores. Para uma discussão sobre o assunto ver: CARD, David; KRUEGER, Alan B. *Myth and Measurement*: The New Economics of Minimum Wage. Princeton, NJ: Princeton University Press, 1995.

No equilíbrio: $Q_L^S = Q_L^D$

$-2 + P_W = 160 - 2P_W$

$3P_W = 162$

$P_W = 54$

Substituindo $P_W = 54$ em: $Q_L = 160 - 2P_W$

$Q_L = 160 - 2(54) = 52$

O mercado de trabalho está em equilíbrio quando a oferta é igual à demanda: 52 mil trabalhadores estão empregados a um salário de R$ 54,00 por dia. No equilíbrio, todos que estão procurando trabalho ao salário de mercado conseguem obtê-lo.

3.2 O governo decidiu estabelecer um salário mínimo (isto é, um preço mínimo para P_w) de R$ 60,00 por dia, com objetivo de melhorar o bem-estar de todos os trabalhadores. Indique o preço mínimo no seu gráfico no item 3.1 e faça uma análise de bem-estar, mostrando claramente: o excesso (o desemprego) ou a escassez de trabalho (a falta de trabalhadores), a variação no excedente do trabalhador, a variação no excedente do empregador e o peso morto. Obs.: Utilize letras para facilitar a análise. Não é preciso calcular valores.

Considere o equilíbrio de mercado do item 3.1. O excedente do empregador é a diferença entre o salário que estaria disposto a pagar e o salário efetivamente pago – o que equivale às áreas A + B + C. O excedente do trabalhador é a diferença entre o salário ao qual ele estaria disposto a trabalhar e o salário que recebe no mercado – o que corresponde às áreas D + E. No equilíbrio competitivo, todos que estão procurando trabalho ao salário de mercado conseguem obtê-lo – a quantidade ofertada de trabalho é igual à quantidade demandada. Nesse sentido não há desemprego no mercado e o excedente total é maximizado.

Análise de bem-estar

	Antes	Depois	Variação
Empregador	A + B + C	A	– B – C
Trabalhador	D + E	B + D	B – E
Total	A + B + C + D + E	A + B + D	– C – E

Ao salário mínimo Pw = R$ 60,00, o número de trabalhadores dispostos a trabalhar (quantidade ofertada) é maior que o número de trabalhadores que os empregadores desejam contratar (quantidade demandada). O desemprego $Q_L^O - Q_L^D$ ao salário mínimo de R$ 60,00 será:

$Q_L^O = -2 + 60 = 58$

$Q_L^D = 160 - 2(60) = 40$

Desemprego = 58 – 40 = 18 mil de trabalhadores.

Observe que o desemprego possui dois componentes: uma parcela dos trabalhadores que perdeu o emprego (52 – 40 = 12 mil trabalhadores) e uma parcela que, ao salário de mercado, não estava disposta a trabalhar, mas agora diante de um salário maior, procura por trabalho (58 – 52 = 6 mil trabalhadores).

Por meio do gráfico e da tabela acima é possível observar que os trabalhadores que permanecerem empregados receberão agora um salário maior e obterão um ganho de bem-estar equivalente à área B. Aqueles que perderem o emprego terão o seu bem-estar reduzido em E. A variação total do excedente do trabalhador será + B – E.

Observe que quanto mais inelástica for a demanda por trabalho, maior será o ganho daqueles que permanecerem empregados (área B) em relação aqueles que perderem seus empregos (área E).

A variação no excedente do empregador será – B – C. O empregador perde B porque agora terá que pagar um salário maior aos trabalhadores que permanecerem empregados, e perde C em decorrência da redução da quantidade demandada de trabalhadores (redução na contratação).

Como as perdas com a fixação do salário mínimo (– E para os trabalhadores e – B – C para os empregadores) superam os ganhos (+ B para os trabalhadores empregados), a política tem um impacto negativo sobre o bem-estar da sociedade, com um peso morto equivalente às áreas C e E.

3.3 De acordo com esse modelo, o governo conseguiu alcançar seu objetivo de "aumentar o bem-estar de todos os trabalhadores"? Explique sua resposta.

Não. Ele aumentou o bem-estar dos trabalhadores que continuam empregados e agora ganham mais (área B), mas reduziu o bem-estar dos trabalhadores que estavam empregados ao salário de mercado (R$ 54,00) e agora perderam o emprego (área E).

3.4 Faça uma pesquisa na internet sobre este tema, procure estudos empíricos a respeito dos efeitos do salário mínimo sobre o emprego e discuta com seu professor os resultados dos estudos.

Impostos e subsídios

Impostos

Considere um imposto específico t, também conhecido por imposto sobre quantidade.[5] Esse tipo de imposto consiste em um valor absoluto arrecadado sobre cada unidade transacionada – para cada unidade, t reais (R$) são recolhidos aos cofres do governo. Neste caso, o preço a ser pago pelo consumidor Pc deverá ser t reais (R$) superior ao preço recebido pelo vendedor Pv, ou seja: Pc – Pv = t.

Para exemplificar, suponha um imposto t = R$ 1,00 cobrado dos produtores. A curva de oferta se deslocará para cima no valor do imposto (tal como um aumento no custo de produção de t reais por unidade). Em um

---

5 Impostos sobre valor, também conhecidos por impostos *ad valorem* serão abordados no exercício Encargos trabalhistas e bem-estar (p. 267). A análise para o imposto *ad valorem* será semelhante e os resultados, em termos qualitativos, também.

novo equilíbrio a quantidade comercializada se reduzirá de 100 para 90 unidades. O consumidor passará a pagar Pc = R$ 3,50, e o vendedor ficará com Pv = R$ 2,50, após pagar o imposto. Note que, embora o imposto seja pago pelos vendedores, o ônus do imposto será dividido entre consumidores e produtores (R$ 0,50 para cada).[6]

Figura 5.12: Imposto específico sobre a produção

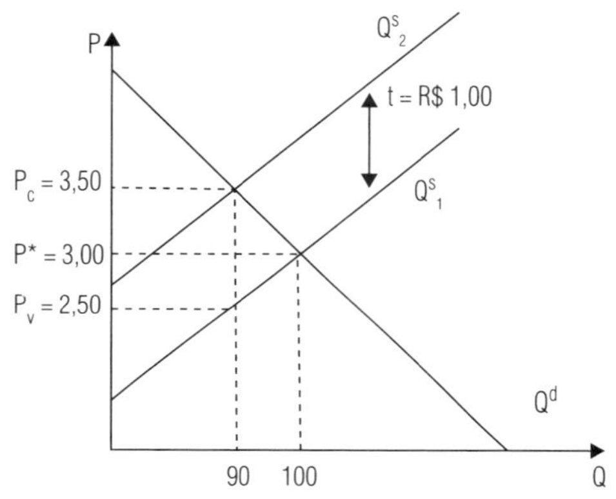

Fonte: Os autores.

E quando o imposto é cobrado dos consumidores? O que acontece? Eles terão que pagar um imposto ao governo, além do preço pago aos produtores. O imposto deslocará a curva de demanda para a esquerda. Para qualquer preço, em virtude do imposto, o preço efetivo pago pelos consumidores será R$ 1,00 maior. Tal como acima, a quantidade de equilíbrio cairá de 100 para 90 unidades, e o preço pago aos produtores será Pv = R$ 2,50. Como terão que recolher R$ 1,00 para o governo, o preço, de fato, pago pelos consumidores será Pc = R$ 3,50.

---

6 O ônus do consumidor não é necessariamente igual ao ônus do produtor. Como se verá adiante, o ônus de um imposto é maior para a parte cuja curva – de demanda ou de oferta – é relativamente mais inelástica.

Figura 5.13: Imposto específico sobre o consumo

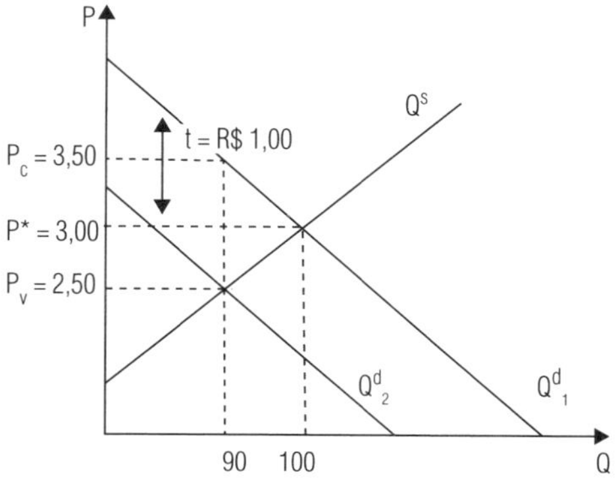

[Figura 5.13]

Fonte: Os autores.

Comparando os dois casos, é possível observar que impostos cobrados de consumidores e de vendedores geram resultados equivalentes. Um imposto sempre introduz uma cunha ou diferença entre o preço que os consumidores pagam e o preço que os vendedores recebem. Essa cunha é a mesma, independente da forma de recolhimento do imposto. Compradores e vendedores compartilham o ônus do imposto, independente de quem o paga.

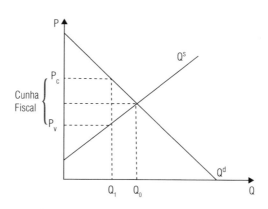

Figura 5.14: Cunha fiscal

Fonte: Os autores.

No exemplo anterior, a carga fiscal é compartilhada igualmente entre consumidores e produtores. Entretanto, nem sempre é assim. O impacto do imposto dependerá das elasticidades da oferta e da demanda. É possível observar na figura a seguir que o ônus de um imposto recai mais fortemente sobre o lado mais inelástico do mercado – aquele que não consegue responder tão facilmente ao imposto, alterando a quantidade consumida ou vendida.

Figura 5.15: Elasticidades e repartição do ônus do imposto entre produtores e compradores

Fonte: Os autores.

Quando a demanda é mais inelástica do que a oferta, o consumidor arcará com a maior parte do imposto. Se a oferta for mais inelástica, será o produtor quem pagará a maior parte.

E qual será o impacto sobre o bem-estar? Na figura a seguir, fica claro que consumidores e produtores ficarão em pior situação. Como o preço que o consumidor pagará será maior, o seu excedente se reduzirá em B e C. O produtor, por sua vez, receberá um preço menor e perderá o equivalente às áreas D e E. E quanto ao governo? Uma parte da perda dos consumidores (área B) e produtores (área D) será transferida a ele via impostos. A arrecadação do governo será o valor do imposto t multiplicada pela quantidade Q_1, o que equivale a B e D.

A variação total do bem-estar será a soma das variações dos excedentes do consumidor e produtor mais a receita tributária do governo. O resultado será uma perda de bem-estar equivalente às áreas C e E.

Figura 5.16: Efeito de imposto específico sobre bem-estar

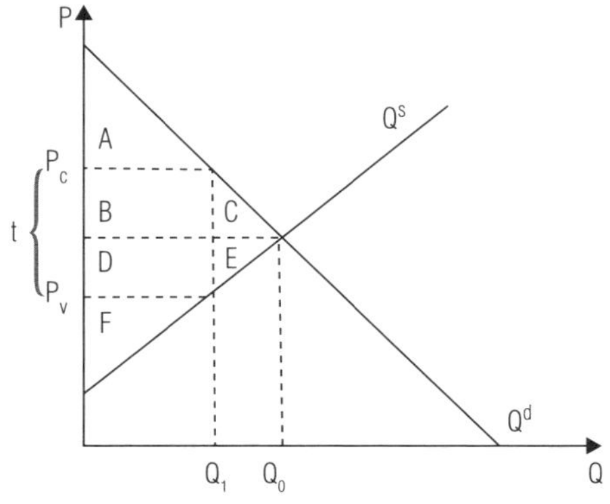

Fonte: Os autores.

Tabela 5.6: Análise de bem-estar

	Antes	Depois	Variação
Consumidor	A + B + C	A	– B – C
Produtores	D + E + F	F	– D – E
Governo	---	B + D	B + D
Total	A + B + C + D + E + F	A + F + B + D	– C – E

Fonte: Os autores.

Em suma, o peso morto surge porque os impostos distorcem os incentivos, reduzindo o mercado a um nível abaixo do eficiente. Ao aumentar o preço para os consumidores e diminuir o preço para os produtores, os mesmos são incentivados a consumir e a produzir menos, reduzindo, assim, o tamanho do mercado abaixo do equilíbrio competitivo.

Subsídios

O impacto da concessão de um subsídio pode ser avaliado da mesma forma que a imposição de um imposto. A diferença é que o subsídio deve ser pensado como um imposto negativo. Considere a concessão de um subsídio de s reais sobre a quantidade comercializada. Diferentemente do imposto, o preço recebido pelo vendedor será maior do que o preço pago pelo consumidor em uma quantia igual ao valor do subsídio, ou seja: Pv − Pc = s.

Como o subsídio tende a aumentar o preço que o produtor recebe e reduzir o preço que o consumidor paga, ambos serão incentivados a aumentar as quantidades ofertadas e demandadas, respectivamente. O equilíbrio ocorrerá em Q_2 unidades, em um nível superior ao competitivo e, portanto, acima do nível eficiente Q_0.

É possível observar que ambos, consumidores e produtores, serão beneficiados.[7] O excedente do consumidor aumentará em E + G + H, e o excedente do produtor em B + C. E quanto ao governo? Qual o custo da política? O governo gastará o valor do subsídio s multiplicado pela quantidade produzida Q_2, o que equivale à área do retângulo B + C + D + E + G + H + I. O custo para o governo será, portanto, maior que o aumento no excedente do produtor e do consumidor. O resultado será uma perda de bem-estar equivalente às áreas D e I.

Figura 5.17: Efeito de um subsídio sobre bem-estar

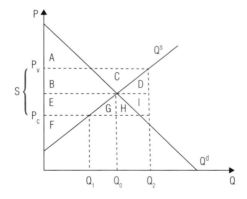

Fonte: Os autores.

---

7 Tal como no caso do imposto, o benefício de um subsídio será dividido entre consumidores e produtores, dependendo das elasticidades da demanda. Se a demanda é mais inelástica que a oferta, o consumidor será o mais beneficiado pelo subsídio.

Tabela 5.7: Análise de bem-estar

	Antes	Depois	Variação
Consumidor	A + B	A + B + E + G + H	+ E + G + H
Produtores	E + F	E + F + B + C	B + C
Governo	---	– B – C – D – E – G – H – I	– B – C – D – E – G – H – I
Total	A + B + E + F	A + E + F + B – D – I	– D – I

Fonte: Os autores.

O peso morto, representado pelas áreas D e I, surge em decorrência do excesso de produção em relação ao nível eficiente Q_0. Para cada unidade produzida entre Q_0 e Q_2, a curva de oferta está acima da demanda, indicando que o custo marginal é maior do que o valor que os consumidores atribuem àquelas unidades.

Exercícios resolvidos e comentados

1. **GOVERNADOR DE SÃO PAULO PROPÕE ISENÇÃO DE IMPOSTO SOBRE ARROZ E FEIJÃO**
   O governador de São Paulo, Geraldo Alckmin (PSDB), quer aumentar o imposto cobrado de cerveja e cigarro, ao mesmo tempo que isentou dois produtos da dieta básica do brasileiro: o arroz e o feijão. A redução do ICMS dos dois alimentos já está publicada e entrará em vigor em 2016, mas a elevação do tributo sobre a bebida alcoólica e o derivado do tabaco depende de aprovação dos deputados estaduais.[8]
   Nesta questão utilizaremos o mercado de um bem hipotético no intuito de avaliar o impacto da isenção dos impostos sobre o bem-estar. Considere que esse mercado seja perfeitamente competitivo e que a demanda e a oferta sejam expressas por:

   $Qd = 2.400 – 6P$

   $Qs = – 400 + 2P$

---

8 Disponível em: <http://politica.estadao.com.br/noticias/geral,alckmin-quer-elevar-icms-da-cerveja-e-do-cigarro-e-zera-o-do-arroz-e-do-feijao,10000000814>. Acesso em: 14 dez. 2016.

Em que P é o preço em reais (R$) por tonelada e Q é a quantidade em toneladas.

Suponha que o imposto praticado atualmente seja de 100 reais por tonelada (t = 100).

1.1 Calcule:
- O preço pago pelos consumidores (Pc).
- O preço recebido pelos produtores (Pv).
- A quantidade com o imposto.
- A arrecadação do governo.

O quadro a seguir explicita quais condições devem ser satisfeitas para encontrarmos o equilíbrio de mercado após a implementação do imposto.

Equilíbrio de mercado com imposto	
I. A quantidade demandada dependerá do preço que o consumidor deverá pagar	$Qd = f(Pc)$
II. A quantidade ofertada dependerá do preço que o produtor deverá receber	$Qs = f(Pv)$
III. A quantidade demandada deverá ser igual à quantidade ofertada	$Qd = Qs$
IV. A diferença entre o preço que o consumidor paga e o preço que o produtor recebe deve ser igual ao imposto t	$Pv - Pc = t$

Inicialmente, deve-se considerar que o que interessa aos consumidores é o preço pago (Pc) e para os produtores é o preço recebido (Pv) após a introdução do imposto. Assim podemos reescrever as curvas de demanda e oferta como:

$Qd = 2.400 - 6Pc$

$Qs = -400 + 2Pv$

O mercado estará em equilíbrio quando a quantidade demandada ao preço Pc se igualar à quantidade ofertada ao preço Pv.

$Qd = Qs$

$2.400 - 6Pc = -400 + 2Pv$

Sabemos que a diferenças entre os dois preços é igual ao valor do imposto cobrado. Então: $Pc - Pv = 100$ ou $Pc = Pv + 100$

Substituindo $Pc = Pv + 100$:

$2.400 - 6Pc = -400 + 2Pv$

$2.400 - 6(Pv + 100) = -400 + 2Pv$

Encontramos: $Pv = 275$ e $Pc = Pv + 100 = 375$

Para encontrarmos a quantidade de equilíbrio, podemos substituir:

Pc na demanda $Qd = 2.400 - 6Pc = 2.400 - 6(375) = 150$

ou

Pv na oferta $Qs = -400 + 2Pv = -400 + 2(275) = 150$

O comprador paga R$ 375,00 por toneladas, o produtor recebe R$ 275,00 por tonelada e são comercializadas 150 toneladas.

A arrecadação do governo é igual ao valor do imposto t multiplicado pela quantidade comercializada. A arrecadação do governo = t · Q = R$ 15.000,00.

1.2 Suponha agora a entrada em vigor da medida que elimina a cobrança do imposto sobre produto em questão. Encontre o preço e a quantidade de equilíbrio.

Quando não há cobrança de imposto, o preço que o consumidor paga será o mesmo que o produtor recebe: Pv = Pc = P. As quantidades demandadas e ofertadas dependem de um único preço P. Então:

$Qd = 2.400 - 6P$

$Qs = -400 + 2P$

No equilíbrio:

$Qd = Qs$

$2.400 - 6P = 400 + 2P$

Encontramos:

P = R$ 350,00 por tonelada   Q = 300 toneladas

O preço de equilíbrio será R$ 350,00 por tonelada, e serão comercializadas 300 toneladas.

1.3 Mostre no gráfico e em uma tabela o impacto da isenção do imposto sobre o bem-estar do consumidor, do produtor, do governo e da sociedade como um todo, isto é, o efeito total no bem-estar. Indique também o preço pago pelos consumidores (Pc), o preço recebido pelos produtores (Pv), a quantidade com o imposto e o preço e a quantidade de equilíbrio após a isenção.

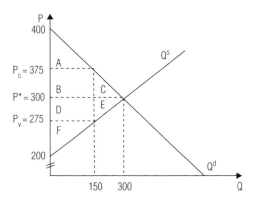

Análise de bem-estar

	Com imposto	Sem imposto	Variação
Consumidor	A	A + B + C	+ B + C
Produtor	F	D + E + F	+ D + E
Governo	B + D	-	- B - D
Total	A + F + B + D	A + B + C + D + E + F	+ C + E

1.4 O que é peso morto? Como ele é causado? Calcule-o (se houver).

Peso morto é uma perda líquida de bem-estar. O peso morto é causado por uma redução no tamanho do mercado: em vez de 300, apenas 150 toneladas serão comercializadas. Consumidores que atribuem a esse bem um valor superior ao custo de produção, não poderão mais o comprar, o que acarreta uma ineficiência ou perda de bem-estar.

Para calcular o peso morto, precisamos comparar a quantidade de equilíbrio no mercado perfeitamente competitivo, antes da implementação do imposto, com a quantidade de equilíbrio após a adoção do imposto.

Observe no gráfico do item 1.3 que o peso morto equivale à área do triângulo C + E. Sabemos que a área de triângulo é igual a (base · altura)/2. A base é a diferença entre a quantidade de equilíbrio sem e com imposto: 300 – 150 = 150. A altura é o valor do imposto = 100. Então o peso morto é de (150 · 100)/2 = R$ 7.500,00.

1.5 Neste caso, quem mais se beneficia com a isenção do imposto, o produtor ou o consumidor? O que determina quem mais se apropria desse benefício? Explique.

Quem mais se beneficia com a isenção do imposto é o produtor. O benefício do produtor (B + C) é superior ao benefício do consumidor (D + E).

Isso depende das elasticidades da oferta e da demanda. Como a oferta é mais inelástica do que a demanda, o produtor foi o mais prejudicado com a implementação do imposto. Logo, obviamente, ele será o mais beneficiado com a isenção do imposto.

2. **Venezuela aprova subsídios para conter desabastecimento**

   O governo da Venezuela aprovou em 2013 uma série de medidas para conter o desabastecimento de alimentos no país. Segundo o Banco Central venezuelano, a falta de alimentos é a maior em cinco anos. Além de farinha de milho, insumo principal da *arepa*, comida que é a base alimentar venezuelana, faltam farinha de trigo, frango, leite, açúcar e papel higiênico. Entre as medidas adotadas, está a concessão de subsídios para os produtores de leite, que passarão a receber um subsídio de 7,5 bolívares venezuelanos por litro de leite.

   Nesta questão utilizaremos um mercado bem hipotético no intuito de avaliar o impacto da concessão dos subsídios sobre o bem-estar. Suponha um mercado perfeitamente competitivo em que a demanda e a oferta de um bem possam ser expressas por:

   Qd = 200 – 0,5 P   Qs = –100 + P

   Em que P é o preço em bolívares venezuelanos por unidade (VEF), e Q é a quantidade em milhares de unidades.

   2.1 Calcule o preço e a quantidade de equilíbrio.

$Qd = 200 - 0{,}5P$

$Qs = -100 + P$

No equilíbrio:

$Qd = Qs$

$200 - 0{,}5P = -100 + P$

Encontramos:

P = 200 bolívares   Q = 100 mil unidades

O preço de equilíbrio será 200 bolívares venezuelanos a unidade, e serão comercializadas 100 mil unidades.

2.2 Suponha que o governo conceda um subsídio de VEF$ 15,00 por unidade (s = VEF$ 15,00). Calcule:
- O preço pago pelos consumidores (Pc).
- O preço recebido pelos produtores (Pv).
- A quantidade com o subsídio.
- O custo para o governo.

O quadro a seguir resume quais condições devem ser satisfeitas para encontrarmos o equilíbrio de mercado após a implementação do subsídio.

Equilíbrio de mercado com subsídio	
I. A quantidade demandada dependerá do preço que o consumidor deverá pagar	$Qd = f(Pc)$
II. A quantidade ofertada dependerá do preço que o produtor deverá receber	$Qs = f(Pv)$
III. A quantidade demandada deverá ser igual à quantidade ofertada	$Qd = Qs$
IV. A diferença entre o preço que o produtor recebe e o preço que o consumidor paga deve ser igual ao subsídio s	$Pv - Pc = s$

Tal como no exercício anterior, deve-se considerar que o que interessa aos consumidores é o preço pago (Pc) e aos produtores é o preço recebido (Pv) após a concessão do subsídio. Assim, podemos reescrever as curvas de demanda e oferta como:

$Qd = 200 - 0{,}5Pc$

$Qs = -100 + Pv$

O mercado estará em equilíbrio quando a quantidade demandada ao preço Pc se igualar à quantidade ofertada ao preço Pv.

$Qd = Qs$

$200 - 0{,}5Pc = -100 + Pv$

Sabemos que a diferença entre os dois preços é igual ao valor do subsídio concedido. Então: Pv − Pc = 15 ou $Pv = Pc + 15$

Substituindo $Pv = Pc + 15$ em

$200 - 0{,}5Pc = -100 + Pv$

$200 - 0{,}5Pc = -100 + (Pc + 15)$

Encontramos: $Pc = 190$ e $Pv = Pc + 15 = 205$

Para encontrarmos a quantidade de equilíbrio, podemos substituir:

Pc na demanda $Qd = 200 - 0{,}5Pc = 200 - 0{,}5(190) = 105$

ou

Pv na oferta $Qs = -100 + Pv = -100 + (205) = 105$

O comprador paga 190 bolívares venezuelanos por unidade, o produtor recebe 205 bolívares venezuelanos por unidade e são comercializadas 105 mil unidades.

O custo para o governo será igual ao valor do imposto s multiplicado pela quantidade comercializada. Assim:

Custo para o governo = Subsídio · quantidade comercializada

= 15 · 105

= 1.575 bolívares venezuelanos

2.3 Desenhe as curvas de oferta e de demanda e mostre o <u>impacto da concessão do subsídio</u> sobre o bem-estar do consumidor, do produtor, do governo e da sociedade como um todo, isto é, o efeito total no bem-estar. <u>Utilize letras para indicar as diversas áreas</u>.

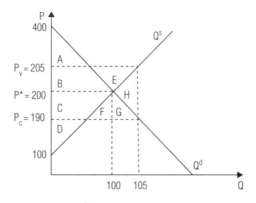

Análise de bem-estar

	Sem subsídio	Com subsídio	Variação
Consumidor	A + B	A + B + C + F + G	+ C + F + G
Produtor	D + C	D + C + B + E	+ B + E
Governo		− B − C − E − F − G − H	− B − C − E − F − G − H
Total	A + B + D + C	A + B + C + D − H	− H

2.4 Calcule o peso morto (se houver). O que é peso morto?

Observe no gráfico que o peso morto pode ser calculado pela área do triângulo H. Sabemos que a área dele é igual a (base · altura)/2. A base é a diferença entre a quantidade de equilíbrio sem e com o subsídio: 105 − 100 = 5 mil unidades. A altura é o valor do subsídio = 15. Então o peso morto é de (5 · 15)/2 = 37500 bolívares venezuelanos.

Peso morto é a perda líquida de bem-estar quando os mercados não operam de forma eficiente. Ele surge em decorrência do excesso de produção acima do nível eficiente: em vez de 100, 105 mil unidades serão comercializadas (5 mil unidades a mais). Para cada uma dessas 5 mil unidades, a curva de oferta estará acima da demanda, indicando que o custo marginal é maior do que o valor que os consumidores atribuem àquelas unidades.

2.5 O benefício de um subsídio é normalmente compartilhado por produtores e consumidores. O que determina quem mais se apropria desse benefício? Explique.

Neste caso, quem mais se beneficiará com a concessão do subsídio será o consumidor. O benefício deste (C + F + G) é superior ao benefício do produtor (B + E).

Isso depende das elasticidades da oferta e da demanda. Se a demanda é mais inelástica do que a oferta, o consumidor será o mais beneficiado pelo subsídio.

3. **Encargos trabalhistas e bem-estar**[9]

O governo brasileiro financia os benefícios da previdência social (aposentadoria, salário maternidade, auxílio-doença etc.) com os impostos arrecadados pelo Instituto Nacional do Seguro Social (INSS).[10] Os sindicatos trabalhistas argumentam que, se o objetivo da previdência social é aumentar o bem-estar dos trabalhadores, então faria mais sentido que o recolhimento fosse realizado exclusivamente pelas empresas. Por sua vez, alguns representantes dos sindicatos patronais defendem a ideia de que esses encargos deveriam ser pagos pelos trabalhadores, uma vez que elevam o custo do trabalho, aumentando o custo de produção e reduzindo, por conseguinte, o emprego.

Imposto específico (*ad rem*) e *ad valorem*

A diferença entre imposto específico e imposto *ad valorem* é que o primeiro é um valor absoluto, arrecadado de cada unidade transacionada, enquanto o segundo é uma alíquota percentual que se aplica ao preço.
Em termos algébricos:
$Q_D = f(P_C)$ e $Q_S = f(P_V)$
Imposto específico: $P_C - P_V = t$
Imposto *ad valorem*: $P_C - P_V = (\tau) P_V$
Onde P_C é o preço pago pelo consumidor, P_V é o valor que fica com o vendedor após o pagamento do imposto, t é o imposto específico e τ é a alíquota do imposto *ad valorem*.

Para nossa análise, suponha inicialmente que as empresas recolham ao INSS um imposto *ad valorem* de 30% sobre o salário. Isto pode ser descrito, como resumido no quadro acima, da seguinte forma:

---

9   Trata-se de uma continuação do exercício Salário mínimo e bem-estar (p. 249).

10 Atualmente, no Brasil, cerca de 30% do salário bruto de um trabalhador é tributado para financiar a previdência, sendo: 8% a 10% referentes à parcela do trabalhador e 20% a 22,5% referentes à parcela do empregador.

$$P^P_W - P^R_W = (\tau) P^R_W$$

$$P^P_W = P^R_W + (\tau) P^R_W$$

$$P^P_W = (1 + \tau) P^R_W$$

Como: $P^P_W = (1 + \tau) P^R_W$ e $\tau = 0{,}3$, temos:

$$P^P_W = (1 + 0{,}3) P^R_W$$

$$P^P_W = 1{,}3 P^R_W$$

Em que P^R_W é o salário recebido pelo trabalhador, e P^P_W o salário pago pelo empregador. A alíquota do imposto (τ) é 0,3 (ou seja, 30%).

Considerando as mesmas curvas de demanda e oferta de trabalho do exercício salário mínimo e bem-estar, temos que:

$$Q^D_L = 160 - 2P_W$$

$$Q^O_L = -2 + P_W$$

Em que a quantidade de trabalho Q_L é dada em mil trabalhadores e o P_w é o preço do trabalho (ou salário), em reais (R$) por dia trabalhado.

Com a introdução do imposto, passamos a ter dois preços, ou salários, distintos: enquanto a quantidade demandada por trabalho pelos empregadores depende do salário pago (P^P_W), a quantidade ofertada de trabalho pelos trabalhadores depende do salário recebido (P^R_W).

3.1 Qual o novo salário recebido pelos trabalhadores P^R_W? Qual o novo salário pago pelos empregadores P^P_W? Quantos trabalhadores são empregados?

Com o imposto, as funções de demanda e de oferta por trabalho devem ser reescritas como:

$$Q^D_L = 160 - 2P^P_W$$

$$Q^O_L = -2 + P^R_W$$

O mercado estará em equilíbrio quando a quantidade demandada ao preço P^P_W se igualar à quantidade ofertada ao preço P^R_W.

$Q_L^D = Q_L^O$

$160 - 2P_W^P = -2 + P_W^R$

Como: $P_W^P = (1 + \tau)\, P_W^R$ e $\tau = 0{,}3$, temos:

$P_W^P = (1 + 0{,}3)\, P_W^R$

$P_W^P = 1{,}3 P_W^R$

Substituindo $P_W^P = 1{,}3 P_W^R$ em:

$160 - 2P_W^P = -2 + P_W^R$

$160 - 2(1{,}3 P_W^P) = -2 + P_W^R$

$3{,}6 P_W^R = 162$

Obtemos: $P_W^R = 45$ e $P_W^P = 1{,}3(45) = 58{,}5$

Para encontrarmos a quantidade de equilíbrio, podemos substituir:

$P_W^P = 58{,}5$ em $Q_L^D = 160 - 2P_W^P = 160 - 2(58{,}5) = 43$

ou

$P_W^R = 45$ em $Q_L^O = -2 + P_W^R = -2 + (45) = 43$

O imposto aumenta o salário pago pelas empresas para R$ 58,50, reduz o salário recebido pelos trabalhadores para R$ 45,00 e reduz o nível de emprego para 43 mil trabalhadores.

3.2 Desenhe novamente o gráfico do item 3.1 do exercício salário mínimo e bem-estar e indique o salário recebido pelos trabalhadores e o salário pago pelos empregadores. Faça uma análise de bem-estar, mostrando claramente no gráfico: a variação no excedente do trabalhador (ou "produtor" de horas trabalhadas), a variação no excedente do empregador (ou "consumidor"), a arrecadação pelo INSS e o peso morto. Obs.: Utilize letras para facilitar a análise. Não é preciso calcular valores.

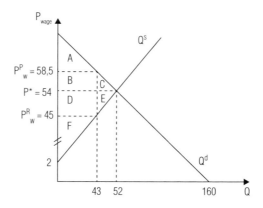

Análise de bem-estar

	Antes	Depois	Variação
Empregador	A + B + C	A	−B −C
Trabalhador	D + E + F	F	−D −E
Governo	--	B + D	B + D
Total	A + B + C + D + E + F	A + F + B + D	−C − E

Como o salário que o empregador terá que pagar será maior, o seu excedente se reduzirá em B e C. O trabalhador, por sua vez, receberá um salário menor e perderá o equivalente às áreas D e E. Uma parte da perda dos empregadores (área B) e trabalhadores (área D) será transferida ao governo via impostos. A arrecadação do governo será o valor do imposto equivalente a B e D. A variação total do excedente será a variação dos excedentes dos trabalhadores e empregadores (− B − C − D − E) mais a arrecadação do governo com o imposto (+ B + D), o que resulta em um peso morto de C+E.

O peso morto surge porque o imposto não permite que alguns trabalhadores que estão dispostos a trabalhar ao salário de mercado sejam contratados pelas empresas. O equilíbrio após os impostos estará, portanto, abaixo do nível eficiente.

3.3 Usando esses cálculos, sobre quem recaiu principalmente a carga fiscal neste caso? Explique sua resposta, calculando exatamente quanto do ônus neste caso recaiu sobre trabalhadores e quanto recaiu sobre os empregadores.

O empregador arcou com 58,5 − 54 = R$ 4,5

O trabalhador arcou com 54 − 45 = R$ 9

Carga fiscal do empregador = (4,5/13,5)100% = 33,33%

Carga fiscal do trabalhador = (9/13,5)100% = 66,67%

A carga fiscal recaiu principalmente sobre o trabalhador.

3.4 Dada a análise no item 3.3, o que você pode dizer sobre o efeito da forma de recolhimento do imposto ao INSS (pelos empregadores *versus* pelos trabalhadores)? De forma geral, quem fica com a maior parte da carga fiscal de um imposto? Explique sua resposta.

Podemos dizer que a forma de recolhimento do imposto (para empregador ou para trabalhador) é irrelevante. O ônus de um imposto é sempre repartido entre os consumidores e produtores de acordo com a elasticidade das curvas de oferta e de demanda (o lado mais inelástico de mercado sempre fica com uma maior parte do ônus), independente da forma do recolhimento.

Comércio internacional[11]

O livre-comércio

Quando um país se abre para o mercado internacional, permitindo o livre-comércio, ele pode se tornar um importador ou exportador de um determinado bem. O que acontecerá depende da relação entre o preço

---

11 A análise desta seção pressupõe que o país importador (ou exportador) é pequeno no comércio mundial, no sentido de que suas decisões não afetam o preço internacional do produto. Para uma análise mais abrangente, incluindo países grandes no comércio mundial, indicamos o livro *Economia internacional*, de Krugman, Obstfeld e Melitz.

praticado internamente, em uma economia fechada, e o preço praticado fora, o preço mundial.

Um país se tornará um importador de um determinado bem quando o preço mundial estiver abaixo do preço praticado internamente. Por sua vez, ele se tornará um exportador quando o preço praticado internamente for menor do que o preço mundial.[12] Em ambos os casos, uma vez liberado o comércio, o preço interno se igualará ao preço mundial, uma vez que nenhum consumidor estaria disposto a pagar mais do que o preço mundial e nenhum produtor aceitaria receber menos.

Como o preço mundial é diferente do preço de equilíbrio no mercado doméstico, a quantidade ofertada internamente (pelos produtores domésticos) será diferente da quantidade demandada internamente (pelos consumidores domésticos). Essa diferença representa quanto será importado ou exportado.

O gráfico a seguir ilustra o impacto do livre-comércio sobre o mercado de um determinado bem quando o país se torna um exportador. Quando o comércio é liberado e o preço sobe até o preço mundial, os produtores são beneficiados porque podem vender o bem a um preço maior, mas os consumidores no país serão prejudicados, uma vez que terão que pagar um preço mais elevado. Como o preço sobe até se igualar ao preço mundial, a quantidade demandada internamente reduz, e a quantidade ofertada se eleva. A diferença ente as duas será vendida para outros países.

O excedente do produtor aumenta de C para B + C + D, e o excedente do consumidor se reduz para A. Como produtores ganham C e D, e consumidores perdem C, o excedente total aumenta em um valor equivalente à área D.

---

12 O preço interno reflete o custo de oportunidade do produto. Quando o preço interno é baixo, o custo de produção também será baixo, sugerindo que o país possui vantagens comparativas na produção do bem. Um país possui vantagem comparativa na produção de um bem ou serviço quando o custo de oportunidade de produzir o bem ou serviço é menor do que em outros países.

Figura 5.18: Comércio internacional em um país exportador

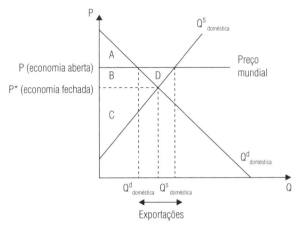

Fonte: Os autores.

Tabela 5.8: Análise de bem-estar

	Antes	Depois	Variação
Consumidor	A + B	A	– B
Produtor	C	B + C + D	+ B + D
Total	A + B + C	A + B + C + D	+ D

Fonte: Os autores.

E quando o livre-comércio torna o país um importador? Neste caso, o preço interno cairá até o preço mundial. Diante de um preço menor, a quantidade ofertada internamente será menor do que a quantidade demandada, e a diferença entre as duas corresponderá ao total das importações do bem.

Os consumidores são beneficiados porque poderão adquirir o bem a um preço menor, e os produtores internos ficarão em situação pior, pois terão que aceitar um preço menor. A variação nos excedentes do consumidor e do produtor fornecem uma medida dos ganhos e perdas. O excedente do produtor se reduz de B + C para C, e o excedente do consumidor aumenta de A para A + B + D. Como consumidores ganham B e D e os produtores perdem B, o excedente total aumenta em um valor equivalente à área D.

Figura 5.19: Comércio internacional em um país importador

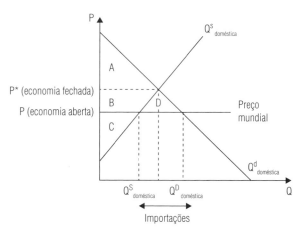

Fonte: Os autores.

Tabela 5.9: Análise de bem-estar

	Antes	Depois	Variação
Consumidor	A	A + B + D	+ B + D
Produtor	B + C	C	− B
Total	A + B + C	A + B + C + D	+ D

Fonte: Os autores.

Observe que, nos dois casos, o livre-comércio tenderá a elevar o bem-estar, uma vez que os ganhos dos beneficiados superam as perdas dos demais. No caso de o país se tornar importador de um bem, os consumidores ficam em melhor situação e os produtores internos em pior. Quando se tornar exportador de um bem, os produtores internos ficam em melhor situação e os consumidores em pior.

Barreiras comerciais

Recorrentemente, muitos países adotam medidas protecionistas no intuito de limitar as importações, garantindo aos produtores internos ganhos superiores àqueles que seriam obtidos em condições de livre concorrência. As duas políticas protecionistas mais comuns são tarifas e cotas de importação.

Tarifa de importação

Tarifa é uma forma de imposto que incide apenas sobre os bens importados. Como consequência, tanto o preço do produto importado como aquele produzido internamente se elevará, uma vez que os produtores internos agora poderão vender o seu produto por um preço maior.

O impacto de uma tarifa de importação pode ser visualizado no gráfico abaixo. Com livre-comércio, o preço praticado internamente será igual ao preço mundial, e a quantidade importada será a diferença entre a quantidade ofertada internamente e a quantidade demandada ($Q^D_1 - Q^S_1$). A imposição de uma tarifa de, por exemplo, t dólares por unidade importada elevará o preço em exatamente o valor da tarifa. Com preços maiores, a quantidade demandada internamente se reduzirá de Q^D_1 para Q^D_2, a quantidade ofertada pelos produtores internos se elevará de Q^S_1 para Q^S_2 e, como consequência, a quantidade importada cairá de $Q^D_1 - Q^S_1$ para $Q^D_2 - Q^S_2$.

Quais as consequências sobre o bem-estar? O preço mais elevado reduzirá o excedente do consumidor em um montante equivalente à área C + D + E + F, ao mesmo tempo em que elevará o excedente do produtor em C. O governo, por sua vez, arrecadará o equivalente à área E (o valor da tarifa multiplicado pela quantidade importada). Como as perdas para os consumidores superam os ganhos dos produtores e do governo, a economia como um todo perde o equivalente à áreas B e D. Este será o peso morto das tarifas.

Figura 5.20: Efeitos de uma tarifa de importação

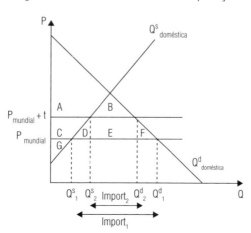

Fonte: Os autores.

Tabela 5.10: Análise de bem-estar

	Antes	Depois	Variação
Consumidor	A + B + C + D + E + F	A + B	– C – D – E – F
Produtor	G	G + C	C
Governo	---	E	E
Total	A + B + C + D + E + F + G	A + B + G + C + E	– D – F

Fonte: Os autores.

As tarifas geram um peso morto porque parte dos recursos serão alocados de forma ineficiente. Elas elevam o preço que os produtores internos podem cobrar para um preço acima do preço mundial, incentivando-os a aumentar a produção acima do nível eficiente (área D). Por outro lado, o preço que os consumidores têm de pagar será maior, incentivando-os a reduzir o consumo para aquém do nível eficiente (área F).

Cotas de importação

As cotas de importação são as formas mais simples de restrição quantitativa.[13] Uma cota de importação é o limite legal sobre a quantidade de um bem que pode ser importado. Em geral, são concedidas por meio de licenças de importação. Certo número de licenças é emitido, conferindo ao detentor o direito de importar uma quantidade limitada de bens.

As cotas têm um efeito semelhante ao da tarifa, com uma diferença: a quantia que o governo arrecada como receita tributária agora será apropriada, em princípio, pelos detentores das licenças. Os detentores das licenças poderão adquirir o produto ao preço mundial e vendê-lo a um preço interno mais alto.

É possível observar que uma cota de importação que restringe a quantidade importada para $Q^D_2 - Q^S_2$ elevará o preço no mesmo montante que a tarifa t. A curva de oferta, a partir do preço mundial, se deslocará para a direita na quantidade definida pelas cotas. O novo preço com a cota (P_{cota})

---

13 Os países-membros da Organização Mundial do Comércio (OMC) não podem adotar restrições quantitativas.

será o mesmo que o preço com a tarifa (P_{tarifa}). A diferença é que a área E, em vez de representar a receita do governo, será a receita dos detentores das licenças de importação.

Figura 5.21: Efeitos de uma cota de importação

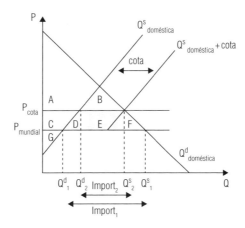

Fonte: Os autores.

Tabela 5.11: Análise de bem-estar

	Antes	Depois	Variação
Consumidor	A + B + C + D + E + F	A + B	− C − D − E − F
Produtor	G	G + C	C
Detentores das licenças	---	E	E
Total	A + B + C + D + E + F + G	A + B + G + C + E	− D − F

Fonte: Os autores.

O impacto sobre o bem-estar dependerá de como são alocadas as licenças de importação. Caso o governo venda as licenças pelo seu valor potencial real, por exemplo, por meio de um leilão, a receita obtida com o leilão será igual à receita tributária alcançada com a tarifa, e as políticas seriam equivalentes. Caso os detentores da cota obtenham sem custo algum o direito de importar, a área H será apropriada pelos detentores das licenças, os quais poderão adquirir o produto ao preço mundial e vendê-lo a um preço interno mais alto. Caso o detentor da licença seja não residente (estrangeiro), o valor equivalente à área H será transferido para fora, reduzindo o bem-estar no país.

A Organização Mundial do Comércio (OMC) proíbe a prática de restrições quantitativas entre seus membros. O argumento da OMC é de que restrições quantitativas são mais inflexíveis do que tarifas. Sob restrições quantitativas, ainda que os consumidores de um país queiram adquirir um produto importado e tenham poder aquisitivo para pagar tarifa de importação equivalente, mesmo assim não poderão importar.

Exercícios resolvidos e comentados

1. **A polêmica sobre os vinhos importados**

    A Secretaria de Comércio Exterior abriu, em 15 de março de 2012, uma investigação para avaliar se o vinho brasileiro estaria, na época, ameaçado pela concorrência dos importados, que se tornaram mais competitivos com a valorização do real. O governo brasileiro estudava a possibilidade de aumentar os impostos de importação de vinhos ou até limitar sua entrada no país por meio de cotas.

    Muitos economistas, entretanto, advertem sobre tais políticas, ressaltando que ganhos de comércio importantes podem ser desperdiçados. Nesta questão analisaremos o impacto de políticas protecionistas sobre o bem-estar de um país hipotético.

    Suponha as seguintes curvas de demanda e oferta doméstica do bem X:

    $Q_D = 500 - P$

    $Q_O = -80 + 3P$

    Em que o preço é dado em dólares (US$) por unidade, e a quantidade em milhares de unidades.

    1.1 Represente em um gráfico a oferta e a demanda doméstica. Indique o preço e a quantidade de equilíbrio. Suponha que, inicialmente, o país esteja totalmente aberto ao comércio internacional e que o preço mundial do bem X seja US$ 50,00. Represente o preço mundial no gráfico e calcule a quantidade importada do bem X.

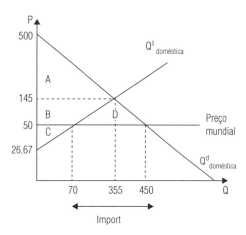

Substituindo o preço mundial (*Pmundial* = 50 dólares) nas funções de demanda e de oferta, temos:

$Q_D = 500 - Pmundial = 500 - 50 = 450$

$Q_O = 80 + 3Pmundial = -80 + 3(50) = 70$

Ao preço de US$ 50,00, os produtores domésticos seriam capazes de ofertar apenas 70 mil unidades. Já os consumidores demandariam 450 mil unidades. A diferença entre a quantidade demandada e a quantidade ofertada é a quantidade importada:

Quantidade importada $Q_D - Q_O = 450 - 70 = 380$ mil unidades

Suponha que o país, pressionado pelos produtores internos, adote medidas protecionistas. Vamos considerar 3 alternativas: proibição da importação do bem X, adoção de tarifas de importação e imposição de cotas de importação.

1.2 Considere a <u>proibição total da importação</u> do bem X. Faça a análise de bem-estar, indicando com letras as áreas relevantes no gráfico do item 1.1. Calcule também a variação de bem-estar.

Com a economia fechada, em virtude da proibição total da importação, encontramos o preço e a quantidade de equilíbrio igualando a demanda e a oferta doméstica.

$Q_D = Q_O$

$500 - P = -80 + 3P$

$P = 145$

$Q = 500 - 145 = 355$

Portanto, com a proibição total das importações, o preço praticado subiria para US$ 145,00, e seriam comercializadas 355 mil unidades. Com um preço maior, a quantidade ofertada pelos produtores domésticos aumentaria de 70 para 355 mil unidades, e a quantidade demandada se reduziria de 450 para 355 mil unidades.

Em termos de bem-estar, a proibição elevaria o excedente do produtor em B e reduziria o excedente do consumidor em B + D. Como a perda para os consumidores supera o ganho obtido pelos produtores, o efeito líquido seria uma queda no bem-estar equivalente à área D.

Calculando a área D:

$$D = \frac{(145 - 50) \cdot (450 - 70)}{2} = 18.050$$

Peso morto = D = US$ 18.050,00

Análise de bem-estar

	Economia ABERTA	Economia FECHADA	Variação
Consumidor	A + B + D	A	B – D
Produtor	C	B + C	+ B
Excedente Total	A + B + D + C	A + B+ C	– D

1.3 Suponha agora que, em vez de fechar totalmente a economia, o país adote uma tarifa de importação de US$ 20,00 por unidade. Faça a análise de bem-estar (preencha a tabela comparando a economia aberta com a introdução da tarifa) e mostre em um novo gráfico. Calcule a nova quantidade importada e o efeito total sobre o bem-estar.

Com a tarifa = US$ 20,00, o preço praticado se eleva exatamente no valor da tarifa. As quantidades demandadas e ofertadas passam a depender do preço mundial mais o valor da tarifa. Ou seja:

$Pmundial + Tarifa = 50 + 20 = US\$ 70,00$

Substituindo nas funções de demanda e oferta, temos:

$Q_D = 500 - (Pmundial + Tarifa) = 500 - 70 = 430$

$Q_O = 80 + 3(Pmundial + Tarifa) = 80 + 3(70) = 130$

Com um preço maior do que a situação do livre-comércio (US$ 70,00), a quantidade ofertada pelos produtores domésticos aumentaria de 70 para 130 mil unidades, e a quantidade demandada se reduziria de 450 para 430 mil unidades. A quantidade importada com a tarifa será:

Quantidade importada = $Q_D - Q_O = 430 - 130 = 300$ mil unidades

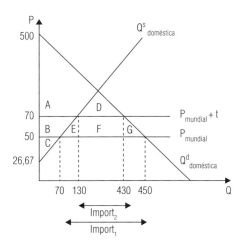

Análise de bem-estar

	Economia ABERTA	Adoção da TARIFA	Variação
Consumidor	A + B + D + E + F + G	A + D	– B – E – F – G
Produtor	C	C + B	+ B
Governo	–	+ F	+ F
Total	A + B + D + E + F + G + C	A + D + C + B + F	– E – G

Em termos de bem-estar, a proibição elevaria o excedente do produtor em B e reduziria o excedente do consumidor em B + E + F + G. A arrecadação do governo seria o valor da tarifa multiplicado pelo total das importações, o que corresponde à área F.

Como a perda para os consumidores supera o ganho obtido pelos produtores e pelo governo, o efeito líquido seria uma queda no bem-estar equivalente às áreas E e G.

Calculando as áreas:

$$E = \frac{(130 - 70) \cdot (70 - 50)}{2} = US\$ \ 600 \text{ mil}$$

$$G = \frac{(450 - 430) \cdot (70 - 50)}{2} = US\$ \ 200 \text{ mil}$$

Peso Morto = E + G = US$ 800 mil

1.4 Em vez de cobrar uma tarifa, suponha que o governo tenha optado pela imposição de uma cota de importação. Qual a cota que elevaria o valor para o mesmo preço praticado com a tarifa? Em comparação com a tarifa, o impacto sobre o bem-estar seria diferente? Em quais circunstâncias?

A cota que elevaria o preço para o mesmo praticado com a tarifa seria de 300 mil unidades.

O impacto sobre o bem só seria diferente quando o governo concedesse gratuitamente as licenças de importação e os agentes que detêm essa licença fossem estrangeiros (não residentes). Neste caso, o valor representado pela área F seria transferido para fora do país, reduzindo o bem-estar do país.

2. **Exportações brasileiras para Argentina na panela de pressão**
   No ano de 2004, o governo argentino resolveu restringir as importações da chamada "linha branca", que inclui geladeiras, fogões e máquinas de lavar do Brasil, alegando que muitos produtores da Argentina estavam falindo por não terem condições de concorrer com os produtores brasileiros. Nesta questão avalia-se o impacto dessa política sobre o bem-estar na Argentina. Para simplificar, considere apenas o mercado de fogões na Argentina. Supomos que a Argentina é um importador de fogões, e o Brasil o único exportador desse produto para aquele mercado. Adicionalmente, considere que esse mercado seja competitivo.

   2.1 Em 2003 foram vendidos 400 mil fogões na Argentina, a um preço mundial de 500 pesos por fogão. Desse total vendido, 30% foram importados do Brasil (120 mil fogões por ano). Suponha que as funções de demanda e oferta doméstica na Argentina possam ser representadas respectivamente por:

   Qd = 900 − P

   Qo = −420 + 1,4 P

   Em que P representa o preço em pesos e Q a quantidade em mil fogões. Desenhe as curvas de demanda e oferta. Indique a quantidade importada ao preço mundial de 500 pesos. Calcule e indique também o preço e a quantidade de equilíbrio no caso do mercado fechado.

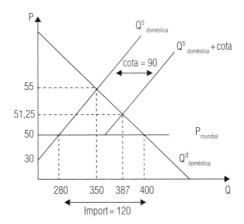

Igualando a demanda e a oferta doméstica, encontramos o equilíbrio em uma economia fechada. Assim:

$Q_D = Q_O$

$900 - P = -420 + 1{,}4P$

$P = 550$

$Q = 900 - 550 = 350$

Portanto, se o mercado fosse fechado, teríamos o preço interno do fogão de 550 pesos, e seriam comercializados 350 mil fogões.

Com o livre-comércio entre Argentina e Brasil, e ao preço de 500 pesos, teríamos:

Consumo doméstico: $Q_D = 900 - 500 = 400$

Produção doméstica: $Q_O = -420 + 1{,}4(500) = 280$

Importação = Consumo doméstico − Produção doméstica = 400 − 280 = 120 mil fogões.

Assim, com o livre-comércio seriam importados 120 mil fogões do Brasil e produzidos apenas 280 mil na Argentina.

2.2 Suponha que em 2004 as curvas de demanda e de oferta na Argentina sejam as mesmas de 2003, mas considere agora que a Argentina estipulou uma cota de 90 mil fogões que poderiam ser importados do Brasil em 2004.

2.2.1 Indique no gráfico do item 2.1 a cota. Qual será o novo preço por fogão? Qual a nova quantidade de equilíbrio?

A curva de oferta, a partir do preço mundial, se desloca para a direita na quantidade definida pelas cotas. Assim, com a introdução da cota c = 90, temos:

$Q_D = Q_O + cota$

$900 - Pcota = -420 + 1,4 Pcota + cota$

$900 - Pcota = -420 + 1,4 Pcota + 90$

Pcota = 512,5

Substituindo em:

$Q_D = 900 - Pcota$

$Q_D = 900 - 512,5 = 387,5$

No total, serão comercializados 387,5 mil fogões ao preço de 512,5 pesos cada fogão. 297,5 mil fogões serão produzidos na Argentina e 90 mil serão importados do Brasil.

2.2.2 Calcule as variações no excedente do consumidor e do produtor em comparação com a situação sem restrição às importações.

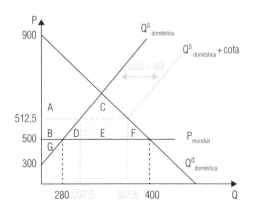

Análise de bem-estar

	Livre-comércio	Com cota	Variação
Consumidor	A + B + C + D + E + F	A + C	-B - D - E - F
Produtor	G	B + G	B
Governo/Licença	–	E	E
Total	A + B + C + D + E + F + G	A + B + C + D + F + H	- D - F

O <u>excedente do consumidor</u> é reduzido em (B+D+E+F). Calculando a área do trapézio:

$$(512{,}5 - 500) \cdot \frac{(387{,}5 + 400)}{2} = 4.921{,}87 \text{ pesos}$$

O <u>excedente do produtor</u> aumenta em B:

$$(512{,}5 - 500) \cdot \frac{(280 + x)}{2}$$

Onde x é a quantidade ofertada domesticamente quando P = 512,5:

$$Q_O = 420 + 1{,}4(512{,}5) = 297{,}5$$

Voltando para a fórmula da área B:

$$(512{,}5 - 500) \cdot \frac{(280 + 297{,}5)}{2} = 3.609{,}375 \text{ pesos}$$

O excedente do produtor aumenta em 3.609,375 pesos, e o excedente do consumidor se reduz em 4.921,87 pesos

2.2.3 Calcule o peso morto (ou seja, o efeito total do bem-estar). Qual a interpretação econômica do peso morto?

O peso morto corresponde à área D + F. Calculando as áreas:

$$D = \frac{(297{,}5 - 280) \cdot (512{,}5 - 500)}{2} = 109{.}375 \text{ pesos}$$

$$F = \frac{(400 - 387{,}5) \cdot (512{,}5 - 500)}{2} = 78{.}125 \text{ pesos}$$

Peso morto = D + F = 187,5 mil pesos

O peso morto é a perda líquida de bem-estar da sociedade argentina com a medida. Se a licença fosse concedida gratuitamente aos produtores brasileiros, a sociedade argentina ainda perderia a área E:

E = (Pcota − Pmundial) (cota) = (12,5)(90) = 1.125 pesos

2.2.4 A cota conseguiu atingir o objetivo do governo argentino de proteger os produtores domésticos? Explique sua resposta.

A cota protegeu, sim, os produtos argentinos, elevando o preço de 500 pesos para 512,50 pesos e aumentou a quantidade produzida internamente de 280 para 297,5 mil fogões. O bem-estar dos produtores, em decorrência, aumentou 3.609,375 pesos.

Entretanto, isso foi feito em detrimento dos consumidores, que perderam 4.921,87 pesos, gerando um custo líquido para a sociedade, em termos de bem-estar, de 187,5 mil pesos (ou 1.125 pesos, se a cota não tiver custo).

2.3 Em vez de usar uma cota, o governo poderia ter optado pela imposição de uma tarifa de importação.

2.3.1 Qual tarifa de importação reduziria as importações na mesma quantidade que a cota?

A tarifa seria a diferença entre o preço com cota (512,5 pesos) e o preço mundial (500 pesos), portanto, t = 12,5 pesos por fogão importado.

2.3.2 Em comparação com a cota, o impacto no bem-estar na Argentina seria diferente? Explique sua resposta, calculando as diferenças, se houver.

A cota e a tarifa apresentam exatamente o mesmo efeito, em termos de bem-estar, se o governo vende a licença (ou o direito de importar os 90 mil fogões). Entretanto se a licença é concedida gratuitamente aos produtores brasileiros, a área E (equivalente a 1.125 pesos), que no caso da tarifa representa a arrecadação do governo argentino com a cobrança da tarifa, passa a ser transferia aos produtores brasileiros que importam 90 mil fogões que valem, ao preço mundial, 500 pesos e revendem na Argentina a 512,5 pesos.

2.3.3 O que é melhor para a Argentina em termos de bem-estar: reduzir as importações por meio de uma política de cotas ou tarifas? Justifique.

Como discutido no item anterior, a política de tarifas é melhor, no caso de a licença ser concedida gratuitamente, ou equivalente, no caso de a licença ser vendida, à política de cota.

Exercícios complementares

1. **Alvin Roth e o mercado de rins**[14]
   O Prêmio Nobel em economia de 2012 foi dividido entre dois economistas que trabalham com o desenho de mercados, Alvin Roth e Lloyd Shapley. Um dos artigos de Roth discute o mercado de rins humanos.
   A venda desses órgãos nos EUA é proibida. Portanto, rins para doação são obtidos a preço igual a zero. E há aproximadamente 16 mil doações de rins por ano. Se pudessem ser ofertados a preços de mercado, estima-se que a oferta poderia ser representada por:

   Qs = 16.000 + 0,4P

   A demanda, por sua vez, pode ser representada por:

   Qd = 32.000 − 0,4P

   Onde o preço é dado em dólares por rim, e a quantidade, em número de rins.

   1.1 Desenhe as curvas de demanda e de oferta. Qual é o preço e a quantidade de equilíbrio? Calcule o excedente do consumidor, do produtor e o bem-estar, em valores monetários.

   1.2 Com a lei, o preço cai para zero, e a oferta fica limitada em 16 mil rins. Quantas pessoas vão precisar esperar na fila por uma doação? Qual é, nessa situação, o excedente do consumidor, o do produtor e o bem-estar?

   1.3 Compare essa nova situação com a situação em 1.1. Qual foi a variação do excedente do consumidor, do produtor e do bem-estar?

---
14 Exercício adaptado do Capítulo 9 do livro *Microeconomia*, de Pindyck e Rubinfeld.

1.4 A perda de peso morto que você encontrou no item 1.3 em relação ao item 1.1 representa o custo social da lei, isto é, o valor que a sociedade atribui à quantidade de rins que deixaram de ser transplantados por causa da lei. É uma medida da ineficiência resultante da ausência de mercado. O trabalho de Roth mostra em que condições é possível alcançar eficiência mesmo na ausência de mercados, ou seja, mesmo em trocas de bens não mediadas pela moeda, em que parentes próximos de potenciais receptores aceitam trocar entre si rins doados intervivos, para contornar problemas de incompatibilidade entre doadores e receptores. Um de seus trabalhos[15] sugere que ganhos de bem-estar de trocas em grande escala podem ser substanciais tanto no aumento do número de doadores intervivos de rins quanto no melhor aproveitamento de doações compatíveis. Após essas informações, defina a eficiência de mercado.

2. **Governo anuncia redução de impostos para a linha branca**
Em dezembro de 2011, o governo federal prorrogou a redução do Imposto sobre Produtos Industrializados (IPI) para eletrodomésticos da linha branca. O IPI é um imposto *ad valorem*. As principais reduções são: de fogões (de 4% para zero), da geladeira (de 15% para 5%), máquinas de lavar (de 20% para 10%) e tanquinhos (de 10% para zero). A medida estava programada para vigorar até o fim de março de 2012, mas foi prorrogada ao longo de 2012, e a taxa só voltou a subir, gradativamente, ao longo de 2013.

Suponha que o mercado de tanquinhos se aproxime das condições dos mercados competitivos e que a demanda e a oferta de tanquinhos possam ser expressas por:

$Q_D = 118 - 20P_C$

$Q_O = -2 + 10P_V$

Onde o preço (P) está em reais por tanquinho e a quantidade (Q) em milhares de unidades.

---
15 "Welfare gains from larger scale exchange would be substantial, both in increased number of feasible live donation transplants, and in improved match quality of transplanted kidneys". ROTH et al. "Kidney Exchange". QJE, 2014. Disponível em: <http://qje.oxfordjournals.org/content/119/2/457.abstract>. Acesso em: 15 dez. 2016.

2.1 Suponha que a alíquota do imposto *ad valorem* nesse produto fosse de 10% ($\tau = 0,1$) e calcule:

    2.1.1 O preço pago pelo consumidor (P_C), o preço recebido pelo produtor (P_V) e a quantidade com o imposto.

    2.1.2 A arrecadação do governo.

2.2 Suponha agora que com a nova política do governo, a alíquota do imposto *ad valorem* de tanquinho caiu para 0%.

    2.2.1 Calcule o preço e a quantidade de equilíbrio sem imposto.

    2.2.2 Mostre graficamente o impacto da retirada do imposto no bem-estar do consumidor, do produtor, do governo e da sociedade como um todo, isto é, o efeito total no bem-estar.

3. **Aquecimento global e o "imposto verde"**

Suponha que o presidente de um país resolva antecipar algumas medidas que diminuam as emissões de CO_2 e estabeleça um imposto por litro de gasolina, chamado de "imposto verde". Considere também que o mercado de gasolina seja perfeitamente competitivo, que a demanda por gasolina seja representada pela equação Qd = 47,5 − 3P e a oferta pela equação Qo = 30 + 4P, onde P é o preço em reais (R$) por litro de gasolina e Q a quantidade de gasolina em bilhões (10^9) de litros/ano.

3.1 Encontre o preço e a quantidade de equilíbrio. Desenhe as curvas de oferta e de demanda e indique o preço e a quantidade de equilíbrio no gráfico.

3.2 Suponha que o "imposto verde" introduzido seja de R$ 0,30 por litro de gasolina (t = 0,30).

    3.2.1 Calcule o preço recebido pelo vendedor de gasolina (Pv) e o preço pago pelo consumidor (Pc) por litro de gasolina, após a introdução do imposto.

    3.2.2 Represente Pv, Pc, t e a quantidade final com o imposto (Qf) no gráfico do item 3.1.

3.3 Considerando a situação inicial sem imposto e a situação final com o "imposto verde":

   3.3.1 Calcule a variação do excedente do consumidor em valores monetários.

   3.3.2 Calcule a variação do excedente do produtor em valores monetários.

   3.3.3 Qual será a receita obtida pelo governo com a arrecadação do imposto?

   3.3.4 Houve perdas ou ganhos em termos de bem-estar social (efeito total)? Mostre seus cálculos e explique.

3.4 Alguns meses após a implantação do "imposto verde", técnicos do governo percebem que ele tem um impacto negativo sobre o crescimento da economia. O presidente, então, resolve restituir aos contribuintes, enviando-lhes um cheque de forma que eles consigam comprar a mesma cesta de produtos que adquiriam antes da vigência do imposto. Com essa restituição, o governo consegue fazer com que o bem-estar da sociedade volte aos níveis pré-imposto? Explique.

3.5 Imagine que, com a introdução dos carros bicombustíveis (*flex*), a demanda por gasolina tenha se tornado muito mais elástica, já que agora os motoristas têm mais flexibilidade para escolher entre álcool e gasolina. O que acontece com a distribuição do ônus do imposto entre consumidores e produtores (suponha que a oferta permaneça inalterada)?

4. **Vote em mim!**

Imagine que você seja candidato a presidente do Brasil nas próximas eleições, e uma das questões fundamentais em seu programa de governo é a política tributária. Seus assessores insistem que a arrecadação deve ser mantida, de forma a financiar o funcionamento da máquina governamental, os programas sociais, pagar as contas da previdência etc., mas, ao mesmo tempo, você teme que o excesso de impostos acabe sufocando a produção e prejudicando o crescimento econômico. Para sair desse dilema e conseguir propor uma reforma tributária realmente inovadora e eficiente, você contrata o senhor Dead Weight, renomado microeconomista americano, para ajudá-lo a decidir quais setores da economia você pode taxar com menor impacto em termos de bem-estar.

A primeira alternativa é taxar fortemente bens supérfluos, como iates, helicópteros e jatos particulares. Seus assessores são entusiastas dessa possibilidade, dizendo que os impostos incidirão sobre quem tem muita renda, em vez de prejudicar o trabalhador pobre e honesto. O senhor Dead Weight, entretanto, diz que uma política como essa seria ineficiente e, para comprovar isso, sugere o seguinte exemplo.

Suponha que o mercado de helicópteros possa ser representado por:

$Q_D = 1200 - 3P$

$Q_O = -200 + P$

Onde P é o preço em milhares de reais (R$) e Q a quantidade de helicópteros em milhares.

4.1 Se você impuser um imposto de R$ 100 mil (t = 100) por helicóptero, a ser pago pelos compradores, qual será a quantidade comercializada? Qual o preço que o comprador paga? Quanto o produtor recebe?

4.2 Com quem fica a maior parte do ônus? Explique por quê.

4.3 Quantos helicópteros deixam de ser comercializados com a introdução do imposto?

4.4 Desenhe as curvas de oferta e de demanda e indique claramente a variação dos excedentes do consumidor e do produtor com a introdução do imposto. Calcule essas variações.

4.5 Qual o peso morto da medida? Defina peso morto e explique sua causa.

4.6 O senhor Dead Weight estava certo sobre a ineficiência da política? Explique sua resposta. Se você pudesse escolher uma classe de bens para taxar de forma a minimizar o peso morto, qual seria? Dê exemplos concretos de bens que você considera boas escolhas neste sentido.

5. **Soda Tax no México: Death and Taxes...**

   MÉXICO: IMPOSTO DE *JUNK FOOD* É APROVADO[16]
   Com o objetivo de reduzir hábitos não saudáveis de consumo, o Congresso do México aprovou [...] novos impostos sobre bebidas açucaradas e *junk food*. Legisladores aprovaram um imposto de um peso por litro, ou cerca de US$ 8 centavos, em refrigerantes e um imposto de 8% sobre as vendas de alimentos de alto teor calórico, incluindo batatas fritas, doces e cereais [...]. As indústrias de refrigerantes e alimentos pressionaram fortemente para derrotar o plano, mas os legisladores disseram que era necessário reduzir as taxas crescentes de obesidade e diabetes, bem como aumentar a receita. Quase 70% dos mexicanos estão com sobrepeso, e cerca de um terço são obesos, de acordo com a Organização Mundial de Saúde.

   5.1 Considere que o setor de refrigerantes no México possa ser descrito por Qd = 2.500 − 50P e Qs = 1.500 + 50P, onde o preço está em pesos mexicanos por unidade de refrigerante e a quantidade em milhões de litros por ano. Suponha que o governo imponha um imposto *ad valorem* de 8% sobre o preço pago pelo consumidor. Encontre o preço que o consumidor vai pagar (Pc), o valor que vai ficar com o vendedor após ele repassar o imposto ao governo (Pv) e a nova quantidade de equilíbrio.

   5.2 Calcule a perda de bem-estar para a sociedade mexicana decorrente do imposto, em pesos por ano. Trabalhe com duas casas decimais.

   5.3 Releia o texto acima e explique por que o peso morto não é o único argumento para justificar ou não a aplicação de políticas públicas. Sua resposta deve necessariamente conter o conceito de "externalidade".

6. **Argentina anuncia retirada de subsídios**
   Duas semanas após ser reeleita, em novembro de 2011 a presidente da Argentina, Cristina Kirchner, iniciou a implementação de ajustes da política econômica de seu marido e antecessor Néstor Kirchner (2003-2007). Entre as medidas estavam o fim dos subsídios até então concedidos às entidades financeiras, aeroportos, extração mineral, portos e telefonia

---
16 Disponível em: <http://www.nytimes.com/>. Acesso em: 15 dez. 2016.

móvel, além de serviços públicos, tais como água, gás e transportes. Tais providências visavam a um maior controle das contas públicas. Posteriormente, em janeiro de 2016, o governo do presidente argentino Maurício Macri anunciou o fim dos subsídios concedidos nos últimos 12 anos ao fornecimento de energia elétrica.

Desde 2003, quando Néstor Kirchner foi eleito, a concessão de subsídios se tornou bastante usual. Para que a população não sentisse o impacto da inflação (25% ao ano segundo estimativas privadas, 9% segundo o governo), o Estado vinha custeando parcialmente muitos serviços. O governo arca com a diferença entre o que o consumidor paga e o real custo do serviço.

Nesta questão utilizaremos o mercado um bem Z hipotético no intuito de avaliar o impacto dos subsídios sobre o bem-estar. Suponha que esse mercado seja perfeitamente competitivo, e que a demanda e oferta de Z sejam expressas por:

$Q_d = 100 - 0{,}5\, P_c$ $\qquad\qquad Q_o = -50 + P_v$

Onde P_c é o preço pago pelo consumidor, P_v é o preço recebido pelos produtores (em pesos por unidade), e Q é a quantidade em milhares de unidades.

Suponha que o subsídio atualmente concedido aos produtores de Z seja de 10 pesos por unidade (s = 10).

6.1 Calcule o preço pago pelos consumidores (Pc), o preço recebido pelos produtores (Pv) e a quantidade comercializada com o subsídio.

6.2 Neste caso, quem mais se beneficia com o subsídio para cada unidade do bem Z comercializada, o produtor ou o consumidor? O que determina quem mais se apropria desse benefício?

6.3 Suponha agora que o governo elimine o subsídio concedido. Encontre o preço e a quantidade de equilíbrio.

6.4 Desenhe as curvas de oferta e de demanda e mostre, no gráfico e em uma tabela, o impacto da retirada do subsídio sobre o bem-estar do consumidor, do produtor, do governo e da sociedade como um todo, isto é, o efeito total no bem-estar. Utilize letras para indicar as diversas áreas. Não é preciso calcular valores.

6.5 Calcule o custo para o governo da política de subsídio e o peso morto, se houver, em valores monetários.

6.6 Alguns analistas sugeriram que, para atenuar o impacto da retirada dos subsídios, o governo argentino deveria adotar, em certos casos, um programa de transferência direta de renda.

6.6.1 Qual o valor total (em pesos) que o governo teria que transferir aos consumidores e produtores do bem Z para que eles fiquem com o mesmo bem-estar que teriam com a política de subsídio?

6.6.2 Qual o custo para a sociedade (isto é, qual o peso morto), se houver?

7. **Laptops subsidiados**
O governo brasileiro desenvolveu recentemente um programa para subsidiar laptops para alunos da rede pública de ensino, com o objetivo de disseminar o uso destes equipamentos entre crianças e jovens de baixa renda, facilitando o aprendizado e tornando-os mais capacitados para competir em um mercado de trabalho que valoriza cada vez mais conhecimentos na área de informática.

Esta questão analisa o custo para o governo e para a sociedade de um programa deste tipo. O mercado em questão é o de laptops de baixo custo, desenvolvidos pelos produtores especialmente para atender o nicho de alunos de baixa renda e que conta com recursos simplificados em relação aos modelos tradicionais.

Suponha que o mercado de laptops de baixo custo seja perfeitamente competitivo e possa ser descrito pelas seguintes curvas de oferta e demanda:

$Q_o = -2 + 0,1P$

$Q_D = 20,5 - 0,05P$

Onde Q é a quantidade de laptops em milhares, e P o preço em reais (R$) de um laptop.

7.1 Se o governo não interferir nesse mercado, qual o preço e a quantidade que prevalecerão no equilíbrio?

7.2 Suponha agora que o governo coloque um subsídio de R$ 50,00 (s = 50) no preço do laptop. Calcule:

7.2.1 O preço pago pelos alunos (P_P).

7.2.2 O preço recebido pelos vendedores (P_R) de laptop.

7.2.3 A quantidade de laptops que serão comercializados.

7.2.4 O custo total da política para o governo.

7.2.5 O custo para a sociedade (i.e., o peso morto), se houver.

7.3 Represente graficamente as curvas de oferta e de demanda após a introdução do subsídio, indicando:

7.3.1 O preço pago pelos compradores (P_P) e recebido pelos vendedores (P_R).

7.3.2 A variação do excedente do consumidor (em relação à situação sem subsídio).

7.3.3 A variação do excedente do produtor (em relação à situação sem subsídio).

7.3.4 O custo total da política para o governo.

7.3.5 O peso morto (se houver).

7.4 Alternativamente, o governo poderia adotar uma política de preço máximo, limitando o valor que os produtores podem cobrar pelos laptops. Suponha que o governo estabeleça um preço máximo para os laptops de P_P reais, ou seja, o mesmo preço que os alunos pagavam no item 7.2 com a introdução do subsídio. Calcule:

7.4.4 A quantidade de laptops que serão comercializados.

7.4.2 A escassez ou o excedente, se houver.

7.4.3 O custo para a sociedade (i.e., o peso morto), se houver.

7.5 Represente graficamente as curvas de oferta e demanda após a introdução do preço máximo, indicando:

7.5.1   O preço máximo (P_p).

7.5.2   A variação do excedente do consumidor (em relação à situação sem interferência do governo).

7.5.3   A variação do excedente do produtor (em relação à situação sem interferência do governo).

7.5.4   O peso morto (se houver).

7.6   Por fim, suponha que em vez de subsídio ou controle de preços, o governo dê a cada aluno um valor em dinheiro (política de suporte direto de renda). Responda:

7.6.1   Qual o valor total (em R$) que o governo teria que transferir ao conjunto de alunos de baixa renda para que eles fiquem com o mesmo bem-estar que teriam com a política de subsídio descrita no item 7.2?

7.6.2   Qual o custo para a sociedade (isto é, qual o peso morto), se houver?

7.7   Compare os custos para o governo e a sociedade das três políticas (subsídio, preço máximo e suporte direto de renda) e seus impactos na quantidade e preço dos laptops. Qual política você adotaria?

8. **Importação e a produção doméstica de aparelhos de DVD**[17]

O preço mundial de um DVD player é aproximadamente US$ 100,00. Esta questão explora como as flutuações na taxa de câmbio afetam o bem-estar do produtor e do consumidor brasileiro, e qual o impacto de uma política protecionista do governo no bem-estar.

No início do governo Lula, a taxa de câmbio (R$/US$) era de R$ 3,00 por US$. Assim, o preço mundial em reais (R$) de um DVD player era R$ 300. Admitindo-se mercado competitivo, considere que a oferta anual de DVD players produzidos no Brasil era descrita por $Q_O = 950 + 2{,}5P$. Já a demanda desses aparelhos no Brasil poderia ser descrita por $Q_S = 4700 - 10P$, onde Q é a quantidade de DVD players em mil unidades e P o preço em reais (R$).

---
17   Exercício preparado pelo professor Jairo Abud.

8.1 Qual o equilíbrio no mercado brasileiro de DVD players? Qual a quantidade importada?

Em 2006, a taxa de câmbio reduziu-se para R$ 2,20 por US$. Como o preço mundial do DVD player em dólares permaneceu em US$ 100,00, o preço mundial em reais (R$) caiu para R$ 220,00.

8.2 Quantos DVD players foram importados no Brasil com a redução do preço?

8.3 Qual a redução no número de empregos nesse setor no Brasil, fruto da maior importação de DVD players, admitindo-se que cada operário produz 1.000 DVD players por ano?

8.4 O governo, descontente com o aumento do desemprego no setor, estudava impor uma cota de importação, de forma que se pudesse criar 100 novos empregos no setor de DVD players. Quantos DVD players deverão ser importados por ano, caso a cota de importação seja imposta?

8.5 Neste caso, haverá alteração no preço interno do DVD player? Em caso afirmativo, qual será o novo preço do DVD player no Brasil?

8.6 O governo também está em dúvida entre criar uma cota ou adotar uma tarifa de importação. Considerando ainda o desejo de criar 100 novos empregos, mostre graficamente (num esboço) a variação do bem-estar, com adoção de cota e de tarifa de importação. Qual dessas duas políticas têm menor custo social, isto é, menor efeito total no bem-estar para o Brasil?

9. **Abaixo às bugigangas!**

A crise internacional fortaleceu movimentos protecionistas ao redor do mundo. Parece natural que, em momentos de dificuldade econômica, políticos tendam a proteger suas indústrias nacionais – e os empregos que estas geram – da concorrência externa por meio da introdução de cotas e tarifas. Até nos Estados Unidos, um dos países mais abertos ao comércio internacional, congressistas se mobilizaram para pedir maior proteção. O alvo principal: a China, é claro.

Muitos economistas, entretanto, advertem sobre tais políticas, ressaltando que ganhos de comércio importantes podem ser desperdiçados. Nesta questão analisaremos o efeito de políticas protecionistas sobre o bem-estar de uma pequena sociedade importadora. Imagine que Bugigangópolis é um pequeno país aberto ao comércio internacional. Suponha que a oferta e demanda domésticos de bugigangas podem ser dados por:

$Q_D = 100 - 0,5P$

$Q_O = -5 + 10P$

Onde o preço é dado em dólares por unidade, e a quantidade em milhares de unidades. Suponha que o preço mundial da bugiganga é US$ 7,00.

9.1 Represente em um gráfico a demanda doméstica e as ofertas doméstica e internacional.

9.2 Indique no gráfico e calcule a quantidade de bugigangas que é importada com a economia completamente aberta ao comércio. Qual o preço cobrado?

9.3 Com a crise internacional, os políticos locais conseguem mobilizar a opinião pública e defendem uma tarifa sobre bugigangas importadas de US$ 2,00 por unidade. Quantas unidades seriam importadas agora? Qual o novo preço praticado? Quanto seria produzido domesticamente? Quanto seria consumido internamente?

9.4 Preencha a tabela abaixo, com base no gráfico feito por você anteriormente (utilize letras para indicar as áreas):

	Livre-comércio	Com tarifa	Variação
Consumidor			
Produtor			
Governo			
Total			

9.5 Calcule as variações nos excedentes do consumidor e do produtor. O que esses valores significam?

9.6 Haveria peso morto com a introdução da tarifa? Se sim, de quanto? Defina e explique o que causa o peso morto.

9.7 Volte agora ao cenário de livre-comércio (ou seja, antes da aplicação da tarifa). Suponha que a totalidade das importações de Bugigangópolis seja proveniente da China e que esse país seja o único fornecedor desse tipo de bem no mercado internacional. Alguns economistas alegam que a taxa de câmbio chinesa – controlada pelo governo deste país – está excessivamente desvalorizada, fazendo que seus produtos fiquem artificialmente mais competitivos no mercado internacional. Imagine que, se a taxa de câmbio chinesa passasse a ser determinada pelo mercado (e não controlada pelo governo), ela se desvalorizaria de forma que os produtos chineses ficariam 28,6% mais caros quando determinados em dólares. Quantas bugigangas seriam importadas agora?

9.8 Muitos políticos em Bugigangópolis defendem a adoção da tarifa de importação para produtos chineses como retaliação à política cambial mencionada em 9.7. Em termos de bem-estar, você acha que essa ideia faz sentido? Explique.

10. **Yes, nós temos laranjas**[18]

    O suco de laranja é a bebida à base de frutas mais consumida no mundo. Atualmente, Brasil e Estados Unidos são os principais mercados produtores e consumidores de suco de laranja, respectivamente. Metade de toda a produção mundial vem dos laranjais brasileiros, sendo a citricultura um dos setores mais competitivos de nosso agronegócio, com praticamente toda a produção voltada para exportação. Os Estados Unidos representam o maior mercado consumidor de suco de laranja no mundo. Parte importante de sua demanda interna é suprida por produtores locais da Flórida que, entretanto, não conseguem alcançar os mesmos níveis de eficiência das plantações brasileiras.

    Em 2013, o Brasil saiu vitorioso de uma disputa junto à Organização Mundial do Comércio (OMC), em que questionava as medidas protecionistas praticadas pelo governo estadunidense que distorciam o funcionamento do comércio internacional de suco de laranja. Nesta questão, vamos avaliar o impacto dessa política sobre o bem-estar nos EUA.

---

18 Exercício preparado pelo professor Frederico Roman Ramos.

Suponha que as funções de demanda e oferta doméstica de suco de laranja nos EUA possam ser representadas por:

Qd = 1100 − 0,7P

Qo = −100 + 0,5P

Onde P representa o preço em dólares da tonelada de suco de laranja concentrado e congelado (*Frozen Concentrated Orange Juice*, FCOJ, na sigla em inglês) e Q é a quantidade em mil toneladas.

10.1 Comece a análise imaginando o cenário mais extremo, onde não há permissão para a importação de suco de laranja e toda a demanda é suprida pelos produtores locais.

    10.1.1 Calcule o preço e a quantidade de equilíbrio considerando que esse mercado é competitivo.

    10.1.2 Desenhe as curvas de demanda e de oferta, indicando o preço e a quantidade de equilíbrio.

10.2 Sabendo-se que o preço do produto no mercado internacional é de US$ 700,00 por tonelada de FCOJ, vamos considerar agora o outro extremo. Neste novo cenário, os EUA não impõem qualquer barreira à importação de suco de laranja. Suponha simplificadamente que a entrada dos EUA no mercado internacional de suco de laranja não altere o preço mundial do produto.

    10.2.1 Calcule e indique, no gráfico do item 10.1.2, a quantidade que seria importada pelos EUA.

    10.2.2 Qual a implicação da abertura econômica no bem-estar dos EUA? Qual o efeito sobre o excedente dos produtores americanos? Calcule os respectivos impactos, em valores monetários.

10.3 Imaginemos agora que os EUA pudessem restringir quantitativamente as importações de FCOJ,[19] adotando uma política de cotas. Suponhamos também que o preço internacional do FCOJ se

---

19 Os países-membros da OMC não podem adotar restrições quantitativas.

mantenha inalterado em US$ 700,00 por tonelada de FCOJ[20] e que o governo americano concedesse um número limitado de licenças a importadores norte-americanos, permitindo a importação de apenas 120 toneladas.

10.3.1 Calcule e indique, no gráfico do item 10.1.2, o preço do produto no mercado norte-americano após a introdução da cota.

10.3.2 Qual a renda (ou receita) auferida pelos detentores das licenças?

10.4 Qual a implicação da política de cotas no bem-estar nos EUA? Qual o efeito sobre o excedente dos produtores americanos? Calcule os respectivos impactos, em valores monetários.

10.5 Em vez de distribuir licenças aos importadores, considere agora que o governo americano opte por aplicar uma tarifa de importação de dólares por tonelada.

10.5.1 Qual seria o valor da tarifa a ser aplicada (em dólares) que garantiria o mesmo efeito, em termos de quantidade importada, das cotas de importação do item anterior?

10.5.2 Qual seria mais benéfico aos EUA em termos de bem-estar: reduzir a importação por meio de uma política de cotas ou tarifa? Qual das políticas seria mais interessante do ponto de vista dos produtores americanos?

11. **O dilema de Patópolis**

Alguns bens são tão essenciais ao funcionamento da economia que um aumento em seu preço causa enormes impactos para a sociedade. Um caso clássico é o petróleo. Quando o preço do petróleo sobe significativamente, os governos são pressionados a adotar políticas para proteger os consumidores de seus impactos.

---

20 Na verdade, a imposição de medidas protecionistas por um grande importador levaria a uma queda do preço internacional de FCOJ; por simplificação, este efeito foi ignorado nesta questão.

Suponha que Patópolis seja uma pequena economia aberta ao comércio internacional, importadora de petróleo cujo mercado doméstico pode ser descrito pelas seguintes curvas de oferta e demanda:

$Q_D = 440 - 2P$ e $Q_O = -10 + P$

Onde Q é a quantidade de petróleo em milhares de barris por ano e P o preço, em dólares por barril. Esboce essas curvas em um gráfico e responda às questões que seguem.

11.1 Inicialmente, o preço mundial do petróleo é de US$ 80,00 por barril. Faça uma análise de bem-estar, indicando os excedentes do consumidor, do produtor e o total, em milhares de US$, considerando a economia completamente aberta ao comércio internacional.

11.2 Suponha agora que o preço internacional do petróleo aumente para US$ 120,00 por barril. As importações de petróleo aumentam ou diminuem? Quanto? E o bem-estar da sociedade, aumenta ou diminui? Explique.

11.3 Tentando proteger consumidores dos elevados preços do petróleo, o governo de Patópolis estuda fixar um preço máximo (ou preço-teto) equivalente ao preço mundial antes do aumento (US$ 80,00). Haverá importações nesse caso? Se sim, de quanto; se não, por quê? Faça uma análise de bem-estar, indicando os excedentes do consumidor, do produtor e o total, em milhares de US$, com a introdução da política de preço máximo.

11.4 Insatisfeito com o resultado da política de preço máximo, o governo resolve criar uma estatal – a Patobrás – que comprará no mercado internacional petróleo suficiente para suprir a escassez gerada pela política do item 11.3, e o venderá em Patópolis ao preço máximo de US$ 80,00. Faça uma análise de bem-estar, indicando os excedentes do consumidor, do produtor, o custo do governo e o excedente total, em milhares de US$, com a criação da Patobrás.

11.5 Interprete os dados de bem-estar calculados anteriormente: o governo consegue, utilizando a política de preço máximo, ou esta combinada à atuação da Patobrás, fazer que a economia volte à situação de bem-estar que tinha antes? Explique por que isso acontece.

Monopólio e estratégias de precificação com poder de mercado

Introdução

O que acontece quando existe apenas um único produtor, fornecendo para todo o mercado? Este capítulo explora mercados em que apenas uma empresa é vendedora e discute estratégias de precificação para empresas com poder de mercado. Primeiramente, analisaremos a decisão de produção e de preço do monopolista, além da regulação de monopólios, incluindo os chamados monopólios naturais. Em seguida, serão apresentadas e analisadas as estratégias de precificação para ofertantes com poder de mercado, entre elas os vários tipos de discriminação de preços e a tarifa em duas partes.

Monopólio

Em alguns mercados existem barreiras à entrada de novos produtores, tais como licenças, concessões, patentes, ou até mesmo a posse de um recurso natural exclusivo ou de uma tecnologia específica. Como consequência, têm-se o que chamamos de monopólios, ou seja, mercados com apenas um produtor. Neste caso, o único produtor é um **formador de preços**, e não tomador de preços, como nos mercados competitivos.

Em um mercado com apenas um fornecedor, a demanda pelo produto da empresa é igual à própria demanda do mercado. Além disso, como o monopolista é o único fornecedor, ele não precisa se preocupar com os concorrentes; para maximizar os lucros, o monopolista se concentra nas características da demanda e em sua estrutura de custo.

Do lado da demanda, duas curvas são fundamentais: receita média (RMe) e receita marginal (RMg). Já vimos que a receita média é sempre igual ao preço do bem, ou seja, à curva de demanda:

$$Rm = \frac{RT}{Q} = \frac{P(Q) \cdot Q}{Q} = P(Q) = Demanda$$

A receita marginal de um monopolista, por sua vez, é sempre menor do que o preço. Para aumentar a quantidade vendida, o preço cobrado pelo monopolista deve diminuir. Como o mesmo preço menor é aplicado a todas as unidades vendidas, inclusive àquelas adquiridas pelos consumidores que antes pagavam mais, o monopolista enfrenta um *tradeoff* ao tentar aumentar a quantidade vendida: elevar as vendas tem um efeito-quantidade positivo, porém um efeito-preço negativo. Como a receita marginal mostra o que acontece com a receita total quando a quantidade aumenta em uma unidade, ela refletirá este *tradeoff*.

A Figura 6.1 apresenta as curvas de preço, receita média e receita marginal do monopolista, incluindo também os custos relevantes da empresa (que seguem a mesma dinâmica já vista no Capítulo 4 – Teoria do Produtor).

Figura 6.1: Estrutura de mercado do monopolista

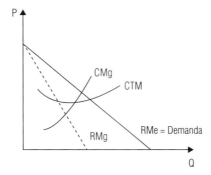

Fonte: Os autores.

Escolha de produção ótima

No caso do monopolista, também é válida a condição de maximização do lucro, ou seja, este encontrará a **quantidade ótima** (Q_M) no ponto em que RMg = CMg. Como não há concorrentes, o monopolista pode fixar seu preço no valor que corresponde ao máximo que o consumidor está disposto a pagar pela quantidade encontrada (Q_M), ou seja, no ponto correspondente da curva de demanda.

Uma implicação importante é que o monopolista não possui uma curva de oferta, que determinaria a quantidade a ser produzida para cada nível de preço. O que limita as decisões do monopolista é a própria curva de demanda: ele pode optar por vender maiores quantidades a preços inferiores ou menores quantidades a preços altos. Ele escolherá o par (Q_M, P_M) que gere o maior lucro possível. Repare que o monopolista cobrará um preço superior ao custo marginal (preço cobrado por empresas em mercados competitivos) e auferirá um *mark-up* (que é justamente a diferença entre preço e custo marginal).

Figura 6.2: Precificação do monopolista

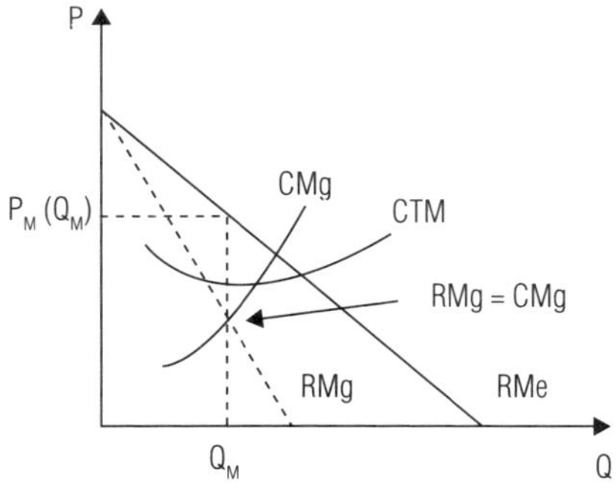

Fonte: Os autores.

Exemplo de decisão de preço e quantidade em monopólio

Suponha que o monopolista enfrente as seguintes curvas de demanda e de custos:

$$Q = 16 - 4P \quad CT = 80 + 0{,}4Q$$

Em que Q é a quantidade produzida ou demandada, e P o preço do produto.

Qual a quantidade que o monopolista produzirá e ofertará para maximizar seu lucro? Qual é o preço que será cobrado?

A quantidade ótima para o produtor ocorre quando o CMg = RMg. Inicialmente, vamos encontrar a RMe e a RMg:

$$Q = 16 - 4P \rightarrow P = 4 - \frac{Q}{4}$$

$$RT = P \cdot Q = 4Q - \frac{Q^2}{4}$$

$$RMe = \frac{RT}{Q} = 4 - \frac{Q}{4}$$

$$RMg = \frac{\partial RT}{\partial Q} = 4 - \frac{Q}{2}$$

Repare que a RMg < RMe. Por sua vez, sabemos que na quantidade ótima a ser produzida o CMg = RMg. Assim:

$$CT = 80 + 0{,}4Q \rightarrow CMg = \frac{\partial CT}{\partial Q} = 0{,}4$$

$$RMg = CMg \rightarrow 0{,}4 = 4 - \frac{Q}{2} \rightarrow Q = 7{,}2$$

Por sua vez, o preço será determinado pela disponibilidade máxima do consumidor em pagar Q = 7,2. Desse modo, substituindo na curva de demanda:

$$P = 4 - \frac{Q}{4} = 4 - 1{,}8 = 2{,}2$$

Monopólio tradicional e monopólio natural

A análise até agora se aplica a monopólios tradicionais. Outra categoria importante de monopólios é a de monopólio natural.

Um monopólio natural ocorre quando os custos são subaditivos, ou seja, quando o custo total médio decresce conforme a quantidade aumenta. De maneira simplificada, ocorrem quando há economia de escala para toda a faixa relevante de produção. Desse modo, é mais eficiente ter apenas uma empresa servindo a todo mercado sozinha do que ter várias empresas competindo. Se não houver intervenção do Estado, esse mercado tenderá *naturalmente* ao monopólio.

A Figura 6.3, a seguir, exemplifica um mercado de monopólio natural. Observe que o custo total médio (CTM) sempre decresce.

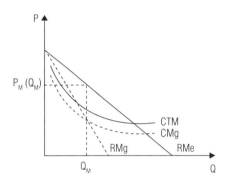

Figura 6.3: Monopólio natural

Fonte: Os autores.

Poder de monopólio

A capacidade de o vendedor influenciar no preço de uma mercadoria é denominada poder de monopólio ou poder de mercado. Setores em que há apenas um único vendedor (ou monopólios puros) são relativamente raros. Porém é bastante comum encontrarmos setores em que os produtores detêm algum poder de mercado em função, por exemplo, de diferenciação do produto e do tamanho das barreiras à entrada.

Quatro fatores determinam o grau poder de monopólio de uma empresa:

a. A elasticidade da demanda da própria empresa: quanto mais elástica for a demanda da própria empresa em relação à demanda do mercado, menor será a capacidade da empresa de fixar preços acima do custo marginal;

b. O número de empresas atuando no mercado: quanto maior o número de empresas em um setor, menor será a capacidade de uma empresa influenciar o preço do produto, e mais difícil será a possibilidade de essas empresas entrarem em conluio, mesmo que tácito;

c. A forma de interação entre as empresas: quanto mais agressiva for a concorrência entre as empresas, menor será a capacidade de uma única empresa sustentar preços acima do custo marginal, e também mais difícil será a possibilidade de essas empresas entrarem em conluio;

d. A existência de barreiras à entrada: tais como licenças, concessões, patentes, ou até mesmo a posse de um recurso natural exclusivo ou de uma tecnologia específica limitam a entrada de novos concorrentes, ampliando o poder do produtor.

Repare que no caso do monopólio puro, em que há apenas um produtor: (a) a curva de demanda da empresa será a própria curva de demanda do mercado, (b) existe apenas uma empresa atuando, (c) não há concorrência com qualquer outra firma e, por fim, (d) existe algum tipo de entrave que impede a entrada de outras empresas. Desse modo, no caso do monopólio puro, o poder de monopólio é máximo. O caso oposto, em que o poder de monopólio inexiste, ocorre justamente numa situação de competição perfeita.

Regra de precificação (*mark-up*)

A regra de *mark-up* é um indicador para o poder de monopólio de uma empresa. É também denominada índice de Lerner.

Na prática, é difícil para uma empresa conhecer toda a função de demanda de um produto. Uma regra de bolso utilizada é a regra de *mark-up*.

Como visto antes, ao aumentar a produção, é possível distinguir dois fatores influenciando a receita marginal:

1. A produção de uma unidade extra e a sua venda pelo preço P geram uma receita: $1 \cdot P$;

2. Contudo, como a curva de demanda possui inclinação negativa, a produção e a venda dessa unidade extra resultará em uma pequena variação no preço, que afetará todas as unidades vendidas: $Q \cdot \dfrac{\Delta P}{\Delta Q}$.

Este raciocínio é exatamente equivalente ao que se obtém quando se deriva a receita total em função da quantidade. Ou seja:

$$RMg = P + Q \cdot \frac{\Delta P}{\Delta Q}$$

Manipulando algebricamente, verifica-se a existência de uma relação entre *RMg* e a elasticidade-preço da demanda ε:

$$RMg = P + Q \cdot \frac{\Delta P}{\Delta Q} = P + Q \cdot \frac{P}{P} \frac{\Delta P}{\Delta Q} = P + P \cdot \frac{Q}{P} \frac{\Delta P}{\Delta Q} = P\left(1 + \frac{1}{\varepsilon}\right)$$

Na condição de lucro máximo *RMg* = *CMg*.

$$RMg = CMg = P\left(1 + \frac{1}{\varepsilon}\right)$$

$$\frac{P - CMg}{P} = -\frac{1}{\varepsilon}$$

Portanto, o *mark-up* sobre o custo marginal que a empresa pode cobrar (como % do preço) depende inversamente da elasticidade.

Note que no caso de competição perfeita, $\varepsilon \rightarrow -\infty$, pois a curva de demanda é horizontal. Assim:

$$\frac{P - CMg}{P} = 0 \rightarrow P = CMg$$

A relação inversa entre poder de monopólio e elasticidade-preço da demanda é muito relevante. Observe que, como o monopólio não tem concorrentes, sua capacidade de elevar preços (e, portanto, obter um alto *mark-up*) dependerá fundamentalmente da sensibilidade dos consumidores a um aumento de preços. Se a demanda for muito elástica, o monopolista não conseguirá cobrar preços muito elevados, pois o consumidor deixará de comprar. Seu poder de monopólio será, neste caso, baixo. Já se o monopolista vende um bem essencial como a água ou um remédio, muito inelástico, ele poderá cobrar preços mais elevados e terá maior poder de monopólio.

Exercício resolvido e comentado

1. **Mark-ups e poder de monopólio**

   Em certas situações, consumidores pagam preços distintos pelo mesmo produto num mesmo mercado, e essas diferenças são estáveis ao longo do tempo. Por exemplo, o mercado de cimento na cidade de São Paulo. Nas grandes lojas varejistas, pode-se adquirir o saco de 50 kg do cimento, de uma dada marca, por R$ 11,90, à vista.

   No pequeno varejo – lojas de materiais de construção com raio de mercado relativamente pequeno – esse mesmo produto é adquirido pelo preço de R$ 13,90/saco, também à vista. Pode-se admitir que para uma ampla faixa de volume de comercialização, o tamanho da loja e o número de funcionários permanecem fixos, de forma que o custo variável relevante corresponde ao custo de reposição do produto, ou seja, ao preço que o varejista paga no atacado. Suponha que esse custo variável não difira entre o pequeno e o grande varejo e que seja de R$ 10,00/saco. Considere, ainda, que os comerciantes de cimento fixam preço no varejo como "um simples *mark-up* sobre o custo marginal".

   1.1. Calcule a elasticidade-preço da demanda nos dois segmentos de mercado e explique a relação dessa variável com a diferença no preço entre o grande e o pequeno varejo de cimento.

   Para calcular as elasticidades, utilizamos a fórmula:

   $(P-Cmg)/P = 1/Ed$

   Fazendo $CMg = 10$, $P_{grande} = 11,90$ e $P_{pequeno} = 13,90$, encontramos $Ed = -6,26$ para o grande varejo e $Ed = -3,56$ para o pequeno varejo, ou seja, a elasticidade da demanda para o grande valor é, em módulo, maior do que a elasticidade para o pequeno varejo. Assim, percebe-se que a demanda é mais sensível ao preço no grande varejo, se comparado ao pequeno varejo. Logo, quanto mais sensível a demanda ao preço, mais próximo é este do custo marginal. Com isso, o preço de venda para o grande varejo está mais próximo ao custo marginal do que o preço de venda ao pequeno varejo.

1.2 Calcule o índice de Lerner para esses dois segmentos de mercado. Qual a interpretação econômica do índice de Lerner e o que você pode concluir, baseado nos valores que calculou, para esses dois segmentos do mercado de cimento?

O índice de Lerner é dado por (P − CMg)/P. Para o grande varejo, L = 0,16 e no pequeno varejo, L = 0,28. O índice de Lerner varia entre zero e um, sendo que quando ele é zero temos um exemplo de concorrência perfeita. Assim, quanto mais distante de zero, maior o *mark-up* das empresas. Sabemos que esse índice é inversamente relacionado à elasticidade-preço da demanda, sendo um indicador do grau de monopólio. Portanto, percebemos que o pequeno varejo possui maior poder de mercado que o grande varejo.

1.3 A partir do índice de Lerner calculado, é possível concluir sobre qual dos dois segmentos de mercado há maior lucro econômico por unidade de cimento comercializado? Justifique a sua resposta.

Embora o índice de Lerner seja um indicador do grau de monopólio da empresa, ele não determina a rentabilidade desta, pois considera apenas o custo marginal (e, portanto, custos variáveis), ignorando o custo fixo. Ele apenas poderia ser utilizado como indicador de lucratividade entre empresas, caso todas as empresas comparadas tivessem custos unitários iguais.

Custo social do monopólio

Em um mercado competitivo, o preço é igual ao custo marginal, sendo este o nível eficiente, ou seja, aquele em que se produz a maior quantidade viável, considerando-se o custo social de produção e o valor atribuído pelos consumidores ao bem. No monopólio, o preço é maior do que o custo marginal, portanto, a quantidade comercializada será menor. Alguns consumidores que estariam dispostos a pagar preços superiores ao custo marginal de produção, porém inferiores ao preço de monopólio, deixam de comprar o bem. Desta forma, o produtor ganha e o consumidor perde. Como o tamanho do mercado se reduz, as perdas de excedente dos consumidores superam os ganhos dos produtores, e a sociedade como um todo também perde bem-estar, gerando um peso morto. Na Figura 6.4, as áreas de A B e C mostram a variação nos excedentes quando mudamos do preço e quantidade competitivos P_c e Q_c, para o preço e a quantidade de monopolista, P_m e Q_m.

Figura 6.4: Custo social do Monopólio

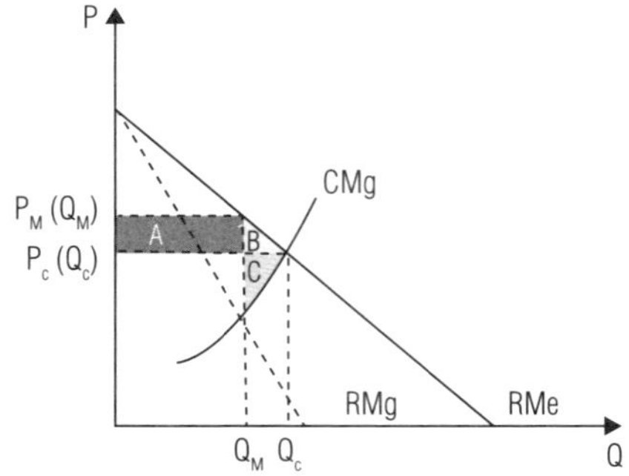

Fonte: Os autores.

A área A equivale à transferência de recursos dos consumidores para os produtores em função do aumento do preço de P_c para P_m. Por seu turno, em função desse mesmo aumento, há uma queda no consumo do produto, de Q_c para Q_m, provocando uma perda geral de bem-estar na sociedade. B é a parte perdida pelos consumidores, C pelos produtores e a soma B + C é o peso morto do monopólio.

Regulação de monopólios

A existência de custos sociais do poder de mercado é uma possível justificativa para a intervenção do Estado em mercados monopolizados.

Em monopólios tradicionais, o governo pode impor um preço-teto de venda igual ao preço que vigoraria se o mercado fosse competitivo. Na Figura 6.4, esse preço é P_C, na intersecção entre P (=RMe) e CMg. A imposição de preço-teto igual a P_C faz com que a empresa oferte Q_C, eliminando o custo social dos monopólios.

No Brasil, esse tipo de controle sobre preços de monopólios era feito, entre a década de 1960 e a de 1990, pela Superintendência Nacional de Abastecimento (Sunab), que mantinha estoques reguladores de mercadorias, e pelo Conselho Interministerial de Preços (CIP), que monitorava preços de mercado e impunha limites de preços. Ambos os órgãos foram extintos durante a década de 1990.

Atualmente, a ação dos estados para minimizar o custo social do poder de mercado não se dá pela intervenção direta sobre o preço. Alternativamente, os governos atuam por meio de órgãos de defesa da concorrência. No Brasil, o órgão responsável pela política de defesa de concorrência é o Conselho Administrativo da Defesa Econômica (CADE).

A atuação do CADE busca evitar a formação de barreiras à entrada e é, ao mesmo tempo, preventiva e punitiva: ela previne a fusão de grandes empresas com poder de mercado e pune a ação de cartéis. O objetivo é aproximar o preço praticado ao preço competitivo.

Figura 6.5: Atuação do Estado em monopólios

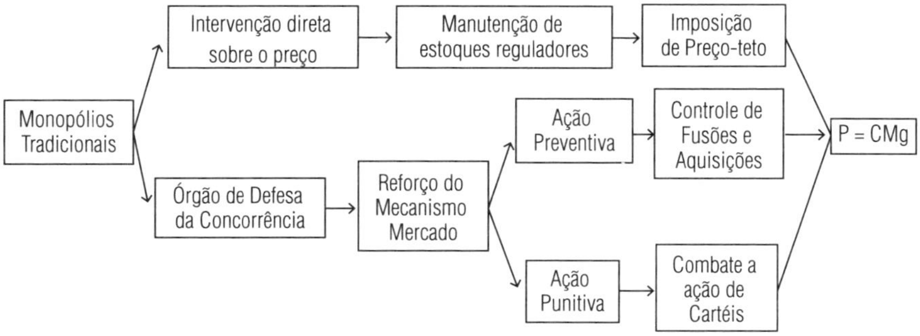

Fonte: Os autores.

No caso de monopólios naturais, a atuação do governo e a regulamentação de preços são diferentes.

Há duas possibilidades para a atuação do Estado:

I. O governo pode ofertar diretamente o bem ou serviço, cobrando tarifas sociais que maximizam não o lucro, mas o bem-estar; ou

II. O governo transfere a oferta do bem ou serviço à iniciativa, mas de maneira regulada, criando, por exemplo, agências regulatórias, como a Agência Nacional de Telecomunicações (Anatel), Agência Nacional de Energia Elétrica (Aneel), Agência Nacional de Transportes Terrestres

(ANTT) e outras. Ao contrário do órgão de defesa da concorrência, que atua para *reforçar* o mecanismo de mercado, as agências regulatórias *substituem* o mecanismo de mercado, definindo o preço cobrado nesses mercados e a forma de seu reajuste por meio do contrato de concessão.

Como em monopólios naturais o custo marginal é sempre inferior ao custo total médio, se as agências regulatórias adotarem a mesma regra de intervenção direta válida para os monopólios tradicionais, isto é, impuseram preço-teto no ponto onde P = CMg, o preço P_C resultante será inferior ao custo médio de produção, o que inviabilizará a operação da empresa.

Figura 6.6: Custo social do monopólio

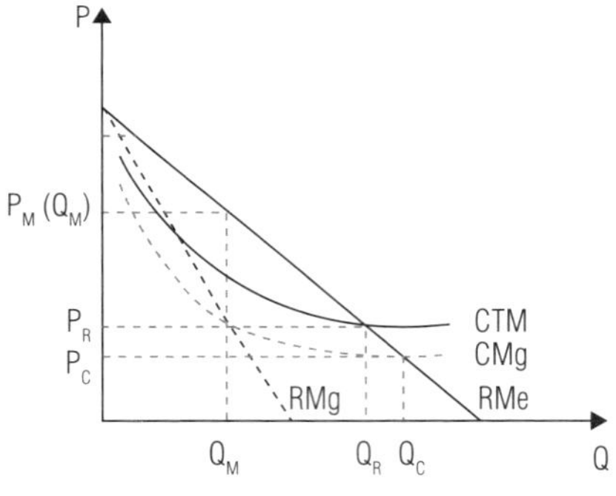

Fonte: Os autores.

Alternativamente, as agências regulatórias determinam um preço (ou a RMe) igual ao Custo Médio de Produção (CTM), de forma a garantir que o lucro econômico seja igual a zero que, por sua vez, equivale à condição de equilíbrio em mercados competitivos no longo prazo. Na Figura 6.6, o preço regulado é P_R e as empresas ofertam Q_R.

A Figura 6.7 sintetiza a atuação do Estado em relação aos monopólios naturais.

Figura 6.7: Atuação do Estado em monopólios naturais

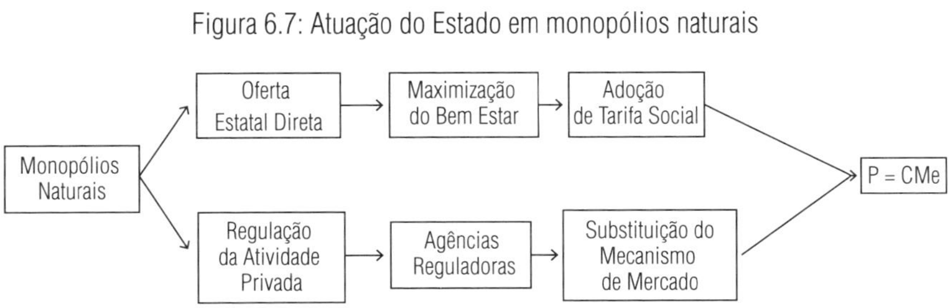

Fonte: Os autores.

Exercício resolvido e comentado

1. **Monopólio e bem-estar**

    Há uma grande discussão a respeito da soja transgênica no Brasil. O governo autorizou há alguns anos, por meio de medida provisória, a comercialização e o plantio de semente de soja transgênica no Sul do país.

    A Monsanto, por exemplo, desenvolveu uma semente transgênica imune ao herbicida Roundup, patenteado por ela. Suponha que a única empresa que, no momento, atue no mercado de herbicida para soja transgênica seja a Monsanto. Imagine que a equação de demanda potencial de mercado por herbicida no Brasil seja:

    $P = 24 - 1/2Q$

    Sendo P o preço em dólares por litros (US$/litro) de herbicida e Q a quantidade medida em milhões de litros por ano. A equação de custo total é representada por:

    $CT = 8Q$

    1.1. Desenhe as curvas de demanda (ou seja, a curva de receita média, RMe), de receita marginal (RMg), de custo médio (CMe) e de custo marginal (CMg) no mesmo gráfico.

    Curva de demanda: $RMe = P = 24 - \frac{1}{2}Q$

    Receita marginal: $RMg = 24 - Q$

    Custo total: $CT = 8Q$

Custo médio: $\quad CMe = \dfrac{CT}{Q} = 8$

Custo marginal: $\quad CMg = \dfrac{dCT}{dQ} = 8$

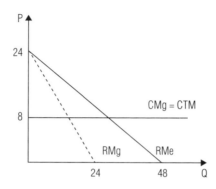

1.2 Calcule e represente, no gráfico do item 1.1, o preço e a quantidade capazes de maximizar os lucros do monopolista, bem como o lucro econômico (o lucro total, não por unidade) do monopolista.

O monopolista maximiza seu lucro fazendo:

RMg = CMg

24 − Q = 8

Q = 16 milhões de litros por ano

Jogando essa quantidade na curva de demanda:

P = 24 − ½(16) = R$ 16,00 por litro

Lucro econômico: π = RT − CT

RT = PxQ = 16 · 16 = 256

CT = 8Q = 8 · 16 = 128

π = 256 − 128 = US$ 128 milhões por ano

1.3 Suponha que a patente da Monsanto prescreva, e que o governo brasileiro, por meio de sua empresa de pesquisa agropecuária, a Embrapa, comece a produzir herbicida para soja transgênica para vender no mercado nacional a preço competitivo (isto é, ao preço que vigoraria se o mercado fosse de concorrência perfeita). Qual seria o novo preço e qual seria a nova quantidade de equilíbrio? Calcule e represente no gráfico feito no item 1.1.

Preço competitivo: P = CMg

Logo, o P = 8 por litro e a quantidade é:

8 = 24 – ½Q

Q = 32 milhões de litros por ano

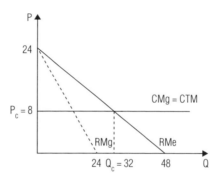

1.4 Calcule e represente, no gráfico do item 1.1, o custo social (isto é, o peso morto) associado ao exercício do poder de mercado por parte do monopolista, que o país incorreu até a entrada da Embrapa no mercado.

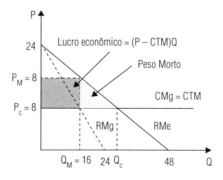

Neste caso, temos que comparar a situação de monopólio com a de concorrência perfeita. O peso morto está indicado na figura acima:

$$PM = \frac{(P_M - CMg) \cdot (Q_C - Q_M)}{2} = \frac{(16-8) \cdot (32-16)}{2} = US\$ \ 64 \ \text{milhões por ano}$$

1.5 Partindo da situação dada no item 1.3, suponha agora que o governo imponha regras de rastreamento e identificação da soja transgênica e que tais regras incorram em acréscimo de US$ 6,00 por litro de herbicida ao custo médio de produção, os quais serão arrecadados pelo governo. Considere que funciona da mesma forma que um imposto de US$ 6,00 por litro. Calcule e represente no gráfico feito no item 1.1:

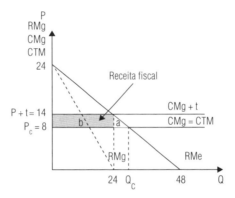

1.5.1 O novo preço de equilíbrio.

$P_{novo} = CMg + t = 8 + 6 = 14$

Logo, o novo preço é US$ 14,00 por litro.

1.5.2 A nova quantidade de equilíbrio de semente transgênica.

$14 = 24 - \frac{1}{2}Q$

Q = 20 milhões de litros por ano

1.5.3 A variação do excedente do consumidor.

Ela é dada pelas áreas b e a na figura acima:

$$\Delta EC = -b - a = \left[\left((14-8) \cdot 20 \right) \frac{(14-8) \cdot (32-20)}{2} \right] = -156$$

Portanto, há uma perda de bem-estar dos consumidores em U$ 156 milhões de dólares por ano.

1.5.4 A variação do excedente do produtor.

É zero, uma vez que a curva dos custos marginais é horizontal, ou seja, a oferta é perfeitamente elástica.

1.5.5 A arrecadação do governo.

O governo arrecada o equivalente à área b:

$\Delta G = +b = (14 - 8) \cdot 20 = 120$

Há um ganho de bem-estar na forma de receita fiscal para o governo em US$ 120 milhões por ano.

1.6 A variação total do bem-estar (ou seja, efeito total de bem-estar).

O efeito total no bem-estar é uma perda equivalente à área a. Ou então:

$ET = \Delta EC + \Delta EP + \Delta G$

Dos itens anteriores sabemos que:

$\Delta EC = -156$

$\Delta EP = 0$

$\Delta G = 120$

Portanto, ET = −36 ou o efeito total é uma perda líquida de bem-estar, ou seja, um peso morto de US$ 36 milhões por ano.

Estratégias de precificação para empresas com poder de mercado

Sendo formadores de preços, os produtores podem adotar certas estratégias para cobrar preços distintos de consumidores diferentes pelo mesmo bem e, dessa forma, capturar o máximo possível do excedente do consumidor, aumentando seus lucros. Essas técnicas podem adquirir várias formas, das quais veremos as mais comuns:

- Discriminação de Preços de Primeiro Grau: cobrar de cada consumidor seu preço de reserva;
- Discriminação de Preços de Segundo Grau: cobrar preços diferentes conforme o volume consumido;
- Discriminação de Preços de Terceiro Grau: cobrar preços distintos de grupos de consumidores com elasticidades diferentes;
- Discriminação Intertemporal de Preços e Preços de Pico de Temporada: cobrar preços diferentes em momentos diferentes do tempo.
- Tarifa em Duas Partes: cobrar uma taxa de entrada e um preço por utilização.

Nem todas as empresas são capazes de discriminar preços. Além de possuir poder de mercado, é preciso ser capaz de separar os consumidores de acordo com sua disposição a pagar e evitar a arbitragem de preços entre eles. O caso clássico é a venda de passagens aéreas, em que passageiros pagam preços substancialmente diferentes dependendo do horário da compra, data da viagem etc.

Discriminação de Preço de Primeiro Grau

Na Discriminação de Preço de Primeiro Grau, o produtor cobra de cada consumidor exatamente o seu preço de reserva, ou seja, o valor máximo que ele está disposto a pagar pelo produto e captura integralmente o excedente do consumidor.

Na Figura 6.8, por exemplo, o produtor cobraria de *cada* consumidor um preço diferente dentro do intervalo de preços definido entre o intercepto da função de demanda e o ponto onde o preço é igual ao custo marginal. P_1 e P_2 são dois exemplos de valores. Qualquer preço acima do ponto onde o preço é igual ao custo marginal pode ser cobrado pelo monopolista que pratica discriminação de preços, desde que não seja um monopólio natural – nesse caso, o preço mínimo que poderia ser praticado seria o ponto no qual o preço é igual ao custo total médio.

Isto é, caso o monopolista consiga diferenciar todos os consumidores, ele pode oferecer o produto a valores mais baixos e passar a vender para os consumidores cujo preço de reserva esteja entre o preço onde a curva de demanda cruza o eixo vertical e P_C.

Figura 6.8: Discriminação de Preço de Primeiro Grau: todo o excedente do consumidor é capturado

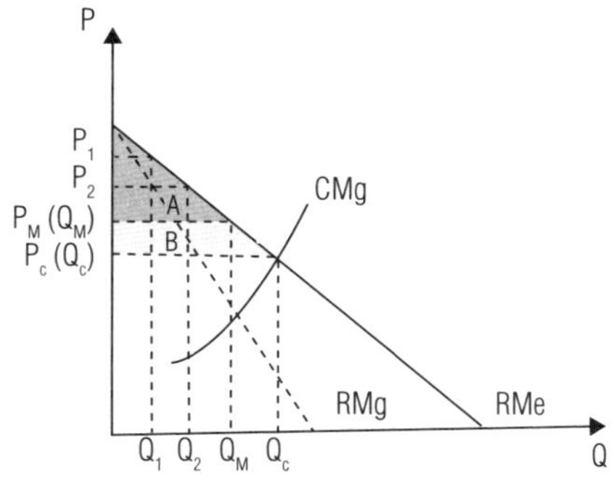

Fonte: Os autores.

Em termos de bem-estar, a Discriminação de Primeiro Grau prejudica consumidores (já que o excedente do consumidor é integralmente transferido para o produtor), porém aumenta a eficiência total. Como o produtor venderá a quantidade onde P = CMg, não há peso morto.

Na prática, cobrar um preço diferente de cada consumidor é impossível por vários motivos: o vendedor não conhece exatamente a disposição a pagar de cada consumidor, é muito difícil eliminar completamente a possibilidade de arbitragem entre consumidores, e existem questões práticas, legais e até mesmo éticas de se fazer isso.

Mesmo assim, exemplos de prática imperfeita de Discriminação de Preço de Primeiro Grau incluem profissionais liberais, como médicos, que às vezes cobram pelas consultas conforme a capacidade de pagamento de cada paciente.

Exercício resolvido e comentado

1. 1. **Discriminação de Preço de Primeiro Grau**

    Em 1999, a Lei n. 9.787 permitiu a fabricação dos remédios "genéricos" no Brasil. Com essa lei, passaram a coexistir no Brasil três classes de medicamentos:

    Medicamentos de referência: correspondente aos medicamentos registrados, de qualidade oficialmente comprovada, produzido pelo laboratório detentor da patente original;

Medicamento similar: aquele que contém o mesmo princípio ativo, apresenta a mesma concentração, forma farmacêutica etc. do medicamento de referência, podendo diferir somente em características relativas ao tamanho e forma do produto, prazo de validade, embalagem, rotulagem, excipientes e veículos; e

Medicamento genérico: medicamento similar a um produto de referência, geralmente produzido após a expiração da proteção patentária, cuja qualidade também é oficialmente comprovada.

Este exercício explora os efeitos econômicos da introdução de medicamentos genéricos em determinado mercado.[1] Por simplicidade, a questão não considera o impacto da classe de medicamento similar.

Suponha que a equação de demanda de determinado medicamento de referência, sem genérico (nem similar) é:

$$P = 24 - \frac{1}{2} Q$$

Sendo P o preço em reais por cartela de 20 unidades e Q a quantidade medida em milhões de cartelas por ano. A equação de custo total pode ser representada por:

$CT = 8Q$

Considere que tal medicamento ainda esteja sob proteção da patente, o que confere ao laboratório que o produz o status de monopolista da produção.

1.1 Determine o preço e a quantidade que o laboratório praticará nesse mercado. Calcule também o lucro das vendas.

RMg = CMg

24 − Q = 8

Q_M = 16 milhões de cartelas

P_M = 24 − 0,5Q = R$ 16,00 por cartela

---

[1] Quem estiver interessado em uma exposição esclarecedora do impacto da entrada dos genéricos no mercado brasileiro, sugerimos a leitura de: NISHIJIMA, Marislei. Os preços dos medicamentos de referência após a entrada dos medicamentos genéricos no mercado farmacêutico brasileiro, *Revista Brasileira de Economia*, v. 62, n. 2, pp: 189-206, abr.-jun. 2008. Disponível em: <http://www.scielo.br/pdf/rbe/v62n2/04>. Acesso em: 16 dez. 2016.

1.2 Suponha que tal medicamento fosse de comercialização proibida, sendo sua administração restrita a uso médico, em hospitais. Considere também que determinado hospital privado resolveu cobrar um preço elevado pelo medicamento, mas oferecendo descontos diferenciados por paciente, segundo as condições financeiras de cada paciente (descontos menores para os que forem mais ricos). Considere também que esse hospital tenha condições de avaliar, com algum grau de precisão, as condições financeiras de *cada* paciente. Que tipo de discriminação de preços o hospital estaria praticando? Explique sua resposta.

Discriminação de Preços de Primeiro Grau: cobrar de cada paciente seu preço de reserva.

1.3 Do ponto de vista da quantidade de medicamentos negociados (e, portanto, da universalização do acesso ao medicamento), em comparação com a quantidade no item 1.1, a prática discutida no item 1.2 seria desejável? Explique.

Sim, seria desejável, pois com isso a quantidade de medicamentos negociada aumentaria para Q* = 32, ponto onde P = CMg.

1.4 Com a entrada dos remédios genéricos, outras empresas puderam ofertar medicamentos do mesmo princípio ativo e de qualidade igualmente comprovada. Suponha que o governo tenha pretendido tabelar o preço desse medicamento genérico e que não haja a prática de discriminação de preços.[2]
Considere que ele queira estabelecer para esse medicamento genérico o preço que fosse equivalente ao de mercado competitivo. Qual será a quantidade negociada a esse preço? Calcule também o valor em reais (R$) do ganho de bem-estar, se houver, em comparação com o item 1.1. Do ponto de vista de bem-estar social, a entrada de remédios genéricos ao preço competitivo seria desejável? Explique.

Se o governo tabelasse o preço do medicamento genérico, ele deveria ser igual ao custo marginal. Como o custo marginal é constante e igual a 8, esse também deveria ser o preço do medicamento. A esse preço, seriam negociadas Q* = 32 unidades do medicamento. O ganho de bem-estar seria de R$ 64,00 = (32 − 16) · (16 − 8) /2. Sim, seria desejável, pois aumenta o bem-estar geral.

---

2 Na verdade, o preço dos medicamentos genéricos não é regulamentado no Brasil.

Discriminação de Preço de Segundo Grau

Em alguns mercados onde cada consumidor adquire muitas unidades de uma mesma mercadoria em um dado período, o seu preço de reserva declina com o aumento da quantidade consumida. No caso dos monopólios naturais, o custo da empresa também cai conforme a quantidade consumida aumenta, havendo economias de escala.

Um exemplo seria o fornecimento de serviços de telefonia celular, em que a tarifa média por minuto de utilização cai conforme a quantidade utilizada aumenta.

Nessa situação, faz sentido para a empresa praticar preços diferentes por unidade da mesma mercadoria, oferecendo descontos por volume. Estabelecem-se assim faixas de consumo, cobrando-se preços diferentes de cada faixa. No gráfico abaixo, por exemplo, os consumidores pagariam um preço P_1 para o consumo de quantidades entre 0 e Q_1, um preço P_2 para quantidades consumidas entre Q_1 e Q_2 e um preço igual ao CTM para quantidades entre Q_2 e Q_3. Não valerá a pena para a empresa vender a um preço abaixo de P_3, pois a empresa auferirá prejuízo.

Figura 6.9: Discriminação de Preço de Segundo Grau

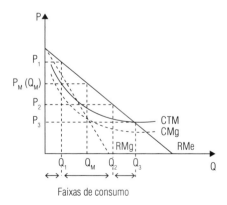

Fonte: Os autores.

Exercício resolvido e comentado

1. **Discriminação de Preço de Segundo Grau**

    A empresa privada PetroGás é a única fornecedora de gás encanado em determinado mercado. A demanda por esse produto tem basicamente dois segmentos: famílias e empresas. Estas consomem aproximadamente 80% do gás encanado. Ademais, a PetroGás cobra preços distintos para ambos os públicos. Considere nesta questão apenas a demanda de gás encanado pelas empresas da indústria de vidro e a política de precificação adotada pela PetroGás.[3]

    Para simplificar, suponhamos que há várias empresas idênticas na indústria nesse país, cada uma com uma demanda individual por gás encanado, que pode ser descrita pela seguinte equação:

    $P = 100 - q$

    Onde P é o preço em reais (R$) por mil metros cúbicos de gás e q a quantidade medida em milhares de metros cúbicos de gás por dia por empresa nesta indústria. Suponha ainda que o custo marginal do monopolista PetroGás é de R$ 50,00 por mil metros cúbicos, e que o custo adicional por empresa na indústria é de R$ 400,00 por mês. Ou seja, o custo total que a PetroGás tem por empresa na indústria pode ser descrito pela seguinte equação:

    $CT = 400 + 50q$

    Sendo q a quantidade em mil metros cúbicos por mês por empresa e CT em reais por mês por empresa.

    1.1 Suponha que a PetroGás cobra de cada empresa um preço único pelo gás. Calcule a quantidade ofertada por empresa e o preço praticado pela PetroGás para maximizar seu lucro.

---

3 Fornecedores de gás encanado não praticam a mesma política de precificação para famílias e empresas. Por exemplo, a Comgás cobra das empresas que têm uma demanda maior um preço mais baixo por metro cúbico, enquanto ela cobra para famílias com demanda maior um preço mais alto por metro cúbico. Por isso não analisamos os dois segmentos ao mesmo tempo nesta questão. No Brasil também aproximadamente 80% do consumo de gás se dá pelas empresas, em vez de famílias. Os preços dos fornecedores de gás são regulados no Brasil.

O lucro é máximo onde RMg = CMg:

RT = P · q = 100q − q²

RMg = 100 − 2q

CMg = 50

100 − 2q = 50

Q = 25 ou 25 mil m³ por dia

P = 75 reais por mil m³ de gás natural

1.2 Desenhe a curva de Receita Marginal (RMg) e Custo Marginal (CMg) e indique o preço e a quantidade de equilíbrio capazes de maximizar o lucro da empresa, conforme calculado no item 1.1. Indique também o lucro econômico no gráfico.

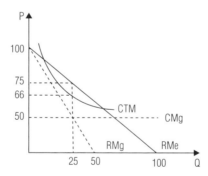

O lucro é a área em destaque do gráfico e equivale a R$ 225,00.

1.3 A PetroGás decide cobrar 3 preços diferentes por faixas de consumo de cada empresa, aplicando discriminação de preços de segundo grau. Ela decide cobrar um preço para o consumo de até 15 mil metros cúbicos por mês, outro preço a partir de 15 mil e até 30 mil metros cúbicos e outro preço ainda a partir de 30 mil metros cúbicos.

    1.3.1 Calcule os preços P_1, P_2 e P_3 que a empresa deve adotar para as faixas de 0-15 mil m³, 15-30 mil m³ e acima de 30 mil m³ de gás natural por dia, respectivamente, e indique esses preços por faixa de quantidade em um gráfico.

Faixa 0-15: $P_1 = 100 - 15 = R\$ 85/\text{mil m}^3$ de gás

Faixa 15-30: $P_2 = 100 - 30 = R\$ 70/\text{mil m}^3$ de gás

Faixa 30+:   Q máximo que a empresa vender será P = CMe:

$$100 - q = 400/q + 50q$$

$$q^2 - 50q + 400 = 0$$

q = 10 (não convém) ou q = 40

$P_3 = 100 - 40 = 60$

1.3.2 Em quanto aumentou (ou diminuiu) o lucro da empresa ao praticar esta discriminação de preços de segundo grau?

O lucro aumentou em R$ 225,00 com a discriminação.

1.3.3 O mercado para gás encanado virou mais eficiente ou menos eficiente com esta precificação? Justifique sua resposta.

O mercado ficou mais eficiente, pois a quantidade comercializada aumentou de 25 para 40 metros cúbicos por mês.

1.4 O governo tem entre seus objetivos de política econômica promover a eficiência econômica e eliminar o excesso de lucro (isto é, lucro econômico, também chamado lucro monopolístico) de empresas no seu país. Para alcançar esses objetivos, o governo resolve controlar os preços da PetroGás, impondo a cobrança de um preço único. Qual é o preço de regulamentação que o governo adota nesta intervenção?

$P_R = CMe$

q = 40 metros cúbicos por mês

$P_R = 100 - 40 = 60$ reais por mil m³ de gás natural ao dia

1.5 Com esse preço, o governo conseguiu zerar o peso morto? E zerar o lucro econômico? Justifique suas respostas.

Como o preço de regulamentação continua maior do que o preço que seria praticado com perfeita competição (P = CMg), o peso morto continua existindo. O lucro econômico, entretanto, foi zerado porque:

Lucro = (P − CMe) · q

Se P = CMe, Lucro = 0.

Discriminação de Preço de Terceiro Grau

A forma mais comum de discriminação, contudo, é aquela em que se dividem os consumidores em dois ou mais grupos de acordo com a elasticidade-preço da demanda, cobrando-se preços diferentes de cada grupo. Diversos são os exemplos, tais como: meia-entrada no cinema para estudantes, primeira classe e classe econômica em viagens aéreas etc.

Se, em determinado mercado, a Discriminação de Preço de Terceiro Grau é viável, como decidir o preço em cada grupo?

Os preços a serem cobrados devem atender a duas condições de equilíbrio.

I. Maximização de lucros: a quantidade total de mercadorias a serem produzidas e ofertadas deve obedecer à condição de que CMg = RMg_T. Isto é, não será produzida uma unidade de mercadoria se seu custo marginal de produção for maior do que a receita marginal auferida de sua venda.

II. A receita marginal em todos os grupos de consumidores deve ser igual. Caso contrário, será preferível ao ofertante transferir vendas de um grupo para outro. No caso de dois grupos de consumidores, a condição requer que $RMg_1 = RMg_2$.

Neste exemplo, os consumidores são divididos em dois grupos. A quantidade total de mercadorias é determinada no ponto em que o CMg é igual à RMg_T, que equivale à derivada da demanda total de mercadorias. Os preços e as quantidades ótimas são aquelas em que a RMg de cada grupo é a mesma e igual à RMg_T e ao CMg resultantes da produção de Q_T unidades de mercadorias. No caso, a curva de demanda do consumidor 1 é mais elástica, logo, o preço cobrado é menor.

Exercício resolvido e comentado

1. ***You can't always get what you want...***
   Você foi contratado para definir os preços a serem cobrados do próximo show dos Rolling Stones, no Estádio do Morumbi. Na primeira reunião de

trabalho – e com seus conhecimentos de microeconomia –, você se comprometeu a estudar a várias opções de preços, dentre as quais:

Opção 1 – Vender todos os ingressos por um preço único.

Opção 2 – Separar o público no gramado e na arquibancada, cobrando preços diferenciados.

Você sabe ainda que o aluguel do estádio foi orçado em R$ 2 milhões por show, e os custos variáveis foram estipulados em Q^2, onde Q é a quantidade de ingressos vendida (em milhares), ou seja, **C = 2.000 + Q^2**.

Depois de um minucioso estudo de mercado, você concluiu que a demanda para a arquibancada poderia ser descrita por $Q_A = 150 - (1/2) P_A$, e a demanda para o gramado descrita por $Q_G = 270 - (3/2) P_G$, onde Q é a quantidade de ingressos em milhares e P, o preço em reais.

1.1 Quais serão o preço e o lucro do show, se você praticar um único preço (opção 1)?

Qt = 420 – 2P ou P = 210 – (Q/2)

Para maximizar o lucro, fazemos RMg = CMg:

RMg = 210 – Q = 2Q = CMg

Q = 70 mil ingressos

P = R$ 175

Lucro = PQ – CT = R$ 5.350

1.2 Quais serão o preço e o lucro do show se os públicos forem separados em gramado e arquibancada (opção 2)? Que tipo de discriminação de preços será praticada, neste caso?

Neste caso, temos que fazer $RMg_A = RMg_G$ = RMgt

$Q_T = Q_A + Q_G$ = 150 – (1/2) P + 270 – (3/2) P = 420 – 2P

Isolando P:

P = 210 – 0,5 Q_T

RTt = P Q_T = 210 Q_T – 0,5 Q_T^2

RMgt = d RTt / d Q_T = 210 – Q_T

Fazendo RMgt = CMg, temos:

$210 - Q_T = 2 Q_T$

$Q_T = 70$

Para $Q_T = 70$ mil, $RMgt = 210 - Q_T = 140$

Agora basta fazer $RMg_A = RMg_G = 140$

Para arquibancada:

$Q_A = 150 - (1/2) P_A$

$P_A = 300 - 2 Q_A$

$RT_A = 300 Q_A - 2 Q_A^2$

$RMg_A = 300 - 4 Q_A = 140$

$Q_A = 40$ mil $P_A = R\$ 220$

Para gramado:

$Q_G = 270 - (3/2) P_G$

$P_G = 180 - (2/3) Q_G$

$RT_G = 180 Q_G - (2/3) Q_G^2$

$RMg_G = 180 - (4/3) Q_G = 140$

$Q_G = 30$ mil $P_G = R\$ 160$

Lucro = R$ 6.700

É aplicada uma discriminação de preços de terceiro grau.

1.3 Você considera agora a hipótese de vender os ingressos por meio de telemarketing, buscando cobrar o maior preço possível de cada comprador. Para isso, existe a possibilidade de contratar os serviços de uma vidente, que com seus poderes extrassensoriais é capaz de descobrir o preço-reserva de cada fã dos Rolling Stones. Imaginando que isso seja possível, responda às próximas questões. Considere a demanda total como a soma das demandas de gramado e arquibancada (desconsidere a demanda quebrada). Quantos ingressos seriam vendidos utilizando o software da vidente?

Este é um caso de Discriminação de Primeiro Grau, portanto o preço mínimo a ser praticado será P = CMg:

P = 210 − (Q/2) = 2Q = CMg

Q = 84 mil e P = R$ 168

1.4 Qual seria o lucro neste caso?

O lucro será a área entre o CMg e a Demanda (lucro variável) menos o custo fixo:

Lucro = R$ 6.820

Discriminação de Preços Intertemporal

É a prática de cobrar preços diferentes em momentos diferentes do tempo. Por exemplo, pode-se cobrar preços mais altos no lançamento de um produto, atendendo aos consumidores de alta demanda, baixando posteriormente os preços para atender a consumidores mais elásticos.

Figura 6.10: Discriminação de Preços Intertemporal: consumidor 1 é ávido pelo produto

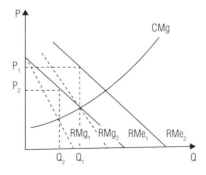

Fonte: Os autores.

No início, a empresa procura atender aos consumidores mais inelásticos (tipo 1), cobrando o preço mais alto (P_1) que equivale ao ponto em que $RMg1 = CMg$. A empresa captura o excedente dos consumidores que possuem uma forte demanda pelo bem e que não "aguentam esperar por ele". Depois, o preço cai para P_2 para atender aos demais consumidores (tipo 2).

Exercício resolvido e comentado

1. **Discriminação de Preços Intertemporal**
   Todo ano a Café Maravilha lança novos *blends*. No lançamento, as novas cápsulas chegam ao mercado a um preço mais elevado. Após alguns meses, dependendo da sua aceitação, os novos *blends* são incorporados ao seu catálogo fixo e vendidos a um preço menor. Suponha que as demandas por novos *blends* nos dois períodos (Q_A e Q_B) e o custo total de produção possam ser expressas por:

   $Q_A = 22,5 - 0,5 P_A$ $\qquad$ $Q_B = 60 - 2 P_B$ $\qquad$ $CT = Q^2$

   Onde Q é quantidade de caixas de cápsulas, e P, o preço por caixa em reais (R$). Qual o preço que a Café Maravilha deveria praticar no lançamento dos novos *blends* (*período $_A$*)? E após serem incorporados ao seu catálogo fixo (*período $_B$*)? Em cada um desses períodos, quais seriam as quantidades vendidas?

   No caso de Discriminação Intertemporal, temos que fazer RMg = CMg para cada período:

   Período A: $\qquad$ $P_A = 45 - 2 Q_A$

   $RT_A = P_A \cdot Q_A = 45 Q_A - 2 Q_A^2$

   $RMg_A = dRT_A / dQ_A = 45 - 4 Q_A$

   Fazendo RMg_A = CMg:

   $45 - 4 Q_A = 2 Q_A$

   Q_A = 7,5 mil caixas

   $P_A = 45 - 2 Q_A$ **= R$ 30,00 por caixa**

   Período B: $\qquad$ $P_B = 30 - 0,5 Q_B$

   $RT_B = P_B \cdot Q_B = 30 Q_B - 0,5 Q_B^2$

$RMg_B = dRT_B / dQ_B = 30 - Q_B$

Fazendo $RMg_B = CMg$:

$30 - Q_B = 2Q_B$

$Q_B = 10$ mil caixas

$PB = 30 - 0{,}5QB =$ **R$ 25,00 por caixa**

Preço de pico de temporada

É a prática de cobrança de preços altos durante os períodos de pico de temporada quando as restrições de capacidade fazem que os custos marginais estejam elevados. O objetivo principal é aumentar a eficiência econômica, cobrando dos consumidores um preço próximo ao custo marginal.

Figura 6.11: Discriminação de Preços Intertemporal

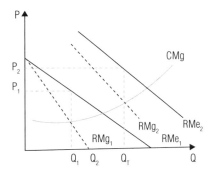

Fonte: Os autores.

A demanda para alguns bens e serviços aumenta bastante em alguns momentos do dia ou do ano. Por exemplo, a procura por diárias de hotéis ou passagens aéreas durante as férias escolares.

Cobrar um preço mais elevado P_2 durante o período de pico é mais lucrativo do que um valor fixo. Além disso, é mais eficiente porque o custo marginal é maior no período de pico.

Exercício resolvido e comentado

1. **Táxis no horário de pico**[4]
    A disseminação de *smartphones* nos últimos anos vem revolucionando a forma como as transações se dão em muitos mercados. Um exemplo é o mercado de táxis, cuja dinâmica vem se alterando com o advento de aplicativos que permitem chamar táxis com um toque no celular. Além de facilitar o equilíbrio do mercado, permitindo que compradores e vendedores se encontrem com mais facilidade, estes aplicativos permitem a utilização de formas mais sofisticadas de precificação, como veremos nesta questão. Para simplificar nosso exercício, suponha que a empresa Robotaxi seja a única autorizada a prestar serviços de táxi na cidade de Monopolândia. Se a demanda por corridas e o custo do serviço são dados por:

    $$Q = 4 - P \qquad CT = \frac{2}{3} Q^3$$

    Em que Q é o número de quilômetros rodados por hora (em milhares), e P o preço por quilômetro.

    1.1 Qual o preço único que maximiza o lucro do monopolista? Quantos quilômetros serão rodados por hora?

    O monopolista maximiza seu lucro fazendo RMg = CMg:

    RT = (4 − Q)Q

    RMg = 4 − 2Q = 2Q² = CMg

    2Q² + 2Q − 4 = 0

    Q = − 2 (não convém) ou **Q = 1 mil km**

    P = 4 − 1 = **R$ 3,00**

    1.2 Durante o horário de *rush*, feriados, dias de chuva etc., a demanda é bem maior do que a dada acima (que vale apenas para horários

---
[4] Baseado em "Pricing the surge", publicado na revista *The Economist* em 29/05/2014.

convencionais) e pode ser dada por Q_D (pico) = 7,5 – P. A Robotaxi, entretanto, continua a cobrar o mesmo preço do item anterior. Qual será a escassez de táxis neste caso (ou seja, as corridas de deixaram de ser atendidas) no período de pico?

Se o preço de R$ 3,00 for mantido, a demanda no pico será:

$Q_{D \text{ (pico)}}$ = 7,5 – 3 = 4,5 mil km

Como estará disponível a quantidade calculada no item anterior (Q = 1 mil km), haverá uma escassez de 4,5 – 1 = **3,5 mil km**.

1.3 Recentemente, a empresa CellTaxi começou a oferecer seu aplicativo para chamar táxis por *smartphone* em Monopolândia, levando a Robotaxi à falência e tornando-se a nova monopolista da cidade. A CellTaxi começa então a praticar uma política de preço de pico, cobrando tarifas diferenciadas por período. Quanto a CellTaxi irá cobrar no pico e fora dele, supondo que as empresas tenham a mesma curva de custos ($CT = \frac{2}{3} Q^3$)?

A política de preço de pico é uma forma de discriminação intertemporal. A CellTaxi irá, portanto, fazer RMg = CMg para cada período. Fora de pico, o preço e a quantidade continuarão os mesmos do item 1.1. No pico:

$RMg_{(PICO)} = 7,5 - 2Q = 2Q^2 = CMg$

$2Q^2 + 2Q - 7,5 = 0$

$Q = \dfrac{-2 +/- \sqrt{4 - 4(2)(-7,5)}}{4}$

$Q = \dfrac{-2 +/- 8}{4}$

Q = –2,5 (não convém) ou **Q = 1,5 mil km**

P = 7,5 – 1,5 = **R$ 6,00**

1.4 Os consumidores ficam incomodados com a política de preços não convencional da CellTaxi e reclamam veementemente nas redes sociais. Os economistas, por outro lado, ressaltam que a discriminação de preços não é necessariamente ruim. Vamos utilizar as noções que temos sobre bem-estar para avaliar os impactos na eficiência do mercado da política. Desenhe as curvas de demanda no período de pico, receita marginal e custo marginal da Robotaxi e da CellTaxi, indicando o preço que cada empresa irá praticar e a quantidade vendida.

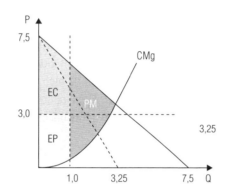
ROBOTAXI (preço único)

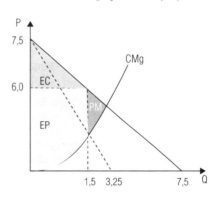
CELL TAXI (preço horário de pico)

Demanda no pico: $Q_{D\,(pico)} = 7,5 - P$

RMg no pico: $RMg_{(pico)} = 7,5 - 2Q$

CMg: $CMg = 2Q^2$

RoboTaxi: $(P;Q) = (3;1)$

Cell Taxi: $(P;Q) = (6;1,5)$

1.4.1 Para cada caso, indique, se houver, o excedente do consumidor, o excedente do produtor e o peso morto (basta indicar a área no gráfico, não é preciso calcular valores).

No gráfico acima:

EC = Excedente do Consumidor

EP = Excedente do Produtor

PM = Peso Morto

1.4.2 Com base em seus gráficos, discuta os impactos sobre o bem-estar dos consumidores, dos produtores e de Monopolândia como um todo da introdução da política de preço de pico. O que causa estes impactos?

A política de preço de pico aumenta o bem-estar dos produtores (EP) e também reduz o peso morto (PM), tornando a economia de Monopolândia mais eficiente. Isso porque a quantidade comercializada aumenta de 1 mil km rodados por hora para 1,5 mil. O impacto sobre o bem-estar dos consumidores é misto: aqueles que conseguiam encontrar um táxi na hora de pico estarão pior com a política de preço de pico pois pagarão R$ 6,00 ao em vez de R$ 3,00 por km. Entretanto, consumidores que antes não encontravam táxi, mesmo estando dispostos a pagar mais do que R$ 3,00 pelo serviço no pico, serão agora atendidos e seu excedente aumentará.

Tarifa em duas partes

A tarifa em duas partes é a estratégia de precificação em que se cobra dos consumidores uma taxa de entrada e uma de utilização. É muito comum sua utilização em parques de diversão, onde se cobra um montante referente à entrada no parque e depois um valor para participar de cada brinquedo. Outros exemplos comuns são:

- Serviço de telefonia, em que há uma franquia mensal, sendo cobrado um valor adicional fora da quantidade de minutos contrata todos os meses.

- Aparelhos de barbear descartáveis, em que há um preço para o aparelho e outro para o refil.

- Impressoras jato de tinta, em que há um preço para o aparelho e outro para os cartuchos de tinta.

Se todos os consumidores fossem iguais, com uma mesma curva de demanda, o produtor maximizaria seu lucro cobrando um preço de utilização (P) igual ao custo marginal (já que isso maximizaria a quantidade vendida) e uma taxa de entrada (T) igual ao excedente do consumidor com

P = CMg. Dessa forma, a empresa capturaria todo o excedente do consumidor, sem causar peso morto.

Figura 6.12: Tarifa em duas partes com um consumidor

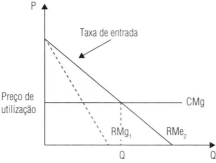

Fonte: Os autores.

Se os consumidores forem diferentes entre si, com disposições a pagar distintas, o problema se torna mais complexo. Como a empresa só pode cobrar uma taxa de entrada e um preço por consumo, se T for elevada demais os consumidores de baixa demanda deixarão o mercado. Assim, o melhor que a empresa pode fazer é cobrar uma taxa de entrada T equivalente ao excedente do consumidor de menor demanda e um preço superior ao CMg, como mostra a Figura 6.14 a seguir.

Figura 6.13: Tarifa em duas partes com dois consumidores

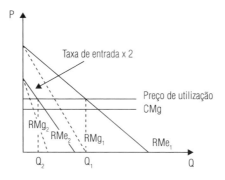

Fonte: Os autores.

A questão a seguir resolve um caso de tarifa em duas partes em que há dois tipos de consumidores.

Exercícios resolvidos e comentados

1. **Tarifa em duas partes**

   A nova febre entre crianças e adultos durante o primeiro semestre de 2014 foi o álbum da Copa do Mundo. Milhares de colecionadores e fãs compravam e trocavam figurinhas com os rostos dos jogadores das 32 seleções participantes, além de outras 40 com temas diversos, como o mascote oficial, a bola Brazuca, o troféu ou os logotipos de cada federação. O álbum é um excelente laboratório para se estudar políticas de precificação avançada.

   Suponha que existam dois tipos de consumidores de álbum, adultos e crianças, com curvas de demanda por **álbum** distintas:

   Adultos: $Q_A = 30 - 0,5 P_A$

   Crianças: $Q_C = 40 - 2,5 P_C$

   Em que Q é a quantidade de álbuns em milhões e P, o preço do álbum em R\$. A curva de custos do fabricante é dada por $CT = 0,5Q^2$.

   1.1 Imagine que a Panini, única produtora do álbum, pratique preço único de monopólio. Qual será este preço e quantos álbuns serão vendidos? Qual o lucro da empresa?

   Assumindo que $P_A = P_C = P$, a demanda total será:

   $QT = Q_A + Q_C = (30 - 0,5 P) + (40 - 2,5 P) = 70 - 3 P$

   Isolando P, temos: $P = 23,33 - 0,33Q$

   A receita total será:

   $RT = PQ = (23,33 - 0,33Q)Q = 23,33Q - 0,33Q^2$

   A RMg_T será:

   $RMg_T = dR/dQ = 23,33 - 0,67Q$

   Para maximizar o lucro, fazemos RMg = CMg, sendo que CMg = Q:

$23{,}33 - 0{,}67Q = Q$

$Q = 14$ e $P = 18{,}66$

Temos agora que checar se os consumidores de menor demanda (no caso, as crianças) pagam este preço:

$Q_C = 40 - 2{,}5 (18{,}66) = -6{,}67 (< 0)$

Vemos que não. Se a Panini cobrar R$ 18,66 pelo álbum, nenhuma criança comprará (pois $Q_C < 0$, o que não é possível). Assim, será melhor para a Panini atender apenas aos adultos (ou seja, a resposta cai na parte quebrada da demanda):

$Q_A = 30 - 0{,}5 P_A$

$P_A = 60 - 2 Q_A$

$RT_A = P_A Q_A = 60 Q_A - 2 Q_A^2$

$RMg_A = 60 - 4 Q_A = Q_A = CMg$

Portanto, $P = $ R$ 36,00, $Q = 12$ milhões de álbuns e $L = PQ - C = $ R$ 360 milhões.

1.2 Na verdade, álbum de figurinhas é um bom exemplo da prática de tarifa em duas partes: os consumidores pagam um valor pelo álbum (taxa de entrada T) e um valor pelas figurinhas (preço P). Imagine agora que a demanda por FIGURINHAS seja dada por:

$Q = 105 - 50P$

Em que P é o preço da figurinha e Q, a quantidade de figurinhas, em milhões. Suponha que o custo de produção seja $CT = 0{,}2Q$.

1.2.1 Se a Panini quiser precificar o álbum e as figurinhas de forma a maximizar seu lucro, qual valor deve cobrar pelo álbum (taxa de entrada T)? E pelas figurinhas (preço P)?

Neste caso, o preço P será o próprio custo marginal e a taxa de entrada T o excedente do consumidor:

$P = CMg = $ R$ 0,20

QT = 105 − 50P = 95 milhões

T = EC = (2,1 − 0,2) · 95 / 2 = R$ 90,25

1.2.2 Sabendo, porém, que os dois grupos de consumidores, adultos e crianças, têm demandas distintas, o problema da Panini se complica. Supondo que as demandas de cada grupo por figurinhas sejam:

$Q_A = 70 - 25P_A$

$Q_C = 35 - 25P_C$

E que o custo permanece CT = 0,2Q. Se a Panini não pode discriminar entre consumidores e quer que ambos comprem seu produto, qual o preço deve praticar pela figurinha (P)? E quanto pode cobrar pelo álbum?

Neste caso a Panini cobrará P > CMg pela utilização e T será igual ao excedente do consumidor com menor demanda. Seu lucro será:

$L = 2T + (P - CMg) \cdot (Q_A + Q_C)$

Sabendo que T = (1,40 − P) · Q_C / 2 , podemos substituir na fórmula do lucro:

$L = 2[(1,40 - P) \cdot Q_C / 2] + (P - CMg) \cdot (Q_A + Q_C)$

Substituindo CMg = 0,20, e as curvas de demanda $Q_A = 70 - 25P_A$ e $Q_C = 35 - 25P_C$:

L = 2[(1,40 − P) · (35 − 25P) / 2] + {(P − 0,20) · (70 − 25P + 35 − 25P)}

L = (1,40 − P) · (35 − 25P) + {(P − 0,20) · (105 − 50P)}

$L = 49 - 35P - 35P + 25P^2 + 105P - 50P^2 - 21 + 10P$

$L = -25P^2 + 45P + 28$

Maximizando o lucro:

$dL/dP = -50P + 45 = 0$

$P = R\$ 0,90$

$Q_A = 70 - 25 (0,90) = 47,7$ milhões

$Q_C = 35 - 25 (0,90) = 12,50$ milhões

$T = (1,40 - 0,20) \cdot 12,50 / 2 = R\$ 7,50$

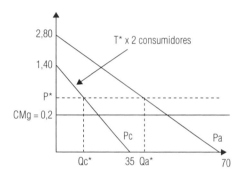

2. O preço do refúgio

Três irmãos – curiosamente chamados de Perfeito, Único e Discreto – estão prestes a abrir um negócio muito promissor: vão inaugurar a única pousada no Parque das Cachoeiras, lugar belíssimo a quilômetros de distância de qualquer outra opção de estadia. Antes de anunciar sua nova pousada, entretanto, têm que chegar a um acordo sobre o preço que cobrarão pelas diárias.

Perfeito propõe calcular o preço como se fosse um mercado competitivo. Único quer obter o maior lucro econômico possível, cobrando o preço único de monopólio. Já Discreto, o mais ganancioso, pensa em praticar Discriminação de Preços de Primeiro Grau.

Eles se defrontam com a seguinte curva de demanda por vaga na pousada:

$P = 200 - Q$

Os custos totais são dados por:

$CT = Q^2$

O preço da diária está em reais (R$) e a quantidade representa o número de hóspedes/dia.

2.1 Desenhe as curvas de demanda, receita marginal, custos marginais e custos médios deste monopólio.

Demanda: $P = 200 - Q$

Custos Totais: $CT = Q^2$

Calculando a curva de RMg:

$RT = P \cdot Q$

$P = 200 - Q$

$RT = (200 - Q)Q = 200Q - Q^2$

$RM_g = \dfrac{dRT}{dQ} = 200 - Q$

Calculando as curvas de CMg e CMe:

$CT = Q^2$

$CMg = \dfrac{dCT}{dQ} = 2Q$

$CMe = \dfrac{CT}{Q} = Q$

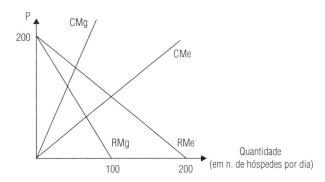

2.2 Calcule e mostre graficamente o preço e a quantidade que atendem às propostas de Perfeito e Único. Calcule também o peso morto (ou seja, a perda de bem-estar social) da decisão de cada um, se houver, e os respectivos lucros econômicos.

Perfeito: Produzia se fosse perfeitamente competitivo.

Demanda = Oferta

Demanda: $P = 200 - Q$

Oferta: $CMg = 2Q$

$200 - Q = 2Q$

$Q_c = 66{,}67$ hóspedes por dia

$P_c = 200 - Q_c = 200 - \dfrac{200}{3}$ R\$ 133,33 por hóspede por dia

$CMe_c = Q_c = 66{,}67$ por hóspede por dia

$\pi_c = RT_c - CT_c = (P_c - CMe_c)Q_c = \left(\dfrac{400}{3} - \dfrac{200}{3}\right)\dfrac{200}{3}$ = R\$ 4.444,44 por dia

Único: Monopolista que cobraria preço único.

$RMg = 200 - 2Q$

$CMg = 2Q$

Maximizando o lucro: $RMg = CMg$

$200 - 2Q = 2Q$

$200 = 4Q$

$Q_m = 50$ hóspedes por dia

$P_m = 200 - Q_m = 200 - 50$ = R\$ 150,00 por hóspede por dia

$CMe_m = Q_m =$ R\$50 por hóspede por dia

$\pi_m = RT_m - CT_m = (P_m - CMe_m)Q_m = (150 - 50)50$ = R\$ 5 mil por dia

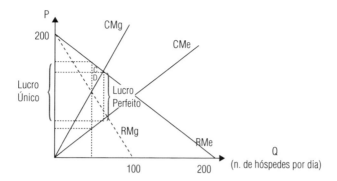

No caso da decisão de Perfeito, de produzir a quantidade e cobrar o preço que vigorariam em um mercado perfeitamente competitivo, não haverá peso morto. Sabemos que esse ponto é o ótimo de Pareto.

No caso da decisão de Único, de maximizar o lucro, o peso morto será a área do triângulo c + d da figura acima, em qual "c" representa a distorção do lado da demanda (os consumidores consomem menos do que eficientemente consumiriam), e "d" representa a distorção do lado da produção (os produtores produzem nesse caso menos do que eficientemente produziriam).

O valor do peso morto seria:

$$\text{Peso morto} = \frac{(P_m - CMg_m) \cdot (Q_c - Q_m)}{2}$$

$$= \frac{(150 - 100) \cdot \left(\frac{200}{3} - 50\right)}{2} = \frac{50 \cdot \frac{50}{3}}{2} = \frac{2.500}{6} = \text{R\$ 416,67 por dia}$$

2.3 Indique num novo gráfico as combinações de preço e quantidade que atendam os desejos de Discreto. Nesse caso, o que aconteceria com os excedentes do consumidor e do produtor? Mostre graficamente o peso morto (se houver) e compare os lucros econômicos de Discreto com os de Único e Perfeito. Qual das três propostas oferece o maior lucro econômico?

Discreto não cobraria o preço único, mas arrecadaria de cada consumidor seu preço de reserva, isto é, ele aplicaria a perfeita discriminação de preço de primeiro grau.

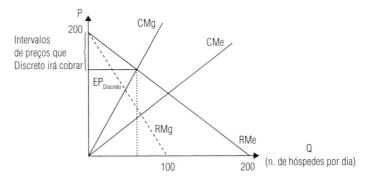

O excedente do consumidor seria zero nesse caso, e o excedente do produtor seria a soma do excedente do consumidor e do produtor, em comparação com a perfeita competição.

Se fosse perfeita competição:

Excedente do consumidor =

$$\frac{\left(200-\frac{400}{3}\right)\cdot\frac{200}{3})}{2} = \frac{\frac{200}{3}\cdot\frac{200}{3}}{2} = 2.222,22$$

Excedente do produtor =

$$\frac{\left(\frac{400}{3}-0\right)\cdot\frac{200}{3}}{2} = \frac{80.000}{18} = 4.444,44$$

$$EC + EP = \frac{(200-0)\cdot\frac{200}{3}}{2} = \frac{40.000}{6} = 6.666,67$$

No caso da decisão de Discreto: o produtor captura todo o excedente do consumidor. O consumidor fica então com zero de excedente e o Discreto ficaria com R$ 6666,67 por dia de excedente do produtor, ou seja, com lucro variável igual a R$ 6666,67. Dado que não há custo fixo, o lucro variável é igual ao lucro econômico. Discreto ficaria então com R$ 6666,67 de lucro econômico.

<u>Lucros</u>:

Único: R$ 5.000,00 por dia

Perfeito: R$ 4.444,44 por dia

Discreto: R$ 6.666,67 por dia

Discreto faria o maior lucro econômico dos três proprietários.

2.4 Suponha que o administrador do parque das Cachoeiras se preocupe que um custo excessivo de estadia afugente turistas e exige que os irmãos adotem uma política de preços que garanta que a quantidade de diárias vendidas seja aquela que maximiza o bem-estar social. Supondo que desejem atender à exigência do administrador, qual das políticas de precificação os irmãos deveriam adotar?

Se o administrador tem a preocupação de maximizar o bem-estar e evitar peso morto, a proposta de Único deve ser descartada. Dentre as duas propostas restantes, os irmãos deveriam optar pela proposta de Discreto, que não gera peso morto e oferece um lucro superior.

Repare que, apesar de maximizar o bem-estar social, ofertando a maior quantidade viável de diárias, a política de Discriminação de Preços de Primeiro Grau transfere excedente dos consumidores para os produtores, prejudicando os primeiros e beneficiando os segundos.

Exercícios complementares

1. **A guerra das patentes**
O mundo digital está em guerra! Em dezembro de 2011, a Google conseguiu uma liminar na Alemanha forçando a Apple a tirar de sua loja virtual alguns modelos do iPhone e do iPad alegando que os produtos violariam

patentes da Motorola, empresa comprada pela Google por US$ 12,5 bilhões em 2011. No final de fevereiro de 2012, entretanto, uma corte alemã reverteu a decisão:

[...] as patentes que a Apple teria supostamente "infringido" seriam procedimentos estritamente necessários ou essenciais para a criação ou funcionamento de um produto. Seria como se o inventor da cadeira fizesse um pedido de registro de patentes para as pernas do assessório.

PC World / EUA, 27/02/2012

A confusão não para por aí. A Microsoft quer *royalties* sobre os dispositivos Android, a Yahoo alega seu direito a patentes sobre mecanismos usados em anúncios, *feeds* de notícias e mensagens instantâneas do Facebook e assim diversas empresas de tecnologia vão se envolvendo em um emaranhado de brigas judiciais.

Nesta questão trataremos do problema das patentes como fontes de poder de monopólio. Suponha que a empresa Garagem Inc. tenha inventado uma nova tecnologia que permite que *smartphones* sejam comandados pela força da mente. A empresa obtém uma patente para sua invenção, o que lhe confere o status de monopolista na venda de produtos com esta característica. Garagem Inc. estima que a curva de demanda por sua tecnologia seja dada por:

$P = 50 - 5Q$

Sendo *P* o preço em dólares que o consumidor está disposto a pagar a mais por um *smartphone* que apresente esta característica e *Q* a quantidade medida em milhões de aparelhos por ano. A equação de custo total pode ser representada por:

$CT = 70 + 1Q$

1.1 Desenhe as curvas de demanda, receita marginal (RMg), custo médio (CMe) e custo marginal (CMg) no mesmo gráfico. Obs.: Não faça um gráfico muito pequeno, porque ele será utilizado em outros itens da questão.

1.2 Imagine que a Garagem Inc. resolva vender à Apple o direito de usar o comando pela força da mente em seus iPhones, cobrando um *royalty* por *smartphone* no qual a tecnologia é usada. Calcule e represente, no gráfico do item 1.1, o preço e a quantidade capazes de maximizar o lucro do monopolista, bem como o lucro econômico (o lucro total, não por unidade) do monopolista.

1.3 Imagine agora que um concorrente da Garagem Inc. obtenha uma liminar cancelando o direito à patente da empresa. Como não existem mais barreiras à entrada, diversas empresas se propõem a oferecer o mesmo serviço ao preço competitivo. Como as novas entrantes apenas "copiam" a tecnologia desenvolvida pela Garagem Inc., elas não incorrem no custo fixo de 70 que corresponde aos investimentos em pesquisa e desenvolvimento da empresa inovadora.

    1.3.1 Qual será o novo preço cobrado pelo serviço neste caso? E a nova quantidade comercializada no mercado?

    1.3.2 Supondo hipoteticamente que a Garagem Inc. conseguisse manter um *market share* de 100%, suprindo integralmente o mercado ao novo preço (o que na prática dificilmente ocorrerá), qual o máximo lucro que a empresa conseguiria atingir?

1.4 Analisando agora o impacto para a sociedade da quebra da patente, existia peso morto na situação inicial (com patente)? Se sim, de quanto? E após a quebra da patente, existe peso morto? Se sim, de quanto? O que você pode dizer sobre o efeito da quebra da patente no bem-estar da sociedade? Explique por que isso acontece.

1.5 O economista e ex-secretário do Tesouro Americano, Lawrence Summers, afirmou em uma entrevista que "em uma economia baseada na informação, o único incentivo à produção de qualquer coisa é a posse de um poder de monopólio temporário". Explique a afirmação de Summers, utilizando suas repostas para os itens 1.2, 1.3 e 1.4.

2. **Depois do Big Brother, a Big Mother...**
A tecnologia vem ampliando de forma exponencial as possibilidades para as empresas conhecerem os hábitos e preferência de seus consumidores. Bancos de dados imensos, conhecidos como Big Data, registram e analisam uma infinidade de informações, que vão desde conteúdos de buscas e histórico de navegação em sites à geolocalização de usuários. A recente explosão de

dispositivos móveis, como *smartphones* e *wearables* como o Apple Watch, bem como a utilização de sensores de diversos tipos permitem ampliar enormemente o número e a qualidade das informações coletadas. Esse fenômeno terá efeitos importantes sobre a precificação de muitos bens, tornando-a cada vez mais *personalizada*. Nesta questão analisaremos os efeitos desse processo para empresas, consumidores e para a sociedade como um todo.

Imagine inicialmente uma companhia aérea monopolista que enfrente a seguinte curva de demanda por passagens para um determinado destino, por exemplo, Paris:

$Q = 2.000 - 2P$

Onde P é o valor em reais (R$) cobrado por passagem, e Q, o número de passagens no mês. Seus custos totais são:

$CT = 2Q^2$

2.1 Qual o preço e a quantidade que maximizam o lucro da empresa, supondo que ele cobra um mesmo preço por passagem de todos os clientes?

2.2 Desenhe as curvas de demanda, receita marginal, custo marginal e custo médio da empresa, e indique nesse gráfico o preço único e a quantidade de monopólio. Faça a análise de bem-estar utilizando letras para indicar o excedente do produtor, o excedente do consumidor e o peso morto, se houver.

2.3 Imagine agora que a companhia aérea desenvolva um *software* bastante sofisticado para a venda de suas passagens, que monitore todo o histórico de navegação na internet de seus clientes e consiga, dessa forma, determinar exatamente seu interesse pela passagem para Paris e sua disposição a pagar, cobrando um preço diferente para cada consumidor.

Calcule e indique no gráfico do item anterior: quanto a empresa deverá cobrar de cada cliente e quantas passagens serão vendidas por mês. Analise as variações do excedente do produtor, do excedente do consumidor e do peso morto (se houver) decorrente da aplicação dessa estratégia de discriminação de preços.

2.4 Com base na análise feita por você nos itens anteriores, discuta o impacto que a precificação "personalizada" terá no bem-estar, mencionando os efeitos sobre consumidores, produtores e sobre a sociedade como um todo.

2.5 Nem todas as empresas se beneficiarão igualmente da maior capacidade de discriminar preços que as novas tecnologias oferecem. Mencione ao menos duas condições que precisam existir para que uma empresa possa aplicar discriminação de preços e ofereça exemplos de setores que poderiam ou não se beneficiar dessa estratégia (além do setor de passagens aéreas...).

3. **Jogos Olímpicos**

O Brasil inteiro celebrou quando a candidatura carioca à sede dos jogos Olímpicos de 2016 superou as rivais Madri, Tóquio e Chicago. Em uma sexta-feira histórica, a cidade do Rio de Janeiro conquistou um **monopólio**: o direito exclusivo de vender ingressos para os jogos que reúnem as maiores estrelas do esporte mundial, nas mais diversas modalidades.

Imagine que você tenha sido contratado pelo Comitê Olímpico Brasileiro (COB) para definir os preços dos ingressos para a festa de abertura das Olimpíadas do Rio, no Maracanã. Apesar de todo o "espírito olímpico" envolvido, você foi informado de que o objetivo do COB é maximizar o lucro com a venda de ingressos. Suponha que o custo de organizar a festa possa ser dado por:

CT = 18.000.000 + 50Q

Onde o custo é dado em reais (R$) e a quantidade, em número de ingressos. A curva de demanda por ingressos é: P = 500 − 0,0025Q, com o preço em reais por ingresso.

3.1 Qual o preço que maximiza o lucro do COB com a festa? Quantos ingressos serão vendidos? Qual o lucro que o COB terá?

3.2 Defina monopólio natural. A festa de abertura pode ser considerada um monopólio natural? Explique.

3.3 Imagine agora que o governo decida regular o preço que o COB pode cobrar, de forma que mais pessoas possam assistir à festa. Que preço o governo estabeleceria? Quantos ingressos seriam comercializados neste caso?

3.4 Após muita discussão, o governo desistiu de regular o preço dos ingressos. Você então volta a seus estudos sobre como maximizar o lucro do monopolista e, lembrando do que você aprendeu nas suas aulas de microeconomia, avalia a possibilidade de aplicar alguma forma de discriminação de preços, cobrando preços diferentes de brasileiros e estrangeiros. Se a elasticidade-preço da demanda por ingressos por parte de brasileiros for -1,5, enquanto a de estrangeiros for -1,1, e a curva de custos continua a mesma dada no enunciado, qual preço você deve cobrar de brasileiros? E de estrangeiros?

3.5 Que tipo de discriminação de preço está sendo praticada no item 3.4? A discriminação de preços aumenta ou reduz o lucro do monopolista? Explique por quê.

4. **Faturando com a desgraça alheia**

Doutor Quinho é um famoso advogado criminalista que atende políticos, banqueiros, socialites e médicos endinheirados, enrolados com a lei. Famoso por tirar seus clientes da cadeia em tempo recorde, inigualado por qualquer um de seus concorrentes, seus serviços são muito procurados – e, obviamente, bem remunerados.

Imagine que o doutor Quinho se defronta com a seguinte curva de demanda por seus serviços:

$P = 600 - Q$

Onde P é o valor em reais (R$) cobrado por hora de serviços e Q, o número de horas faturadas no mês. Seus custos totais são:

$CT = 1,5\, Q^2$

4.1 Qual o preço e a quantidade que maximizam o lucro do doutor Quinho, supondo que ele cobre um mesmo valor por hora de todos os clientes?

4.2 Desenhe as curvas de demanda, receita marginal, receita média, custo marginal e custo médio do doutor Quinho e indique neste gráfico o preço único e a quantidade que maximizam seu lucro, o lucro do doutor Quinho e o excedente do consumidor.

4.3 Doutor Quinho logo percebe que existe uma oportunidade de aumentar seus ganhos cobrando um preço diferente de cada cliente, com base na maior ou menor gravidade e urgência do caso específico. Que tipo de discriminação de preços doutor Quinho estaria praticando? Explique.

4.4 Se o doutor Quinho efetivamente conseguir aplicar a política de discriminação de preços mencionada no item 4.3, calcule e indique no gráfico do item 4.2:

4.4.1 Quanto o doutor Quinho deverá cobrar de cada cliente.

4.4.2 Quantas horas por mês o doutor Quinho irá faturar (Q).

4.4.3 O lucro que o doutor Quinho terá aplicando discriminação de preços.

4.4.4 O excedente do consumidor.

4.5 Você acha que doutor Quinho conseguiria, na prática, aplicar perfeitamente a discriminação de preço pretendida? Por quê?

5. **Videogames e discriminação de preços**

A empresa NIN vende um pequeno aparelho de *games* eletrônicos chamado WeePlay. Só ela é capaz de fabricar esse produto, pois o processo de produção envolve o uso de uma patente devidamente registrada. O custo total de produção varia em função da quantidade produzida conforme a seguinte função: $C(Q) = 700.000 + 100Q$.

A NIN identificou a existência de dois tipos distintos de consumidores, crianças, que valorizam enormemente o *game* da moda e são pouco sensíveis a preço, e adultos, que representam consumidores mais críticos e elásticos. Suponha que as curvas de demanda dos dois grupos sejam descritas abaixo:

Adultos: $Q_A = 1.800 - 2 P_A$

Crianças: $Q_C = 1.500 - P_C$

Em que as quantidades estão em milhares de consoles e os preços, em reais (R$) por console.

5.1 Suponha que a empresa pratique a discriminação de preços entre esses dois grupos:

  5.1.1 Que tipo de discriminação de preços está sendo praticada? Explique.

  5.1.2 Que condições devem ser atendidas, na prática, para que a discriminação de preços seja possível? Dê um exemplo de como a NIN poderia pôr em prática uma política de discriminação de preços desse tipo.

  5.1.3 Calcule as quantidades de produto vendidas a cada grupo de consumidores e os respectivos preços cobrados.

5.2 Suponha agora que a discriminação de preços não ocorra mais. Calcule a quantidade e o preço de equilíbrio que maximiza o lucro do monopolista nessa nova situação (de preço único).

5.3 Calcule e compare os lucros obtidos com e sem discriminação de preços. Explique por que eles diferem.

5.4 Imagine agora que o período da patente da NIN expirou, isto é, várias outras empresas passaram a produzir o mesmo aparelho, numa configuração de mercado de perfeita competição. Imagine que 100 empresas com a mesma estrutura de custos a NIN passem a atender esse mercado, dividindo a demanda igualmente entre si. Calcule a quantidade e o preço de equilíbrio que a NIN deve praticar nessa nova situação.

6. O MARAVILHOSO MUNDO DOS OUTLETS

Espaços *outlets* conquistam consumidor brasileiro e driblam crise [5]

Populares nos EUA, shoppings de promoções se espalham pelo país e o dólar em alta aquece ainda mais as vendas

Muito frequentados por brasileiros que viajam para os Estados Unidos para fazer compras, os *outlets* estão ganhando espaço também aqui no Brasil. Havia em 2015 dez espaços desse tipo em funcionamento no país, sendo que sete deles foram inaugurados nos últimos quatro anos [...]. Os descontos prometidos são de até 80%. Para encontrá-los, porém, o consumidor precisa ter paciência para remexer prateleiras abarrotadas de peças e andar por corredores sem ar-condicionado.

[...] Os *outlets* são centros de compra em que as lojas vendem produtos com desconto. Funcionam como shopping centers: têm lojas de segmentos diversos e uma estrutura básica de serviços, com praça de alimentação e banheiros, por exemplo.

Suponha que a grife de roupas VL esteja considerando se deve ou não abrir uma loja no Catarina Fashion Outlet, *outlet* de alto padrão aberto recentemente na Rodovia Castelo Branco, em São Roque. A empresa estima que existam dois tipos de consumidoras para suas renomadas bolsas VL, as **fashionistas**, que querem ter sempre o último modelo e estão dispostas a pagar mais por esse privilégio, e as consumidoras **convencionais**, mais sensíveis a preço. Estima-se que as curvas de demanda dos dois tipos de consumidora sejam dadas por:

Fashionistas: $\quad Q_F = 8.700 - 0,5 P_F$

Convencionais: $\quad Q_C = 19.800 - 9 P_C$

Onde o preço é dado em reais (R$) por bolsa e Q a quantidade, em bolsas. Suponha que o custo **variável** de produção das bolsas seja de R$ 2 mil por bolsa.

6.1 Atualmente a VL cobra um **preço único** de todas as consumidoras, em sua loja no Shopping JK Iguatemi, cujo custo fixo é de R$ 3 milhões.

---

5 Disponível em: <http://netdiario.com.br/espacos-outlets-conquistam-consumidor-brasileiro-e-driblam-crise/#sthash.fjYzfTzo.dpuf>. Acesso em: 19 dez. 2016.

O custo variável limita-se ao custo de produção acima (R$ 2 mil por bolsa).

6.1.1 Imagine que inicialmente a VL procure maximizar seu lucro com base em uma demanda total de $Q_T = (Q_F + Q_C) = 28.500 - 9,5\ P$, ou seja, somando as curvas de demanda dadas anteriormente para os 2 grupos. Qual preço ótimo a loja encontraria fazendo isso? Qual a quantidade total que esperaria vender?

6.1.2 Entretanto, ao tentar praticar o preço acima em sua loja, a empresa vê que suas estimativas se frustram. Por que isso acontece? Justifique sua resposta, calculando quantas bolsas serão efetivamente vendidas para fashionistas e para consumidoras convencionais.

6.1.3 Qual o maior preço que as consumidoras convencionais estariam dispostas a pagar por uma bolsa VL? Com essa informação em mente, desenhe a real curva de demanda **total** por bolsas.

6.1.4 Corrija o erro feito acima pela VL na determinação de seu preço e encontre o preço único que efetivamente maximiza o lucro da empresa. Quantas bolsas venderia? Qual lucro teria?

6.2 Imagine agora que a VL avalia abrir uma loja no Catarina Fashion Outlet, para onde enviaria peças de coleções passadas visando atingir as consumidoras convencionais. Suponha que o custo variável é o mesmo, de R$ 2 mil por bolsa.

6.2.1 Que tipo de discriminação de preço estaria sendo praticada?

6.2.2 Quantas bolsas a empresa venderá para cada grupo de consumidoras?

6.2.3 Qual o percentual de desconto que a empresa pode praticar no *outlet*, em relação ao preço de sua loja no shopping?

6.3 Para que valha a pena para a VL abrir uma loja no *outlet*, qual teria que ser, no máximo, o custo fixo envolvido? Justifique sua resposta.

6.4 A VL possui poder de mercado, sendo a única fabricante de suas renomadas bolsas, porém não é uma monopolista tradicional, já que existem outras concorrentes que produzem bolsas de grife. Meça o poder de mercado da VL, considerando a cobrança do preço para fashionistas encontrado por você no item 6.2, por meio do índice de Lerner.

7. **Aceita um cafezinho?**

"Um expresso *premium* extraído em dose única ao toque de um botão." Essa foi a bandeira da Nespresso, do grupo Nestlé, na sua chegada ao Brasil, em 2006. A Nespresso vendia máquinas de café expresso que funcionavam apenas com cápsulas de alumínio fechadas a vácuo, produzidas exclusivamente para seus equipamentos. Recentemente esse sistema começou a se abrir – cerca de 1.700 patentes que protegem cápsulas e máquinas estão expirando. E, assim como tem acontecido em muitos países da Europa, no Brasil surgem cápsulas alternativas, caso do Café do Ponto, que acaba de lançar por aqui as cápsulas L'Or, compatíveis com a máquina da Nespresso, e do Lucca Cafés Especiais, de Curitiba, que desde agosto de 2012 vende seus cafés nesse formato via internet.

Suponha que a equação de demanda de mercado pelas cápsulas da Nespresso seja: $Q = 15 - 0{,}5P$ sendo P o preço por caixa em reais (R$) (contendo 10 cápsulas) e Q a quantidade de caixas, em milhares. A equação de custo total é representada por: $CT = Q^2$.

7.1 Desenhe as curvas de demanda, a receita marginal (RMg) e o custo marginal (CMg).

7.2 Calcule e represente, no gráfico feito no item 7.1, o preço e a quantidade capazes de maximizar os lucros da Nespresso.

7.3 Calcule e represente, no gráfico feito no item 7.1, o custo social (isto é, o peso morto) associado ao exercício do poder de mercado por parte da Nespresso até a prescrição da patente.

8. O Gasoduto Bolívia-Brasil

O Gasoduto Bolívia-Brasil (Gasbol), que começa perto de Santa Cruz de La Sierra, vai até Paulínia e de lá até Porto Alegre. Entre Guararema e Paulínia, há a interligação com o gasoduto que vem de Campos. O Gasbol é de propriedade da Petrobras, que transporta gás natural da Bolívia até os "*citygates*" (como são conhecidas as saídas do gasoduto nas cidades), onde este é vendido para as distribuidoras, que comercializam o produto ao consumidor final (indústrias, residências, termelétricas etc.). O transporte de gás natural, por meio de dutos, é um monopólio natural.

8.1 Em que situações ocorre monopólio natural?

8.2 Existem três maneiras usuais de se cobrar o transporte de gás natural. A primeira é por meio de uma tarifa proporcional à distância. A segunda, chamada de "tarifa postal", é cobrar uma tarifa única, igual em todos os *citygates*. A terceira, conhecida como "entrada/saída", permite à empresa transportadora cobrar tarifas diferentes em cidades diferentes, adequando o preço à demanda específica de cada região. A cobrança do tipo "entrada/saída" corresponde a qual estratégia de precificação?

8.3 Imagine que a Petrobras pudesse cobrar pelo esquema de "entrada/saída". Suponha que a elasticidade da demanda por gás pelo Gasbol na cidade de Rio Claro (polo ceramista, que utiliza gás natural para porcelanato) seja baixa (não há substituto) e que em Paulínia (onde se localiza a Refinaria de Paulínia – Replan) esta elasticidade seja alta (concorre com o gás de refinaria, óleo combustível e com o gás natural proveniente de Campos). Por exemplo:

$E_{Rio\ Claro} = -1,2;$ $E_{Paulínia} = -3$

Utilizando-se da regra prática de determinação de preços em monopólio, qual será a relação $P_{RioClaro}/P_{Paulínia}$?

8.4 Na verdade, a tarifa cobrada pelo transporte de gás natural pela Petrobras é a tarifa postal, mas o valor é regulamentado pela Agência

Nacional do Petróleo (ANP). Suponha que a demanda em Rio Claro e em Paulínia sejam:

$Q_{RC} = 600 - 0,2P_{RC}$ e $Q_P = 199 - 0,3P_P$

Preços estão em dólares por milhares de m³/dia, quantidades em milhares de m³/dia.

Suponha também que o custo fixo seja igual a US$ 1.000,00 por mil m³/dia e que o custo marginal seja US$ 1,00 por mil m³/dia transportado.

Considere que a demanda total seja a soma das demandas de Rio Claro e de Paulínia. Qual seria o preço regulamentado pela ANP?

8.5 No documento "Descrição da metodologia de cálculo das tarifas de transporte de gás natural" de 2002, disponível no site da ANP[6], encontra-se o seguinte parágrafo:

> A equação para o cálculo da tarifa pode ser escrita a partir da fórmula de cálculo do valor presente:
>
> $$\sum_{i=1}^{n} \frac{Demanda_i \cdot Tarifa}{(1+R)^i} = \sum_{i=1}^{n} \frac{Inv_i + C_i - VR_n}{(1+R)^i}$$
>
> onde:
>
> $Demanda_i$ = Demanda no ano i (no exemplo a unidade é mil m³ · km)
>
> Inv_i = investimento no gasoduto realizado no ano i (R$)
>
> C_i = custos de operação e manutenção e impostos referentes ao ano i (R$)
>
> VR_n = valor residual do gasouto ao final do ano n (R$)
>
> R = taxa de retorno
>
> n = prazo de avaliação
>
> Todas as variáveis na equação acima devem ser conhecidas, menos a Tarifa, que é a variável procurada.

---
6 Disponível em: <http://www.anp.gov.br/wwwanp/?dw=1858>. Acesso em: 02 fev. 2017.

Examinando o texto, o critério da ANP é compatível com o que você aprendeu sobre regulamentação de preços em monopólio natural? Explique.

8.6 A partir do *citygate*, o gás natural chega aos consumidores finais (residências, comércio, indústria) por intermédio das distribuidoras. Em São Paulo, o mercado está geograficamente dividido entre três distribuidoras: a Comgás, a SãoPauloSul e a Gás Brasiliano. A regulação a partir do *citygate* não é mais atribuição da ANP, mas da Agência Reguladora de Saneamento e Energia de São Paulo (ARSESP).

Para a estrutura tarifária na distribuição de gás canalizado, a ARSESP define Tarifas Tetos, instituindo as Margens Máximas, que representam os preços máximos a serem praticados pelas concessionárias. As classes de tarifas obedecem ao critério volumétrico e são aplicáveis conforme os grupos de segmentos de usuários: a) Classes de 1 a 10; b) Gás Natural Veicular; c) Segmento Industrial; d) Pequena Cogeração; e) Cogeração e Termoelétricas e f) Interruptível.

Que tipo de estratégia de precificação subentende-se pelo trecho "as classes de tarifas obedecem ao critério volumétrico e são aplicáveis, conforme os grupos de segmentos de usuários"?

9. **Um monopolista de creme antirrugas no Mercosul**
Suponha que uma empresa de cosméticos detenha o monopólio de um creme antirrugas no Brasil e na Argentina, na época em que o livre-comércio entre os dois países ainda não era possível. Uma pesquisa feita pela empresa mostrou que a demanda para o creme antirrugas no Brasil é diferente da demanda para o mesmo creme na Argentina. A demanda no Brasil pode ser expressa por $Q_D^{Brasil} = 360 - 6 P_{Brasil}$. Na Argentina por $Q^D_{Argentina} = 360 - 3 P_{Argentina}$. A empresa tem a seguinte função de custos totais: $CT = 10.000 + 6Q_{total}$. Observe que o preço é em reais (R$) por pote de creme e a quantidade é em mil potes por mês.

9.1 Explique sob quais condições a empresa seria capaz de aplicar a Discriminação de Preços de Terceiro Grau. Nesse caso, essas condições estão presentes?

9.2 Supondo que a empresa consiga discriminar preços, quais preços a empresa cobra no Brasil e na Argentina a fim de maximizar seus lucros? Quantos potes de creme antirrugas a empresa vende em cada mercado? Qual será o lucro total do monopolista nesse caso?

9.3 Com a formação do Mercosul, o monopolista perdeu a possibilidade de discriminar o preço cobrado para seu produto no Brasil e na Argentina. Explique por que, com a formação do Mercosul, a empresa perdeu a possibilidade de cobrar um preço diferente dos consumidores brasileiros e argentinos (ou seja, avalie qual ou quais condições mencionadas no item 9.1 não está/estão presentes pós-Mercosul).

9.4 Obtenha a curva de demanda total para o creme antirrugas. Qual preço único a empresa deverá cobrar agora em ambos os mercados a fim de maximizar seus lucros? Quantos potes de creme antirrugas a empresa venderá no total? Qual será o lucro total da empresa nesse caso?

9.5 Os consumidores como um todo ganharam ou perderam bem-estar nesse mercado devido à formação do Mercosul? Calcule as mudanças nos excedentes dos consumidores brasileiros e argentinos para justificar sua resposta.

9.6 O bem-estar total da sociedade (brasileira e argentina em conjunto) aumentou ou diminuiu com a nova política de preços? Calcule o efeito no bem-estar total para justificar sua resposta.

10. **Estacionamento para estudantes**

Os estacionamentos ao redor de uma faculdade praticam discriminação de preços de terceiro grau, cobrando preços menores para usuários que apresentarem carteira de estudante. Para simplificar a questão, suponha que uma única empresa monopolista seja proprietária dos estacionamentos perto da faculdade.

10.1 O que essa política de precificação por parte do dono do estacionamento implica com relação às elasticidades-preço da demanda por estacionamento dos estudantes e dos demais usuários? Explique sua resposta.

10.2 Suponha que a demanda de vaga em estacionamentos de estudantes e de não estudantes seja expressa, respectivamente, por:

$Q_e = 1.600 - 20\,P_e$

$Q_{ne} = 1.000 - 10\,P_{ne}$

Em que Q_e é a quantidade demandada de vagas mensais de estacionamento (meio período) por parte dos estudantes e Q_{ne} é a dos não estudantes. O preço está em reais por mês.

Adicionalmente, considere que o custo fixo mensal do estacionamento seja de R$ 20 mil e que o custo marginal seja R$ 20,00. Qual é o preço que o dono de estacionamento cobra dos estudantes? E de não estudantes? Qual é o seu lucro total?

10.3 Suponha que a atlética da faculdade passasse a emitir descontroladamente carteiras de estudante, possibilitando a todos os usuários de estacionamentos ao redor do local que apresentassem a carteira. Agora que o dono do estacionamento não é mais capaz de distinguir os dois tipos de consumidores, ele resolve abandonar sua política de precificação. Que preço cobrará dos seus usuários nessa nova situação? Qual será o lucro esperado do dono do estacionamento?

10.4 Para disciplinar a situação, o diretório acadêmico da faculdade passou a emitir uma nova carteira de estudante, com critérios rígidos de concessão e impossibilidade de falsificação, e informa o dono do estacionamento. Se você fosse o dono de estacionamento, você apoiaria a iniciativa do diretório acadêmico ou continuaria aceitando a carteira da atlética? Por quê?

11. **A nova Lei da Meia-entrada**

    Entrou em vigor no dia 01/12/2015 a nova Lei da Meia-entrada. O exercício a seguir explora os eventuais motivos da adoção desse tipo de benefício aos estudantes.

    Considere dois grupos de possíveis demandantes de ingressos de cinema, um primeiro grupo de estudantes, o outro de pais de estudantes. As demandas por ingressos de cinema de cada grupo podem ser expressas pelas seguintes curvas de demanda:

    Estudantes: $Q_E = 50 - 1/3\,P_E$

    Pais de Estudantes: $Q_P = 80 - 2/3\,P_P$

O custo de oferta de filmes para as redes de cinema é dado por CT =1.000 + 30Q, onde Q = Q_E + Q_P. Considere que as redes de cinema conseguem identificar estudantes e pais de estudantes sem dificuldade, e que não é possível arbitragem, isto é, não é possível a um estudante comprar um ingresso e oferecer a seus pais.

11.1 Que preços e quantidades serão praticados pelo cinema em cada grupo, supondo que ele pratica discriminação de preços de terceiro grau? Qual é o lucro do ofertante?

11.2. Imagine agora que a carteirinha de cinema possa ser falsificada sem custos, de forma que o ofertante não possa mais discriminar estudantes e pais de estudantes. Nessa situação, ele volta a cobrar apenas preços e quantidades de monopólio, sem discriminação de preços. Que preço e quantidade o ofertante irá praticar agora? Qual será o seu lucro?

11.3. Comparando os lucros obtidos em nos itens anteriores, qual é o maior? Considerando sua resposta, é mesmo necessária uma lei para forçar os ofertantes a darem descontos aos estudantes? Por quê?

12. **De Jijoca à Jericoacoara**

A partir do fim dos anos 1980, Jericoacoara começou a atrair turistas encantados por essa aldeia que na época não dispunha de qualquer infraestrutura (água, eletricidade, transporte etc.). Jericoacoara fica a 305 quilômetros de Fortaleza e a 20 quilômetros de Jijoca, de onde se segue por um caminho repleto de dunas, acessível apenas a veículos com tração nas quatro rodas. O transporte individual de jegue, utilizado nos anos 1980, foi gradativamente substituído pelo transporte coletivo, as chamadas "jardineiras".

Suponha que, em 1990, o único que fazia o trajeto Jijoca-Jericoacoara era o Seu Antônio. A alternativa às jardineiras dele era viajar por conta própria com um veículo com tração nas quatro rodas (4x4) ou de jegue (transporte na época ainda comumente utilizado pelos moradores). Qual não foi a nossa surpresa quando descobrimos que Seu Antônio cobrava preços distintos de moradores e de turistas. Nesta questão vamos partir de um modelo fictício para entender o comportamento do Seu Antônio.

Considere que as demandas de viagens de moradores (Qm) e de turistas (Qt) possam ser expressas, respectivamente, por:

Qm = 40 − 2 Pm   Qt = 40 − Pt

Onde Qm é o número de viagens realizadas por moradores e Qt é o número de viagens realizadas por turistas. O preço está expresso em reais (R$) por trajeto. Para simplificar, desconsidere o custo fixo e suponha que o custo total possa ser representado por CT = 0,5·Q2, onde Q = Qm + Qt.

12.1 Seu Antônio não sabe, mas tem praticado um tipo de discriminação de preços. Qual? O que essa política de precificação implica com relação às elasticidades-preço da demanda dos moradores e dos turistas? Explique sua resposta.

12.2 Qual o preço que o Seu Antônio deve cobrar dos moradores se quiser maximizar seu lucro? E de turistas? Qual é o seu lucro total?

12.3 Quais seriam o preço e o lucro do Seu Antônio se ele praticasse um único preço?

12.4 Seu Antônio vem considerando a possibilidade de atender apenas turistas. A partir de que preço só turistas seriam atendidos?

12.5 Imagine que o prefeito de Jijoca, preocupado com a sua reeleição, decida regular o preço que o Seu Antônio tem cobrado, de forma que mais eleitores potenciais possam utilizar as jardineiras como transporte, eliminando o peso morto. Qual o preço regulado que o prefeito deveria estabelecer (suponha que o mesmo preço seja fixado para moradores e turistas)?

13. **Já mandou sua cartinha para o Papai Noel?**

Os Correios começaram suas atividades no Brasil em 1663 e detêm até hoje o monopólio no transporte de cartas, telegramas e correspondências, além de extratos bancários e boletos de cobrança. Cerca de 54% das receitas da empresa advêm desses serviços monopolizados. Suponha que o monopolista enfrente as seguintes curvas de demanda e de custos:

Q = 20 − 10 P   CT = 8 + 0,10Q

Onde Q é o número de correspondências entregues por ano, em bilhões, e Q, o preço médio da entrega, em reais (R$) por carta.

13.1 Qual o preço que os Correios devem cobrar de forma a maximizar seu lucro? Quantas cartas serão entregues por ano nesse caso?

13.2 Imagine que o governo decida regulamentar o preço cobrado pelos Correios de forma a maximizar o bem-estar. Que preço ele deveria estabelecer neste caso?

13.3 Apesar de ser um monopólio, o negócio de transportes de cartas, telegramas etc. não vai bem. Isso porque esses itens caminham para a quase-extinção, sendo aos poucos substituídos por alternativas eletrônicas. Para combater tal problema, a empresa vem investindo em seu serviço de entrega expressa, o Sedex. O promissor envio de encomendas rápidas movimenta hoje no Brasil R$ 3,6 bilhões e cresce 15% ao ano. Entretanto, neste segmento os Correios concorrem com gigantes globais como FedEx, UPS e DHL, além de diversas empresas de *courier* nacionais. Suponha que a elasticidade-preço da demanda por Sedex seja –0.8.

13.3.1 Compare o poder de monopólio que os Correios possuem em cada um dos dois serviços, entregas regulares (item 13.1) e Sedex, calculando o índice de Lerner ou *mark-up* em cada um dos casos. Qual segmento oferece maior poder de monopólio? Por que isso acontece?

13.3.2 Imagine que o Sedex, buscando aproveitar-se do grande número de pedidos on-line relacionados às festas de final de ano, decida praticar discriminação de preços intertemporal, cobrando preços diferentes para entregas antes e após o Natal. Se as curvas inversas de demanda por Sedex nas duas épocas do ano forem:

Entrega até o Natal: $P_A = 125 - \dfrac{2}{3} Q_A$

Entrega após o Natal: $P_B = 50 - 0,5 Q_B$

Onde Q é o número de entregas locais por mês, em milhões e P o preço por entrega local, em reais (R$), e a curva de custo for dada por:

CT = 10 + 5 Q

Quais preços devem ser praticados para cada tipo de entrega de forma a maximizar o lucro?

14. **Discriminação de preços na festa da faculdade**

    Imagine que você seja presidente do Diretório Acadêmico (DA) de sua faculdade e responsável por estabelecer os preços dos convites para a próxima festa da faculdade. Após estudar microeconomia, você sabe que deve procurar formas de aplicar discriminação de preços para maximizar o lucro do DA. Você consegue identificar dois tipos de discriminação possíveis:

    - Discriminação de Terceiro Grau: cobrar preços diferentes de grupos de consumidores com elasticidades diferentes (por exemplo, homens e mulheres, alunos e não alunos);

    - Discriminação intertemporal: cobrar preços diferentes para os que compram ingressos antecipadamente.

    Suponha que as curvas de demanda por convites da festa de alunos e não alunos são dadas por:

    $Q_A = 15 - 0.5\, P_A$

    $Q_{NA} = 27 - 1.5\, P_{NA}$

    Onde Q é o número de convites, em milhares, e P, o preço do convite em reais (R$). A função de custo total do DA com a festa é:

    $CT = Q^2$

    14.1 Se o DA não aplicar discriminação de preços, mas, em vez disso, cobrar um preço único de todos os interessados, que preço deve cobrar para maximizar seu lucro? Qual o lucro que o DA teria?

    14.2 Suponha agora que o DA decide aplicar Discriminação de Preços de **Terceiro Grau**. Qual preço ele deve cobrar de alunos? E de não alunos? Qual o lucro que o DA teria?

14.3 Considere a estratégia de precificação efetivamente adotada pelo DA, de cobrar substancialmente mais de não alunos do que de alunos. Ela está de acordo com o resultado de maximização calculado por você no item 14.2? Se não, como essa diferença pode ser explicada?

14.4 Suponha agora que você decida aplicar outra forma de discriminação de preço: vender um primeiro lote de convites a um preço menor um mês antes da festa, e vender o restante dos convites (segundo lote) mais caro, na semana da festa, ou seja, Discriminação **Intertemporal**. Acredite que os alunos todos comprem os convites antecipado (primeiro lote), pois já sabem que não perderão a festa, e que todos os não alunos deixem para comprar seus convites na semana do evento (segundo lote), quando podem considerar melhor as baladas alternativas. Desta forma, as funções de demanda serão exatamente as mesmas que usamos no item 14.2:

Venda antecipada (1º lote) – ALUNOS: $\quad Q_A = 15 - 0,5\, P_A$

Venda na véspera (2º lote) – NÃO ALUNOS: $\quad Q_{NA} = 27 - 1,5\, P_{NA}$

A função de custo total continua sendo $CT = Q^2$.

14.5 Qual preço o DA deve cobrar por convites do primeiro lote? E por convites do segundo lote? Qual o lucro que o DA teria?

14.6 Com base nos seus cálculos, que tipo de política de precificação você aplicaria, se seu objetivo fosse maximizar o lucro do DA: preço único, Discriminação de Terceiro Grau ou Discriminação Intertemporal?

14.7 Apesar de usarmos as mesmas curvas de demanda e de custo total, os preços encontrados com Discriminação de Preços de Terceiro Grau e Intertemporal foram distintos. Em que situação particular os preços seriam os mesmos para os dois tipos de discriminação? Explique.

15. **Tirando o sangue...**
Ao sair da faculdade, você realizou seu grande sonho: montou uma editora, de forma a poder disseminar cultura e erudição nas terras tupiniquins. O destino lhe sorriu, e seu primeiro contrato foi com ninguém menos que

Stela Maia, autora da saga Amanhecer, para trazer seu mais novo livro para o Brasil, distribuindo-o com exclusividade.

Stela não estava satisfeita com sua antiga editora por acreditar que ela não estava conseguindo maximizar os lucros com a venda dos livros, dos quais a autora recebe um percentual, e acredita que você, com sua sólida formação em microeconomia, pode obter resultados bem superiores.

Você sabe que existem, no Brasil, dois tipos de consumidores: as fãs incondicionais da saga, que dormem na porta das livrarias para adquirir o mais recente exemplar da série, e outros consumidores, não tão ávidos pelo livro. Suponha que as curvas de demanda dos dois grupos sejam dadas por:

Fãs: $Q_F = 20 - 0,5P_F$

Outros: $Q_O = 40 - 1,5P_O$

Onde o preço é em reais (R$) por livro, e a quantidade, em milhares de livros.

Suponha ainda que o custo total de produção do livro seja dado por:

$CT = Q^2$

Em que o custo é em reais (R$) e a quantidade é em milhares de livros.

15.1 Qual é a curva de demanda total por livros da saga? Escreva e desenhe esta curva.

15.2 No lançamento de *Entardecer*, primeiro livro da série, a antiga editora aplicou um preço único a todos os livros vendidos. Que preço foi esse, se a editora maximizou seu lucro de monopolista? Quantos livros foram vendidos? Qual o lucro que a empresa teve?

15.3 Já para o lançamento do segundo livro, *Lua Cheia*, a editora decidiu aplicar Discriminação **Intertemporal** de preços, vendendo primeiro apenas uma versão em capa dura do livro, ilustrada, comprada pelas fãs de Stela Maia. Após todos os fãs terem sido atendidos, a edição em capa dura foi recolhida, substituída por uma versão brochura simples mais barata, comprada pelos consumidores normais. Suponha que o custo para a editora de produzir os dois tipos de livro seja muito semelhante, já que predominam os custos com direitos autorais e distribuição, que independem da qualidade do material. Neste caso, que preço a editora deveria ter cobrado em cada período? Quantos livros foram vendidos, em cada período? Qual o lucro que a empresa teve?

15.4 Você está imaginando, para o lançamento de *Colapso*, o terceiro livro, aplicar Discriminação de **Terceiro Grau**, lançando simultaneamente as versões capa dura e brochura. Que preço você deve cobrar por cada tipo de livro? Quantos livros de cada tipo serão vendidos? Qual o lucro você terá?

16. **Monopólio (ou impressão?)**

    A primeira impressora foi criada em 1938, nos Estados Unidos. No Brasil, a impressora surgiu bem depois, a partir da década de 1980. Em 1984, a HP lançou a primeira impressora a *laser* de uso doméstico, o modelo LaserJet. As impressoras *laser* possuem qualidade de impressão superior à matricial e a jato de tinta, podendo-se comparar com qualidade profissional de gráfica. A impressão não se dá a partir do impacto e nem do uso de cartucho de tinta, mas sim do *toner*. Suponha que a demanda pela impressora a *laser* da HP pudesse ser expressa por:

    $Q = 1.000 - 0{,}5P$

    Em que Q é a quantidade de impressoras em milhares e P, o preço da impressora em dólares. A curva de custos do fabricante é dada por $CT = 400Q$.

    16.1 Desenhe as curvas de demanda, a receita marginal (RMg) e o custo marginal (CMg).

    16.2 Qual preço que a HP, única produtora de impressora a *laser* na época, deveria praticar de forma a maximizar seu lucro? Quantas impressoras seriam vendidas? Represente esses pontos no gráfico acima. Calcule ainda o lucro da empresa.

    16.3 Calcule e represente no mesmo gráfico o custo social (isto é, o peso morto) associado ao poder de monopólio que a HP exerceu até a entrada de outras empresas no mercado de impressoras a *laser*.

    16.4 Este é, na verdade, um bom exemplo da prática de tarifa em duas partes: os consumidores pagam um valor pela impressora (taxa de entrada T) e um valor pelo *toner* (preço P). Imagine uma demanda fictícia por *toners* de um consumidor padrão dada por:

$Q = 400 - 2P$

Onde P é o preço do toner em dólares, e Q, a quantidade de toners, em milhares. Suponha que o custo de produção seja $CT = 50Q$.

Se a HP quiser precificar a impressora e os *toners* de forma a maximizar seu lucro, qual valor deve cobrar pela impressora (taxa de entrada T)? E pelos *toners* (preço P)?

16.5 Qual o efeito sobre o bem-estar da prática da política de tarifa em duas partes? Não é preciso calcular valores, apenas explicar o que acontece com o excedente dos consumidores, produtores e com o excedente total, em relação à adoção de preço único de monopólio.

CAPÍTULO 7

Concorrência imperfeita

Introdução

Entre os modelos polares de concorrência perfeita e monopólio (ausência total de competição), temos inúmeras situações de concorrência imperfeita que abrangem uma vasta gama de estruturas de mercado, em especial os modelos clássicos de oligopólios e o modelo de concorrência monopolística.

O esquema da Figura 7.1 oferece um panorama desses modelos e serve de guia para este capítulo.

Figura 7.1: Panorama dos modelos clássicos de concorrência imperfeita e de suas principais características

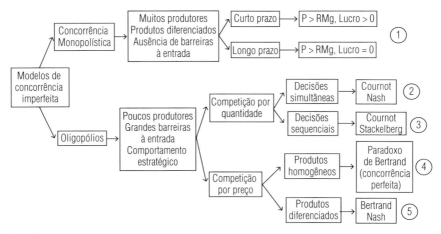

Fonte: Os autores.

Conforme o esquema, as principais características do modelo de concorrência monopolística são a existência de muitos produtores, a diferenciação de produtos e a existência de barreiras à entrada desprezíveis. É um modelo híbrido, cujo equilíbrio no longo prazo combina lucro zero (como em concorrência perfeita) e preço maior do que custo e receita marginal (como em monopólios).

Por sua vez, as principais características dos modelos de oligopólios são: poucos produtores, grandes barreiras à entrada e comportamento estratégico por parte dos produtores. Os modelos clássicos de oligopólio podem ser classificados em dois grupos.

No primeiro, a variável chave da competição é a quantidade (ou a distribuição de mercadorias). Nesses mercados, a decisão de produção dos agentes pode ser simultânea, resultando em equilíbrios de Cournot-Nash, ou sequencial, culminando em equilíbrios de Cournot-Stackelberg.

No segundo, a variável-chave da competição é o preço. Nesses mercados, os produtos podem ser diferenciados, resultando em equilíbrios Bertrand-Nash ou homogêneos. Nesse último caso, embora existam barreiras à entrada e poucos ofertantes, a competição é tão acirrada que o equilíbrio resultante é próximo ao de concorrência perfeita. É o chamado Paradoxo de Bertrand.

Este capítulo seguirá a numeração à direita no esquema da Figura 7.1. Será apresentado, de início, o modelo de concorrência monopolística (número 1), seguido dos modelos de oligopólios de Cournot com decisões simultâneas (número 2) e sequenciais (número 3). Depois, serão analisados os modelos de Bertrand com produtos homogêneos (número 4) e diferenciados (número 5).

Concorrência monopolística

As principais características de modelos de competição monopolística são, como visto, a existência de muitos produtores, a diferenciação de produtos e a existência de barreiras à entrada desprezíveis.

Mercados em concorrência monopolística são segmentados em nichos, sendo que em cada nicho há um pequeno monopolista, que concorre com monopolistas dos nichos vizinhos. Por isso, a denominação "concorrência monopolística".

Exemplos de mercados de competição monopolística incluem comércios locais de bens (boutiques, mercearias, lanchonetes, padarias), de serviços de bairro (salões de beleza, barbearias) e segmentos de mercados de profissionais liberais (médicos, dentistas, psicólogos, advogados etc.). Em todos eles há diferenciação de produto (às vezes geográfica, como no caso das padarias), fidelidade do consumidor e pequenas barreiras à entrada.

Livros de microeconomia costumam incluir o mercado de pasta de dentes como sendo um exemplo de mercado de concorrência monopolística. Em 1996, o Conselho Administrativo de Defesa Econômica (CADE) teve que avaliar a fusão das marcas então líderes no mercado de creme dental, Kolynos e Colgate. Sobre esse processo, a conselheira-relatora Lucia Helena de Salgado Filho escreveu: "A grande concentração do mercado de creme dental significa que a empresa ou grupo dominante detém um comando sobre capacidade produtiva e uma flexibilidade para diluir custos fixos, como os de propaganda e *marketing*, assim como para reduzir preços, que uma entrante só atingiria a uma escala muito elevada, eventualmente excessivamente elevada para a dimensão do mercado".[1] Assim, a autora sugere que, no Brasil, há barreiras à entrada no mercado de creme dental e, dessa forma, esse mercado pode eventualmente ser caracterizado oligopólio, e não como concorrência monopolística.

Análise do equilíbrio

A análise do equilíbrio em mercados de concorrência monopolística está na Figura 7.2. No curto prazo (gráfico da Figura 7.2), a decisão de produção e a precificação é semelhante à de monopólio, com a diferença de que a curva de demanda corresponde à demanda da empresa, e não à do mercado. O preço, no curto prazo, permite que a empresa aufira lucros extraordinários. Entretanto, como não existem barreiras à entrada em concorrência monopolística, o lucro extraordinário obtido no curto prazo

---

1 SALGADO FILHO, Lúcia Helena. "O Caso Kolynos-Colgate e a Introdução da Economia Antitruste na Experiência Brasileira" In: MATTOS, César. *A Revolução Antitruste no Brasil*: A Economia Aplicada a Casos Concretos. 2006. Disponível em: <http://works.bepress.com/lucia_salgado/5/>. Acesso em: 19 dez. 2016.

atrai novos ofertantes, o que reduz a demanda de cada ofertante até o ponto onde o custo médio se iguala à demanda (que é equivalente à receita média, ver Gráfico b da Figura 7.2).

Figura 7.2: Concorrência monopolística: equilíbrio no curto e no longo prazo

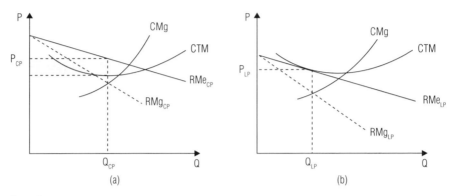

Fonte: Os autores.

No longo prazo (Gráfico b), observa-se que o preço de longo prazo (P_{LP}, a receita média) é igual ao custo médio, resultando em lucro econômico zero, o que é uma característica dos mercados competitivos. Por outro lado, o Gráfico b também mostra que o preço de longo prazo (P_{LP}) é maior do que o custo marginal e a receita marginal da produção de Q_{LP} unidades de mercadoria que, por sua vez, é uma característica de mercados monopolizados. Nesse sentido, diz-se que o modelo de mercados em concorrência monopolística é um modelo híbrido, combinando características tanto de mercados competitivos quanto de mercados em monopólio.

Eficiência e bem-estar

A análise de bem-estar do mercado de concorrência monopolística no longo prazo, comparativamente ao mercado competitivo, mostra que existem perdas de bem-estar, equivalentes em termos monetários à área hachurada da Figura 7.3.

Figura 7.3: Perdas de bem-estar em mercados de concorrência monopolística

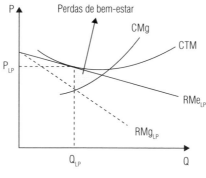

Fonte: Os autores.

Entretanto, considerando que o poder de mercado de cada concorrente monopolístico é limitado pelos demais concorrentes, a perda de bem-estar associada à concorrência monopolística é relativamente pequena em termos monetários. Ademais, ela também é compensada pela desejável diversidade e heterogeneidade de produtos, características dessa estrutura de mercado. Por fim, como no longo prazo o lucro é igual a zero, não há espaço para regulação de mercado por parte do governo.

Oligopólios

Modelos de oligopólio introduzem, pela primeira vez no curso, comportamento estratégico por parte das empresas. Por comportamento estratégico entende-se o processo de tomada de decisões em que a decisão do ofertante depende das suposições que fizer acerca do comportamento dos demais competidores.

No modelo de competição perfeita, em que os ofertantes são tomadores de preço, não há espaço para comportamento estratégico; nos modelos de monopólio, não há demais competidores, portanto também não há necessidade de comportamento estratégico. Entretanto, a existência de potenciais entrantes pode motivar comportamento estratégico por parte do monopolista.

Em oligopólios, as decisões das empresas dependem das suposições que farão acerca da reação dos demais competidores em relação às próprias decisões. Quando todas as empresas competidoras tomam a melhor decisão em função de como supõem que reagirão suas concorrentes, estas empresas estão em equilíbrio estratégico ou Equilíbrio de Nash.

Assim, **Equilíbrio de Nash** é quando cada competidor toma a melhor decisão para si *em função* de como supõe que reagirão suas concorrentes.

Há vários modelos de oligopólio. Os modelos clássicos dividem-se em dois tipos:

- Modelos cuja variável de escolha é a quantidade produzida, distribuída e vendida, chamados de modelos Cournot, em homenagem a Antoine Augustin Cournot, filósofo e matemático francês do século XIX que estudou duopólios de distribuição de água.

- Modelos cuja variável de escolha é o preço cobrado pelas empresas, chamados de modelos Bertrand, em homenagem a Joseph Bertrand, matemático francês também do século XIX, que analisou o modelo de Cournot e obteve outro resultado de equilíbrio quando trocou a variável chave da quantidade para o preço.

Modelo de Cournot-Nash: decisões simultâneas

Suponha duas empresas que distribuem água em Paris. Ambas se deparam com uma função de demanda por água que pode ser expressa pela seguinte equação:

$$P = 120 - Q$$

Onde $Q = Q_1 + Q_2$, sendo Q a quantidade total, Q_1 a quantidade de consumidores atendidos pela empresa 1 e Q_2 a quantidade de consumidores atendidos pela empresa 2.

Para simplificar o problema, vamos supor que os custos fixos e variáveis de ambas as empresas são iguais a zero. Portanto:

$$CF_1 = CF_2 = 0$$

$$CMg_1 = CMg_2 = 0$$

Ambas as empresas são maximizadoras de lucro, isto é, igualam RMg a CMg, e tomam suas decisões simultaneamente.

A receita total da empresa 1 é:

$$RT_1 = P \cdot Q_1 = (120 - Q_1 - Q_2)Q_1 = 120Q_1 - Q_1^2 - Q_1 Q_2$$

Derivando RT_1 em relação a Q_1 para obter RMg_1:

$$RMg_1 = 120 - 2Q_1 - Q_2$$

Para maximizar lucro, a empresa 1 deve igualar RMg_1 ao CMg_1 (= 0). Isolando Q_1, obtemos a curva de reação da empresa 1, que reflete a melhor resposta que a empresa 1 pode adotar a qualquer Q_2 escolhido pela empresa 2:

$$Q_1 = (120 - Q_2)/2$$

A função de reação da empresa 1 mostra a quantidade ótima que a empresa 1 deve produzir para qualquer nível de produção da empresa 2. Como as empresas possuem custos iguais, as curvas de reação serão simétricas. Assim, a curva de reação da empresa 2 será:

$$Q_2 = (120 - Q_1)/2$$

O equilíbrio de Nash se dará no ponto em que ambas as empresas adotam sua melhor resposta simultaneamente. Substituindo a curva de reação da empresa 2 na curva de reação da empresa 1, obtém-se:

$$Q_1 = \{120 - [(120 - Q_1)/2]\}/2$$

Ou

$$Q_1 = 40 = Q_2$$

Graficamente:

Figura 7.4: Curvas de reação e equilíbrio de Cournot Nash

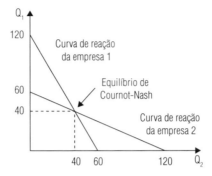

Fonte: Os autores.

Se ambas as empresas produzirem $Q_1 = Q_2 = 40$, a produção total da indústria será $Q = 80$, e o preço será igual a 40 (=120 − 80). O lucro de cada empresa será igual às respectivas receitas totais (já que o custo total é zero), isto é, $\pi_1 = P \cdot Q_1 = 40 \cdot 40 = 1.600 = \pi_2$.

Observa-se que as estratégias de cada empresa no equilíbrio de Cournot-Nash são substitutas: se uma empresa aumenta a produção, a outra diminui, e vice-versa. Graficamente, isso significa que as curvas de reação apresentam inclinação descendente.

O exemplo acima também permite comparar o equilíbrio de Cournot-Nash com o de conluio, em que ambas as empresas tomam suas decisões de produção de maneira coordenada, ou de monopólio. Por exemplo, suponha uma fusão entre as duas empresas, nesse caso, a decisão competitiva se transforma em uma decisão de monopólio, cuja escolha ótima de produção será:

$$P = 120 - Q_M$$

$$RT = 120 Q_M - Q_M^2$$

$$RMg = 120 - 2 Q_M = 0 = CMg$$

$$\text{Ou } Q_M = 60.$$

Isto é, a nova empresa, resultante da fusão das duas empresas, produzirá 60. Como permanecem duas plantas, essa quantidade poderá ser produzida integralmente em uma planta específica ou em qualquer ponto da curva de contrato na figura a seguir, que representa a combinação linear da produção das duas plantas. Em particular, os empresários podem decidir dividir a produção igualmente entre as duas plantas, ou $Q_1 = Q_2 = 30$.

Figura 7.5: Curva de contrato e equilíbrio de monopólio

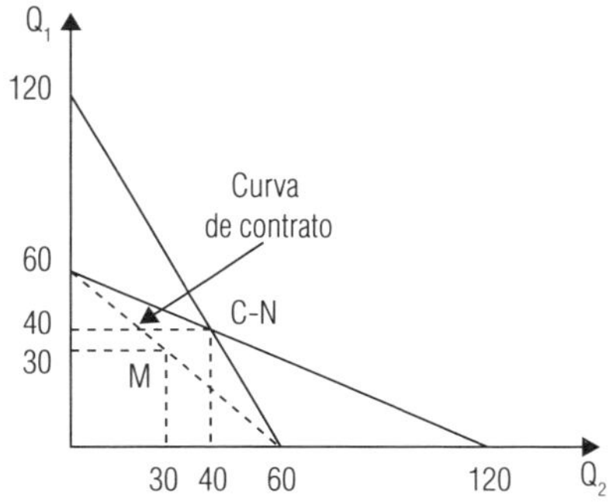

Fonte: Os autores.

O preço de monopólio será $P_M = 120 - Q_M$ ou $P_M = 60$. O lucro do monopolista será $\pi_M = 60 \cdot 60 = 3.600$.

Finalmente, se o mercado for contestável (ou seja, se não houver barreiras à entrada), a empresa resultante da fusão terá que praticar preços de competição perfeita se quiser continuar sendo a única a operar no mercado. Ou seja, sua produção será aquela em que o preço se iguala ao custo marginal:

$$P^* = 120 - Q^* = 0 = CMg$$

Ou

$$Q^* = 120$$

Nesse caso, $P^* = 0$ e $\pi^* = 0$. O fato de que o preço é zero não deve causar estranhamento: na ausência de barreiras à entrada e de custos, qualquer consumidor pode buscar quanta água quiser.

A figura a seguir compara os três resultados obtidos.

Figura 7.6: Equilíbrio de Cournot-Nash, equilíbrio de conluio e equilíbrio de competição perfeita

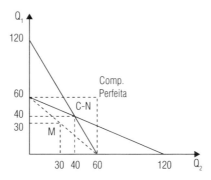

Fonte: Os autores.

Modelo de Cournot-Stackelberg: decisões sequenciais

Se, em vez de simultâneas, as decisões forem sequenciais, isto é, se a empresa 2 puder observar a escolha da empresa 1 antes de tomar suas decisões, uma das empresas irá usufruir da "vantagem de ser a primeira" a tomar a decisão. Na determinação de quanto produzir, esta empresa deverá levar em consideração a reação da empresa rival. Algebricamente, deve-se substituir a curva de reação da segunda empresa a decidir (a empresa seguidora) na função de receita total da empresa líder, antes de derivá-la para obter sua função de receita marginal. A empresa seguidora, por sua vez, considerará a quantidade produzida pela empresa líder e produzirá conforme sua curva de reação.

$$RT_1 = P \cdot Q_1 = (120 - Q_1 - Q_2)Q_1 = 120Q_1 - Q_1^2 - Q_1Q_2.$$

Mas $Q_2 = (120 - Q_1)/2$. Assim,

$$RT_1 = 120Q_1 - Q_1^2 - Q_1(120 - Q_1)/2$$

$$RT_1 = 120Q_1 - Q_1^2 - 60Q_1 + Q_1^2/2$$

$$RMg_1 = 120 - 2Q_1 - 60 + Q_1 = 60 - Q_1$$

Igualando ao CMg = 0, obtém-se:

$$Q_1 = 60$$

Substituindo na curva de reação da empresa 2,

$$Q_2 = 30.$$

Assim, $Q_T = 90$, $P = 30$.
Logo, $\pi_1 = P \cdot Q_1 = 60 \cdot 30 = 1.800$ e $\pi_2 = P \cdot Q_2 = 900$. Observe que a empresa 1 tem a vantagem de ser a primeira a tomar a decisão de produção.

Exercício resolvido e comentado

1. **Sadia, Perdigão, BRFoods**
   A procuradoria-geral do Conselho Administrativo de Defesa Econômica (CADE) estabeleceu em junho de 2011 as restrições que foram impostas à BRFoods para a aprovação da fusão entre a Sadia e a Perdigão, anunciada ainda em 2009.
   O CADE analisou os impactos da fusão entre as duas empresas em vários mercados relevantes, entre eles os de carne bovina, suína e aves, *in natura*, processados e congelados.[2] As restrições foram impostas porque o CADE entendeu que a fusão entre as duas empresas provocaria aumento da concentração em alguns desses mercados, o que poderia, teoricamente, causar um acréscimo do preço e diminuição do bem-estar.
   As restrições propostas pela Secretaria Especial de Acompanhamento Econômico (SEAE), por exemplo, envolveram alienação de algumas das marcas pertencentes ao grupo, como Batavo, Rezende, Confiança, Wilson e Escolha Saudável, além de alguns ativos produtivos, como unidades de industrializados e de abate.

---
2 A petição inicial do Ato de Concentração, com informações sobre todos os mercados relevantes afetados pela operação pode ser encontrado em: <http://www.cade.gov.br/temp/Dn_Processo 0011103.pdf>. Acesso em: 20 dez. 2016.

A decisão do CADE está baseada no argumento de que uma fusão nem sempre causa aumentos de preço, desde que a fusão implique em ganhos de eficiência suficientes para compensar a perda de bem-estar decorrente do aumento do poder de monopólio.[3]

Suponha que no mercado brasileiro de frango industrializado atuem somente duas empresas, a Empresa 1 e a Empresa 2. A curva de demanda do mercado é dada pela seguinte função:

$P = 2.000 - 0{,}1Q_t$, onde $Q_t = Q_1 + Q_2$.

Suponha que as duas empresas tenham estruturas de custo idênticas, dadas pelas equações:

$CT_1 = 800Q_1 \qquad CT_2 = 800Q_2$

O preço é em USD por tonelada, e as quantidades em toneladas.

1.1 Calcule a quantidade que cada empresa ofertará no equilíbrio de Cournot-Nash, a quantidade total ofertada e o preço da carne de frango.

Observe que: $P = 2.000 - 0{,}1q_1 - 0{,}1\,q_2$

Agora, vamos primeiro maximizar os lucros da Empresa 1. Para isso, escrevemos o lucro da empresa 1 (receita total da Empresa 1 menos o custo total da Empresa 1):

Max $\pi_1 = RT_1 - CT_1$

Sabemos que: $RT_1 = Pq_1$

Substituindo a curva de demanda dentro da receita total da Empresa 1, no lugar do preço teremos:

$RT_1 = (2.000 - 0{,}1q_1 - 0{,}1q_2)q_1 = 2.000q_1 - 0{,}1q_1^2 - 0{,}1q_1q_2$

Agora, substituindo a equação da receita total da Empresa 1 e do custo total da empresa 1 na equação de lucro, teremos:

Max $2.000q_1 - 0{,}1q_1^2 - 0{,}1q_1q_2 - 800q_1$

Tirando a condição de primeira ordem em relação a q_1

---
[3] Na Lei 8.884/1994, o argumento da eficiência estava previsto no parágrafo 1º do artigo 54. Na atual Lei 12.529/2011, o argumento está previsto no parágrafo 6º do artigo 88.

$$\frac{d\pi_1}{dq_1} = 0$$

$2.000 - 0,2q_1 - 0,1q_2 - 800 = 0$

$0,2q_1 = 1.200 - 0,1q_2$

$q_1 = 6.000 - 0,5q_2$

A última equação é a curva de reação da Empresa 1.

Analogamente,

$$\begin{cases} q_1 = 6.000 - \dfrac{1}{2}q_2 \\ \\ q_2 = 6.000 - \dfrac{1}{2}q_1 \end{cases}$$

Resolvendo, temos:

$\overline{q}_1 = \overline{q}_2 = 4.000$

$\overline{q}_1 + \overline{q}_2 = \overline{Q}\text{total} = 8.000$

Sabendo a quantidade total produzida, podemos achar o preço que cada empresa vai cobrar. Basta substituir a quantidade total produzida na curva de demanda:

$\overline{P} = 2.000 - 0,1(8.000) = 1.200$

O preço seria de US$ 1.200,00 por tonelada e a quantidade produzida por cada empresa seria de 4.000 toneladas.

1.2 Se a Empresa 1 pudesse determinar seu nível de produção antes da Empresa 2, ou seja, atuando como Stackelberg-líder nesse mercado, quais serão a quantidade ofertada por empresa, a quantidade total ofertada e o preço da carne de frango?

No modelo de Stackelberg, a empresa líder sabe que a seguidora observará sua decisão e aplicará sua curva de reação de forma a determinar sua própria quantidade. Assim, a empresa líder deve considerar a curva de reação da seguidora em sua fórmula do lucro, antes de maximizar. Se o lucro da Empresa 1 é, conforme calculado no item 2.1:

$L_1 = 2.000q_1 - 0{,}1q_1^2 - 800q_1$

Usando a curva de reação da Empresa 2 também calculada em 2.1, $q_2 = 6.000 - 0{,}5q_1$, temos:

$L_1 = 2.000q_1 - 0{,}1q_1^2 - 0{,}1q_1(6.000 - 0{,}5q_1) - 800q_1$

Maximizando:

$$\frac{d\pi_1}{dq_1} = 0$$

$2.000 - 0{,}2\,q_1 - 600 + 0{,}1q_1 - 800 = 0$

$q_1 = 6.000$

$q_2 = 6.000 - 0{,}5\,q_1 = 3.000$

$\overline{P} = 2.000 - 0{,}1(9.000) = 1.100$

A Empresa 1 produzirá 6 mil toneladas, a Empresa 2 produzirá 3 mil toneladas, totalizando 9 mil toneladas. O preço será US$ 1.100,00 por tonelada.

1.3 Suponha que após a fusão, a Empresa T fosse a monopolista na oferta de carne de frango industrializada no Brasil e que os custos de importação representassem significativas barreiras à entrada de novos concorrentes.

Calcule o preço e a quantidade praticados no mercado de carne de frango industrializada no caso de uma fusão entre as duas empresas. Pressuponha que a fusão não terá nenhum impacto sobre os custos marginais. Mostre graficamente.

A empresa resultante da fusão agirá como um monopólio e maximizará o lucro total do mercado:

Max $\pi_T = RT_T - CT_T = PQ_T - CT_T$

Max $2.000Q_T - 0{,}1Q_T^2 - 800Q_T$

$$\frac{d\pi_T}{dQ_T} = 0$$

$2.000 - 0{,}2Q_T - 800 = 0$

QT = 6.000 toneladas

P = US$ 1.400,00 por tonelada

Veja o gráfico ao final da questão.

1.4 A fusão entre duas empresas no mesmo setor pode gerar eficiências, as quais podem compensar os efeitos da concentração sobre os preços. Se os ganhos de eficiência intrínsecos à fusão superarem os custos de bem-estar decorrentes da concentração de mercado, o CADE pode aprovar uma fusão mesmo que a concentração de mercado aumente muito. Essas eficiências podem ser representadas por uma queda nos custos marginais.

Indique no mesmo gráfico da questão anterior o resultado de Cournot-Nash. Qual deveria ser a queda nos custos marginais para que a fusão não afetasse o preço do mercado? Calcule e mostre graficamente.

Dica: Encontre o valor do custo marginal correspondente à produção total de mercadorias sob Cournot-Nash.

Como um monopólio faz $RMg_T = CMg_T$, temos que descobrir qual o valor do CMg faria que essa igualdade se mantenha, dado que $Q_T = 8.000$ (ou seja, a produção total que tínhamos no item 2.1).

$RMgT = 2.000 - 0,1Q_T = 2.000 - 0,2(8.000) = 400$

Portanto, o custo marginal deveria cair para US$ 400,00. Veja gráfico a seguir:

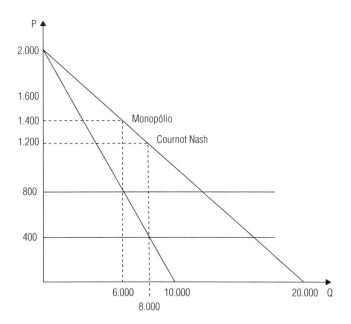

Modelo de Bertrand Nash: produtos homogêneos (Paradoxo de Bertrand)

Modelos de oligopólio em que a variável-chave da concorrência são os preços praticados pelas empresas são denominados de modelos Bertrand. Quando a competição se dá entre empresas que produzem bens homogêneos, a competição por preços é tão acirrada que resulta em preços e quantidades de concorrência perfeita (P = CMg). Isto porque se uma das empresas reduzir o preço, ela captura todo o mercado.

É um paradoxo: mesmo considerando-se apenas duas empresas e barreiras à entrada, as empresas competem de maneira a auferir lucro econômico igual a zero.

Modelo de Bertrand Nash: produtos diferenciados

Por outro lado, se os produtos forem diferenciados, então há espaço para comportamento estratégico por parte das empresas. Suponha que ambas se deparem com curvas de demanda pelos seus produtos conforme as equações abaixo:

$$Q_1 = 120 - 20P_1 + 10P_2$$

$$Q_2 = 120 - 20P_1 + 10P_1$$

Observe que as quantidades demandadas dos produtos de cada empresa dependem negativamente do preço cobrado pela própria empresa e positivamente do preço cobrado pela outra empresa.

Para simplificar a exposição, vamos supor que $CF_1 = CF_2 = 60$ e que $CV_1 = CV_2 = 0$.

Suporemos, adicionalmente, que as empresas tomem suas decisões de maneira simultânea.

Ambas são maximizadoras de lucro, sendo o lucro de cada empresa $\pi_i = P_iQ_i - CT_i$. No caso da empresa 1:

$$\pi_1 = P_1(120 - 20P_1 + 10P_2) - 60 = 120P_1 - 20P_1^2 + 10P_1P_2 - 60$$

Para maximizar o lucro, obtém-se as condições de primeira ordem, isto é, deriva-se o lucro em relação ao preço (a variável-chave da competição) e iguala-se a zero.

$$d\pi_1/dP_1 = 120 - 40P_1 + 10P_2 = 0$$

Isolando P_1, obtém-se a curva de reação da empresa 1:

$$P_1 = (120 + 10P_2)/40$$

Como as demandas das duas empresas são simétricas e os custos iguais, as curvas de reação também serão simétricas:

$$P_2 = (120 + 10P_1)/40$$

Substituindo-se a curva de reação da empresa 2 na curva de reação da empresa 1:

$$P_1 = \{120 + 10 \cdot [(120 + 10P_1)/40]\}/40$$

$$1.600P_1 = 4.800 + 1.200 + 100P_1$$

$$1.500P_1 = 6.000$$

$$P_1 = 4$$

Substituindo-se na curva de reação da empresa 2:

$$P_2 = 4$$

Assim, $Q_1 = 80 = Q_2$ e

$$\pi_1 = P_1Q_1 - CT_1 = 4 \cdot 80 - 60 = 260 = \pi_2$$

Figura 7.7: Curvas de reação e equilíbrio de Bertrand-Nash

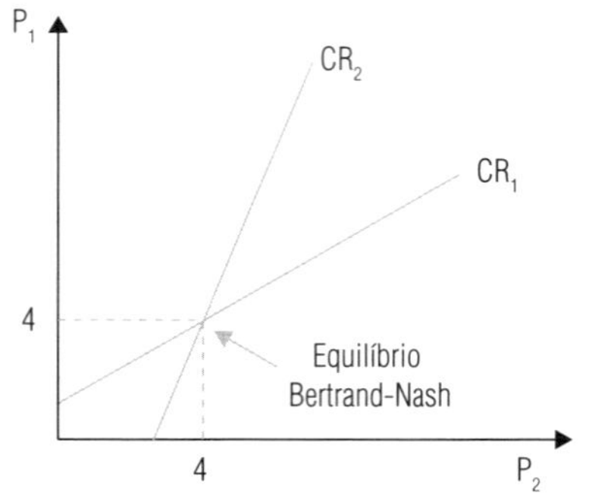

Fonte: Os autores.

Observa-se que as estratégias de cada empresa no equilíbrio de Bertrand-Nash são complementares: se uma empresa aumenta a produção, a outra também aumenta. Graficamente, isso significa que as curvas de reação apresentam inclinação ascendente.

Assim como no modelo de Cournot-Nash, é possível calcular qual seria o equilíbrio de conluio (ou equilíbrio cooperativo) no modelo de Bertrand-Nash. Nesse caso, ambas as empresas cobrariam os mesmos preços e maximizariam o lucro conjunto. Assim, considerando-se as curvas de demanda e os custos do exemplo acima:

$$\pi_T = \pi_1 + \pi_2 = (P_1 Q_1 - CT_1) + (P_2 Q_2 - CT_2) = [P(120 - 20P + 10P) - 60] + [P(120 - 20P + 10P) - 60] = [240P - 20P^2 - 120]$$

$$d\pi_T/dP = 240 - 40P = 0$$

$$P = 6, Q_1 = 120 - 20 \cdot 6 + 10 \cdot 6 = 60 = Q_2$$

$$\pi_1 = P_1 Q_1 - CT_1 = 60 \cdot 6 - 60 = 300$$

Figura 7.8: Equilíbrio de Bertrand-Nash e equilíbrio cooperativo

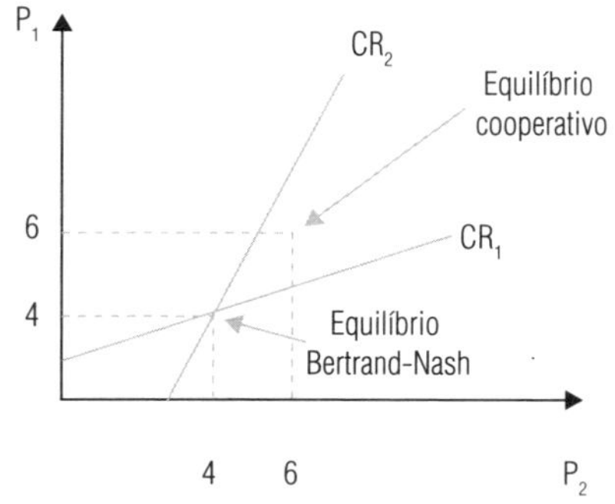

Fonte: Os autores.

As empresas em um oligopólio do tipo Bertrand podem, portanto, competir ou cooperar. Se competirem, cobrarão $P_1 = P_2 = 4$ e terão lucro $\pi_1 = \pi_2 = 160$. Se cooperarem, cobrarão $P_1 = P_2 = 6$ e terão lucro $\pi_1 = \pi_2 = 600$.

Mas elas podem também combinar a cooperação (o que seria ilegal), mas enquanto uma empresa pratica o preço de cooperação, a outra rompe o acordo e cobra preço de competição. Por exemplo, no caso da empresa 1 cooperar e a empresa 2 competir, o lucro das empresas será:

$$\pi_1 (P_1 = 6; P_2 = 4) = P_1(120 - 20P_1 + 10P_2) - CT_1 =$$
$$6(120 - 20 \cdot 6 + 10 \cdot 4) - 60 = 180$$

$$\pi_2 (P_1 = 6; P_2 = 4) = P_2(120 - 20P_2 + 10P_1) - CT_2 =$$
$$4(120 - 20 \cdot 4 + 10 \cdot 6) - 60 = 340$$

E vice-versa. A tabela adiante sintetiza os resultados.

Tabela 7.1: Modelo de Bertrand-Nash – Matriz de resultados

LUCRO		EMPRESA 2	
		Compete ($P_2 = 4$)	Coopera ($P_2 = 6$)
EMPRESA 1	Compete ($P_1 = 4$)	260; 260	340; 180
	Coopera ($P_1 = 6$)	180; 340	300; 300

Fonte: Os autores.

A situação descrita na Tabela 7.1 é semelhante à apresentada no Dilema dos Prisioneiros, da Teoria dos Jogos, que é tema do próximo capítulo deste livro.

Uma última observação: o modelo de Bertrand desenvolvido nesta seção pressupõe decisões simultâneas. As implicações da adoção de decisões sequenciais serão exploradas no exercício "*Top dog, puppy dog*", mais adiante.

Exercícios resolvidos e comentados

1. **Atrás de potes e panelas**

    No feriado do dia 15 de novembro, sua professora viajou para Cunha, no Vale do Paraíba, cidade histórica conhecida pela produção de cerâmica em fornos *noborigama*, de origem japonesa. Antes de viajar, encheu o tanque de combustível de seu automóvel no posto do bairro.

    Existem na cidade de São Paulo centenas de postos de gasolina, espalhados pelos bairros da capital. As barreiras à entrada para a abertura de novos postos são desprezíveis e, embora o produto – combustível – seja relativamente homogêneo, os serviços, a qualidade do produto e a localização geográfica do posto contribuem para a relativa fidelidade dos consumidores a determinados postos de gasolina.

    1.1 Qual estrutura de mercado melhor se adapta a essa descrição? Nessa estrutura de mercado, o preço é maior do que o custo marginal? O lucro econômico é maior do que zero?

Em um cenário onde existem muitos postos de gasolina e não há barreira à entrada para abertura de novos postos, a estrutura de mercado que mais se adapta é a de competição monopolística. Sim, nessa estrutura de mercado, o preço é maior do que o custo marginal, como em monopólios. Por outro lado, no equilíbrio de longo prazo de mercados em concorrência perfeita o lucro é zero, na medida em que inexistem barreiras à entrada, como em mercados competitivos.

1.2 Há perdas de bem-estar em relação a mercados mais competitivos? Se sim, o preço deve ser regulamentado? Por quê?

Sim, há perda de bem-estar em relação a mercados competitivos já que $P > CMg$.

O preço não deve ser regulamentado. Como o lucro econômico já é zero, regulamentar o preço faria que as empresas tivessem prejuízo.

1.3 Após o feriado em Cunha, sua professora encheu novamente o tanque de combustível em um dos dois únicos postos de combustível da cidade. A abertura de novos postos de combustível em Cunha é limitada por licenças ambientais e pelo patrimônio histórico. Os dois únicos postos de gasolina disputam o mercado da cidade e a principal variável de competição, além da localização geográfica, é o preço que cobram. Suponha que as demandas de combustíveis em cada um dos postos e os respectivos custos totais possam ser descritos por:

$Q_1 = 22 - 8 P_1 + P_2$ $CT_1 = 2 + 1{,}25\, Q_1$

$Q_2 = 24 - 8 P_2 + P_1$ $CT_2 = 2 + 1{,}40\, Q_2$

As quantidades estão em milhões de litros ao ano e o preço em reais por litro.

Quais serão os preços e quantidades de equilíbrio Bertrand Nash praticados em cada posto? Qual era o lucro de cada posto? Obs.: Use duas casas decimais.

Em primeiro lugar, vamos calcular as curvas de reação para as duas empresas:

$L_1 = (P_1 \cdot Q_1) - CT = P_1(22 - 8P_1 + P_2) - (2 + 1{,}25(22 - 8P_1 + P_2))$

Maximizando $L_1 =$

$(dL_1)/(dP_1) = 0 \rightarrow 32 - 16\, P_1 + P_2 = 0$

Curva de Reação 1: $P_1 = 2 + P_2/16$

$L_2 = (P_2 \cdot Q_2) - CT_2 = P_2(24 - 8P_2 + P_1) - (2 + 1,4(24 - 8P_2 + P_1))$

Maximizando $L_2 =$

$(dL_2)/(dP_2) = 0 \rightarrow 35,2 - 16 P_2 + P_1 = 0$

Curva de Reação 2: $P_2 = 2,2 + P_1/16$

Substituindo uma na outra

$P_1 = 2 + (2,2 + P_1/16)/16$

$P_1 = 2,15$ reais por litro, $P_2 = 2,33$ reais por litro

Substituímos na equação de Q_1 e Q_2 para obter a quantidade de equilíbrio Bertrand Nash:

$Q_1 = 22 - 8P_1 + P_2$

$Q_1 = 7,13$ milhões de litros ao ano

$Q_2 = 24 - 8P_2 + P_1$

$Q_2 = 7,51$ milhões de litros ao ano

Lucro 1= R$ 4,42 milhões ao ano

Lucro 2= R$ 4.98 milhões ao ano

1.4 O posto 1 está pensando em adquirir o posto 2 e virar monopolista. Nesse caso, o novo dono fecharia o posto 2, cujo custo variável é maior. Considere que o custo fixo do posto 2 é reversível, isto é, o monopolista não incorreria nele.
Qual seria o par preço e quantidade praticado por este monopolista? Qual seria o lucro do posto 1 nesta situação de monopólio?

O monopólio maximiza o lucro TOTAL. Portanto:

QT = Q1+ Q2 → QT = 22 − 8P + P + 24 − 8P + P = 46 − 14P

CT = 2.000 + 1,25QT

O monopolista maximiza o lucro fazendo RMg = CMg, portanto:

P = 46/14 − Q/14

Receita Total (P · Q) = 46/14Q − Q^2/14

RMg = 46/14 − Q/7

CMg = 1,25

Fazendo RMg = CMg → 46/14 − Q/7=1,25

Q = 14,25 milhões de litros ao ano.

Substituindo na equação:

P = 46/14 − 14,25/14 = 2,27 → P = 2,27 reais por litro.

1.5 Compare o lucro do posto 1 em 1.3 e 1.4, e responda: Se o dono do posto 1 estivesse considerando o lucro de apenas um ano de funcionamento do posto, qual seria o preço máximo que ele estaria disposto a pagar pela aquisição do posto 2?

Ele estaria disposto a pagar a diferença entre o lucro de monopólio e o lucro da empresa 1, portanto, 28.070.500 − 6.442.000 = R$ 21.628.500,00.

2. **Top dog, puppy dog**[4]

No modelo de Cournot-Stackelberg (competição por quantidade com empresa líder), a empresa que toma a decisão primeiro aumenta sua produção agressivamente para forçar a empresa seguidora a diminuir sua produção, comportamento denominado em artigo de Fudenberg e Tirole (1984)[5] de *top dog*. O lucro do líder neste caso é maior do que o do seguidor e também maior quando comparado com o modelo de decisões simultâneas (modelo de Cournot).

Já quando a competição se dá por preços, e os produtos são diferenciados, o resultado é diferente: os autores chamaram a estratégia da empresa líder de *puppy* dog. Esta questão explora o sentido dessa expressão.

Suponha um duopólio de empresas de pastas de dente, uma empresa produzindo em gel (Empresa 1), outra em creme (Empresa 2). As demandas de cada uma delas são expressas por:

---

4 A expressão *top dog*, em inglês, pode ser traduzida como "cachorro mandachuva". Já a tradução literal de *puppy dog* seria o mesmo que cachorrinho filhote.

5 FUDENBERG, Drew; TIROLE, Jean. The Fat-Cat Effect, the Puppy-Dog Ploy, and the Lean and Hungry Look, *American Economic Review*, American Economic Association, vol. 74(2), pp. 361-66, May, 1984.

$Q_1 = 168 - 2P_1 + P_2$ $\qquad$ $Q_2 = 168 - 2P_2 + P_1$

Para simplificar os cálculos, vamos supor que os custos das duas empresas se resumem aos custos fixos, no valor de 5.000.

2.1 Encontre os preços e as quantidades de equilíbrio das duas empresas quando estas tomam suas decisões simultaneamente (modelo de Bertrand) e os respectivos lucros.

$\pi_1 = P_1 \times Q_1 - C_1$

$\pi_1 = P_1 \times (168 - 2P_1 + P_2) - 5.000$

$d\pi_1/d\,P_1 = 168 - 4P_1 + P_2 = 0$

$P_1 = 42 + 0{,}25\,P_2$ (curva de reação da Empresa 1)

$P_2 = 42 + 0{,}25\,P_1$ (curva de reação da Empresa 2)

Resolvendo:

$P_1 = 42 + 0{,}25\,(42 + 0{,}25\,P_1)$

$P_1 = 42 + 10{,}5 + 0{,}0525\,P_1$

$P_1 = 56 = P_2$

$Q_1 = 112 = Q_2$

$\pi_1 = \pi_2 = 1.272$

2.2 Encontre os preços e as quantidades de equilíbrio das duas empresas quando a Empresa 1 é líder, bem como os respectivos lucros.

Quando a Empresa 1 é líder, devemos substituir a curva de reação da Empresa 2 ($P_2 = 42 + 0{,}25\,P_1$) na fórmula do lucro da Empresa 1 antes de derivar:

$\pi_1 = P_1 \times (168 - 2P_1 + P_2) - 5.000$

$\pi_1 = 168\,P_1 - 2P_1^2 + P_2\,P_1 - 5.000$

$\pi_1 = 168\,P_1 - 2P_1^2 + (42 + 0{,}25\,P_1)\,P_1 - 5.000$

$\pi_1 = 168\,P_1 - 2P_1^2 + 42\,P_1 + 0{,}25\,P_1^2 - 5.000$

$d\pi_1/dP_1 = 168 - 3{,}5P_1 + 42 = 0$

$P_1 = 60$

$P_2 = 42 + 0{,}25\ P_1 = 57$

$Q_1 = 105$

$Q_2 = 114$

$\pi_1 = 1.300;\ \pi_2 = 1.498$

2.3 Compare os resultados, a seguir sublinhe a opção correta entre parênteses e compreenda o sentido da expressão "*puppy dog*":

No modelo sequencial de competição por preço com produtos diferenciados, quando comparado com o modelo simultâneo, a empresa líder (aumenta/diminui) sua produção e seu preço (aumenta/diminui). Por sua vez, a empresa seguidora (aumenta/diminui) sua produção e seu preço (aumenta/diminui) um pouco menos. Como resultado, o lucro da empresa líder (aumenta/diminui) e o lucro da empresa seguidora (aumenta/diminui) ainda mais.

Exercícios complementares

1. **CSN, Usiminas-Cosipa e decisões estratégicas**[6]

    No mercado brasileiro de aço laminado, duas firmas, os grupos CSN e Usiminas-Cosipa, produzem a quantidade total. Esse é um setor com altas barreiras à entrada e produtos homogêneos, onde a variável estratégica é a quantidade que cada firma oferta no mercado. Suponha que no ano de 2000 a demanda de mercado era *P = 1.250 – 1/14 Q*, sabendo-se que pelo lado da oferta, *Q = q₁ + q₂*, com a quantidade mensurada em 1.000 toneladas e os valores em R$ 1.000,00. As duas empresas têm funções de custos idênticas, em que o custo total para cada empresa era *C(q) = 1.000.000 + 190q*, mensurado nas mesmas unidades que a demanda. Responda:

    1.1 No equilíbrio de Cournot, quais serão o preço e a quantidade total no mercado? Quais serão os lucros de cada firma? Mostre graficamente a função de reação de cada firma e o equilíbrio de Cournot.

    1.2 A função de custos anterior é resultado de uma tecnologia tradicional. Suponha que no ano seguinte, 2001, um laboratório de P&D invente

---
6 Exercício preparado pelo professor Arthur Barrionuevo Filho.

uma tecnologia nova que reduz o custo marginal pela metade, devido à redução no consumo de energia e melhor utilização do minério de ferro. Como ficarão preço e quantidade de equilíbrio no mercado, se as duas empresas adotarem a inovação?

1.3 Se apenas uma das empresas adotar a tecnologia, qual deverá ser sua participação de mercado e qual é o máximo que ela estará disposta a pagar ao laboratório pela utilização da inovação?

1.4 Finalmente, suponha que as duas empresas usem a tecnologia de produção nova, mas apenas uma das firmas compre a patente para o uso de uma nova tecnologia de logística, tornando sua rede de distribuição mais eficiente. Deste modo, a empresa mais eficiente torna-se a líder Stackelberg no mercado e a outra firma, a seguidora. O que ocorrerá com o preço e a quantidade de equilíbrio no mercado? Como mudará a participação de mercado e os lucros da firma líder, comparativamente à situação em que não existem vantagens na distribuição?

2. **Cyberspying e estruturas de mercado**

Primeiro vieram as notícias de que o governo chinês estaria espionando empresas americanas como Nortel e Lockheed Martin com o intuito de roubar segredos industriais e repassá-los a empresas chinesas. Em maio de 2013, a preocupação tornou-se generalizada quando o ex-consultor de inteligência americano Edward Snowden tornou públicos vários programas de vigilância eletrônica do governo dos Estados Unidos. Não apenas chefes de estado de países aliados teriam sido monitorados, mas também empresas como a Petrobras.

O fato é que as novas tecnologias digitais tornaram mais ampla e fácil a espionagem industrial, e dezenas de indústrias em diferentes países estão suscetíveis a esse tipo de ameaça. A empresa espiã beneficia-se da tecnologia e inovação sem ter que incorrer nos custos de pesquisa e desenvolvimento. Nesta questão analisa-se este problema.

2.1 Suponha que a empresa Inova tenha incorrido em custos de US$ 300 mil para desenvolver uma nova tecnologia de comunicação via satélite (custo fixo = 300). Ela é a única empresa do mundo capaz de fornecê-la e, portanto, um monopolista. Se o custo de fabricação é de US$ 600,00 por produto (Q), e a curva de demanda pela tecnologia por ser dada por:

P = 1050 − 0,5 Q

Em que o preço é dado em dólares por unidade e a quantidade, em milhares de unidades. Qual o preço e a quantidade que a empresa irá praticar se quiser maximizar seu lucro? Qual lucro ela teria?

2.2 Imagine agora que uma empresa chinesa, a Copycat, por meio do *cyberspying*, tenha acesso à nova tecnologia e passe a concorrer com a Inova, configurando um duopólio. A competição se dá via quantidade. A Copycat tem o mesmo custo variável de US$ 600,00 por produto, mas não incorre em custo fixo algum.

2.2.1 Calcule as curvas de reação de cada empresa.

2.2.2 Quais as quantidades produzidas em cada empresa e qual o preço praticado?

2.2.3 Qual o impacto do *cyberspying* no lucro da INOVA? Calcule.

2.3 Suponha agora, mais realisticamente, que a Inova é Stackelberg-líder deste mercado, por ter entrado antes, e decide sua quantidade primeiro.

2.3.1 Quais as quantidades produzidas em cada empresa e qual o preço praticado?

2.3.2 Qual o impacto do *cyberspying* no lucro da Inova neste cenário? Calcule.

3. Fusão no setor de mineração

Em 2013, os dois gigantes suíços do setor de mineração, Xstrata e Glencore, concluíram um acordo de fusão que viabiliza a formação da maior empresa de *commodities* do mundo, avaliada em US$ 90 bilhões. A Xstrata é um dos grandes produtores de carvão, cobre, níquel, vanádio primário e zinco, além de ser o maior produtor mundial de ferro cromo. A Glencore é considerada a maior empresa privada global dedicada à compra e venda e produção de cobre alumínio, cobalto entre outras *commodities*. A combinação das duas empresas permite controlar 32% do mercado internacional do carvão, tornando a multinacional o maior produtor mundial de zinco e o terceiro maior produtor de cobre.

A fusão seria mais um exemplo de uma tendência que ganhou força em 2011. Em 2011, empresas de mineração anunciaram aquisições no valor de US$ 168 bilhões, 26% a mais que em 2010.

Nesta questão vamos avaliar o comportamento de duas empresas fictícias de mineração. Considere que no mercado internacional de cobre atuem apenas duas empresas, a *EmpresaX* e a *EmpresaG*. A demanda de mercado e os custos das duas empresas podem ser expressos por:

$P = 2.100 - 0{,}5\, Qt$ onde $Qt = Qx + Qg$

$CTx = 200.000 + 600\, Qx$

$CTg = 100.000 + 600\, Qg$

Em que o preço é expresso em dólares por tonelada e as quantidades em toneladas.

3.1 Supondo que as duas empresas concorram via quantidade (Cournot) neste mercado:

    3.1.1 Calcule as curvas de reação de cada empresa.

    3.1.2 Quais as quantidades produzidas em cada empresa e qual o preço praticado?

    3.1.3 Qual o lucro de cada empresa?

3.2 Se a *EmpresaG* pudesse determinar seu nível de produção antes que a *EmpresaX*, ou seja se a *EmpresaG* atuar como Stackelgerg-líder nesse mercado, responda:

    3.2.1 Quais as quantidades produzidas em cada empresa e qual o preço praticado?

    3.2.2 Qual o lucro de cada empresa?

3.3 Supondo que as duas empresas entrem em um acordo que será concretizado com a fusão entre as duas empresas. Essa fusão dará origem a *EmpresaGX* que manterá as instalações de ambas as empresas em funcionamento.

    3.3.1 Determine o preço e a quantidade praticados pela *EmpresaGX*.

    3.3.2 Qual o lucro?

4. **Pneus para F1**[7]

Duas empresas competem no mercado de pneus para carros da Fórmula 1. Nos últimos anos, as empresas investiram em tecnologia para aumentar a velocidade dos carros. Cada uma delas produz um tipo de pneu (bens diferenciados) e competem no mercado junto às escuderias por meio da determinação do preço.

Sejam $q_1 = 1.500 - 3P_1 + P_2$ e $q_2 = 1.500 - 3P_2 + P_1$ as funções de demanda para os pneus das empresas 1 e 2, respectivamente. A quantidade é em pneus por ano, e o preço é em reais. As empresas têm funções de custos totais idênticas, iguais a $CT(q_1) = 10.000 + 20q_1$ para a Empresa 1, e $CT(q_2) = 10.000 + 20q_2$ para a Empresa 2.

4.1 Encontre as curvas de reação das duas empresas.

4.2 Qual é o preço que cada empresa cobra pelos seus pneus? Quanto cada empresa irá produzir?

4.3 Se as empresas de pneus resolverem fazer um acordo e determinarem o preço conjuntamente, qual será o novo preço e quais serão as quantidades produzidas em cada empresa? Há incentivo para a Empresa 1 romper o acordo? Qual seria a forma de a Empresa 2 garantir que o equilíbrio cooperativo será alcançado?

4.4 Recentemente, entretanto, a organização das corridas, preocupada com a segurança dos pilotos, determinou que os pneus sigam uma série de especificações, o que tornará os pneus das duas empresas produtoras muito semelhantes (bens homogêneos). Com a mudança de regras da Fórmula 1, as empresas não competirão mais por meio de determinação de preços mas por quantidade (modelo de Cournot). Nessa nova situação, qual será então o preço dos pneus e quanto cada firma produzirá?

4.5 Supondo que não exista possibilidade de acordo, as empresas estarão em melhor situação com a mudança das regras?

---

[7] Exercício preparado pela professora Adriana Schor.
  Obs.: Na realidade, as empresas de pneus pagam para as escuderias utilizarem os seus produtos. Da mesma forma que as empresas de material esportivo pagam para os times utilizarem suas camisas.

5. **Até que a morte os separe...** [8]

Em 2014, o mercado brasileiro registrou um total de 879 operações de fusão e aquisição, um crescimento de 8,25% em relação a 2013. A informação é da consultoria PriceWaterhouseCoopers (*PwC*). Esse número também foi o maior registrado nos últimos doze anos.

Nesta questão vamos avaliar o comportamento de quatro empresas fictícias em dois mercados distintos: um mercado em que o produto pode ser considerado homogêneo e o outro, diferenciado.

Parte A – Mercado com produto homogêneo

Considere um mercado em que atuem apenas duas empresas, a *Empresa X* e a *Empresa Y*. A demanda de mercado e os custos das duas empresas podem ser expressos por:

$P = 4.200 - Qt$ onde $Qt = Qx + Qy$

$CTx = 400.000 + 1.200\ Qx$

$CTy = 200.000 + 1.200\ Qy$

O preço é expresso em dólares por tonelada e as quantidades em toneladas. Responda as seguintes questões:

5.1 Supondo que as duas empresas concorram simultaneamente via quantidade (Cournot):

5.1.1 Calcule as curvas de reação de cada empresa.

5.1.2 Quais as quantidades produzidas em cada empresa e qual o preço praticado?

5.1.3 Qual o lucro de cada empresa?

5.2 Considere agora que as duas empresas entrem em um acordo que será concretizado com a fusão entre ambas. Essa fusão dará origem a *Empresa XY* que manterá as instalações das duas em funcionamento.

---
8 Exercício preparado pelo professor Heleno Pioner.

5.2.1 Determine o preço e a quantidade praticados pela *EmpresaXY*.

5.2.2 Qual o lucro da nova empresa?

Parte B – Mercado com produto diferenciado

Alternativamente, suponha que as mesmas empresas produzam um bem diferenciado. Neste caso, as demandas e os custos das duas empresas, distintos entre si, poderiam ser expressos por:

$Qx = 2.200 - Px + 0,5Py$

$Qy = 2.000 - Py + 0,5Px$

$CTx = 400.000 + 1.200\, Qx$

$CTy = 200.000 + 1.200\, Qy$

O preço é expresso em dólares por tonelada e as quantidades em toneladas. Responda as seguintes questões:

5.3 Supondo que as duas empresas concorram simultaneamente (Bertrand) via preço:

    5.3.1 Calcule as curvas de reação de cada empresa.

    5.3.2 Quais as quantidades produzidas em cada empresa e quais os preços praticados?

    5.3.3 Qual o lucro de cada empresa?

5.4 Considere agora que as duas empresas entrem em um acordo no qual a *Empresa Y* adquire a *Empresa X*. Neste caso, para obter ganhos de sinergia, a *Empresa Y* opta por fechar as instalações da *Empresa X* (livrando-se do custo fixo da mesma) e produzir exclusivamente em sua própria fábrica. Adicionalmente, a nova empresa acaba com a diferenciação entre os bens, atendendo ambas as demandas com apenas um tipo de bem.

    5.4.1 Determine o preço e a quantidade praticados pela *Empresa Y* após a aquisição da *Empresa X*.

    5.4.2 Qual o lucro da nova empresa?

5.4.3 Compare este lucro com o encontrado por você no item 6.2 na Parte A. Qual fusão é mais interessante, sob o ponto de vista da empresa?

6. **Voando para segurar a taça!**[9]

Imagine que, antes do início da Copa do Mundo da África do Sul em junho de 2010, as empresas aéreas G e T estivessem preparando um pacote especial para seus clientes: assistir a final da copa do mundo em Johanesburgo.

Suponha que estudos mostrem que os clientes diferenciam os serviços das empresas, sendo o modelo de Bertrand mais adequado. Os estudos sugeriam ainda que deveriam ser consideradas as seguintes equações de demanda:

$Q_T = 2.400 - 2 P_T + P_G$

$Q_G = 1.800 - 2 P_G + P_T$

Onde as quantidades são em número de passageiros, e os preços, em dólares. Para simplificar, considere que as empresas apresentam custos idênticos e que podem ser descritos por

$CT_T = 200.000 + 600 Q_T$

$CT_G = 200.000 + 600 Q_G$

6.1 Determine os preços que a T e a G adotarão para o pacote.
6.2 Esboce as curvas de reação, mostrando o equilíbrio de Bertrand-Nash.
6.3 Ao se deparar com os resultados de Bertrand, o presidente da T resolveu contratar a empresa júnior de sua faculdade para aprofundar a pesquisa. Surpreendentemente, os alunos da instituição contestaram as premissas anteriores, argumentando que os torcedores fanáticos não diferenciariam as empresas e que estariam preocupados apenas em ver o jogo e torcer pelo Brasil na final. Ou seja, consideram ambos os pacotes de viagem como bens homogêneos. Além disso, os alunos defenderam que as empresas escolhem quantidades (o número de

---
[9] Exercício preparado pelo professor Jairo Abud.

assentos disponíveis no voo) e não preços, e recomendaram utilizar o modelo de Cournot.

6.3.1 Determine os preços que a T e a G devem adotar de acordo com o modelo de Cournot.

6.3.2 Esboce as curvas de reação, mostrando o equilíbrio Cournot-Nash.

6.4 Suponha, de forma fictícia, que, uma decisão surpreendente, a Agência Nacional e Aviação Civil (ANAC) não autoriza que a G faça o voo para a África do Sul, o que torna a T uma monopolista. Esta passará agora a atender todo o mercado, ou seja, sua demanda passa a ser:

$Q = Q_T + Q_G = 4200 - 2P$

Sua curva de custo permanece inalterada:

$CT_T = 200.000 + 600\, Q_T$

Qual o preço único de monopólio que a T deve cobrar de forma a maximizar seu lucro?

6.5 A empresa T analisa também aplicar a discriminação de preços intertemporal, cobrando preços diferentes para passagens compradas antes da semifinal (ou seja, quando os torcedores ainda não sabem se o Brasil estará ou não na final) e após a semifinal (quando, assume-se, o Brasil já estará classificado). Supondo que as curvas de demanda pré e pós-classificação seriam as seguintes:

Demanda pré: $Q_A = 2.000 - (4/3)\, P_A$

Demanda pós: $Q_B = 2.200 - (2/3)\, P_B$

A curva de custo não se altera: $CT_T = 200.000 + 600\, Q_T$, onde $Q_T = Q_A + Q_B$.

Qual o preço que a T deve cobrar antes da semifinal (P_A)? E após (P_B)?

6.6 O que será mais lucrativo para a T, adotar o preço único de monopólio calculado em 6.3 ou a discriminação intertemporal de preços calculada em 6.4?

6.7 A ANAC, visando evitar abusos nos preços e conhecendo as curvas de demanda e custo da T, decide tabelar o valor do pacote, estabelecendo um preço único que a T terá que cobrar. Qual será o valor regulamentado pela ANAC?

7. **Bertrand desembarca em Brasília**

No mundo dos negócios, nem sempre ser o primeiro é vantajoso. Suponha que apenas duas empresas, T e G, fazem voos entre São Paulo e Brasília. As empresas competem entre si por preço. Suas curvas de demanda são dadas por:

$q_T^d = 1.800 - 2P_T + P_G$

$q_G^d = 1.800 - 2P_G + P_T$

Em que q_T e q_G representam respectivamente o número de passageiros por dia na T e na G, enquanto P_T e P_G representam respectivamente os preços da T e da G por passagem. O custo total de cada empresa pode ser descrito por:

$CT_T = 480.000 + 300Q_T$

$CT_G = 480.000 + 300Q_G$

Os custos são em reais (R$) e a quantidade em passageiros por dia.

7.1 Obtenha as curvas de reação da T e da G.

7.2 Qual é o equilíbrio de Bertrand-Nash (preço, quantidade e lucro de cada empresa) nesse mercado?

7.3 Suponha que a T seja a primeira empresa a fixar seu preço e, após essa decisão, a G, fixe seu preço. Assim, considere que a T seja Stackelberg-líder. Quais são os preços de equilíbrio e os lucros correspondentes para as duas empresas?

7.4 Compare o lucro do líder com o lucro da seguidora, no item 7.3. Por que mover-se primeiro, quando as empresas concorrem em termos de preço, é uma desvantagem?

8. **IPI reduzido!**

 O governo brasileiro está preocupado com a situação da indústria automobilística brasileira, seu nível de produção e emprego. Pretende adotar medidas para incentivá-la e, para tanto, precisa entender seu funcionamento. Suponha que existam dois mercados distintos, o "popular" e o de "luxo" e duas empresas mais importantes, a VV e a FT. Para o mercado "popular", elas produzem bens homogêneos e competem tendo como principal variável a quantidade que colocam no mercado (modelo de Cournot). A função de custos de ambas é idêntica e dada por $C(q) = 20 + 20q$. A demanda de mercado é obtida por $Q = 70 - 2P$, em que $Q = q_1 + q_2$. O preço é dado em milhares de reais e a quantidade, em milhares de veículos por mês. Pergunta-se:

 8.1 Quanto produzirá cada empresa, quais serão o preço e a quantidade de equilíbrio de mercado (Q) e qual o seu lucro, supondo que elas tomem suas decisões simultaneamente?

 8.2 O governo quer maior produção e lança um programa de incentivos. A empresa que mantiver o emprego por certo tempo terá um incentivo fiscal de R$ 3,00 por unidade produzida. A VV aceita e seu custo muda para $C(q) = 20 + 17q$. A FT não aceita a proposta do governo e seu custo permanece o mesmo do item anterior. Considere que as decisões são simultâneas: o governo será bem-sucedido em aumentar a produção de veículos? Se sim, quantos veículos serão produzidos agora? Qual o preço que será cobrado por veículo?

 8.3 Considere agora que a FT cria uma inovação que conecta o automóvel à internet, criando várias funcionalidades. Assim, apesar do custo mais alto, FT se torna líder de Stackelberg e a VV seguidora. Usando os custos em 8.2, qual será a quantidade produzida por cada empresa, o preço e o lucro de cada uma delas?

 8.4 Já no mercado de automóveis de luxo, o importante não é a produção em massa, mas a diferenciação de marcas e seu respectivo preço. O modelo mais apropriado é, portanto, o de Bertrand. O custo de produção das duas firmas é idêntico: um custo fixo igual a R$ 100,00 e um custo marginal de zero. As demandas das duas empresas são:

 $Q_{VV} = 300 - 2p_{VV} + p_{FT}$ $\qquad$ $Q_{FT} = 300 - 2p_{FV} + p_{VV}$

Os preços são dados em milhares de reais por veículo e as quantidades, em veículos por mês. Suponha que as empresas decidam seus preços simultaneamente. Qual será o preço fixado por cada uma delas? E o lucro de cada empresa?

9. **Bonito na foto...**

Em 2009 a Kodak, empresa que popularizou a fotografia há mais de 100 anos, admitiu que perdeu a batalha contra as câmeras digitais e anunciou que tiraria o clássico rolo de filme Kodachrome do mercado após 74 anos de história. Hoje, 70% da receita da Kodak provém de seus negócios digitais.

Quando a máquina digital foi lançada em 1990, a barreira tecnológica era fortíssima, só a Kodak produzia câmeras digitais (e foi depois seguida por S, C e umas poucas e grandes concorrentes), configurando um oligopólio. Conforme o tempo foi passando, a tecnologia foi sendo disseminada e as barreiras foram caindo... Hoje a Amazon.com vende 34 marcas diferentes de câmera digital, para todos os gostos e bolsos! Como os produtos são diferenciados (qualidade, marca, etc.), o mercado assumiu uma característica de competição monopolística. Nesta questão analisa-se esses dois momentos do mercado.

Suponha que a K e a S decidam lançar, ao mesmo tempo, suas câmeras fotográficas digitais na Feira Mundial de Fotografia de 1990. As duas câmeras são igualmente inovadoras e possuem as mesmas características técnicas (resolução, velocidade etc.). Entretanto, como o público consumidor possui certa fidelidade à marca, podemos considerar os produtos como sendo diferenciados. Após uma longa pesquisa de mercado, os fabricantes chegaram à conclusão de que as demandas para seus equipamentos podem ser descritas por:

$Q_K = 1.100 - 2 P_K + P_S$ e $Q_S = 1.100 - 2,5 P_S + 1,25 P_K$

Em que P é o preço da câmera em US$ e a Q quantidade a ser vendida durante o lançamento na feira de fotografia. O custo de cada câmera pode ser descrito pelas equações:

$CT_K = 2.000 + 60 Q_K$ e $CT_S = 1.800 + 60 Q_S$

Repare que as empresas não são simétricas, ou seja, as funções de demanda e de custo têm formatos distintos para cada uma delas.

9.1 Sabendo que ambas as empresas lançam as câmeras ao mesmo tempo e definem os preços que irão adotar na feira de fotografia (modelo de Bertrand), qual será a curva de reação de cada empresa? Obs.: Repare que, como as empresas não são simétricas, você deve encontrar separadamente cada uma das curvas de reação.

9.2 Qual será o preço, a quantidade e o lucro de cada empresa?

9.3 Suponha que, descumprindo a legislação antitruste, a K tente convencer a S a fazer um conluio, argumentando que ambas as empresas lucrarão mais. As duas empresas continuariam operando separadamente, mas combinariam de lançar as câmeras a um mesmo preço. Você, como consultor econômico da S, aceitaria esse argumento? Obs.: Calcule os lucros relevantes para justificar sua resposta.

9.4 Suponha que a ideia do conluio tenha fracassado. Imagine agora que houve um atraso na entrega das máquinas da S no dia de abertura da feira, permitindo à K lançar a sua máquina um dia antes da S (ou seja, a K torna-se Stackelberg-líder). Neste caso, qual o preço que a K irá adotar e qual o preço que a S irá adotar em seguida?

Passou o tempo, e as barreiras tecnológicas à entrada foram sendo superadas, enquanto mais e mais empresas lançavam seus modelos de máquinas digitais no mercado. O mercado assumiu a estrutura de **competição monopolística**.

9.5 Quais as características de um oligopólio? E de um setor monopolisticamente competitivo? O que diferencia os dois?

9.6 Represente em um gráfico a curva de demanda da K, assumindo por simplificação que P_S = US$ 300,00, bem como suas curvas de custo marginal e de custo médio. Suponha que o setor de câmeras digitais tem agora características de competição monopolística. Indique em um gráfico e calcule:

9.6.1 Qual o preço que a K irá praticar no curto prazo?

9.6.2 Qual o preço para o qual o setor tende no longo prazo?

9.6.3 O que deve acontecer para que o preço da K se mova do valor calculado no item 9.6.1 para o valor calculado no item 9.6.2? Mostre graficamente.

10. **Voltando a fita...**

Se você fosse a uma locadora no início da década de 1980, a escolha de um filme inevitavelmente terminaria com a pergunta: "O filme é Beta ou VHS?". Era o auge da "guerra dos formatos" entre o Betamax, formato de gravação caseira em fita desenvolvido pela Sony em 1975, e o VHS, lançado em 1977 pela JVS.

Suponha que em 1980 esse mercado poderia ser caracterizado como um duopólio. Como os produtos são diferenciados (o formato Betamax era, em geral, considerado melhor em termos de qualidade do filme, durabilidade da fita e fácil utilização), a competição se dá via preço. Após uma longa pesquisa de mercado, os fabricantes chegaram à conclusão de que as demandas para seus produtos podem ser descritas por:

$Q_S = 600 - 2 P_S + P_J$ $\qquad$ $Q_J = 600 - 2 P_J + P_S$

Em que P é o preço do videocassete em US$ e a Q quantidade vendida por mês, em milhares. O custo de cada aparelho pode ser descrito pelas equações:

$CT_S = 15.000 + 40 Q_S$ $\qquad$ $CT_J = 15.000 + 40 Q_J$

10.1 Encontre as curvas de reação das duas empresas, utilizando o modelo de Betrand de competição via preço.

10.2 Suponha que a S, por ter lançado seu produto primeiro, fosse Stackelberg-líder. Qual o preço que cada empresa praticaria? Quantos aparelhos venderia? Qual o lucro da S e da J?

10.3 Surpreendentemente, o vencedor da "guerra de formatos" foi o VHS, padrão considerado tecnicamente inferior, tornando-se um estudo de caso clássico de *marketing*. Segundo algumas interpretações, o sucesso da J veio de uma estratégia inovadora: em vez de manter para si o monopólio da tecnologia VHS, a empresa vendeu, a preços relativamente baixos, a licença para que outros fabricantes utilizassem o padrão. Com o tempo, o VHS tornou-se o formato dominante e, em 1988, a própria S começou a produzir aparelhos VHS. Com a disseminação da tecnologia e a entrada de novas empresas no setor, a competição se acirrou, e a estrutura de mercado se alterou. Suponha hipoteticamente que esse movimento leve o setor a assumir características de perfeita competição. Qual o preço que a empresa cobraria neste caso?

10.4 Você acha que esse setor tende realmente a atingir uma situação de perfeita competição? Por quê? Quais características devem estar presentes em um mercado para caracterizá-lo como: oligopólio, competição monopolística ou competição perfeita? Quais dessas características estão presentes no mercado de videocassetes?

11. **Guerra do cereal**

    Os fabricantes de cereais matinais – as empresas K, N e Z – são pioneiros nesse mercado no Brasil. No início não fazem publicidade e têm a mesma tecnologia de produção, de modo que os custos dessas empresas são dados por:

    $CT(q_i) = 100 + 3q_i$ em que i = K, N, Z

    Como o produto é homogêneo, a demanda de mercado é dada por:
    $Q^D = 1.200 - 2P$

    As empresas concorrem por meio da escolha da quantidade que ofertarão no mercado. Pergunta-se:

    11.1 Quais são as curvas de reação das 3 empresas?

    11.2 Quais serão os preços e a quantidade de equilíbrio e qual será o lucro de cada empresa? Obs.: No equilíbrio Cournot, como os custos das empresas são iguais, sabe-se que $q_K = q_N = q_Z$.

    11.3 A empresa K resolve comprar a empresa Z, e para convencer as autoridades de defesa da concorrência de que os consumidores não serão lesados pela fusão, alega que reduzirá os custos para $CT(q_{KZ})$ = 80 + $2q_{KZ}$. A empresa N manterá os custos $CT(q_N) = 100 + 3q_N$. Quais os novos preço e quantidade de equilíbrio? As autoridades podem acreditar que o bem-estar dos consumidores não será reduzido? Por quê?

11.4 Outra alternativa para a empresa K, em vez de comprar Z, é entrar no mercado de outro país, mantendo seu custo inicial ($CT(q_K) = 100 + 3q_K$), onde a demanda também é dada por $Q^D = 1.200 - 2P$. Ao ser a primeira a entrar, estabeleceria boas relações com o varejo e criaria uma vantagem de primeiro movimento. Se a empresa N entrasse depois, se tornaria uma seguidora de Stackelberg neste mercado. Neste caso, quais seriam preço e quantidades de equilíbrio?

11.5 No mercado brasileiro as empresas K e N decidem diferenciar o produto gastando em publicidade, criando um mercado de produtos diferenciados. Isso significa adicionar um custo fixo de 50 por período ao custo inicial. A empresa Z sai do mercado por não se adaptar à nova forma de concorrência. As empresas passam a fixar seus preços em vez de quantidades ofertadas. As demandas de K e N agora são: $q_K = 600 - 2p_K + p_N$ e $q_N = 600 - 2p_N + p_N$ e $q_N = 600 - 2p_N + p_K$. Quais são os preços e quantidades de equilíbrio para cada empresa?

Teoria dos Jogos

Conceitos fundamentais

Teoria dos Jogos

A Teoria dos Jogos estuda o comportamento *estratégico* dos agentes econômicos, ou seja, a tomada de decisão de um indivíduo (ou firma) racional quando ele sabe que suas ações afetam os resultados dos demais e vice-versa. Após a segunda metade do século passado, essa foi umas das áreas mais importantes para o desenvolvimento da microeconomia.

Um dos exemplos mais difundidos de aplicação é justamente o estudo de oligopólios, como vimos no capítulo anterior. Entretanto os conceitos e ferramentas da Teoria dos Jogos são bastante amplos e podem ser aplicados a uma vasta gama de situações, como veremos neste último capítulo.

Jogos

Jogos na forma estratégica

Um jogo é uma forma de modelar situações que envolvem interações entre agentes racionais que tomam decisões estrategicamente.

A análise básica de um jogo se dá na forma estratégica ou matriz de resultados possíveis ou recompensas (*payoffs*), um modelo matemático que sintetiza os principais elementos da decisão. Um jogo na forma estratégica é formado por:

a. Uma lista de jogadores, ou seja, quaisquer indivíduos ou grupos (ex.: firmas, países etc.) com capacidade de decisão.

Por exemplo, suponha que dois indivíduos, denominados A e B, foram presos e são mantidos incomunicáveis. Assuma ainda que eles irão tomar uma decisão estratégica. Neste caso, conhecido como Dilema dos Prisioneiros, a lista de jogadores é dada por:

$$N = \{A, B\}$$

b. Uma lista de estratégias puras, ou seja, todas as possibilidades de ação à disposição de *cada* jogador em *cada* circunstância possível.

No caso dos presos, suponha que eles possam apenas confessar o crime ou negá-lo. Ou seja, nessa circunstância em particular, cada jogador possui duas possíveis estratégias, que são idênticas. S_A e S_B indicam as respectivas listas dos prisioneiros.

$$S_A = \{\textit{Confessar, Negar}\}; S_B = \{\textit{Confessar, Negar}\}$$

c. Um perfil de estratégias, ou seja, o conjunto de combinações de ações por parte de cada um dos jogadores.

O perfil de estratégias descreve as diversas situações que podem ocorrer. Usando chaves {}, convencionou-se que primeira entrada se refere àquilo que o primeiro jogador decide fazer – por exemplo, o prisioneiro A –, enquanto que a segunda àquilo que o outro jogador optou – o prisioneiro B. Assim, os perfis de estratégia no caso dos prisioneiros serão: {confessar, confessar}, {confessar, negar}, {negar, confessar}, {negar, negar}.

d. Uma lista de *payoffs* (recompensas) associadas a cada perfil de estratégia. Os *payoffs* representam a mudança de bem-estar nos indivíduos, sendo o critério para a escolha de suas ações.

No caso do Dilema dos Prisioneiros, que são mantidos incomunicáveis, suponha as seguintes situações: se nenhum deles confessar, ambos serão sentenciados a um ano de prisão. Se ambos confessarem, os dois serão condenados a seis anos de prisão e, se apenas um confessar, então este será posto em liberdade, e o outro receberá nove anos de prisão. Assumindo-se que um ano de reclusão equivale a uma perda de −1, os perfis e os *payoffs* associados são:

$$\{confessar,\ confessar\} \rightarrow (-6, -6)$$

$$\{negar,\ negar\} \rightarrow (-1, -1)$$

$$\{negar,\ confessar\} \rightarrow (-9, 0)$$

$$\{confessar,\ negar\} \rightarrow (0, -9)$$

Usando parêntesis ( ), o primeiro número se refere ao *payoff* do prisioneiro A, o segundo do prisioneiro B.

e. Uma matriz de *payoffs*, representando simultaneamente o perfil de estratégias e os respectivos *payoffs*. Cada coluna representa o perfil de um jogador e cada linha, de outro jogador.

No caso dos prisioneiros, a matriz será dada por:

Figura 8.1: Matriz de *payoffs* – Dilema dos Prisioneiros

		Prisioneiro B	
		Confessar	Negar
Prisioneiro A	Confessar	(−6, −6)	(0, −9)
	Negar	(−9, 0)	(−1, −1)

Fonte: Os autores.

Repare que toda a informação do jogo está contida na matriz de *payoffs*: conjunto dos jogadores, conjuntos das estratégias, assim como o que acontece quando cada decisão é tomada.

Genericamente, em um jogo na forma estratégica, com dois jogadores A e B, em que o perfil de estratégias $\{A_N, B_N\}$ é associado ao *payoff* (a_{nn}, b_{nn}), a matriz de *payoffs* será dada por:

Figura 8.2: Matriz de *payoffs* – Jogo Genérico

		Jogador B		
		B_1	...	B_M
Jogador A	A_1	(a_{11}, b_{11})	...	(a_{1m}, b_{1m})
	...	...		...
	A_N	(a_{n1}, b_{n1})	...	(a_{nm}, b_{nm})

Fonte: Os autores.

$$N = \{A, B\}$$

$$S_A = \{A_1, ..., A_N\}$$

$$S_B = \{B_1, ..., B_M\}$$

Neste caso, o jogador A, ao jogar A_N, ganha a_{nm}, ao passo que o jogador B, ao jogar B_M, ganha b_{nm}.

Estratégias dominantes

Uma estratégia dominante é aquela que leva à maior recompensa possível, independentemente da estratégia escolhida pelo seu oponente. A dominância pode se dar de duas formas:

a. Uma estratégia é **estritamente** dominante quando os *payoffs* resultantes de uma determinada estratégia são sempre *maiores* do que os *payoffs* associados às demais estratégias do mesmo jogador.

b. Uma estratégia é **fracamente** dominante quando os *payoffs* resultantes de uma determinada estratégia são *maiores ou, no mínimo, iguais* aos *payoffs* decorrentes das demais estratégias do jogador.

Repare que uma estratégia estritamente dominante é sempre melhor do que as outras, ao passo que uma estratégia fracamente dominante é ao menos tão boa quanto a segunda melhor alternativa. Em geral, quando se omitem as palavras estritamente ou fracamente, a dominância é estrita.

Figura 8.3: Confessar é uma estratégia dominante

		Prisioneiro B	
		Confessar	Negar
Prisioneiro A	Confessar	(**−6**, −6)	(**0**, −9)
	Negar	(**−9**, 0)	(**−1**, −1)
Confessar > Negar		−6 > 9	0 > −1

Fonte: Os autores.

No caso do Dilema dos Prisioneiros, não importa a estratégia adotado pelo outro preso, confessar sempre leva a um *payoff* maior. Ao confessar, o prisioneiro obtém −6 ou 0, já se negar, consegue respectivamente −9 ou −1. Logo, conforme demonstrado na Figura 8.3, confessar sempre produz um *payoff* superior.

Ambos os jogadores possuem, portanto, estratégia dominante, que é confessar.

Estratégia prudente (*maximin*)

Uma estratégia que assegura ao jogador o maior *payoff* mínimo possível é chamada de estratégia prudente ou *maximin*. A expressão "*maximin*" significa "maximizar o mínimo (ou pior) resultado de cada estratégia" disponível para um jogador.

Figura 8.4: Confessar é uma estratégia *maximin*

		Prisioneiro B		
		Confessar	Negar	
Prisioneiro A	Confessar	(**−6**, −6)	(**0**, −9)	Min {0, −6} = −6
	Negar	(**−9**, 0)	(**−1**, −1)	Min {−9, −1} = −9

Confessar é estratégia maxmin: Min {−6, −9} = −6

Fonte: Os autores.

No jogo representado anteriormente, quando o prisioneiro A confessar, o pior resultado possível é −6. Caso a ação escolhida seja negar, o pior *payoff* possível é −9. Portanto, a estratégia que produz o melhor entre os piores resultados é justamente confessar.

Jogos não cooperativos

Equilíbrio de Nash

Um equilíbrio de Nash ocorre quando todos os jogadores adotam a estratégia que produz o melhor *payoff* para si, ou sua "melhor resposta" às jogadas dos demais jogadores. É o principal conceito de solução de Teoria dos Jogos. A ideia é que, se todos forem racionais, buscando sempre maximizar o seu ganho individual, o equilíbrio de Nash corresponde ao resultado ou ao conjunto de resultados que faz sentido ocorrer.

Método de resolução

Para encontrar o equilíbrio de Nash, é preciso verificar qual a melhor resposta de cada jogador ao que o seu oponente faz.

Figura 8.5: Melhores respostas do Prisioneiro A

		Prisioneiro B	
		Confessar	Negar
Prisioneiro A	Confessar	(**−6**, −6)	(**0**, −9)
	Negar	(−9, 0)	(−1, −1)

Fonte: Os autores.

A Figura 8.5 analisa as melhores respostas de A em função do que faz o outro jogador. Suponha que o prisioneiro B decida jogar a estratégia confessar. A elipse à esquerda mostra que, nessa situação, A pode obter −6 caso confesse ou −9 caso negue. Por conseguinte, confessar é a melhor resposta. Imagine agora que B decida jogar a estratégia negar. A elipse à direita mostra que, se A confessar, obterá 0. Se negar, obterá −1. Desse modo, confessar é novamente a melhor reação. Os respectivos *payoffs* das melhores respostas estão em negrito.

Figura 8.6: Melhores respostas do prisioneiro B

		Prisioneiro B	
		Confessar	Negar
Prisioneiro A	Confessar	(–6, **–6**)	(0, –9)
	Negar	(–9, **0**)	(–1, –1)

Fonte: Os autores.

Aplicando raciocínio idêntico, é possível ver na Figura 8.6 que confessar é a melhor resposta para o jogador B, mesmo se o A joga confessar ou se joga negar. Quando o prisioneiro A decide confessar, a elipse superior mostra que se B confessar, consegue –6, se negar –9, logo, confessar é melhor. Já se o preso B decide negar, a melhor reação também é confessar, pois, como mostra a elipse inferior, 0 é maior do que –1.

Figura 8.7: Equilíbrio de Nash

		Prisioneiro B	
		Confessar	Negar
Prisioneiro A	Confessar	(**–6**, **–6**)	(0, –9)
	Negar	(–9, **0**)	(–1, –1)

Fonte: Os autores.

Na Figura 8.7, os respectivos *payoffs* das melhores respostas dos jogadores A e B estão em negrito. Observe que, no perfil de estratégias {confessar, confessar}, ambos os jogadores estão tomando simultaneamente a melhor decisão, frente ao que o outro jogador fez. Trata-se do único equilíbrio de Nash do jogo.

O mais surpreendente do Dilema dos Prisioneiros é que o equilíbrio de Nash é um resultado pior (ou "second best") para os jogadores do que seria possível se ambos cooperassem e jogassem {negar, negar}. Neste caso, cada um obteria um *payoff* de –1, o que seria eficiente de Pareto e também o resultado cooperativo, ou seja, aquele que oferece a maior soma dos *payoffs* de ambos os jogadores.

O dilema dos prisioneiros é um caso clássico de jogos não cooperativos. Sem poder se comunicar, a ausência de cooperação torna o resultado {confessar, confessar} a solução racional, cujo *payoff* para ambos é pior do que em {negar, negar}. Repare que de −1 o resultado de cada jogador cai para −6.

A ausência de coordenação, tão comum na vida cotidiana, torna um desvio da estratégia negar altamente rentável. Caso A negue, basta que B confesse para que seja solto, valendo o mesmo raciocínio inversamente. Logo, como um compromisso não é possível, afinal ambos estão incomunicáveis, o melhor a se fazer é realmente confessar.

O problema da não cooperação, não obstante, pode ser amenizado caso o jogo seja repetido por um número infinito de vezes, visto que a repetição introduz considerações sobre reputação. Essa modalidade de jogos será aprofundada no item "Credibilidade e movimentos estratégicos", mais adiante neste livro.

Equilíbrio de Nash em estratégias mistas

Todo jogo não cooperativo possui ao menos um equilíbrio de Nash. No entanto, nem sempre isso ocorrerá em estratégias puras, ou seja, da forma vista até então, em que as alternativas são excludentes. Suponha, por exemplo, um jogo de cara ou coroa em que ganhar representa um *payoff* de 1 e perder, de −1. Ambos os jogadores escolhem, secretamente, o lado de sua moeda (cara ou coroa). Se as duas moedas aparecerem viradas para o mesmo lado (cara/cara ou coroa/coroa), o jogador 2 ganha; se aparecerem viradas para lados diferentes (cara/coroa ou coroa/cara), o jogador 1 ganha.

Figura 8.8: Jogo sem equilíbrio de Nash em estratégias puras

		Jogador 2	
		Cara	Coroa
Jogador 1	Cara	(−1, **1**)	(**1**, −1)
	Coroa	(**1**, −1)	(−1, **1**)

Fonte: Os autores.

A Figura 8.8 descreve um jogo sem equilíbrio de Nash em estratégias puras. Observe que em nenhuma situação ambos os jogadores estão tomando a melhor decisão, simultaneamente, dado o que seu oponente faz. Neste caso, é necessário um novo conceito de estratégia:

- Uma estratégia **mista** permite aos jogadores escolherem suas ações de forma aleatória.

A ideia é pensar que as estratégias puras podem ser substituídas por um plano estratégico do jogador, em que cada decisão seja tomada com certa frequência preestabelecida. No jogo acima, as estratégias puras do jogador 1 são dadas por S_1 = {Cara, Coroa}. Assim, o jogador poderia escolher jogar cara 30% das vezes e coroa 70% das vezes. O par (0,30, 0,70) é um exemplo de estratégia mista.

Generalizando, uma estratégia mista será uma coleção de probabilidade associada a cada uma das estratégias:

$$S_1 = \{Cara, Coroa\} \rightarrow (p_{cara}, p_{coroa}) \text{ tal que } p_{cara} + p_{coroa} = 1$$

De modo geral, seja um jogador N qualquer, cujas estratégias são $A_1, ..., A_m$, suas estratégias mistas podem ser descritas por:

$$S_N = \{A_1, ..., A_m\} \rightarrow (p_1, ..., p_m) \text{ tal que } \sum_{i=1}^{n} p_i = 1$$

Método de resolução – Estratégias mistas

Em um equilíbrio de Nash em estratégias mistas, cada jogador deve escolher uma probabilidade (p) de forma que seu *oponente* fique *indiferente* entre as estratégias disponíveis, ou seja, que o oponente não consiga obter vantagem ao escolher uma de suas estratégias puras. Por exemplo, o jogador 1 escolherá p de forma que o *valor esperado* de cada uma das estratégias do jogador 2 seja igual. Este resultado fundamental permite encontrar os respectivos valores de p_{cara} e p_{coroa}.

Por exemplo, supondo que p_{cara} é a probabilidade do Jogador 1 escolher cara, e q_{cara} é a probabilidade do Jogador 2 escolher cara, temos que $p_{coroa} = (1 - p_{cara})$ e $q_{coroa} = (1 - q_{cara})$.

Figura 8.9: Encontrando o equilíbrio de Nash em estratégias mistas

		Jogador 2	
		q_{cara}	$1-q_{cara}$
		Cara	Coroa
Jogador 1 — p_{cara}	Cara	(–1, 1)	(1, –1)
Jogador 1 — $1-p_{cara}$	Coroa	(1, –1)	(–1, 1)

Fonte: Os autores.

Para o jogador 1, o valor esperado da estratégia "cara" depende das probabilidades do jogador 2. Ele obterá um *payoff* de –1 com uma probabilidade de q_{cara}% e um *payoff* de 1 com uma probabilidade de $(1-q_{cara})$%, portanto:

$$\text{Valor Esperado de Cara} = q_{cara} \cdot -1 + (1 - q_{cara}) \cdot 1$$

Raciocínio análogo vale para a estratégica 'coroa':

$$\text{Valor Esperado de Coroa} = q_{cara} \cdot 1 + (1 - q_{cara}) \cdot -1$$

Para que o jogador 1 fique indiferente entre as duas opções, o valor esperado de ambas deve ser igual.

$$\text{Valor Esperado de Coroa} = \text{Valor esperado de Cara} \rightarrow q_{cara} = \frac{1}{2}$$

Repare que, a partir dos valores esperados do jogador 1, encontra-se a probabilidade ótima a ser escolhida pelo outro jogador 2, que é q_{cara}. No caso, o jogador 2 deve jogar cara com probabilidade 50% e coroa, com probabilidade 50%.

De modo análogo, o valor esperado da estratégia cara para o jogador 2 depende das probabilidades do jogador 1:

$$\text{Valor Esperado de Cara} = p_{cara} \cdot 1 + (1 - p_{cara}) \cdot 1$$

Repetindo a lógica empregada com a estratégia coroa:

$$\text{Valor Esperado de Coroa} = p_{cara} \cdot -1 + (1 - p_{cara}) \cdot 1$$

$$\text{Valor Esperado de Coroa} = \text{Valor esperado de Cara} \rightarrow p_{cara} = \frac{1}{2}$$

Portanto, o jogador 1 deve jogar cara com probabilidade 50% e coroa, com probabilidade 50%.

O equilíbrio de Nash é dado por

$$(p_{cara} = \frac{1}{2}, p_{coroa} = \frac{1}{2}; q_{cara} = \frac{1}{2}, q_{coroa} = \frac{1}{2}).$$

Exercício resolvido e comentado

1. **A Batalha dos Esportes**[1]
   Duas amigas estão em dúvida sobre como dividir seu tempo. Miriam gostaria de ver o jogo de vôlei, enquanto Nina Rosa prefere assistir a uma partida de futebol. Os eventos são simultâneos, de modo que, ao se optar por uma das modalidades, será impossível acompanhar a outra. Além disso, as amigas preferem assistir juntas a se separar e ver o jogo sozinho. Com base na matriz de *payoffs* descrita a seguir, encontre todos os equilíbrios de Nash em estratégias simples e puras.

		Nina Rosa	
		Vôlei	**Futebol**
Miriam	**Vôlei**	(2, 1)	(0, 0)
	Futebol	(0, 0)	(1, 2)

Para encontrar os equilíbrios de Nash, vamos observar primeiramente qual a melhor resposta de cada jogador em função do que o outro decide fazer. Assim, se Nina Rosa resolve assistir ao jogo de vôlei, a melhor resposta de Miriam é ver o jogo de vôlei também, o que lhe dá 2, em vez de 0 vendo futebol sozinha. Por seu turno, se Nina Rosa decidir assistir à partida de futebol, a melhor estratégia de Miriam é também ver o futebol, pois de maneira similar 2 > 0.

---
1 Este exercício é uma versão do jogo da Batalha dos Sexos.

Invertendo o raciocínio, encontramos as melhores respostas para Nina Rosa, que estão em negrito na matriz de *payoff* a seguir. Desse modo, os equilíbrios de Nash em estratégias puras são {vôlei, vôlei} e {futebol, futebol}.

		Nina Rosa	
		Vôlei	Futebol
Miriam	Vôlei	**(2, 1)**	(0, 0)
	Futebol	(0, 0)	**(1, 2)**

Por sua vez, para encontrarmos os equilíbrios em estratégias mistas, é preciso lembrar que os jogadores irão utilizar probabilidades. Vamos supor assim as seguintes probabilidades:

			Nina Rosa	
			q	1 −q
			Vôlei	Futebol
Miriam	p	Vôlei	(2, 1)	(0, 0)
	1 − p	Futebol	(0, 0)	(1, 2)

Para Miriam se tornar indiferente entre vôlei e futebol:

L(vôlei) = 2q + 0(1 − q) = 2q

L(futebol) = 0q +1(1 − q) =1− q

Fazendo L(vôlei) = L(Futebol):

2q = 1 − q

q = 1/3

Por sua vez, para Nina Rosa se tornar indiferente:

L(vôlei) = 1p + 0(1-p) = p

L(futebol) = 0p+2(1-p)= 2 − 2p

Fazendo L(vôlei) = L(Futebol):

p = 2 − 2p

p = 2/3

Desta forma, o equilíbrio de Nash em estratégias mistas é: {1/3, 2/3; 2/3, 1/3}. Repare que no total, temos três equilíbrios de Nash nesse jogo.

Jogos dinâmicos ou sequenciais

Nas situações analisadas no Dilema dos Prisioneiros e no jogo de cara ou coroa, ambos os jogadores escolhem suas estratégias simultaneamente. No entanto, em muitas ocasiões, decisões são tomadas em momentos diferentes, e um dos jogadores pode observar a escolha do outro *antes* de tomar sua decisão, influenciando as consequências das ações dos participantes do jogo. Essa classe de jogos é denominada de jogos dinâmicos ou sequenciais.

Árvore de decisão

Um jogo dinâmico é representado por uma árvore de decisão (ou forma extensiva), composta por nós de decisão que indicam justamente quem decide a cada momento. As estratégias disponíveis para um determinado jogador são expostas nas flechas, após os respectivos nós de decisão:

Figura 8.10: Árvore de decisão

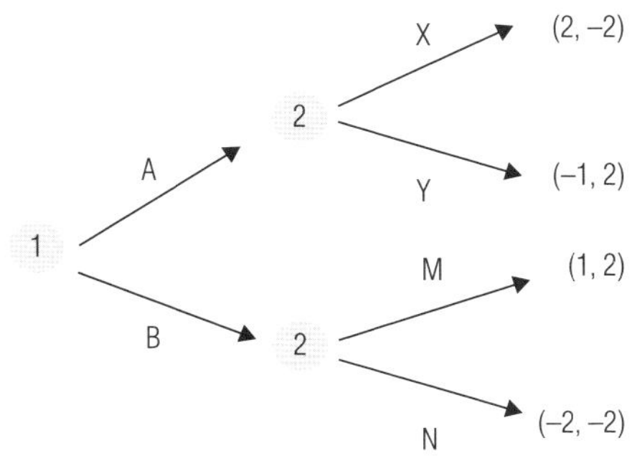

Fonte: Os autores.

No jogo exposto na Figura 8.10, o jogador 1 é o primeiro a decidir, escolhendo entre as estratégias A e B. Em seguida, é a vez do jogador 2. Assim, sabendo da decisão de 1, ele escolhe entre X ou Y – caso o jogador 1 tenha decidido por A – ou entre M ou N – caso o jogador 1 tenha decidido por B. Os respectivos *payoffs* são expostos ao fim da árvore, sendo a primeira entrada referente ao ganho do jogador 1 e a segunda, do jogador 2.

Se o jogador 2 não soubesse o que ocorreu antes, a representação do jogo seria ligeiramente diferente. Neste caso, os dois nós de decisão do jogador 2 estariam contidos em um nó de informação, indicado na Figura 8.11, pela elipse, o que equivale a um jogo de decisões simultâneas. A inexistência de uma marcação específica para o conjunto de informação implica que, individualmente, cada nó de decisão pertence a um conjunto de informação.

Figura 8.11: Árvore de decisão com um conjunto de informação

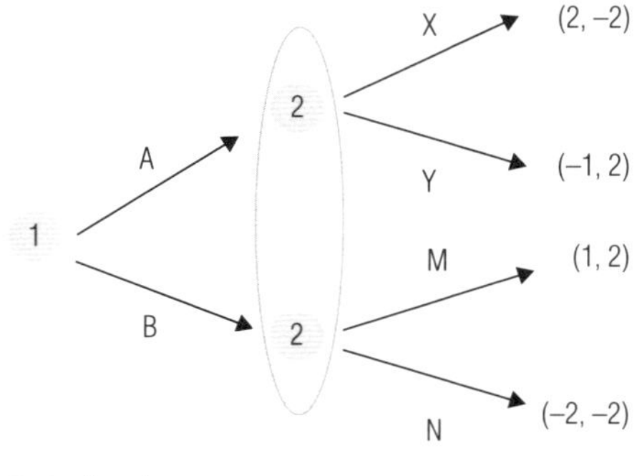

Fonte: Os autores.

Método de resolução – Jogo sequencial

Jogos sequenciais simples podem ser resolvidos diretamente pelo método da **indução retroativa**, ou seja, de "trás para frente". A ideia é que, dado que todos são racionais, quem joga antes deve levar em conta que a reação do seu oponente será baseada na escolha do maior *payoff* possível, após a sua escolha. Retomando o jogo em que o jogador 2 é informado da decisão de 1:

Figura 8.12: Método da indução retroativa

```
                    X ──▶ (2, −2)
              ┌─ 2 ─┤
           A ─┘     Y ──▶ (−1, 2)
        1 ─┤
           B ─┐     M ──▶ (1, 2)
              └─ 2 ─┤
                    N ──▶ (−2, −2)
```

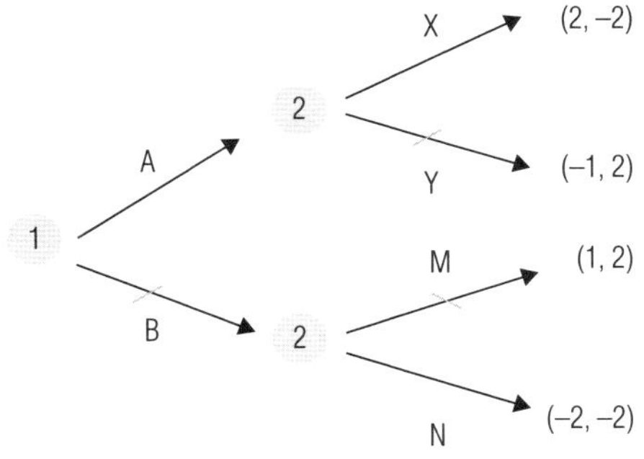

Fonte: Os autores.

Aplicar o método é simples. Colocando-se no lugar do jogador 2 (que tomará a última decisão), se ele tivesse que escolher entre as estratégias X e Y, o melhor seria justamente a última, visto que 2 > −2. Assim, a estratégia Y é marcada na árvore de decisão, na Figura 8.12. Já se o jogador 2 fosse decidir entre as estratégias M e Y, a melhor opção seria M, pois 2 > −2. Assim, a estratégia M também é marcada na árvore de decisão.

Desse modo, dada a racionalidade do jogador 2, apenas as estratégias M e N fazem sentido, o que deve ser levado em conta na decisão do jogador 1 entre A e B. Ou seja, escolher A implica que o jogador 2 escolhe Y, ao passo que, se o jogador 1 optar por B, o jogador 2 decide por M. Assim, para tomar sua decisão, o jogador 1 deve ponderar os respectivos *payoffs* associados. Desse modo, A produz um *payoff* de −1 e B leva a um *payoff* de 1. Por conseguinte, o jogador 1 deve optar por B. O *payoff* (1,2) é o resultado associado à solução do jogo dinâmico.

Equilíbrio perfeito de subjogo

Na forma extensiva, um jogo pode ter muitos equilíbrios de Nash, devendo-se logo decidir quais deles realmente fazem sentido. O conceito de equilíbrio de Nash perfeito de subjogos justamente elimina os equilíbrios de Nash que não são implementáveis. Note que na seção anterior utilizamos o método da indução retroativa para encontrar o equilíbrio. Além disso, cada nó de decisão está em um conjunto de informação próprio, ou seja, o jogador 2 sabe se o jogador 1 optou por A ou B. Assim, o perfil de estratégias é dado por: {A,XM}, {A,XN}, {A,YM}, {A,YN}, {B,XM}, {B,XN}, {B,YM} e {B,YN}. Note que o perfil de estratégias é sempre da forma {_ ..._, _... _}, existindo uma ação para cada conjunto de informação.

Figura 8.13: Equilíbrio de Nash perfeito de subjogo

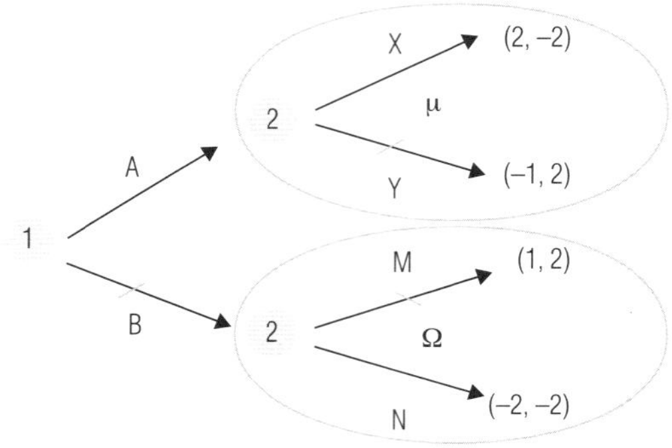

Fonte: Os autores.

A ideia do equilíbrio de Nash perfeito de subjogos é que, em qualquer nó fixo, um jogador deve tomar uma decisão que é ótima a partir desse ponto. Assim, no subjogo μ, a melhor decisão de 2 é Y, ao passo que no subjogo Ω, a ação ótima é M. Desse modo, o equilíbrio de Nash perfeito de subjogos é dado por: {B, YM}.

Figura 8.14: Jogo dinâmico na forma estratégica

		Jogador 2			
		XM	XN	YM	YN
Jogador 1	A	(**2**, –2)	(**2**, –2)	(–1, **2**)	(**1**, **2**)
	B	(1, **2**)	(–2, –2)	(**1**, **2**)	(–2, –2)

Fonte: Os autores.

Repare que o jogo na forma estratégica possui dois equilíbrios de Nash: {A, YN}, {B, YM}. No entanto, dada a dinâmica do jogo, {A, YN} não é crível, logo, não é um equilíbrio perfeito de subjogos. Vale frisar que o método de indução retroativa encontra diretamente os equilíbrios de Nash perfeitos de subjogos.

Jogos repetidos

No Dilema dos Prisioneiros, após a tomada da decisão, o jogo imediatamente acaba. Na vida real, no entanto, os agentes econômicos enfrentam situações não cooperativas que se repetem continuamente.

Suponha, por exemplo, que o jogo do prisioneiro seja repetido um número infinito de vezes. Nesse caso, confessar não é mais necessariamente a melhor estratégia, visto que admitir o crime produz um *payoff* menor do que o mais alto possível no jogo para cada jogador. O cálculo dos *payoffs* de cada estratégia requer a soma de todos os ganhos, a cada jogada. É intuitivo ver que, em circunstâncias normais, a adição *infinita* de *payoffs* pode levar os jogadores a preferirem a estratégia que produz o maior ganho: negar sempre. A repetição infinita, portanto, pode fazer que {negar, negar} seja também equilíbrio de Nash.

Como os jogadores em geral atribuem valores menores a ganhos ou perdas futuras do que a ganhos ou perdas no presente, deve-se considerar a soma do valor presente de todos os infinitos *payoffs*, aplicando certa taxa de desconto no tempo r. Para que {negar, negar} seja equilíbrio de Nash, é preciso que a taxa r não seja excessivamente alta.

Caso o jogo seja repetido um número *finito* de vezes, contudo, a situação é diferente. Para resolvê-lo, pode-se usar o método da indução retroativa. Assim, não importando a quantidade de repetições, na última edição, o jogo acontecerá como se fosse único, de modo que, para ambos, a estratégia dominante continua sendo confessar. Desse modo, recuando mais um jogo, a dinâmica se repete, de sorte que, no fim, {confessar, confessar} é o único equilíbrio de Nash.

Em muitas situações do mundo real, apesar da repetição ser finita, não se sabe exatamente quando o jogo terminará. Por exemplo, não se espera que duas firmas compitam por um mercado infinitamente, entretanto, a data em que o jogo terminará (por exemplo, porque uma das firmas deixa de existir) é incerta. Nesse caso, podemos considerar, na prática, o jogo como infinito, aplicando uma probabilidade p de o jogo acabar em cada período ao calcularmos o valor presente dos *payoffs*. A fórmula ficaria:

$$VP = Payoff_0 + \frac{Payoff_1 (1-p)}{1+r} + \frac{Payoff_2 (1-p)^2}{(1+r)^2} + ...$$

Um exemplo famoso de uma situação em que o resultado cooperativo pode ser vantajoso em um jogo de repetição finita é a estratégia Tit-for-Tat, proposta por Anatol Rapoport nos torneios elaborados por Robert Axelrod[2] no início dos anos 1980. Axelrod convidou cientistas sociais e programadores a participarem de torneios de jogos baseados no Dilema dos Prisioneiros. Após repetidas interações pareadas, Axelrod constatou que o programa mais bem-sucedido no torneio seguia uma estratégia muito simples: ele começava sempre cooperando na primeira rodada, e, a partir daí, simplesmente repetia o que o oponente tivesse feito na rodada anterior.

Axelrod atribuiu o sucesso da estratégia Tit-for-Tat ao fato de ela propiciar a oportunidade para a cooperação surgir, ao começar o jogo cooperando, porém estar pronta para retaliar eventuais "traições" na rodada imediatamente seguinte. Por fim, se o oponente volta a cooperar, Tit-for-tat perdoa e retorna ao comportamento cooperativo.

Figura 8.15: Jogos Repetidos - Síntese

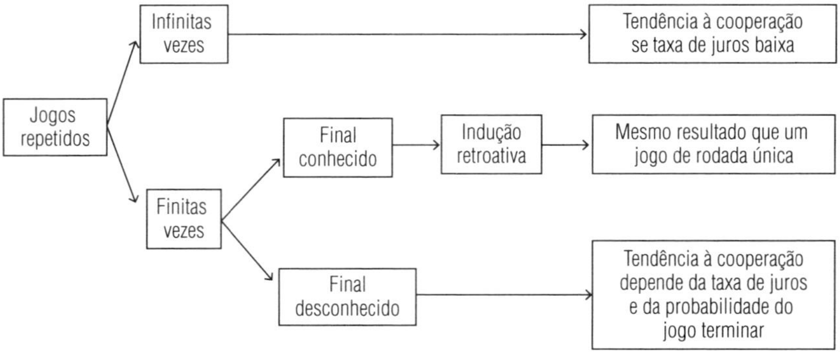

```
                          ┌─ Infinitas vezes ──────────────→ Tendência à cooperação se taxa de juros baixa
Jogos repetidos ──┤
                          │                    ┌─ Final conhecido ──→ Indução retroativa ──→ Mesmo resultado que um jogo de rodada única
                          └─ Finitas vezes ──┤
                                               └─ Final desconhecido ──→ Tendência à cooperação depende da taxa de juros e da probabilidade do jogo terminar
```

Fonte: Os autores.

Credibilidade e movimentos estratégicos

Em algumas situações os jogadores podem tentar transformar um jogo em uma rodada em sequencial, por meio de uma ameaça ou uma promessa. No primeiro estágio, o jogador especifica como vai agir na rodada subsequente. O segundo estágio é o próprio jogo original alterado.

---
2 AXELROD, Robert. *The evolution of cooperation*. New York: Basic Books, 2016.

Por exemplo, imagine um grande varejista atuando como monopolista em uma pequena cidade (chamaremos de incumbente) e um potencial concorrente, que considere entrar nesse mercado (o potencial entrante). O entrante pode decidir entrar ou não, enquanto o incumbente pode acomodar a entrada, mantendo preços elevados ou baixar preços, dando início a uma guerra de preços. Os *payoffs* representam os lucros das empresas em cada situação.

Figura 8.16: Prevenção à entrada: ameaça vazia

		Entrante	
		Entra	Não entra
Incumbente	Mantém preços	(5, 7)	(10, 0)
	Baixa preços	(−5, −5)	(2, 0)

Fonte: Os autores.

Suponha que a incumbente decida ameaçar a entrante, dizendo que se esta entrar no mercado, ela reagirá baixando preços. Repare que tal ameaça tem um problema de credibilidade, pois "manter preços" é estratégia dominante para a empresa incumbente: se a entrante realmente entrar, a incumbente teria um prejuízo de −5 baixando preços, enquanto poderia ter um lucro de +5 se optasse por mantê-los elevados. Chamamos de **ameaça vazia** uma ameaça que gera um prejuízo que poderia ser evitado.

Ameaças e promessas têm um problema intrínseco de credibilidade, pois cumpri-los gera um custo para o jogador que as fez. Para dar-lhes credibilidade é preciso, portanto, que o jogador "amarre suas mãos", garantindo de forma irrevogável e observável que não irá "ceder à tentação". Isso pode ser feito abrindo mão da liberdade de decidir (ou seja, removendo da árvore de decisão a estratégia "tentação") ou alterando os *payoffs*. Pilotos kamikazes na Segunda Guerra levavam combustível suficiente apenas para a viagem de ida, um exemplo de "amarrar as mãos". Já a vergonha de um piloto incapaz de cumprir sua missão e o custo associado em termos de reputação poderia ser um exemplo do segundo caso.

Movimento estratégico é o termo cunhado pelo Prêmio Nobel de 2005, Thomas Schelling[3], para o movimento que procura influenciar a estratégia do oponente por meio da limitação de suas próprias alternativas de estratégia.

---
3 SHELLING, Thomas. *The Strategy of Conflict.* Harvard University Press, 1981.

Exercícios resolvidos e comentados

1. **Comportamento estratégico em recursos humanos**
   Raquel decidiu abrir uma pequena empresa de contabilidade. No início, optou por contratar apenas uma funcionária, Márcia, que foi sua colega de colégio. A empresária, inicialmente, precisa decidir qual esquema de remuneração pretende adotar na sua empresa, estando em dúvida entre um pagamento fixo de R$ 8 mil ou um valor variável de 40% do total das receitas. Marcia, por sua vez, está em dúvida se realiza um curso da on-line de contabilidade que custa R$ 800,00, para melhorar seu desempenho.

   As receitas da empresa de contabilidade são influenciadas positivamente pelo treinamento e pela partilha dos lucros. Sem treinamento e com salário fixo, as receitas mensais da empresa serão de R$ 18 mil, enquanto que, se o treinamento ou apenas a distribuição dos lucros é implantada, as receitas sobem para R$ 20 mil. Se ambos são implantados, a receita total é de R$ 25 mil.

   1.1 Construa a matriz de recompensa (*payoffs*).

		Raquel	
		Fixo	Variável
Márcia	Treinamento	7.200, 12.000	9.200, 15.000
	Sem treinamento	8.000, 10.000	8.000, 12.000

   1.2 Existem estratégias dominantes? Se sim, quais?

   Remuneração variável é uma estratégia dominante de Raquel. Por sua vez, Márcia não possui estratégia dominante.

   1.3 Quais são as estratégias prudentes de Raquel e de Márcia?

   Márcia: sem treinamento; Raquel: remuneração variável.

   1.4 Existe algum Equilíbrio de Nash? Se sim, qual?

   Sim. Treinamento, Remuneração variável: (9.200,15.000).

2. **Política monetária e fiscal: Banco Central e Congresso Nacional**
   O Congresso Nacional, no Brasil, tem que decidir antecipadamente qual o volume de gastos autorizados no orçamento do ano seguinte. Num orçamento

com *superávit*, as despesas são menores do que as receitas do governo, isto é, sobra dinheiro para quitar dívidas, pagar juros etc. Num orçamento com *déficit*, gasta-se mais do que se arrecada, o que implica em mais dívidas. Suponha que ao mesmo tempo em que o Congresso toma a decisão em relação aos gastos públicos, o Banco Central do Brasil, em reuniões do COPOM, toma a decisão em relação à taxa de juros, levando em consideração para sua decisão a inflação, o nível da demanda etc.

Na matriz a seguir, considere o primeiro *payoff* como sendo o do Congresso Nacional e representando o aumento de popularidade dos congressistas, e o segundo *payoff* como sendo do Banco Central e representando o sucesso no combate à inflação:

		Banco Central	
		Taxa de juros baixa	Taxa de juros alta
Congresso Nacional	Orçamento superavitário	6, **8**	2, 7
	Orçamento deficitário	**10**, 3	**5, 4**

2.1 Considere um jogo simultâneo, não cooperativo, com uma só rodada. Suponha que os jogadores são racionais:

    2.1.1 O Congresso Nacional tem estratégia dominante? Se tiver, qual é?

Sim, para o Congresso é sempre melhor um orçamento deficitário, independente do que o Banco Central faça.

    2.1.2 O Banco Central do Brasil tem estratégia dominante? Se tiver, qual é?

Não. Se o Congresso aprova um orçamento superavitário, a melhor resposta para o Banco Central é uma taxa de juros baixa. Se o Congresso aprova um orçamento deficitário, a melhor resposta para o Banco Central é uma taxa de juros alta.

    2.1.3 Qual será o equilíbrio do jogo?

O equilíbrio de Nash será orçamento deficitário e taxa de juros alta.

2.1.4 Na realidade, porém, o Congresso apenas aprova orçamento anual do governo, autorizando os gastos. A execução do orçamento é realizada pela Secretaria do Tesouro Nacional, um órgão do governo federal. Desse modo, em vez de ser simultâneo, o jogo é sequencial, ou seja, com o Tesouro Nacional tomando sua decisão em primeiro lugar. Nessa situação, qual seria o equilíbrio do jogo? Assuma que os *payoffs* da Secretaria do Tesouro Nacional são idênticos aos do Congresso Nacional na matriz de *payoffs*.

A Secretaria do Tesouro Nacional sabe agora que, caso execute um orçamento superavitário, o Banco Central escolherá juros baixos e o *payoff* da Secretaria do Tesouro Nacional será 6. Já se a Secretaria do Tesouro Nacional aprovar um orçamento deficitário, o Banco Central escolherá juros altos e o *payoff* do Congresso será 5. A Secretaria do Tesouro Nacional opta então pela primeira opção, e o equilíbrio será (Orçamento superavitário; Taxa de juros baixa).

2.2 Se o Congresso Nacional e o Banco Central atuarem de forma cooperativa, qual será o resultado do jogo?

O resultado cooperativo é o que gera a maior soma de *payoffs*, portanto, neste caso seria orçamento superavitário e taxa de juros baixa.

		Banco Central	
		Taxa de juros baixa	Taxa de juros alta
Congresso Nacional	Orçamento superavitário	6, 8 (SOMA = 14)	2, 7 (SOMA = 9)
	Orçamento deficitário	10, 3 (SOMA = 13)	5, 4 (SOMA = 9)

2.3 Talvez um dia você leia nos jornais que o Banco Central fará um anúncio de uma meta de inflação, o que o impossibilitará de baixar as taxas de juros no curto prazo. Pode ser que se trate de um movimento estratégico do Banco Central. Defina esse termo.

Movimento estratégico é uma ação que confere a um dos jogadores uma vantagem por **limitar seu próprio comportamento**.

2.4 Jogos podem ser repetidos um número finito ou infinito de vezes. Explique por que, num jogo simultâneo, não cooperativo, repetido um número finito de vezes, os jogadores levam vantagem em jogar de forma não cooperativa na última rodada e, se os jogadores forem racionais, como isso afetará o resultado do jogo.

Em jogos repetidos infinitas vezes, um equilíbrio cooperativo do tipo "Tit-for-tat" (cooperar com quem coopera e trair quem trai) pode surgir em função da possibilidade de retaliação: o jogador sabe que, se ele trair, terá um ganho maior por um período. Na jogada seguinte, entretanto, o oponente retaliará e passará também a trair, e ambos sairão perdendo.

Se um jogo for repetido um número finito de vezes e o final do jogo for conhecido, cooperar não é um equilíbrio. Isto porque a jogada racional para a última rodada é sempre "trair", já que não há possibilidade de retaliação posterior. Se os jogadores forem racionais, eles perceberão que o oponente tem um claro incentivo a trair na *última* rodada e tentarão se precaver traindo na *penúltima*, e assim por diante, de forma que o equilíbrio será trair em todas as rodadas.

3. **Subsídio ao algodão**

A Organização Mundial do Comércio (OMC) autorizou o Brasil, recentemente, a impor sanções comerciais contra os Estados Unidos, relacionadas à disputa entre os dois países sobre os subsídios norte-americanos ao algodão. O Brasil, segundo maior exportador de algodão, vem sendo fortemente prejudicado pela insistência do governo americano em manter os subsídios.

A OMC concedeu ao Brasil o direito à chamada "retaliação cruzada" – sanções em uma área diferente daquela em que a disputa teve lugar (nesse caso, produtos agrícolas). O alvo mais óbvio seriam os produtos americanos manufaturados. Entretanto a condenação permitiu ao Brasil retaliar produtos americanos até o montante de pouco mais de US$ 800 milhões – muito pouco perto do montante das exportações americanas.

A "novidade" foi a permissão da retaliação cruzada na área da propriedade intelectual, o que permitiria ao Brasil implementar a retaliação não apenas à "indústria cultural americana" (filmes, séries e livros) como também à indústria farmacêutica. É neste aspecto que o poder de barganha do Brasil aumenta. No entanto, para esta segunda forma de retaliação ainda é preciso modificar a legislação brasileira, já que a Constituição veda essa prática. O projeto de lei já está em discussão no Congresso.

Para simplificar, vamos supor, inicialmente, que o Brasil possa adotar apenas uma forma de retaliação: aumento de tarifas de importação sobre produtos manufaturados. A matriz[4] de *payoffs* abaixo apresenta os possíveis ganhos (fictícios) que poderiam ser obtidos pelos dois países.

		EUA	
		Não elimina subsídios	Elimina subsídios
BRASIL	Não adota sanções	0; 50	50; 20
	Adota sanções	10; 45	5; 15

3.1 Considere um jogo simultâneo, não cooperativo, que tenha uma só rodada. Suponha que os jogadores sejam racionais:

   3.1.1 Os países possuem estratégia dominante? Em caso afirmativo, qual(is)?

Apenas os EUA possuem estratégia dominante: não eliminar subsídios.

   3.1.2 Qual(ais) será(ão) o(s) equilíbrio(s) de Nash?

O Brasil adota sanções, e os EUA não eliminam os subsídios (10; 45).

3.2 Suponha agora que os países cheguem a um acordo, de forma que o jogo passe a ser cooperativo. Qual(ais) o(s) resultado(s) cooperativo(s)?

O Brasil não adota sanções e os EUA eliminam subsídios (50; 20).

3.3 Considere novamente um jogo simultâneo, não cooperativo, com jogadores racionais. Mas agora o jogo é repetido um número finito de vezes. Qual(ais) será(ão) o(s) resultado(s)? Este resultado poderia mudar se o jogo fosse repetido um número infinito de vezes? Explique por quê.

---

4 Uma justificativa para um *payoff* menor no caso dos EUA eliminarem o subsídio e o Brasil adotar sanções seria a perda de reputação que tal atitude imporia ao país.

Em um jogo repetido um número finito de vezes, o equilíbrio de Nash prevalece, portanto o Brasil adota sanções e os EUA não eliminam os subsídios (10; 45).

Em um jogo repetido um número infinito de vezes, o resultado cooperativo (neste caso, Brasil não adota sanções e EUA eliminam subsídios com *payoff*, 50; 20) pode prevalecer em função da capacidade de retaliação dos jogadores. Entretanto, neste caso como o *payoff* dos EUA é maior no equilíbrio de Nash do que no cooperativo, a retaliação não funciona. Portanto, o resultado não mudaria.

3.4 Até agora supomos que os países tomam suas decisões simultaneamente, o que não nos parece muito razoável. Considere, agora, que o jogo na verdade é sequencial, os EUA escolhendo primeiro que tipo de estratégia adotar. Qual será o equilíbrio do jogo? Faça a árvore de decisão e indique o resultado.

EUA não eliminam os subsídios e Brasil adota sanções (45; 10)

Para aumentar o seu poder de barganha, suponha que o Brasil realize fortes esforços e aprove no Congresso a medida que permite a retaliação sobre os direitos intelectuais, de marcas, patentes e similares. Considere agora que o Brasil possa adotar os dois tipos de sanções: fraca (apenas sobre os produtos manufaturados) e forte (sobre os produtos manufaturados e sobre a propriedade intelectual). Neste caso, suponha a seguinte matriz de *payoffs*:

		EUA	
		Não elimina subsídios	Elimina subsídios
BRASIL	Não adota sanções	0; 50	50; 20
	Adota sanções fraca	10; 45	5; 15
	Adota sanções forte	15; 0	40; 5

Fonte: Os autores.

3.5 Considere, tal como no item 3.4, um jogo sequencial no qual os EUA escolhem primeiro que tipo de estratégia adotar. A possibilidade de o Brasil adotar sanções mais severas (fortes) altera o resultado do jogo?

Sim. O novo resultado será os EUA eliminarem os subsídios e o Brasil não adotar sanções (20; 50).

4. **Refrigerantes e estratégias mistas**

A Pepiloni e MegaCola, gigantes do mercado de refrigerantes, estão decidindo suas estratégias para o próximo triênio no Brasil. A principal aposta das firmas está em aumentar os seus gastos em propaganda ou em pesquisa em desenvolvimento. Os lucros das empresas, dependendo das ações realizadas, são dados pela tabela abaixo.

		Pepiloni	
		Propaganda	P&D
MegaCola	Propaganda	(50,25)	(10,70)
	P&D	(20,40)	(60,35)

Fonte: Os autores.

4.1 Encontre o equilíbrio de Nash em estratégias mistas.

Supondo as seguintes probabilidades:

Para a MegaCola se tornar indiferente, temos que:

$L(P) = 50q + 10 - 10q = 40q + 10$

$L(P\&D) = 20q + 60 - 60q = -40q + 60$

Fazendo $L(P) = L(P\&D)$:

$40q + 10 = -40q + 60$

$q = 5/8$

Por sua vez, para a Pepiloni se tornar indiferente:

$L(P) = 25p + 40 - 40p = -15p + 40$

$L(P\&D) = 70p + 35 - 35p = 35p + 35$

Fazendo $L(P) = L(P\&D)$:

$-15p + 40 = 35p + 35$

$p = 1/10$

Desta forma, o equilíbrio de Nash em estratégias mistas é:

{1/10, 9/10; 5/8, 3/8}

4.2 Qual é o *payoff* esperado de ambas as firmas?

Para a MegaCola:

$L(P) = L(P\&D) = 40q + 10 = 40 \cdot (5/8) + 10 = 35$

Para a Pepiloni:

$(P) = L(P\&D) = -15p + 40 = -15(1/10) + 40 = 38{,}5$

Exercícios complementares

1. **Uma mente brilhante**

    No filme *Uma mente brilhante*, John Nash e seus colegas de doutorado enfrentam um dilema. Eles estão em um barzinho, onde encontram uma linda loira conversando com algumas amigas. Cada jovem deseja obter a atenção de uma dessas garotas. A recompensa de obter a atenção da loira é 10, a recompensa de obter a atenção de uma das amigas é 5, e a recompensa de não conseguir conversar com nenhuma delas é zero. O problema é que se dois ou mais dos jovens forem conversar com a garota loira ao mesmo tempo, ela rejeitará ambos. Eles então procurarão uma das amigas, que também os rejeitará, pois ninguém gosta de ser a segunda opção. Deste modo, um jovem só receberá a recompensa de 10 se for o único a ir falar com a garota loira.

Considere uma situação mais simples, na qual apenas dois jovens participam do jogo e a moça loira e suas amigas estão conversando entre si. Cada um deles pode optar por falar com a primeira ou com uma das amigas, e o jogo é simultâneo.

1.1 Mostre a matriz de recompensas (*payoffs*) do jogo. Para facilitar, chame os jogadores de Jovem 1 e Jovem 2. Responda:

    1.1.1 Existe alguma estratégia dominante para os jovens? Se sim, qual?

    1.1.2 Calcule o(s) equilíbrio(s) de Nash em estratégias puras, se houver.

    1.1.3 Se os jogadores cooperassem, qual o resultado do jogo?

1.2 Suponha agora que os jovens são "invejosos", ou seja, os *payoffs* da matriz acima são alterados de forma que, quando um jovem fica com uma amiga e seu colega, com a moça loira, sua recompensa passa de 5 para –1. Faça a nova matriz de *payoffs* e responda:

    1.2.1 Os jovens possuem estratégia dominante agora? Se sim, qual?

    1.2.2 Calcule o(s) equilíbrio(s) de Nash em estratégias puras, se houver.

    1.2.3 Qual o resultado cooperativo do jogo?

2. **A Teoria dos Jogos e a crise mundial**

João, um aluno universitário, depois de estudar muito para a prova final de microeconomia, disse que poderia aplicar o que aprendeu em Teoria dos Jogos para tentar compreender melhor a crise internacional. Ele pensou em descrever a economia, de forma muito simplificada, como um jogo com dois jogadores: uma família (que pode gastar apenas o necessário para sobreviver, ou ampliar seus gastos, comprando também televisores, carros, roupas etc.) e uma empresa (que pode investir para aumentar a produção, contratando mais trabalhadores, ou não).

Os *payoffs* representariam uma espécie de medida da "satisfação econômica" dos jogadores. Se a família gasta pouco e a empresa não contrata trabalhadores, a economia entra em crise, e todos sofrem. Se a família gasta muito e a empresa contrata trabalhadores, a economia entra numa fase de expansão, e todos se beneficiam. Já se a família gasta muito quando a empresa não investe, faltam produtos nas prateleiras, e a inflação se acelera. A empresa, apesar de não vender tanto, tem boas margens; a família, por sua vez, sai prejudicada por ter que pagar altos preços. Por fim, se a empresa contrata trabalhadores, mas a família gasta pouco, falta demanda para as mercadorias produzidas e a empresa quebra. A matriz de *payoffs* abaixo resume essas informações, sendo o primeiro *payoff* da empresa, e o segundo, da família. Obs.: Repare que o jogo é bastante simplificado; a real dinâmica das crises econômicas é um tema muito mais complexo, estudado pela macroeconomia.

		Família	
		Gasta pouco	Gasta muito
Empresa	Não contrata	−5, −5	5, −10
	Contrata	−1.000, −5	10, 10

Fonte: Os autores.

2.1 Suponha que os jogadores são racionais, tomem suas decisões simultaneamente e não cooperem:

2.1.1 Os jogadores têm estratégia dominante? Se sim, qual é?

2.1.2 Existe equilíbrio de Nash? Se sim, qual é?

2.2 Defina equilíbrio de Nash. O famoso economista e estudioso da crise de 1929, John Maynard Keynes, dizia que, se a economia já estivesse em crise, famílias e empresas não teriam incentivos, individualmente, para tomar as decisões necessárias para tirá-la dessa situação – por isso, ele recomendava fortes estímulos do governo nesse sentido. Aplicando o que você aprendeu em Teoria dos Jogos ao caso acima, isso poderia ser verdade? Por quê? Obs.: A Teoria Keynesiana é obviamente bem mais complexa do que a questão sugere; o jogo que analisamos aqui é bem simplificado para fins ilustrativos apenas.

2.3 Imagine que, com a ampla discussão sobre a crise econômica na mídia recentemente, a empresa se torne mais pessimista e cautelosa e resolva adotar a estratégia *maximin*. Qual seria o equilíbrio do jogo neste caso?

2.4 Suponha agora que o jogo é sequencial: primeiro a empresa decide se deve ou não contratar, já que as decisões de investimento são planejadas com grande antecedência e demoram a ser implementadas. Após esses investimentos serem ou não feitos, o que é amplamente divulgado na mídia, a família toma sua decisão sobre gastar muito ou pouco. Qual seria o equilíbrio do jogo neste caso?

3. **As montadoras e suas estratégias**[5]

Suponha que duas montadoras, a H e a M, compitam no mercado brasileiro de automóveis de luxo. A M tem um modelo de minivan que é um sucesso, enquanto a H ainda não oferece nenhum modelo nesse nicho. A H tem três opções: (a) importar um modelo de minivan da matriz coreana, (b) produzir a minivan no Brasil ou (c) ficar fora desse mercado, não competindo com a M. Já a M pode responder às escolhas da H (a) mantendo o preço de seu modelo, (b) diminuindo o preço de seu modelo ou (c) lançando uma nova versão. Os *payoffs* para cada empresa nas diferentes situações são dados pela matriz abaixo:

		M		
		Lançar nova versão	Manter preço	Reduzir preço
H	Lançar modelo próprio	1, 4	4, 1	−100, 3
	Importar da matriz	2, 2	2, 1	2, 3
	Não competir com a M	0, 1	0, 6	0, 0

Fonte: Os autores.

---

5 Este caso é baseado em exemplo do livro *Teoria dos Jogos*, de R. Fiani.

3.1 Considere um jogo simultâneo, não cooperativo, que tenha uma só rodada. Suponha que os jogadores são racionais:

    3.1.1 As empresas têm estratégia dominante? Se tiverem, quais são?

    3.1.2 Qual(ais) será(ão) o(s) equilíbrio(s) de Nash?

    3.1.3 Se a H adotar uma estratégia *maximin*, qual(ais) será(ao) o(s) equilíbrio(s) do jogo?

3.2 Se em vez de simultâneo o jogo for sequencial, com a H escolhendo primeiro que tipo de estratégia adotar, qual será o equilíbrio do jogo? Faça a árvore de decisão ou explique como você chegou ao resultado.

3.3 Suponha agora que as empresas façam uma *joint venture*, de forma que o jogo passe a ser cooperativo. Considere que os jogadores sejam racionais e que as decisões são simultâneas. Qual(ais) será(ao) o(s) resultado(s) cooperativo(s)?

4. **Oligopolistas na matriz de *payoffs***

Exercícios de oligopólio (do tipo Cournot e Bertrand) podem ser representados utilizando matrizes de *payoffs*. Neste exercício representaremos desta forma os resultados calculados por você no exercício da página 405 deste livro "CSN, Usiminas-Cosipa e Decisões Estratégicas", para exemplificar.

CSN e Usiminas-Cosipa competiam via quantidade e estavam sujeitas à seguinte curva de demanda $P = 1250 - 1/14\ Q$, em que $Q = q_1 + q_2$, com a quantidade mensurada em 1.000 toneladas e os valores em R$ 1.000,00. As duas empresas tinham funções de custo idênticas, em que o custo total para cada empresa era $C(q) = 1.000.000 + 190q$.

No item 2.1 do exercício anteriormente mencionado, você calculou que, no equilíbrio de Cournot, cada empresa produzirá 4.946,67 mil toneladas e terá lucro de R$ 1.747 milhões. Essas quantidades foram preenchidas para você no título da matriz e os lucros correspondentes (ou *payoffs*) no corpo da matriz, sendo o primeiro *payoff* o lucro da CSN e o segundo, o da Usiminas-Cosipa.

    4.1 Calcule agora a quantidade que cada empresa produziria se elas formassem um cartel e dividissem o mercado igualmente entre si.

Calcule também os lucros correspondentes e preencha a matriz com esses dados.

4.2 Por fim, calcule a quantidade que cada empresa produziria se operasse em um mercado competitivo, e os lucros correspondentes, e complete a matriz com esses valores.

4.3 Complete agora o restante da matriz. Utilize as quantidades que cada empresa irá produzir de acordo com cada situação para encontrar preços e custos, e assim calcular os lucros (ou *payoffs*) correspondentes a cada espaço da matriz que ainda esteja em branco.

4.4 Com base na matriz montada por você, responda:

    4.4.1 Alguma das empresas tem estratégia dominante? Se sim, qual?

    4.4.2 Existe equilíbrio de Nash? Se sim, qual?

    4.4.3 Se o jogo for sequencial e a CSN tomar sua decisão primeiro (ou seja, se ela for Stackelberg-líder), qual o equilíbrio do jogo?

		Usiminas-Cosipa		
		Q2 =	Q2 = 4.946,67	Q2 =
CSN	Q1 =	CARTEL L =		
	Q1 = 4.946,67		COURNOT L = 1.747, 1.747	
	Q1 =			COMPETIÇÃO L =

Fonte: Os autores.

5. **Cerveja gelada**[6]

Um fabricante de cerveja, para garantir a qualidade de seu produto aos consumidores finais, necessita que seu produto seja refrigerado pelo distribuidor. A ausência de refrigeração implica um produto ruim e o consumidor não saberá identificar se a culpa é do fabricante ou do distribuidor. Isso causará, portanto, uma queda na reputação do fabricante.

---
6 Este exercício foi baseado no artigo "*Why should manufacturers want fair trade II*", de Lester G. Telser, publicado no *Journal of Law and Economics*, vol. XXXIII de outubro de 1990.

O distribuidor pode tentar enganar o fabricante e o consumidor e não refrigerar a cerveja (a refrigeração tem um custo). Para garantir a qualidade do seu produto ao consumidor, o fabricante tem que decidir se vai inspecionar o distribuidor ou não. Os resultados possíveis em termos de ganhos e perdas encontram-se na matriz de *payoffs* abaixo:

		Fabricante		Probabilidade
		Não inspeciona	Inspeciona	
Distribuidor	Não engana	0, 0	0, –A	α
	Engana	B, –D	–C, (C – A)	$(1 - \alpha)$
Probabilidade		β	$(1 - \beta)$	

Fonte: Os autores.

Em que:

A = valor do custo da inspeção para o fabricante

B = valor do lucro extraordinário que o distribuidor aufere por enganar o fabricante e o consumidor ao não gastar recursos com a refrigeração das cervejas

C = valor da multa imposta pelo fabricante ao distribuidor, por não manter a qualidade do produto

D = valor do custo da perda de reputação para o fabricante

Na primeira parte, ignore as probabilidades e considere apenas estratégias puras.

5.1 O distribuidor tem estratégia dominante? Se sim, qual?

5.2 Qual é a condição necessária para que o fabricante tenha estratégia dominante?

5.3 Se o fabricante tiver estratégia dominante, qual será o equilíbrio de Nash? Esse equilíbrio é também um equilíbrio de estratégias dominantes? O equilíbrio é desejável para o fabricante? Se sim, por quê? Se não, o que ele pode fazer para obter uma situação mais favorável?

Agora, considere que (C-A) > –D e encontre o equilíbrio em estratégias mistas.

6. **A política do gás**

O Gasoduto Brasil-Bolívia (Gasbol) começou a operar em 1999. Apesar de as negociações para sua construção terem se iniciado em 1974, ela apenas se efetivou na segunda metade da década de 1990. O então presidente Geisel, reza a lenda, estaria preocupado com a possibilidade de, após o investimento do Brasil, os bolivianos resolverem, por motivos ideológicos (nacionalistas), "fechar a torneira", obrigando o Brasil a "enviar soldados para o território boliviano com o objetivo de reabri-la". A Bolívia era governada pelo coronel Hugo Banzer, que havia tomado o poder após um golpe em 1971.

O presidente Geisel poderia estar imaginando a situação descrita no jogo extensivo abaixo, onde o Brasil tem que decidir se constrói o gasoduto ("C") ou não constrói ("NC"). Se o Brasil o construir, a Bolívia terá a opção de fechar a torneira ("F") ou não fechar ("NF"). Se o Brasil não construir, ainda assim a Bolívia poderá fechar a fronteira (FF), impedindo a passagem de transportadores revendedores retalhistas (TRRs) ou não fechar a fronteira (NFF). Os *payoffs* representam o ganho, em termos monetários, de cada combinação de opções.

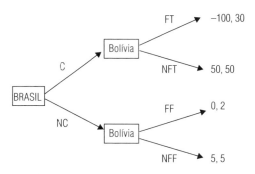

Fonte: Os autores.

6.1 Considere que o jogo é sequencial. Existe(m) equilíbrio(s) de Nash? Qual(is)? Se houver, é(são) também equilíbrio(s) em estratégia dominante? O resultado maximiza o ganho conjunto das empresas? Qual seria o resultado se o Brasil adotasse a estratégia *maximin*?

6.2 Imagine que o presidente Geisel, conhecedor da instabilidade política na Bolívia à época, acreditasse que a probabilidade do coronel Banzer fechar a torneira do gasoduto após sua construção fosse de 60% (e 40% para não fechar). Nessas condições, qual é o retorno esperado do Brasil se ele optar em construir o gasoduto? E se ele não construir? Qual seria a sua decisão?

6.3 Nos anos 1990, a situação política da Bolívia parecia mais estável. Hugo Banzer era novamente o presidente, mas agora havia sido eleito democraticamente, sucedendo Gonzalo Sanchez Lozada. O então presidente do Brasil, Fernando Henrique Cardoso, pode ter, hipoteticamente, avaliado que a probabilidade de uma ação unilateral da Bolívia (fechando a torneira) havia caído para 20%, e a probabilidade de a Bolívia manter a cooperação havia aumentado para 80%. Nessa nova situação, qual é o retorno esperado do Brasil se optar por construir o gasoduto? E se não construir? Você construiria?

6.4 Em 2006, o gasoduto já está existia e estava funcionando. Evo Morales assumiu o governo boliviano e, no mesmo dia, invadiu a Unidade de Processamento de Gás Natural da Petrobras na Bolívia e anunciou a intenção de renegociar os termos do contrato de venda de gás natural pelo Gasbol. No mesmo ano, o Brasil anunciou a descoberta de grandes reservas de gás natural na Bacia de Santos (Campo Mexilhão). De um lado, Evo Morales ameaçando novamente "fechar a torneira". De outro, o Brasil podendo investir nos novos campos, localizados na plataforma marítima brasileira.

A nova situação pode ser descrita pelo jogo abaixo, em que "I" representa o investimento brasileiro no campo de Mexilhão e "NI" retrata a sua não realização.

		BOLÍVIA	
		F	NF
BRASIL	I	−70, 10	80, 30
	NI	−100, 30	50, 50

Fonte: Os autores.

Considere agora que o jogo é simultâneo, em uma única rodada. Existe(m) equilíbrio(s) de Nash? Qual(is)? Se houver, é(são) também equilíbrio(s) em estratégia dominante? O resultado maximiza o ganho conjunto dos países? Se o Brasil supuser que a probabilidade de que a Bolívia resolva manter a torneira aberta (NF) seja de 60%, qual seria a melhor decisão, investir em Mexilhão ou não investir?

7. Desencorajando a entrada

Dois pré-candidatos de um mesmo partido à presidência disputam a indicação para chapa pelo partido. Um deles, JS, está à frente das pesquisas, e é considerado o candidato natural. O outro, AN, está pensando se entra na disputa ou se desiste dela e sai como senador pelo seu estado.

A situação de ambos pode ser descrita pela matriz de *payoffs* a seguir, em que estes representam os recursos disponíveis para a campanha. O jogo é **sequencial**: AN primeiro decide se entra na disputa ou se não entra. Em seguida, JS decide se aceita disputar as prévias com AN ou se força sua candidatura.

		AN	
		Entra na disputa pela presidência	Não entra (disputa o senado)
JS	Aceita prévias no partido	100, 20	200, 0
	Força sua candidatura à presidência	70, −10	140, 0

Fonte: Os autores.

JS quer convencer AN que sua entrada na disputa não valerá a pena. Para entrar na disputa, AN precisaria investir R$ 80 milhões em sua campanha interna (não reversíveis) e dividirá os recursos disponíveis do partido para a campanha à presidência. Se AN resolver não entrar na disputa interna, JS disputa as prévias como candidato único e terá 200 milhões para disputar a presidência, como mostra o canto superior direito.

JS, por sua vez, pode optar em aceitar as prévias ou forçar sua candidatura. Se optar pela segunda alternativa, gastará R$ 60 milhões na pré-campanha, mas atrairá apoios de AN no valor de R$ 30 milhões, deixando AN com dívida de R$ 10 milhões. E se AN desistir e JS mesmo assim investir em sua pré-campanha, JS ficará com R$ 140 milhões.

7.1 JS tem estratégia dominante? Se sim, qual? AN tem estratégia dominante? Se sim, qual? O jogo possui equilíbrio de estratégia dominante? Se sim, qual?

7.2 O jogo acima possui equilíbrio(s) de Nash? Se sim, qual(is)?

7.3 Face à iminente entrada de AN na disputa, JS ameaça forçar a sua candidatura. Essa ameaça é crível? Por quê?

Temendo pelo prejuízo de ter que enfrentar AN nas prévias eleitorais, JS decide agir estrategicamente e investe R$ 50 milhões preventivamente em sua campanha. Com isso, os *payoffs* da matriz se modificam para:

		AN	
		Entra na disputa pela presidência	Não entra (disputa o senado)
JS	Aceita prévias no partido	50, 20	150, 0
	Força sua candidatura à presidência	70, −10	140, 0

Fonte: Os autores.

7.4 Se você fosse AN, entraria na campanha agora? Por quê?

7.5 O que JS fez é denominado de "movimento estratégico". Defina-o.

8. Delação premiada

A Operação Lava Jato tem sido possível devido a um novo instrumento legal criado no Brasil: a delação premiada. Comum em outras nações, ela permite que um criminoso tenha alguma redução na sua pena se for o primeiro a delatar todos os seus comparsas no crime. Com esse benefício, a Justiça espera que algum dos criminosos ajude o trabalho de investigação e, dessa forma, forneça provas mais contundentes sobre a existência de delitos.

O instrumento e as implicações da delação premiada podem ser analisadas utilizando o arcabouço da Teoria dos Jogos. Para isso, vamos assumir que existam apenas dois criminosos, os quais podem tomar 3 possíveis (e excludentes) ações: Negar (N), Calar (C) ou Delatar (D) o crime. A matriz de *payoffs* dos criminosos é dada por:

		Criminoso 2		
		NEGAR (N)	CALAR (C)	DELATAR (D)
Criminoso 1	NEGAR (N)	30,30	25,25	−20,25
	CALAR (C)	25,25	20,20	−20,25
	DELATAR (D)	25, −20	25, −20	10,10

Fonte: Os autores.

Uma estratégia A é dita como dominada se, para qualquer estratégia do oponente, sempre existe alguma outra estratégia para o jogador que gera um *payoff* maior do que seria obtido em A.

8.1 Existe alguma estratégia que é dominada para ambos os criminosos?

8.2 Qual (ou quais) o(s) equilíbrio(s) de Nash em estratégias puras do jogo acima?

8.3 Imagine agora que os criminosos são interrogados sequencialmente, isto é, primeiro o criminoso 1 e depois o criminoso 2. Este observa a ação do criminoso 1 antes de tomar sua ação.

    8.3.1 Escreva o jogo na sua forma extensiva (árvore de decisão).

    8.3.2 Qual (ou quais) equilíbrio(s) de Nash em estratégias puras nesse caso?

8.4 A lei que instituiu a delação premiada diz que o conteúdo das delações deve ser mantido em sigilo para preservar as investigações. Comparando com as respostas anteriores, responda: haveria delação premiada se o criminoso soubesse que o conteúdo de sua delação não será mantido em sigilo? Justifique sua resposta.

9. *Too big to fail*?

A Teoria dos Jogos vem sendo aplicada cada vez mais a problemas reais nas esferas da política e economia, e muitos de seus termos, como "Tragédia dos Comuns", tornaram-se conhecimento popular. Veja o texto abaixo, extraído do blog "Clever Elephant – A Perspicacious Pachyderm" (de 30/09/08 em tradução livre), sobre a decisão do Congresso Americano durante a crise de 2008 de resgatar bancos em dificuldades financeiras:

> Como o programa de salvamento dos bancos pode não ser aprovado no Congresso, quando ele foi negociado e promovido pelas lideranças dos dois partidos? Fácil, é a tragédia dos comuns! Se eu pudesse entrar na cabeça do deputado de Jususlândia do Sul, Nereu A. Travanco: "Se eu votar a favor, meus eleitores que odeiam Wall Street (e existem muitos deles) vão me odiar!" "Mas se isso falhar, a economia vai desabar, e eles vão me odiar mais!" "Mas se eu votar contra e ele passar, eu ganho dos dois jeitos! Odeia Wall Street? Eu votei contra. A economia vai bem? Quem vai lembrar de como eu votei? Economia desaba? Era um plano ruim de todo jeito!" Multiplique por algumas centenas de deputados com seus dedos ao vento e voilà! Nada de plano, o Dow desaba para 700.

Suponha um jogo com dois deputados, cada um podendo votar a favor ou contra o pacote de salvamento dos bancos. Considere que o custo político de votar a favor de Wall Street seja de 150. Se ambos os deputados votarem a favor, eles dividem o custo (−75 para cada um); se apenas um deputado votar a favor, ele arca com o custo de −150 sozinho, e o outro com zero.

Assuma ainda que o consentimento de apenas um deputado é suficiente para a aprovação do pacote. Se ambos os deputados votarem contra, a economia entra em depressão e os deputados arcam com um custo político de −100 cada.

9.1 Escreva a matriz de *payoffs*.

9.2 Considere um jogo simultâneo, não cooperativo, que tenha uma só rodada. Suponha que os jogadores são racionais. Existe equilíbrio em estratégia dominante? Se sim, qual? Existe equilíbrio de Nash? Se sim, qual?

9.3 Qual o resultado cooperativo? O que acontece com os *payoffs* de cada jogador se eles negociarem um acordo para atingir um resultado cooperativo, comparativamente ao equilíbrio de Nash? Muitas vezes, na prática, negociações desse tipo são difíceis. Utilizando o jogo do item 9.1, explique por que isso acontece.

9.4 A Câmara dos Deputados dos EUA rejeitou a primeira versão do pacote de salvamento dos bancos em 29/09/08, mas voltou atrás, aprovando uma ajuda de US$ 700 bilhões alguns dias depois, após acordo entre os líderes partidários. Desde então muito tem se discutido sobre o problema de "risco moral" envolvido em programas de salvamento de bancos: se os bancos sabem que serão salvos, eles não acabariam assumindo mais riscos do que seria adequado? Para ilustrar este ponto, suponha um jogo **sequencial**, não cooperativo, que tenha uma só rodada. Os jogadores – o banco e o governo – são racionais. Desenhe a árvore de decisão e indique o equilíbrio de Nash assumindo que:

- O banco joga primeiro, decidindo se assume muito ou pouco risco.
- Se o banco assume pouco risco, o governo não faz nada. O jogo acaba, e os *payoffs* são (0, 0).
- Se o banco assume muito risco, existem duas possibilidades, cada uma com 50% de chance de acontecer:
  - A economia vai bem, o governo não faz nada e os *payoffs* são (100, 100).
  - A economia vai mal e o governo tem que optar por salvar o banco (caso em que este perde –10 e o governo perde –100) ou deixá-lo quebrar (ambos perdem –200).

Dica: Trate a economia como um terceiro jogador que joga após o banco e antes do governo.

10. O Diabo Veste (*Fake*) Prada

O mercado de bens de luxo vem crescendo fortemente apesar da crise econômica. Um de seus propulsores tem sido, sem dúvida, o insaciável apetite dos consumidores chineses por bolsas, óculos, perfumes e roupas de marca. Neste mercado, uma das grandes preocupações dos fabricantes é com falsificações. Uma reportagem da revista *Economist* coloca:

> Uma bolsa Prada é um pacote que reúne duas coisas: um produto bem-feito e uma marca bem comercializada. Mas alguns consumidores valorizam o prestígio, não a qualidade. As falsificações permitem que os compradores "consumam" a marca de prestígio sem adquirir o bem de alta qualidade, como apontou Gene Grossman, de Princeton e Carl Shapiro, agora da Universidade da Califórnia em Berkeley, em um artigo seminal de 1988. Esta separação, sem dúvida, enlouquece a Prada e outras empresas, mas parece ser uma benção para os consumidores. [7]

Vamos simplificar este problema supondo que existam dois tipos possíveis de consumidores, aquele que **valoriza prestígio** e não qualidade, como coloca a reportagem, e sempre irá preferir o produto falsificado se este estiver disponível, e aquele que **valoriza a qualidade**. Este segundo tipo comprará bolsas originais sempre que a Prada investir em qualidade, do contrário, preferirá a bolsa falsificada.

Suponha um jogo simultâneo com dois jogadores, a **Prada**, que decide se investe na qualidade dos produtos (por exemplo, utilizando materiais mais nobres, difíceis de copiar) ou não faz nada, e os **falsificadores**, que decidem se copiam ou não as bolsas da Prada. Os *payoffs* são determinados da seguinte maneira:

1. SE CONSUMIDORES VALORIZAM PRESTÍGIO		Falsificadores	
		Copiam	Não Copiam
Prada	Investe	−100 , 75	50 , 0
	Não Investe	−50 , 75	100 , 0

---

7 Artigo "Fakes and status in China", *The Economist* (23/06/2012, tradução livre).

2. SE CONSUMIDORES VALORIZAM QUALIDADE		Falsificadores	
		Copiam	Não Copiam
Prada	Investe	50 , -15	50 , 0
	Não Investe	-50 , 75	100, 0

Fonte: Os autores.

10.1 Suponha inicialmente que o consumidor tem um perfil que **valoriza prestígio** (matriz de *payoffs* 1). Os jogadores têm estratégia dominante? Se sim, qual? O jogo possui equilíbrio de Nash? Se sim, qual?

10.2 Suponha que a Prada responda à situação acima com uma ameaça: ela anuncia que, sempre que seus produtos forem falsificados ela reagirá, investindo em qualidade. Uma ameaça é considerada um movimento estratégico. Defina movimento estratégico. A ameaça da Prada é crível? Explique.

10.3 Suponha agora que os consumidores tenham um perfil que **valoriza a qualidade** (matriz de *payoffs* 2). Imagine também que, em vez de simultâneo, o jogo seja **sequencial**: a Prada decide primeiro se investe em qualidade ou não; após observar a decisão da Prada, os falsificadores optam por copiar ou não as bolsas. Modele o jogo na forma estendida (árvore de decisão). O jogo possui equilíbrio de Nash agora? Se sim, qual?

11. **O futuro da televisão: TV – 4D a caminho**

Duas empresas estão envolvidas no desenvolvimento de uma nova tecnologia que permitirá aos consumidores assistirem filmes em 4D por meio da internet. Devido aos riscos envolvidos e ao tamanho relativamente pequeno deste mercado, a compatibilidade das tecnologias é muito importante. A firma *Gosto Digital* está muito avançada no desenvolvimento de sua tecnologia, que chamou de GD. A Firma *Filme Web* vem se expandindo no mesmo mercado na internet com o seu produto incompatível, FW.

As duas empresas sabem que, se ambas adotarem a mesma tecnologia, cada uma pode ganhar R$ 200 milhões nesta indústria em desenvolvimento.

Contudo, se eles adotarem diferentes tecnologias, os consumidores não comprarão nenhuma das tecnologias, levando a um ganho bruto de R$ 0.

Reestruturar uma fábrica para produzir a tecnologia do concorrente (que não tem patente) custaria R$ 100 milhões para a *Filme Web* e R$ 250 milhões para a *Gosto Digital*. Como cada firma não sabe exatamente o que a outra está fazendo, as suas decisões de produção devem ser tomadas simultaneamente. No caso de escolher a tecnologia da outra, o gasto de conversão deve ser incorrido. Responda:

11.1 Mostre o cenário acima como uma forma normal de jogo (matriz de *payoffs*).

11.2 Qual é o resultado de equilíbrio deste jogo simultâneo? Qual é o tipo de estratégia escolhida por cada uma das empresas?

11.3 Considere agora um jogo com 5 períodos. No primeiro período, a empresa escolhe qual tecnologia utilizará em todo o jogo e incorre no gasto para adaptar a tecnologia, se for o caso. Depois disso, o ganho de cada empresa se repete por 5 períodos (para simplificar, vamos assumir que não é preciso trazer esses montantes a valor presente para a análise). Faça a matriz do jogo com os novos *payoffs*. Qual será o equilíbrio neste caso? Por quê?

11.4 Considerando o jogo em 11.3, suponha que a empresa *Filme Web* escolha sua tecnologia antes da *Gosto Digital*, sendo que esta última decide já sabendo da escolha da rival. Faça a árvore do jogo para essa situação. Qual será o equilíbrio agora?

12. **Uber × táxis**

Na pequena cidade de Borá, no estado de São Paulo, existem duas cooperativas que operam o serviço de táxi, a Coopertaxi e a Unitaxi. Cada cooperativa decide quantos carros colocará nas ruas num dado momento.

Suponha, para simplificar, que existam 3 estratégias possíveis para cada cooperativa: limitar em 2 ou 4 o número de carros rodando e prestando o serviço ou então liberalizar o serviço, deixando os taxistas livres para rodar quanto quiserem, o que na prática resulta em perfeita competição entre taxistas, aumentando a oferta do serviço para 12 táxis no total e levando o lucro econômico para zero.

Os *payoffs* são dados pela matriz abaixo e representam o lucro de cada cooperativa:

		Unitaxi		
		2 carros	4 carros	Liberalizar
Coopertaxi	2 carros	6.000, 6.000	3.500, 3.000	–500, 7.000
	4 carros	3.000, 3.500	4.000 , 4.000	–600, –1.000
	Liberalizar	7.000, –500	–1.000, –600	0,0

Fonte: Os autores.

12.1 Os jogadores possuem estratégia dominante? Se sim, qual? Existe equilíbrio em estratégias dominantes? Se sim, qual? Existe equilíbrio de Nash em estratégias puras? Se sim, qual/quais? Qual o resultado cooperativo?

12.2 Inicialmente não há regulamentação da prefeitura do número de táxis, e as duas cooperativas atuam como um duopólio. Quantos táxis rodarão na cidade? Qual o lucro de cada cooperativa?

12.3 Imagine agora que a prefeitura da cidade de Borá limite o número de licenças de táxis de forma a garantir a maximização de lucro da operação **como um todo**. A prefeitura decide vender essas licenças e capturar esse valor para a cidade. Quantos táxis rodarão na cidade agora? Qual o valor máximo que a prefeitura pode cobrar de cada cooperativa pela licença?

12.4 Suponha agora que a empresa Uber lance seu serviço de transporte púbico individual na cidade, na prática liberalizando o número de carros e acabando com o poder das cooperativas. Quantos carros rodarão na cidade agora? Comente os impactos dessa medida para taxistas, consumidores e para a prefeitura, segundo os dados da matriz apresentada. Quem seriam os beneficiários com essa cobrança? Quem seriam os perdedores?

12.5 Além dos impactos sobre taxistas e consumidores, um maior ou menor número de veículos nas ruas afetaria também pessoas que não participam do mercado de táxis, por exemplo, outros motoristas que enfrentariam maiores congestionamentos. Como se chama essa falha de mercado? Explique brevemente como ela se aplicaria no caso específico do Uber.

13. **O antissegurador**

    Alexandra está tentando comprar um apartamento e entra em contato com um corretor. Diz a ele que o máximo que está disposta a pagar é R$ 800 mil, mas no íntimo sabe que consegue ir até R$ 850 mil. O corretor ganha por comissão, então tentará vender para Alexandra pelo maior preço possível. A situação entre Alexandra e o corretor pode ser expressa pelo seguinte jogo de decisões simultâneas, em uma única rodada:

		CORRETOR	
		VENDE A R$ 600	VENDE A R$ 800
ALEXANDRA	COMPRA	10, 5	5, 10
	NÃO COMPRA	3, 0	3, 0

Fonte: Os autores.

Pergunta-se:

13.1 Alexandra tem estratégia dominante? Se sim, qual?

13.2 O corretor tem estratégia dominante? Se sim, qual?

13.3 O jogo tem equilíbrio de Nash em estratégias puras? Se sim, qual ou quais?

13.4 Alexandra faz a seguinte proposta ao corretor: ou ele abaixa o preço para R$ 600 mil, ou ela desiste da compra. A ameaça é crível ou é vazia? Por quê?

Para evitar o resultado do jogo acima, Alexandra contrata Sergio como antissegurador. O antisseguro da Alexandra consiste no seguinte acordo: se o corretor conseguir convencer Alexandra a gastar mais do que R$ 600 mil, ela pagará ao Sergio R$ 100 mil. Com isso, os *payoffs* da matriz acima mudam para:

		CORRETOR	
		VENDE A R$ 600	VENDE A R$ 800
ALEXANDRA	COMPRA	10, 5	1, 10
	NÃO COMPRA	3, 0	3, 0

Fonte: Os autores.

Pergunta-se:

13.5 Alexandra tem estratégia dominante? Se sim, qual?

13.6 O corretor tem estratégia dominante? Se sim, qual?

13.7 O jogo tem equilíbrio de Nash em estratégias puras? Se sim, qual ou quais?

13.8 A ameaça de Alexandra agora é crível ou vazia? Por quê? Qual deve ser a reação do corretor?

13.9 Analise os riscos de prejuízo e de ganho de Sergio. Você acha que ele deve aceitar o papel de antissegurador? Por quê?

14. **Um jogo dinâmico**

Na nova economia, grande parte dos avanços científicos não são realizados dentro de grandes empresas. Pequenos empreendedores, organizados em vastas redes, são os responsáveis por inúmeras inovações que não raramente são adquiridas por empresas de grande porte. Suponha que Ana Maria seja uma dessas pequenas empreendedoras e, para terminar sua mais nova invenção, necessite de um software específico. Filipe é um dos melhores desenvolvedores do tipo de software que Ana Maria precisa. Para ter acesso, Ana Maria dispõe de dois instrumentos: ela pode adquirir o software, o que pode ser chamado de opção A, ou ela pode oferecer sociedade no desenvolvimento desse novo produto a Filipe, a opção B. Se Ana Maria escolhe a opção A, Filipe tem duas alternativas: em uma delas, ele pode recusar, o que gera um prejuízo para ambos de 2 mil reais, pois ambos incorrem em custos sem a contrapartida de receitas. Para facilitar, essa opção pode se chamar de alternativa y. Na outra, que pode ser chamada de alternativa x, Filipe topa vender os direitos. No entanto, nesse caso, Ana Maria, tendo acesso ao software, pode torná-lo acessível a outras pessoas, aumentando o valor do seu produto, ou pode deixar o consumidor dependente de Filipe, que irá ser responsável pelos desenvolvimentos futuros. Na primeira hipótese, que pode ser chamada de A', Ana Maria ganha 3 mil e Filipe perde mil. Na segunda opção, B', em que Filipe cuida dos novos avanços, ele ganha 2 mil e Ana Maria perde mil. No entanto, se por outro lado Ana Maria oferece sociedade a Filipe, ou seja, a alternativa B, ele pode aceitar, oferecendo um software mais avançado, chamado de N, ou uma versão preliminar chamada de M. Ana Maria não tem como saber qual versão contará. Desse modo, ela pode passar toda responsabilidade futura para Filipe ou simplesmente assumir integralmente os eventuais desdobramentos do produto criado. Para facilitar, tais alternativas podem ser chamadas respectivamente de A" e B". Se o software é a versão preliminar, na divisão dos lucros, não importa quem ficará com a responsabilidade, pois Ana Maria irá ter que pagar o ônus da atualização. Assim, Ana Maria perde mil e Filipe ganha dois mil. Se o software é o mais avançado e Filipe fica responsável pelos desdobramentos futuros, Ana Maria ganha dois mil e Filipe perde mil. Por fim, se Ana Maria é que tem que assumir toda a responsabilidade, ainda que com o software mais avançado, ela perde mil e Filipe ganha 2 mil. Desenhe o jogo na forma estratégica e encontre todos os equilíbrios de Nash em estratégias puras. Quais são os equilíbrios de Nash perfeitos de subjogos?

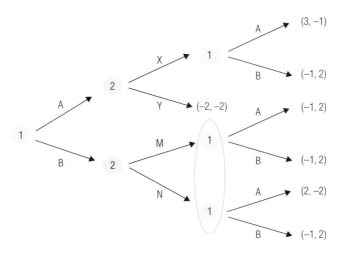

Fonte: Os autores.

15. Pioneirismo e memória

A vantagem do pioneirismo é também conhecida como liderança Stackelberg, a partir do economista Heinrich von Stackelberg, que formulou esse conceito para a estrutura dos mercados em 1934. A aplicação clássica é o modelo de duopólio de Cournot, que remonta a 1838.

Suponha que o mercado para certo tipo de chip de memória é dominado por dois produtores. As empresas podem optar por produzir certa quantidade de chips, alta, média, baixa ou nenhuma, denotado por A; M; B; N para a empresa I e a; m; b; n para a empresa II. O preço dos chips de memória do mercado diminui com o aumento da quantidade total produzida por ambas as empresas. Em particular, se ambas escolherem uma elevada quantidade de produção, o preço colapsa de modo que os lucros zeram. As empresas sabem que o aumento de produção reduz o preço do chip e os seus lucros. A figura a seguir mostra o jogo de forma estratégica, em que ambas as empresas escolhem o seu nível de produção simultaneamente. Os retornos simétricos são derivados do modelo de Cournot.

		EMPRESA II			
		a	m	b	n
EMPRESA I	A	0 , 0	12 , 8	18 , 9	36 , 0
	M	8 , 12	16 , 16	20 , 15	32 , 0
	B	9 , 18	15 , 20	18 , 18	27 , 0
	N	0 , 36	0 , 32	0 , 27	0, 0

Fonte: Os autores.

15.1 Considere um jogo simultâneo, não cooperativo, que tenha uma única rodada.

15.1.1 As empresas têm estratégia dominante? Se tiverem, quais são?

15.1.2 Qual(ais) será(ao) o(s) equilíbrio(s) de Nash?

15.2 Se em vez de simultâneo, o jogo for sequencial, com a Empresa I escolhendo primeiro que tipo de estratégia adotar, qual será o equilíbrio do jogo? Faça a árvore de decisão ou explique como você chegou ao resultado. Em relação ao equilíbrio obtido no jogo simultâneo, a empresa líder melhorou sua situação? Podemos afirmar que a Empresa I possui vantagem quando é líder?

15.3 Suponha agora que as empresas façam uma *joint venture*, de forma que o jogo passe a ser cooperativo. Suponha que os jogadores sejam racionais e que as decisões sejam simultâneas. Qual(ais) será(ão) o(s) resultado(s) cooperativo(s)?

Sobre os autores

Alexandra Strommer de Farias Godoi é doutora em economia de empresas pela Fundação Getulio Vargas de São Paulo (FGV/SP) e coordenadora da disciplina de microeconomia aplicada para o curso de administração de empresas da mesma instituição. Formou-se em administração de empresas pela Escola de Administração de Empresas de São Paulo (EAESP-FGV) e atuou por sete anos no mercado financeiro, alcançando no Banco JP Morgan S.A. a posição de *vice-president* e *senior analyst* da área de *equity research*. Desde 2008 é professora da EAESP- FGV.

Cláudia Helena Cavalieri possui graduação em ciências econômicas pela Pontifícia Universidade Católica de São Paulo (PUC/SP) e mestrado e doutorado em economia de empresas pela Fundação Getulio Vargas (FGV). Atualmente é professora da Escola de Administração de Empresas de São Paulo (EAESP-FGV) e da PUC/SP. Suas principais áreas de pesquisa são economia do trabalho, economia da educação e políticas sociais.

Gustavo Andrey de Almeida Lopes Fernandes é professor da Escola de Administração de Empresas de São Paulo (EAESP-FGV), doutor em economia pela Universidade de São Paulo (USP), tendo recebido por sua dissertação de mestrado a terceira colocação no Prêmio BNDES em 2008. Foi *visiting scholar* do Global Institute, King's College London, University of London, tendo realizado pós-doutoramento em Harvard. Foi diretor da Escola de Contas Públicas do Tribunal de Contas do Estado de São Paulo entre 2008 e 2009, além de ser assessor econômico da instituição.

Sergio Goldbaum é economista pela Faculdade de Economia e Administração da Universidade de São Paulo (FEA-USP), com mestrado e doutorado em economia de empresas pela Fundação Getulio Vargas de São Paulo (FGV/SP). É professor da Escola de Administração de Empresas de São Paulo (EAESP-FGV). Antes disso, lecionou na Universidade Mackenzie e na Escola Superior de Propaganda e Marketing (ESPM). Entre 2007 e 2011 foi assessor econômico da Secretaria de Saneamento e Energia do Estado de São Paulo. Atua nas áreas de organização industrial (defesa comercial, defesa da concorrência e regulação de mercados) e de avaliação de políticas públicas.

Respostas dos exercícios no site:
www.microeconomia.com.br

Contato com o autor
sgoldbaum@editoraevora.com.br

Este livro foi impresso pela gráfica BMF em papel *Offset* 75 g.